Handbuch Sozialwissenschaftliche Berufsfelder

Wolfram Breger · Katrin Späte
Paula Wiesemann (Hrsg.)

Handbuch Sozialwissenschaftliche Berufsfelder

Modelle zur Unterstützung beruflicher Orientierungsprozesse

Herausgeber
Wolfram Breger
Gesellschaft für Bildung und Beruf Dortmund
Deutschland

Paula Wiesemann
Herten, Deutschland

Katrin Späte
Universität Münster
Deutschland

ISBN 978-3-658-10456-6   ISBN 978-3-658-10457-3 (eBook)
DOI 10.1007/978-3-658-10457-3

Die Deutsche Nationalbibliothek verzeichnet diese Publikation in der Deutschen Nationalbibliografie; detaillierte bibliografische Daten sind im Internet über http://dnb.d-nb.de abrufbar.

Springer VS
© Springer Fachmedien Wiesbaden 2016
Das Werk einschließlich aller seiner Teile ist urheberrechtlich geschützt. Jede Verwertung, die nicht ausdrücklich vom Urheberrechtsgesetz zugelassen ist, bedarf der vorherigen Zustimmung des Verlags. Das gilt insbesondere für Vervielfältigungen, Bearbeitungen, Übersetzungen, Mikroverfilmungen und die Einspeicherung und Verarbeitung in elektronischen Systemen.
Die Wiedergabe von Gebrauchsnamen, Handelsnamen, Warenbezeichnungen usw. in diesem Werk berechtigt auch ohne besondere Kennzeichnung nicht zu der Annahme, dass solche Namen im Sinne der Warenzeichen- und Markenschutz-Gesetzgebung als frei zu betrachten wären und daher von jedermann benutzt werden dürften. Der Verlag, die Autoren und die Herausgeber gehen davon aus, dass die Angaben und Informationen in diesem Werk zum Zeitpunkt der Veröffentlichung vollständig und korrekt sind. Weder der Verlag noch die Autoren oder die Herausgeber übernehmen, ausdrücklich oder implizit, Gewähr für den Inhalt des Werkes, etwaige Fehler oder Äußerungen.

Lektorat: Dr. Cori Mackrodt, Daniel Hawig

Gedruckt auf säurefreiem und chlorfrei gebleichtem Papier

Springer Fachmedien Wiesbaden ist Teil der Fachverlagsgruppe Springer Science+Business Media
(www.springer.com)

Geleitwort

Vor mir liegt das Handbuch „Sozialwissenschaftliche Berufsfelder". Neben der Freude über das gelungene Werk, kommt mir die Frage in den Sinn, warum es weniger Handbücher für die Berufsfelder vieler anderer Studiengänge gibt.

Vielleicht deshalb, weil das Arbeitsgebiet der Sozialwissenschaften ausgesprochen vielseitig und unspezifisch ist: Die Sozialwissenschaften haben, neben den sieben Milliarden Forschungssubjekten, den Menschen auf der Erde, insbesondere die Vernetzungen und die Kommunikation zwischen Menschen als Arbeitsschwerpunkt. Das betrifft jedes Miteinander von Menschen, aber auch jedes Gegeneinander, egal ob es sich um kleine oder große Gruppen handelt, um Familien, Unternehmen, Gemeinden oder ganze Staaten. Und diese Vernetzungen werden in immer kürzerer Zeit immer komplexer. Hier ist es zentrale Aufgabe der Sozialwissenschaften, die Komplexität des Zusammenlebens von Menschen zu analysieren, die Komplexität analytisch zu reduzieren und zu verstehen, um das Interagieren untereinander zu erleichtern. Das ergibt in der Summe so viele verschiedene Aufgaben, Arbeits- und Forschungsgebiete, dass ein einheitliches und selbstverständliches Berufsbild nahezu unmöglich ist.

In den Ursprüngen der Sozialwissenschaften bestand der Wunsch, wie in der Astronomie, die die Umlaufbahnen von Planeten vorherzusagen versucht, gesellschaftliche Entwicklungen vorherzusagen, um sie dadurch vielleicht auch steuern zu können. Weil die Menschen aber nicht nur physische Wesen sind, sondern vor allem auch soziale Wesen, sind bei wachsender Komplexität ihrer Interaktionen, deren Messbarkeit und Berechenbarkeit deutliche Grenzen gesetzt. Immer mehr Krisen, Konflikte und Veränderungen auf der Welt und unserem direkten Umfeld sind nicht auf Naturgewalten, sondern auf das Verhalten und auf die Kommunikation der Menschen untereinander zurückzuführen. Hier wird das Wissen über die Ursachen und Folgen dieser Entwicklungen immer wichtiger, um den Alltag erfolgreich bewältigen zu können. Und das ist genuin sozialwissenschaftliches Wissen, das hier benötigt wird.

Wir hören im Praxisalltag immer häufiger, wie wichtig das reibungslose Zusammenleben und die reibungslose Zusammenarbeit zwischen Menschen ist. Hier greift die Berufspraxis vieler, auch hier im Handbuch dargestellten Sozialwissenschaftlerinnen und Sozialwissenschaftler, ein. Hier wird anwendbares Wissen generiert, das von keiner anderen wissenschaftlichen Disziplin geschaffen werden kann. Im vorliegenden Handbuch erhalten die Leserinnen und Leser einen Einblick in die Vielfalt der praktischen sozialwissenschaftlichen Berufsausübung und der sozialwissenschaftlichen beruflichen Gemeinsamkeit: der professionellen Auseinandersetzung mit der Gemeinschaft von Menschen. Insbesondere für Absolventinnen und Absolventen der Sozialwissenschaften kann dies eine unermessliche Anregung sein, wohin die eigene berufliche Reise gehen kann – als Profis für zwischenmenschliche Kommunikation.

Hamburg im Mai 2015

Bernd Vonhoff
Vorsitzender des Berufsverbandes
deutscher Soziologinnen und Soziologen e. V.

Vorwort

Fragen nach Übergängen zwischen Studium und Beruf werden in der Bundesrepublik Deutschland seit der Bolognareform besonders intensiv diskutiert. Der Schlüsselbegriff in wissenschaftlichen und hochschulpolitischen Diskussionen lautet „employability", also „Beschäftigungsfähigkeit" von Absolventinnen und Absolventen. Hier kommt eine äußerst defensiv ausgerichtete Sichtweise auf das Studium der Soziologie beziehungsweise der Sozialwissenschaften zum Ausdruck. Die Forderung nach einer Passgenauigkeit von Hochschule und Arbeitsmarkt ergibt sich aus dem Anspruch der Studienreform, mit der Einführung von Bachelorstudiengängen erste berufsqualifizierende Abschlüsse anzubieten. Die Beschäftigungsfähigkeit von Absolventinnen und Absolventen wird an ihrem Verbleib nach dem Abschluss gemessen: Wie schnell und wo gelingt der Berufseinstieg beziehungsweise die Aufnahme einer Erwerbstätigkeit, die es erlaubt, die Existenz selbständig zu sichern. Selten wird in diesbezüglichen Forschungsprojekten nach der Gestaltung von Gesellschaft durch die neuen Akademikerinnen und Akademiker gefragt so wie sie in den Beiträgen dieses Handbuchs deutlich wird.

Mit dem Handbuch will das Herausgabeteam das Spektrum der Möglichkeiten für Studierende und Studierte aufzeigen, die facettenreichen Handlungs- und Berufsfelder sowie persönliche Berufsbiografien von Sozialwissenschaftlerinnen und Sozialwissenschaftlern vorstellen. Auf diese Weise soll das Buch nicht nur Prozesse der beruflichen Orientierung mit sozialwissenschaftlichen Abschlüssen unterstützen, sondern auch Sozialwissenschaftlerinnen und Sozialwissenschaftler dazu ermutigen, sich in die Gestaltung sozialer Prozesse und sozialer Strukturen in unterschiedlichen organisationalen Zusammenhängen und sowohl in selbständigen als auch abhängigen Beschäftigungsformen einzubringen .

Dem Handbuch liegt das bewährte Konzept zugrunde, die beruflichen Praxen und die Wege dorthin von Sozialwissenschaftlerinnen und Sozialwissenschaftlern selbst beschreiben zu lassen. Zum Teil haben sie mehrere Berufsfelder kennengelernt und teilen ihr Wissen gerne mit Studierenden. Ein großer Dank gebührt den Kolleginnen und Kollegen, die sich bereit erklärt haben, nicht nur ihre Tätigkeit vorzustellen und ihrerseits als notwendig erachtete Fähigkeiten und Interessen zu identifizieren, sondern auch darüber hinausgehende Analysen und Feldbeschreibungen zu betreiben. Ohne dieses Engagement gäbe es dieses Handbuch nicht.

Viele weitere Menschen haben neben dem Berufsverband deutscher Soziologinnen und Soziologen die Fertigstellung des Handbuchs unterstützt. Durch die Vermittlung von

Kontakten, den Zuspruch bei Komplikationen und die Versorgung während unserer langen Herausgabetreffen. Hier ein Dankeschön an Dorothee Breger, Julian Mertesacker und Till Wiesemann, der im März dieses Jahres das Licht der Welt erblickte. Ein besonderer Dank gilt Dr. Kimberly Crow, die das Fachlektorat des englischsprachigen Beitrags begleitet hat. Ein Dankeschön auch an Ann-Christin Leddington und Laura Tahnee Rademacher, die die redaktionelle Arbeit unterstützt haben.

Essen, Münster, Herne, im Mai 2015

Wolfram Breger,
Katrin Späte,
Paula Wiesemann

Inhalt

Geleitwort V
Vorwort VII

Teil A Studium und berufliche Orientierung

Sozialwissenschaftliche Berufsfelder. Modelle zur Unterstützung beruflicher
Orientierungsprozesse..3
Katrin Späte

Mit Bologna alles besser? Soziologie von der Institutionalisierung zur Akkreditierung ... 11
Wolfram Breger

Gesucht: Soziologinnen und Soziologen? Der Stellenmarkt in der Wochenzeitung
„Die Zeit" 2001 bis 2014...27
Norbert Schreiber

Erwartungen der Wirtschaft an Absolventinnen und Absolventen 35
Kevin Heidenreich

Teil B Sozialwissenschaftliche Berufsfelder

1 Anwendungsorientierte Forschung

Beruflichkeit und Kompetenzentwicklung. Die Aufgaben der
Berufsbildungsforschung..49
Agnes Dietzen

Qualitative Marktforschung 59
Tatiana Müller

2 Interessenvertretung

Arbeiten bei einer Gewerkschaft 73
Joyce Abebrese

Arbeiten für den Frieden. Mit Soziologie zur Friedensfachkraft 81
Philipp von Zwehl

Friedensfachkraft: Zwischen Public Relations und Friedensarbeit 87
Johannes Rüger

3 Journalismus

Kritisches Gedankengut ist gesund für die Gesellschaft 95
Sonia Mikich im Gespräch mit Wolfram Breger

Ein Traumberuf. Sportberichterstattung und Sendungsmanagement im öffentlich-rechtlichen Fernsehen 101
Boris Inanici

Kürzer, knackiger, mutiger: Vom Soziologiestudium in den Journalismus 109
Bianca Fritz

Energie-Fachinformation: Vermittlung mit System 117
Franz Lamprecht

4 Kommunale Verwaltung

Kommunikation ist (fast) alles: Zwischen Politik und öffentlicher Verwaltung
als Referentin des Bürgermeisters 125
Paula Wiesemann

Die kommunale Gleichstellungsbeauftragte – Institutionalisierung der
Gleichstellung 133
Mandy Geithner-Simbine

Stadt- und Verkehrsplanung in der Öffentlichen Verwaltung 143
Ingeborg Grau

Gesundheits- und Sozialplanung im Ennepe-Ruhr-Kreis 151
Katrin Johanna Kügler und Margarethe Kubitza

Kommunale Sozialplanung 165
Manfred Wittmann

5 Management und Beratung

Unternehmen: Mit Soziologie ins Management 179
Florian Böllhoff

Freiberuflichkeit mit Soziologie: Chancen und Risiken der Selbständigkeit 189
Jürgen Lehmann

6 Wissenschaft und Bildung

Mit Soziologie ins Hochschulmanagement 205
Annette Pietsch

Berufung zu Freiheit und Vielfalt: Soziologieprofessur an einer Universität 215
Birgit Blättel-Mink

Alterssoziologie hat Zukunft 227
Jörg Peter

Wildern im Revier der Historiker: Das Museum als Arbeitsfeld 237
Thomas Drerup

Teil C Soziologie in europäischer Perspektive

Soziologiestudium und Berufsaussichten in Fin nland 247
Juhani Laurinkari

Soziologie in Frankreich: Ausbildung, Beschäftigung und Praxis 253
Odile Piriou

Studying and Practicing Sociology in Spain 267
Fernández-Esquinas, Finkel, Domínguez-Amorós und Gómez-Yánez

Anhang 287

Autorinnen und Autoren. 303

Teil A
Studium und berufliche Orientierung

Sozialwissenschaftliche Berufsfelder
Modelle zur Unterstützung beruflicher Orientierungsprozesse

Katrin Späte

1 Kontext: Studienreform und Berufspraxisbezug

Die meisten Menschen müssen zur Befriedigung grundlegender Bedürfnisse wie Nahrung, Kleidung und Wohnung, also zur Sicherung der eigenen Existenz einer Erwerbstätigkeit in abhängigen und unabhängigen Beschäftigungsverhältnissen nachgehen, weil Vermögen und Ressourcen ein Leben ohne Hunger, Not und Sorgen führen zu können stark ungleich verteilt sind. Dies ist selbst in reichen, westlichen Industriegesellschaften der Fall (vgl. Selke 2013), von einer globalen Perspektive ganz zu schweigen. Ulrich Beck nannte das die „Marktabhängigkeit in allen Dimensionen der Lebensführung" (Beck 1986, S. 212). In Staaten mit einer fortschreitenden Tertiarisierung der Wirtschaftsstrukturen, liegen diese Tätigkeiten weitgehend in Dienstleistungsbereichen, deren Vielfalt schwer systematisierbar ist (vgl. Diaz Bone et al. 2004). Der Zugang zu den Tätigkeiten wird dabei fast ausschließlich über Qualifikationen geregelt, die ihren Ausdruck in Bildungs- und Ausbildungszertifikaten finden. Die Qualifikationsanforderungen steigen dabei stetig, und es ist absehbar, dass der Abschluss eines ersten berufsqualifzierenden Studiums die Hochschulreife ersetzen könnte, so wie das Verfügen über die Hochschulreife für den Zugang zu Ausbildungsberufen die mittlere Reife ersetzt hat (vgl. Voss und Wetzel 2013, S. 85). Mit anderen Worten zeichnet es sich ab, dass eine Entscheidung für ein Studium auch bedingt ist durch steigende Qualifikationsanforderungen. Seit der Studienreform im Bologna-Prozess mit der Einführung von Bachelor- und Masterstudiengängen (vgl. Späte 2011) steigt die Zahl der Absolventinnen und Absolventen mit einem Studium der Sozialwissenschaften[1] kontinuierlich an, sowohl für den Bachelor (vgl. Tab.1) als auch für den Master (vgl. Tab.2, vgl. Statistisches Bundesamt 2010-2014).

---

1 Die Kategorie umfasst beim Statistischen Bundesamt die Fächer Sozialkunde (147), Sozialwissenschaften (148) und Soziologie (149), vgl. Statistisches Bundesamt 2014, S.238.

Tab. 1 Prüfungen im Prüfungsjahr 2013, Fach Sozialwissenschaft, Abschluss Bachelor (eigene Zusammenstellung)

Prüfungsjahr	2009	2010	2011	2012	2013
Bachelor	1299	2044	2522	2964	3299
Studenten	454	795	920	1019	1164
Endgültig nicht bestanden	53	107	153	186	189

Tab. 2 Prüfungen im Prüfungsjahr 2013, Fach Sozialwissenschaft, Abschluss Master (eigene Zusammenstellung)

Prüfungsjahr	2009	2010	2011	2012	2013
Master	332	407	754	929	1156
Studenten	105	120	319	372	412
Endgültig nicht bestanden	0	5	8	8	7

Mit der Einführung der neuen Studienabschlüsse wurde auch ein stärkerer Anspruch an die berufliche Qualifizierung durch das Studium verbunden und viele Hochschulinstitute haben auf die Integration des Anspruchs der „employability" reagiert (vgl. Breger in diesem Band). Berufsorientierung und „Berufspraxis" haben in den Studienprogrammen für Bachelorstudiengänge einen festen Platz bekommen. Häufig wurde ein Studienmodul eingeführt, das „Praxismodul" oder „Praktikumsmodul" genannt wird. In dem Modul wird ein mehrwöchiges Praktikum eingefordert, das mit einem Bericht reflektiert werden soll. Zum Teil werden auch Begleitveranstaltungen genannt, die Raum für den Austausch über Perspektiven mit einem Studium der Sozialwissenschaften beziehungsweise der Soziologie bieten. Außerdem werden immer häufiger Vorträge von in der außeruniversitären Praxis Tätigen angeboten, als eintägige Kompaktveranstaltungen zur beruflichen Orientierung oder als Ringvorlesungen, oftmals auch in Kooperation mit dem Berufsverband Deutscher Soziologinnen und Soziologen (BDS).

Wenn der Begriff „Praxis" im Studienprogramm darüber hinaus verwendet wird, also nicht im Kontext von Berufswelt, Berufsorientierung und Praktikum, dann handelt es sich um einen speziellen Praxisbegriff: den soziologischen Praxisbegriff. Dieser hat in der soziologischen Fachdiskussion seit der Diagnose des „practice turn" (vgl. Schmidt 2012, S. 24 ff.) Hochkonjunktur: Als Forschungsgegenstand der „soziologischen Praxistheorie" oder „Soziologie der Praxis", die es sich zum Ziel setzt „Praxis als Vollzugswirklichkeit" (Hillebrandt 2014, S. 11) zu untersuchen. Dieser Ansatz schließt eine Berücksichtigung der Bedeutung der Materialität von Körpern und Dingen für Analysen von Statik und Dynamik sozialer Strukturen und sozialer Prozesse in Momenten des Handelns ein und fordert dazu auf „Performanz und Artikulation […] in das Zentrum der Erforschung von Praktiken und Praxisformen" zu stellen (ebd., S. 12). Dies wäre ein äußerst reizvoller Ansatz um zu erforschen was die Kolleginnen und Kollegen, die in diesem Handbuch ihre

Tätigkeitsfelder und beruflichen Wege beschreiben, mit ihrem Studium der Soziologie beziehungsweise der Sozialwissenschaften *wirklich* machen.

2 Konzept: Sozialwissenschaftliche Berufsfelder im Spiegel beruflicher Selbstdarstellungen

Der Anspruch der in diesem Handbuch versammelten Beiträge ist im Vergleich zur soziologischen Praxis-Theorie-Diskussion bescheidener: Kolleginnen und Kollegen mit unterschiedlichem „Praxisalter" oder auch „Berufsalter" und verschiedenen akademischen Abschlüssen wie Bachelor, Diplom, Magister, Master und Promotion präsentieren ihre beruflichen Handlungskontexte und reflektieren ihren eigenen Weg dorthin anhand der eigenen, subjektiven (Re-)Konstruktionen ihrer Lebensentscheidungen. Die Darstellungen können auf diese Weise als Modell für die eigene berufliche Orientierung verwendet werden. Sie ermöglichen, einen Einblick in die Strukturen eines beruflichen Felds, den beruflichen Alltag bestimmende Tätigkeiten kennenzulernen und eine Vorstellung davon zu entwickeln, was den eigenen persönlichen Neigungen, Interessen, Fähigkeiten und Wünschen entgegenkomme würde, nicht zuletzt durch die Eigenheiten, die aus den Beiträgen jeweils sprechen mögen. Mit diesem Konzept knüpfen die Herausgeberinnen und der Herausgeber an die Publikationen „Was werden mit Soziologie" (Breger und Böhmer 2007) und „Beruf: Soziologe?" (Späte 2007) an, in denen andere Tätigkeitsfelder vorgestellt werden als in diesem Handbuch.

Erstmals sind auch Beiträge über das Angebot von Studiengängen und Erhebungen zum Verbleib von Absolventinnen und Absolventen in der Soziologie in europäischen Ländern aufgenommen, die dazu beitragen können den internationalen sozialwissenschaftlichen Austausch zu intensivieren. Odile Piriou (Universität Reims) stellt die Situation für Frankreich dar, die Autorengruppe Manuel Fernandez Esquinas (Oberster Rat für wissenschaftliche Forschung in Spanien, CSIC), Lucila Finkel (Complutense Universität Madrid), Marius Domínguez-i-Amorós (Universität Barcelona) und José Antonio Gómez-Yánez (Universität Carlos III Madrid) für Spanien sowie Juhani Laurinkari (Universität Finnland) für Finnland.

Die Autorinnen und Autoren in diesem Band teilen darüber hinaus eine Form von Verbundenheit mit der Wissenschaft, die sie studiert haben: Soziologie. Zu einem großen Teil sind sie auch im Berufsverband deutscher Soziologinnen und Soziologen engagiert. Ein deutlicher Hinweis darauf, dass die Identifikation als Soziologin oder Soziologe lebendig bleibt, auch wenn der persönliche Weg in andere Organisationen als die Universität oder Forschungsinstitute führt. Der Vorteil einer Tätigkeit an der Universität liegt allerdings in der doppelten Verankerung soziologischer Identifikation begründet wie Odile Piriou in ihrer empirischen Studie zu den „sociologues practiciens" in Frankreich feststellt: die Zugehörigkeit zur Institution determiniert die Deckungsgleichheit, die Identität von Selbstbeschreibung und Fremdwahrnehmung (vgl. Piriou 2006, S. 16; vgl. auch Späte 2007a). Dies kann auch durchaus ein Anlass sein, über die Definitionshoheit der „universitären Soziologie" und über das, was Soziologie sein *soll*, nachzudenken. Tatjana Müller wählte in ihrer Studie über Absolventinnen und Absolventen des Magisterstudiengangs Soziologie in Augsburg dafür das Bild „Mantel der Soziologie" aus (Müller 2013). Sie erkundet in ihrer Studie offensiv die „berufliche Identität" von Soziologinnen und Soziologen und fragt zu recht, warum eigentlich im Vergleich zu anderen Studiengängen wie beispielsweise Psychologie oder Betriebswirtschaft „der Mantel der Soziologie" an der Tür zur Arbeitswelt abgegeben werde (Müller 2013, S.143). Auch Norbert Schreiber kommt in seiner Analyse der Stellenausschreibungen in DIE ZEIT zu dem Ergebnis (vgl. Schreiber in diesem Band), dass sich die Berufsbezeichnung „Soziologin/Soziologe" oder „Sozialwissenschaftlerin/Sozialwissenschaftler" in Deutschland nicht wirklich durchgesetzt habe. Außer in Stellenausschreibungen von Hochschulen und Forschungsinstituten sind konkrete Angebote rar. Die Bundesagentur für Arbeit dagegen verwendet in ihrer über 27 000 (!) Berufsbenennungen umfassenden Klassifikation aus dem Jahr 2010 diese Berufsbenennung durchaus: die Kennziffer dort lautet 91324. Auf der einen Seite gibt es also durchaus eine staatliche regierte Zuordnungspraxis für die statistische Datenerfassung (vgl. Voss und Wetzel 2013, S. 90), auf der anderen Seite waltet mancherorts Unsicherheit, ob es sich hier überhaupt um Berufe handelt. Noch weitergehend gibt es akademisch kühl distanzierte Stimmen bei gleichzeitigem Engagement für berufliche Fragen, die mahnen in der Praxis gehe die Soziologie verloren. Hier scheint es manchmal als versuche man die Einheit der Soziologie durch Abgrenzung gegenüber der sogenannten Praxis herzustellen. Was in der Praxis zunächst einmal verloren geht, ist häufig die konkrete Bezeichnung in Stellenausschreibungen, weil Stellen in der Berufswelt insgesamt oftmals fächerunabhängig und weitgehend nach Funktionen und Positionen aus der Perspektive der anbietenden Organisation benannt sind, Assistent, Direktorin, Entwicklungshelfer, (wissenschaftliche) Mitarbeiterin, Referent, Leiterin, Projektmanager, Professur für usw., und es also ratsam ist, aufmerksam die Angaben zu den beschriebenen Aufgaben, den Erwartungen, den Qualifikationsanforderungen, das gewünschte Profil und die ausschreibende Einrichtung selbst zu studieren, um die persönliche Eignung bei Interesse an der angebotenen Tätigkeit gegebenenfalls durchaus festzustellen und sich zu bewerben, auch wenn in der Anzeige das konkrete Studium begrifflich nicht direkt erwähnt wird.

In diesem Handbuch wurde die Vielfalt der „Berufspraxis" in sechs Bereiche unterschieden, die als Orientierungshilfe dienen sollen im Hinblick auf eine nähere Bestimmung des Schwerpunkts der Tätigkeit: Anwendungsorientierte Forschung, Interessenvertretung, Journalismus, Kommunale Verwaltung, Management und Beratung sowie Wissenschaft und Bildung. Auf eine mehr oder weniger willkürliche Zuschreibung von „Berufsfeldprägnanz", mit der eine Adäquanz zwischen Studienabschluss und beruflicher Beschäftigung postuliert wird, als Ordnungsversuch wird in diesem Handbuch entgegen früheren Ansätzen verzichtet. Ebenso wenig hilfreich erschienen Ordnungen nach der Beschäftigungsform, etwa abhängig beschäftigt oder selbstständig oder eine ausschließliche Einteilung nach der anbietenden Einrichtung, etwa staatlich oder privatwirtschaftlich.

3 Fachmenschen mit Geist und Herz? Zum Wert sozialwissenschaftlicher Expertise

Seit den 1970er Jahren werden Erkundungen zu sozialwissenschaftlichen Berufspraxen geleitet von Forschungsinteressen und Unterscheidungen, deren Nutzen für die Unterstützung beruflicher Orientierungsprozesse und für eine aktive berufspolitische Interessenvertretung in Frage gestellt werden kann. Die in den 1980er Jahren in der deutschsprachigen Soziologie betriebene Verwendungsforschung fragte nach Vermittlungsformen soziologischer Wissensbestände in die „gesellschaftliche Praxis". Es wurde festgestellt, dass es zu Transformationen nach den jeweiligen Bedarfen durch die Akteurinnen und Akteure kommt (vgl. Beck und Bonß 1984). Im Kontext der Professionalisierungsdebatte ergab sich im Vergleich zu den Professionen der Medizin, der Rechtswissenschaft und der Psychologie als Ergebnis der Analyse das Nichtvorhandensein „eines Klienten" (vgl. Kühl 2003). Befragungen von Absolventinnen und Absolventen ergeben immer wieder, dass in den Selbstauskünften gewisse Studieninhalte von den Befragten als wenig hilfreich für die späteren beruflichen Tätigkeiten beurteilt werden (vgl. Kromrey 1999; Müller 2013). Bemerkenswerter Weise findet sich dabei immer wieder die Verwendung der Unterscheidung von „Theorie", eher wenig zu gebrauchen, und Methoden, sehr nützlich. Obwohl „Theorie" und „Empirie" unauflöslich miteinander verschränkt sind (vgl. Schmidt 2012, S. 31), wird dies nicht wahrgenommen und demzufolge sprachlich auch nicht reflektiert. Und es überrascht auch wenig, dass die Konstruktion von Fragen, die Erstellung eines Fragebogens und seine Auswertung, die Erhebung statistischer Daten also und ihre Interpretation, von den Studierenden deutlicher als etwas sehr Praktisches wahrgenommen werden können, als die intellektuelle Auseinandersetzung mit Fachtexten, in denen keine empirischen Untersuchungen dargestellt werden. Der Erwerb von grundlegendem Fachwissen, die Entwicklung eines soziologischen Wissensvorrats sozusagen, außerhalb inszenierter Prüfungssituationen hinterlässt zunächst keine deutlich sichtbaren, manifesten Spuren. Was genau geschieht beim einsamen, stillen Studium von Fachtexten und dem Austausch darüber in Seminardiskussionen? Wie wird die fachwissenschaftliche Lese- und Schreibkompetenz erworben, der Fachwortschatz erweitert? Wie werden analytische Fähigkeiten als Differenzierungen logischen Schließens entwickelt? Ist es überhaupt notwendig die gesellschaftlich unabdingbare Relevanz sozialwissenschaftlicher Fähigkeiten durch die Modellierung messbar gemachter (!) Kompetenzen nachzuweisen?

Um den Erwerb von Fachwissen als „Theorie" von der Schulung der Handhabung konkreter Methoden und Analyseverfahren abzugrenzen, mag die Unterscheidung nützlich sein. Wie aber steht es mit der Unterscheidung in den Formeln „Theorie-Praxis-Problem" oder „Theorie-Praxis-Kluft"? Der Begriff „Theorie" zielt in diesen Formeln eigentlich auf die Wissenschaft als Disziplin und ihre Reproduktion selbst, aber nicht auf die *Praxis* der Reproduktion der Wissenschaft, also nicht auf das berufliche Handeln von Soziologinnen und Soziologen an Hochschulinstituten. In den genannten Formeln wird „Praxis" in erster Linie zum Etikett für die *außeruniversitäre* Praxis. Sie wird auf diese Weise „als Gegensatz zur Scholastik konstruiert" (Boltanski 2010, Soziologie und Sozialkritik, S. 104, z.n.

Schmidt 2012, S. 37). Und *diese* Praxis ist ja eigentlich insgesamt potentieller Gegenstand sozialwissenschaftlicher Forschung. Strukturen, Prozesse sowie der soziale Wandel dieser „Praxis" werden umfassend in den zahlreichen speziellen Soziologien erforscht, die als Sektionen in der Deutschen Gesellschaft für Soziologie (DGS) organisiert sind. Im Jahr 2015 stehen dort zunehmende Verteilungskonflikte um knapper werdende Ressourcen und ihre Aushandlungsprozesse zur Debatte: um Erwerbsarbeit in der Arbeits-und Industriesoziologie, um den Zugang zu Bildung und Bildungsabschlüssen in der Soziologie der Bildung und Erziehung, um Nahrung in der Land- und Agrarsoziologie, um Gesundheit in der Medizin und Gesundheitssoziologie, um die soziale Sicherung in der Soziologie der Sozialpolitik und den strukturellen Wandel der Arbeitswelt durch Informatisierung und Digitalisierung in der Wissenschafts- und Techniksoziologie. Und all die Ergebnisse dieser Forschungen werden an den unterschiedlichen Institutsstandorten studiert, nicht selten tragen Studierende zum Gelingen der Forschung sogar direkt bei. Sie transferieren sie auf diese Weise auch in ihre unterschiedlichen späteren beruflichen Bereiche: in die außeruniversitäre Praxis. Die Frage ist wie die organisationale Infrastruktur der Bundesrepublik Deutschland aussähe ohne all die sozialwissenschaftliche Expertise, die in die unterschiedlichsten Organisationen getragen wurde seit der Expansion des soziologischen Studienangebots in den 1970er Jahren? Was wäre wenn all die Wissensanwendung, Wissensproduktion, Wissensverwendung und Entscheidungsfindung in Abgeordnetenbüros, kommunalen Verwaltungen, Regierungsforschungsinstituten, in den Schulen über die Sozialkunde, die Gesellschaftslehre und den sozialwissenschaftlichen Unterricht (vgl. Späte 2004), Vereinen, Beratungseinrichtungen, Verbänden, Unternehmen, Verlagen, Medienanstalten und nicht zuletzt Zuhause oder im Freundeskreis ohne soziologische Expertise begleitet und geleitet worden wären? Was wäre ohne das soziale Engagement, das Verantwortungsbewusstsein, die Kreativität, die Innovationsfreude, den Willen etwas zu bewegen und nicht zuletzt ohne die spezifische soziologische Reflexionsfähigkeit als Voraussetzung für diszipliniertes Problemlösen (vgl. Späte 2013), die aus allen Beiträgen in diesem Handbuch spricht, über die verschiedenen Generationen hinweg?

Es kann doch durchaus als Aufforderung an die Hochschulen verstanden werden noch mehr Sorgfalt auf die (Aus-)bildung zu richten angesichts der zahlreichen, unterschiedlichen verantwortungsvollen Positionen und Aufgaben, die in der „Praxis" eingenommen werden. Ein guter konzeptioneller Ansatzpunkt könnte der Vorschlag von Tatiana Müller sein, *expliziter* die Herausbildung einer soziologischen Haltung in den Blick zu nehmen. Bei ihrer Befragung von Absolventinnen und Absolventen des Augsburger Magisterstudiengangs wurde deutlich, dass im Studium etwas „Soziologisches" erworben wurde, das häufig nur mit den klassischen Metaphern wie der „soziologische Blick" oder „die soziologische Brille" zum Ausdruck gebracht werden kann (vgl. Müller 2012, S. 143ff). Wünschenswert wäre, neben einer eher auf das Fachliche zielenden Auseinandersetzung, an einer soziologischen Haltung zu arbeiten, die grundlegend das Handeln in der „soziologischen Praxis" prägt, so wie es im gemeinsamen Ethik-Kodex der soziologischen Verbände (BDS und DGS) zum Ausdruck gebracht wurde:

„In ihrer Rolle als Forschende, Lehrende und in der Praxis Tätige tragen Soziologinnen und Soziologen soziale Verantwortung. Ihre Empfehlungen, Entscheidungen und Aussagen können das Leben ihrer Mitmenschen beeinflussen. Sie sollen sich der Situation und immanenten Zwänge bewusst sein, die zu einem Missbrauch ihres Einflusses führen könnten. Soziologinnen und Soziologen sollen geeignete Maßnahmen ergreifen, um sicherzustellen, dass ein solcher Missbrauch und daraus resultierend nachteilige Auswirkungen auf Auftraggeber/innen, Forschungsteilnehmer/innen, Kolleg/innen, Studierende und Mitarbeiter/innen vermieden werden." (Ethik-Kodex §1, Satz 7)

Wenn die Inhalte des Ethik-Kodex eigentlich für alle Wissenschaften und wissenschaftsbasierten beruflichen Praxen eine selbstverständliche Grundlage sein sollten, gewinnt die Verpflichtung auf die Beachtung dieser Sollregeln für das eigene berufliche Handeln im Namen sozialwissenschaftlicher Expertise angesichts des möglichen direkten Einflusses auf menschliches Handeln und der Gestaltbarkeit des Sozialen besondere Relevanz. In der sozialwissenschaftlichen Ausbildungspraxis an den Hochschulen ist bereits viel erreicht mit dem Ersatz von Reflexen durch Reflexion, es lässt sich aber sicherlich noch mehr erreichen.

Literatur

Beck, U. (1986). *Risikogesellschaft. Auf dem Weg in eine andere Moderne*. Frankfurt a. M.: Suhrkamp.
Beck, U., & Bonß, W. (1984). Soziologie und Modernisierung: Zur Ortsbestimmung der Verwendungsforschung, *Soziale Welt 35*, 381-406.
Breger, W., & Böhmer, S. (Hg.) (2007). *Was werden mit Soziologie*, Stuttgart: Lucius&Lucius.
Diaz-Bone, R. & Glöckner, U. & Küffer, A.C. (2004). Berufliche Situation und Tätigkeitsfeld von Sozialwissenschaftlern. Eine Analyse mit dem Mikrozensus 2000, *Sozialwissenschaften und Berufspraxis 27*, 171-184.
Hillebrandt, F. (2014). *Soziologische Praxistheorien. Eine Einführung*. Wiesbaden: Springer VS Verlag.
Kromrey, H. (1999). *Diplom-Soziologie – und was dann?* In D. Grühn (Hg.). Mit Praxisprogrammen das Berufsziel erreichen, (S.43-62). Berlin:
Kühl, S. (2003). *Das Theorie-Praxis-Problem in der Soziologie*, Soziologie 32, 7-19.
Müller, T. 2012. *Retrospektiven auf das Studium der Soziologie. Analysen zum Verbleib von Absolvent(inn)en des Augsburger Magisterstudiengangs Soziologie*, Magisterarbeit, Norderstedt: Grin Verlag.
Piriou, O. (2006). *La face cachée de la sociologie. À la découverte des sociologues praticiens*, Éditions Belin.
Schmidt, R. (2012). *Soziologie der Praktiken. Konzeptionelle Studien und empirische Analysen*, Frankfurt a. Main: Suhrkamp.
Selke, S. (2013). *Schamland: Die Armut mitten unter uns*, Berlin: Econ.
Späte, K. (2013). An Grenzen arbeiten. Zum Management disziplinierten Problemlösens am Beispiel des Konzepts Transdisziplinarität. In A. D. Bührmann, & M. Horwitz & S. von Schlippenbach & D. Stein-Bergmann (Hg.). *Management ohne Grenzen. Grenzüberschreitende Zusammenarbeit erfolgreich gestalten*, Springer: Gabler.
Späte, K.(2011). Vom „absichtslosen Zusammenwirken" zum getunten Studienprogramm. Eine wissenssoziologische Diskussion der Studienreform. In dies. (Hg.). Kompetenzorientiert Soziologie lehren. Dimensionen, Konzepte, Perspektiven. (S. 143-162). Opladen: Budrich.

Späte, K. (Hg.) (2007). *Beruf: Soziologe?!. Studieren für die Praxis*. Konstanz: UVK.
Späte, K. (2007a). Wie die Fische im Wasser? Soziologen in Hochschulen. In: dies. (Hg.). Beruf: Soziologe?!. Studieren für die Praxis.(S.15-30). Konstanz: UVK.
Späte, K. (2004). *Hauptsache Gesellschaft. Westdeutsche Soziologie im Kontext schulischer politischer Bildung*, Schwalbach/Ts.: Wochenschau Verlag.
Statistisches Bundesamt (2014): Bildung und Kultur. Prüfungen an Hochschulen 2013. Fachserie 11,4.2.Wiesbaden.https://www.destatis.de/DE/Publikationen/Thematisch/BildungForschung-Kultur/Hochschulen/PruefungenHochschulen2110420137004.pdf?__blob=publicationFile. Zugegriffen am: 18. Januar 2015.
Statistisches Bundesamt (2013).Bildung und Kultur. Prüfungen an Hochschulen 2012. Fachserie 11, 4.2.,Wiesbaden.https://www.destatis.de/DE/Publikationen/Thematisch/BildungForschung-Kultur/Hochschulen/PruefungenHochschulen2110420127004.pdf?__blob=publicationFile. Zugegriffen: 18. Januar 2015.
Statistisches Bundesamt (2012). Bildung und Kultur. Prüfungen an Hochschulen 2011. Fachserie 11,4.2.Wiesbaden.https://www.destatis.de/DE/Publikationen/Thematisch/BildungForschung-Kultur/Hochschulen/PruefungenHochschulen2110420117004.pdf?__blob=publicationFile. Zugegriffen : 18. Januar 2015.
Statistisches Bundesamt (2011). Bildung und Kultur. Prüfungen an Hochschulen 2010. Fachserie 11,4.2.Wiesbaden.https://www.destatis.de/DE/Publikationen/Thematisch/BildungForschung-Kultur/Hochschulen/PruefungenHochschulen2110420107004.pdf?__blob=publicationFile. Zugegriffen: 18. Januar 2015.
Statistisches Bundesamt (2010). Bildung und Kultur. Prüfungen an Hochschulen 2009. Fachserie 11,4.2.Wiesbaden.https://www.destatis.de/GPStatistik/servlets/MCRFileNodeServlet/DEHeft_derivate_00006861/2110420097004.pdf. Zugegriffen: 18. Januar 2015.
Voss, G. G.,& Wetzel, M.(2013). *Berufs- und Qualifikationsstruktur*. In S.Mau & N.M. Schöneck (Hg.). Handwörterbuch zur Gesellschaft Deutschlands.(S.80-96). Wiesbaden: Springer VS Verlag.

Links

Berufsverband deutscher Soziologinnen und Soziologen: www.bds-soz.de
Deutsche Gesellschaft für Soziologie: www.soziologie.de
Ethik-Kodex der Verbände: Anhang

Mit Bologna alles besser?
Soziologie von der Institutionalisierung zur Akkreditierung

Wolfram Breger

1   50-jähriges Jubiläum einer Problemerkennung

Vor genau 50 Jahren, im Jahr 1965, starteten einige Fachschaftsvertreter der Sozialwissenschaften im damaligen Verband Deutscher Studentenschaften (VDS) eine Initiative, um Licht in die Frage zu bringen, was man denn mit Soziologie und Sozialwissenschaften beruflich machen könnte: die erste Absolventenbefragung. Durch mühsame Recherchen bei Fachschaften und Instituten wurden 636 Adressen von Absolventen, und möglicherweise auch einigen Absolventinnen, der Soziologie und Politikwissenschaft ausfindig gemacht und mit einem Fragebogen ‚beglückt'. Die zentralen Fragen lauteten: „Welche Anstellungen folgten Ihrem Studium in zeitlicher Reihenfolge?" und: „Geben Sie bitte für jede Anstellung an, wie wichtig Ihr sozialwissenschaftliches Studium für die Tätigkeit war oder ist", mit einer dreistufigen Skala von „Keine Beziehung zu sozialwissenschaftlichem Studium" bis zu „Sozialwissenschaftliches Studium war (ist) wesentliche Grundlage" (Fragebogen Bl. 3).[1]

Im undatierten Begleitschreiben, Sommersemester 1965, heißt es: „Bei uns Studenten besteht teilweise erhebliche Unsicherheit über die Berufsmöglichkeiten eines Sozialwissenschaftlers. Größer erscheint uns allerdings noch das Mißtrauen der Öffentlichkeit. Um beiden mehr Informationen an die Hand zu geben, unternehmen wir diese Absolventenbefragung." (Alle Zitate aus Unterlagen im Besitz des Verfassers, 1966/67 Vorsitzender des Fachverbandes Sozialwissenschaften im VDS.)

Der Bogen war noch weiter gespannt, es ging nicht nur um berufliche Tätigkeiten, sondern auch bereits um eine berufliche Organisation, was im Begleitschreiben so begründet wurde: „Da uns verschiedentlich von ‚Sozialwissenschaftlern im Beruf' mit Bedauern über ihre fachliche Isolation berichtet wurde – selbst dann wenn sie einen geeigneten Beruf gefunden hatten – stellen wir auch eine berufliche Organisation für Sozialwissenschaftler zur Diskussion." Die entsprechenden Fragen lauteten: „Was halten Sie von einem Berufsverband für Sozialwissenschaftler", „Welche Funktion …" und „Welche organisatorische Form sollte er haben?" (Fragebogen Bl. 1)

Der Rücklauf von 347 Antworten (55 %) war durchaus nennenswert. Die Ergebnisse werden in einer weiteren Unterlage als „wirklich hochinteressant" bezeichnet; leider

---

[1]   Alle Zitate aus Unterlagen im Besitz des Verfassers, 1966 / 67 Vorsitzender des Fachverbandes.

liegen die Antwortbögen nicht mehr vor. Die Auswertung, die im Rahmen einer sozialwissenschaftlichen Diplomarbeit bei Erwin K. Scheuch in Köln erfolgen sollte, ist nicht publiziert, was zweifellos auch den Turbulenzen an deutschen Hochschulen ab 1967, die auch den studentischen Spitzenverband VDS erfassten, geschuldet ist: die Fragestellungen und Interessen verlagerten sich.

Begleitend zu der Absolventenbefragung erfolgte eine Befragung von Ministerien in Bund und Ländern über Einstellungs- und Aufstiegsmöglichkeiten für Sozialwissenschaftler im Höheren Verwaltungsdienst. Ergebnisse kamen zustande, sind aber nicht überliefert.

Neben diesem Versuch, eine Verwertbarkeit von Soziologie in möglichen Berufsbildern zu fassen, kam auch die Studierbarkeit in dieser „Vor-68er-Periode" in den Fokus. An elf Universitäten war ein Diplom-Abschluss in Soziologie möglich, allerdings mit unterschiedlichen Bezeichnungen und vor allem sehr unterschiedlich strukturierten Studien-und Prüfungsordnungen. Eine von studentischer Seite erstellte umfangreiche Synopse sollte den Boden bereiten für bessere Übersichtlichkeit und Vereinheitlichung, was nicht mehr zum Tragen kam, da eine Gemischte Kommission aus Westdeutscher Rektorenkonferenz und Kultusministerkonferenz gleichzeitig einen Rahmenentwurf vorlegte, auf den die studentischen Verbandsvertreter keinen Einfluss nehmen konnten. Auch Musterblätter für Vorlesungskritiken wurden entwickelt – geraume Zeit vor den spektakulären Go-ins und Sit-ins, mit denen spätere Studierende ihre Qualitätsanforderungen an Hochschullehre nachdrücklich zu Gehör brachten.

2 Studieren vor Bologna

2.1 Auf- und Abschwung

Nach dem 2. Weltkrieg musste die Soziologie in einem langen Prozess neu institutionalisiert werden. Ende der 1960er, Anfang der 1970er Jahre, infolge der breiten Bestrebungen zur Bildungsreform und unter dem Druck der Studentenbewegung, in der ein erwachendes kritisches gesellschaftliches Bewusstsein zum Ausdruck kam, expandierten die Studentenzahlen, wovon die Soziologie mehr als andere Fächer betroffen war (Lüschen 1995, S. 18). Das Fach etablierte sich, bei manchen mit dem Nimbus einer „Schlüsselwissenschaft des 20. Jahrhunderts" (Clemens 2001, S. 221), an zahlreichen Hochschulen mit 8.000 Hauptfachstudierenden und wachsenden Lehrkörpern als eine der der 20 größten Einzeldisziplinen an deutschen Universitäten (Lüschen 1995, S. 18) – ein prägendes Element im geistigen Klima der sozialliberalen Ära ab 1969, einer Phase, in der die Parteien SPD und FDP die Parlamentsmehrheit innehatten und mit Willy Brandt im Jahr 1969 der erste sozialdemokratische Bundeskanzler überhaupt gewählt wurde.

Die Studiensituation blieb allerdings chaotisch. Eine Vielzahl von Studiengängen mit unterschiedlichen Bezeichnungen und Prüfungsordnungen, dabei weitgehend unstrukturierten Studienangeboten schufen ein intransparentes, verwirrendes Bild. Gelehrt und gelernt wurde neben den Vorlesungen und oft überfüllten Seminaren anhand der

Veröffentlichungen der jeweiligen Hochschullehrer und -lehrerinnen, d. h. anhand von Monografien zu deren Interessenschwerpunkten, also implizit durch eine rudimentäre Art von exemplarischem Lernen. Didaktisch aufbereitete und erschwingliche Lehrbücher waren kaum vorhanden, von leicht zugänglichen Handreichungen zum wissenschaftlichen Arbeiten ganz zu schweigen. Unschätzbar für das Fachverständnis, vor allem aber zur Prüfungsvorbereitung war für Jahrzehnte der Band „Soziologie" aus der Reihe „Fischer Lexika" (König 1958, eines der großen Verdienste René Königs). Ein neueres handliches Nachschlagewerk zu Grundbegriffen erschien in erster Auflage 1984 (Bahrdt, im Beck Verlag, 1984), dann Schäfers (1986 in erster Auflage). Die Frage von Eltern und anderen fürsorglichen Menschen: „Soziologie, was ist denn das?" war lange Zeit also nur schwer zu beantworten. Die etablierten Mitglieder der Professorenschaft, bis auf wenige Ausnahmen Ziel der studentischen Proteste gegen Privilegien und professorale Dominanz, „hatten angesichts anderer Anforderungen offenbar übersehen, kohärente Studienpläne zu entwickeln." (Lüschen 1995, S. 22). Zwar wandten sich zunehmende Forschungsaktivitäten den verschiedensten, bisher wenig bearbeiteten Bereichen: soziale Schichtung, Familie, Gemeinde, Erziehung, Massenkommunikation u. v. a. zu, doch war eine „allumfassende Theorie nicht zu erkennen" (Lüschen 1995, S. 21). Kein Wunder, dass die großatmigen Konzepte der „Frankfurter Schule", die auf ein Verständnis moderner Zeiten, von Macht und Gesellschaft in einer Gesamtperspektive abzielten, bei den kritischen bis aufrührerischen Studierenden großen Anklang fanden (vgl. Lüschen 1995, S. 22).

Die Reformära ging um 1980 zu Ende. Brandts Nachfolger Helmut Schmidt wurde durch ein konstruktives Misstrauensvotum von CDU und FDP gestürzt. Die neue Regierung unter Helmut Kohl leitete in deutlicher Absage an die vergangenen Jahre eine „geistig-moralische Wende" ein (Bögeholz 1995, S. 558). In der Folgezeit geriet die Soziologie unter Druck. Neue Lehrstühle wurden kaum errichtet, teilweise, wie an der Freien Universität Berlin zu Beginn des Jahrtausends, abgeschafft (in der deutschen Hauptstadt gibt es einzig an der Humboldt-Universität einen grundständigen Studiengang „Sozialwissenschaften" mit Integration der Fächer Politikwissenschaft und Soziologie, keinen Soziologiestudiengang); Forschungsmittel wurden in andere Bahnen, vor allem zugunsten der „MINT"-Fächer gelenkt. Gleichzeitig, vielleicht ein paradoxes Phänomen, gelangten Absolventinnen und Absolventen der Soziologie zunehmend in den nicht-akademischen Arbeitsmarkt. Dies gab u. a. Veranlassung zur Gründung einer außerakademischen Interessenorganisation, des Berufsverbands Deutscher Soziologinnen und Soziologen (BDS).

2.2 Berufliche Verwendung

Fragen einer außeruniversitären Berufspraxis der Absolventinnen und Absolventen der seit den 1950er Jahre mancherorts eingerichteten Diplom-, später auch Magister-Studiengänge, spielten in der Re-Institutionalisierung der Soziologie kaum eine Rolle. Soziologen und die wenigen Soziologinnen waren Wissenschaftler und Wissenschaftlerinnen. Soziologie war kein Beruf, hatte keinen Ort in der außeruniversitären Praxis: „Es gab außerhalb der Hochschulen wenig zugewiesene Aktivität und wenige Berufspositionen" (Lüschen 1995,

S. 30). Erst neue Studiengänge der Sozialwissenschaft (vorangegangen war der Diplom-Studiengang „Volkswirtschaft sozialwissenschaftlicher Richtung" in Köln), z. B. an der neu gegründeten Universität Bochum, wurden begründet, allerdings weniger zur Rekrutierung des wissenschaftlichen Nachwuchses als vielmehr zum Eintritt in die außeruniversitäre Praxis, nicht zuletzt in die öffentliche Verwaltung. Zur beruflichen Verwendung von Soziologie stellte noch beim Start der „Bologna"-Reform Wolfgang Clemens fest, dass diese zu ergänzen sei durch unmittelbares Anwendungswissen wie Statistik oder Elektronischer Datenverarbeitung und durch relevante Nebenfächer wie Betriebswirtschaftslehre, Kommunikationswissenschaften und ähnliche Wissenschaften.

> „Mit einer Einführung von Studienschwerpunkten und verbindlichen Praktika im Soziologiestudium – so wichtig sie sind – ist es nicht getan. Überhaupt sperrt sich die Soziologie gegen eine weitgehende Professionalisierung, bildet eine zu große berufsfeldspezifische Spezialisierung im Studium für die spätere Berufspraxis eine mögliche Zugangsbarriere" (Clemens 2001, S. 229).

Gleichzeitig erfolgte und erfolgt weiterhin eine Diffusion soziologischen Wissens in die verschiedensten gesellschaftlichen Bereiche sowohl der Alltagswelt wie der Institutionen, z. B. in Wirtschaft und Management, wo es, oftmals als *soziologisches* Wissen unerkannt, Diskurse, Legitimationen und Praxen durchzieht.

2.3 Einige Desiderata erfüllt

Wichtige Desiderate der „Vor-68er-Ära" sind inzwischen erfüllt. Der Berufsverband Deutscher Soziologinnen und Soziologen (BDS) wurde 1976, wenn auch mehr als zehn Jahre nach den erwähnten studentischen Vorstößen, gegründet und unternahm es von Anfang an, berufliche Verwendungsmöglichkeiten zu klären und zu stabilisieren, dabei den Kontakt von soziologischen Praktikern in der akademischen Soziologie zu erhalten und die Transferprozesse zwischen Wissenschaft und – außeruniversitärer – Berufspraxis zu intensivieren (vgl. von Alemann 1995). Absolventenbefragungen sind nicht nur gang und gäbe, sondern ein wesentliches Kriterium bei der Akkreditierung neuer Studiengänge nach dem „Bologna"-System. Studentische Vorlesungskritiken, unter dem technokratisch neutralisierten Terminus „Lehr-Evaluation", sind längst Alltag und ein Mittel zur Leistungsbeurteilung von Dozenten und Dozentinnen (vgl. Ernst 2008). Die Skepsis der „Öffentlichkeit" gegenüber der Disziplin mag in Teilen noch bestehen, die Skepsis von Arbeitgebern gegenüber der Beschäftigung von Soziologinnen und Soziologen hat sich weitgehend gelegt, wie die Beiträge dieses Bandes zeigen.

2.4 Mangelnde Kohärenz

Das wiederum bedeutet keinesfalls, dass Soziologie als akademische Disziplin nun kohärenter geworden wäre. Selbst heute wird weiterhin ein geringer Grad an Kanonisierung und Paradigmatisierung der Soziologie beobachtet und beklagt. Auf eine sozusagen kleine Anfrage innerhalb von Fachkolleginnen und -kollegen, welche Texte sie als die wichtigsten soziologischen Texte identifizieren würden, wurden in den 23 Rückläufen insgesamt 124 verschiedene Werke genannt, darunter an erster Stelle mit zehn (!) Nennungen von Pierre Bourdieus „Die feinen Unterschiede"; R. K. Mertons „Social Theory and Social Structure" wurde von neun – wie gesagt von 23 – Antwortenden nominiert und kam auf den 2. Platz. (Gerhards 2014, S. 315f.) Die Ansicht, dass Soziologie als Geisteswissenschaft sich nicht paradigmatisieren ließe, wird zumindest vom Autor der kleinen Studie nicht geteilt; für ihn „täte das Fach gut daran, auch und vor allem im Interesse der Studierenden, einen Kanon an wirklich lesenswerten Texten zu bestimmen" (Gerhards 2014, S. 321).

3 Das Bologna-System – eine Übersicht

Die wirklichen oder vermeintlichen Defizite der akademischen Ausbildung in Deutschland: wenig strukturierte Studienprogramme, kaum Vergleichbarkeit der Abschlüsse, hohe Abbruchquoten, geringe internationale Ausrichtung u. a., gaben den Anstoß zu einer tiefgreifenden Umstrukturierung und Umgestaltung der deutschen Hochschulausbildung („Bologna"-Reformen) seit der Jahrtausendwende (vgl. Pietsch in diesem Band; Späte 2011 S. 12 ff.). Im Jahr 1999 verabschiedete eine Ministerkonferenz der EU-Staaten in Bologna (Italien) eine gemeinsame Erklärung mit dem Ziel, das Hochschulsystem europaweit zu vereinheitlichen und vergleichbarer zu machen. Die Reform enthält mehrere grundlegende Strukturveränderungen:

1. Einführung gleicher und gleich benannter Abschlüsse in Form der Dreistufigkeit Bachelor (Bakkalaureat), Master und Promotion, was für die deutsche Hochschullandschaft die fast vollständige Abschaffung von Diplom- und Magisterabschlüssen zur Folge hatte; die Zugänge zum Masterstudium und zur Promotion sind nunmehr beschränkt (z. B. von den Noten des vorangegangen Studienabschlusses abhängig),
2. die Herstellung der Vergleichbarkeit durch Modularisierung der Studieninhalte und Bewertung nach einem einheitlichen Punktesystem (Leistungspunkte/*Credit Points*),
3. als Hauptmotiv die Herstellung der Beschäftigungsfähigkeit (*Employability*) des grundständigen Bachelor-Studiums, das so auszugestalten ist, dass die Absolventen und Absolventinnen bereits mit diesem ersten, im Idealfall nach sechs Semestern zu absolvierenden Studiengang den Zutritt zum Arbeitsmarkt erlangen,
4. Damit Senkung der Studienabbruchquoten und Förderung der internationalen Mobilität.

Somit war die Hochschulausbildung weniger auf die Wissensvermittlung als vielmehr auf den Erwerb von Kompetenzen auszurichten („shift from teaching to learning", Späte und Kloth 2011, S. 14). Parallel zu diesem umfassenden „Change"-Prozess, der bis heute andauert (Pietsch in diesem Band), vollzog sich eine umfassende Akademisierung der Berufswelt, eine Vervielfachung der Studierendenzahlen mit einer Inflation von Bachelor- und Master-Titeln, eine Expansion kommerziell ausgerichteter Weiterbildungsprogramme auch an staatlichen Hochschulen sowie weitere Neugründungen staatlicher und (erstmals und vielleicht vorübergehend) privater (Fach-)Hochschulen.

4   Akkreditierung und ihre Praxis

4.1   Begriff und Beteiligte

In Deutschland und einigen anderen europäischen Ländern wurde im Rahmen dieser Reformen die strikte staatliche Reglementierung der Hochschulen und Studiengänge aufgegeben und die Kompetenz, Studiengänge einzurichten, ausschließlich den Hochschulen übertragen. Studiengänge werden nicht mehr von Staats wegen, sondern durch die Kollegenschaften aus dem Wissenschaftsbereich, *„peer groups"*, beurteilt und, im positiven Fall, zur Zulassung (Akkreditierung) empfohlen.

Hierzu wurden von den Universitäten und Fachhochschulen Akkreditierungsagenturen gegründet, die der Kontrolle durch den Akkreditierungsrat unterliegen, einer nach Landesgesetz NRW errichteten Stiftung. Die Akkreditierungsagenturen (in Deutschland z. Z. acht) müssen vom Akkreditierungsrat als oberster Instanz in regelmäßigen Zeitabständen akkreditiert werden. Der Akkreditierungsrat überwacht stichprobenartig die Tätigkeit der Agenturen und moniert durchaus auftretende Verfahrensmängel, was unter Umständen zu sehr formalistischen Auseinandersetzungen führen kann.

Die Agenturen sind nach Vereinsrecht konstituierte eingetragene (gemeinnützige) Vereine. Ihre Mitglieder sind Hochschulen (Universitäten, Fachhochschulen und vergleichbare Einrichtungen) sowie Berufsverbände. Akkreditiert werden Studiengänge (sog. Programmakkreditierung) und zunehmend auch einzelne Hochschulen als Ganzes (sog. Systemakkreditierung). Letztere gewährt den Hochschulen das Recht, ihre Studiengänge selber zu überprüfen und über Zulassung zu entscheiden (vgl. Wissenschaftsrat 2012). Zu diesem Zweck wählt die Mitgliederversammlung einer Agentur eine Akkreditierungskommission als das alleinige Entscheidungsgremium. Diese besteht aus einer Anzahl Vertreterinnen und Vertreter der Universitäten, Fachhochschulen und Kunst- und Musikakademien sowie je zwei Personen, die aus der Studierendenschaft bzw. der Berufspraxis kommen.

Tab. 1   In Deutschland ansässige Akkreditierungsagenturen (Eigene Darstellung)

Name mit Gründungsjahr	Sitz
ACQUIN Akkreditierungs-, Certifizierungs- und Qualitätssicherungs-Institut, 2001	Bayreuth
AHPGS Akkreditierungsagentur für Studiengänge im Bereich Gesundheit und Soziales, 2001	Freiburg
AKAST Agentur für Qualitätssicherung und Akkreditierung kanonischer Studiengänge, Theologie, 2008	Eichstätt
AQAS Agentur für Qualitätssicherung durch Akkreditierung von Studiengängen, 2002	Köln
ASIIN Akkreditierungsagentur für Studiengänge der Ingenieurwissenschaften, der Informatik, der Naturwissenschaften und der Mathematik, 1999	Düsseldorf
evalag Evaluationsagentur Baden-Württemberg, 2000	Mannheim
FIBAA Foundation for International Business Administration Accreditation, 1994	Bonn
ZEvA Zentrale Evaluations- und Akkreditierungsagentur Hannover, 2000	Hannover

4.2   Verfahren einer Programmakkreditierung

Das Verfahren einer Programmakkreditierung beginnt mit einem Antrag der Hochschule an eine von ihr ausgewählte Akkreditierungsagentur, mit der ein förmlicher Vertrag geschlossen wird (die Kosten hat die Hochschule zu tragen). Die Agentur benennt eine Gutachtergruppe, die die eingereichten, sehr umfangreichen Unterlagen prüft und in einer zumeist zweitägigen Vor-Ort-Begehung Gespräche mit Programmverantwortlichen, Lehrenden, Studierenden und der Hochschulleitung führt. Die Gutachtergruppe, die im Einvernehmen mit der Hochschule von der Agentur berufen wird, besteht in der Regel aus drei Professoren oder Professorinnen, einer Vertretung der Berufspraxis sowie einer/einem Studierenden. Es handelt sich immer um externe Personen, die keine Interessenüberschneidung mit der zu prüfenden Hochschule aufweisen dürfen.

Die Gutachter erstellen ein Gutachten an die Akkreditierungsagentur, in welchem Akkreditierung oder Nichtakkreditierung empfohlen wird. Eine Akkreditierung kann mit Auflagen oder, abgeschwächt, mit Empfehlungen an die Hochschule verbunden sein, um bestimmte Defizite zu beheben oder Verbesserungen im Studienprogramm anzuraten. Wesentliche Teile des Gutachtens werden der Hochschule mit der Möglichkeit zur Stellungnahme übermittelt. Die Entscheidung liegt ausschließlich bei der Akkreditierungskommission der jeweiligen Agentur. Die Entscheidungen müssen z. B. auf der Website der Agentur veröffentlicht werden und werden u. U. stichprobenartig vom Akkreditierungsrat überprüft. Es gibt Beschwerde- und Einspruchsrechte für die betroffenen Hochschulen. Eine Erstakkreditierung wird befristet, in der Regel auf fünf Jahre ausgesprochen. Danach vollzieht sich ein gleichartiges Verfahren der sogenannten Reakkreditierung.

Es sind also neue Funktionen und Arbeitsplätze in neuen Institutionen wie auch in den Hochschulen selbst – Spezialisten für Evaluation, für Qualitätsmanagement, manchmal auch für Hochschuldidaktik – geschaffen worden (vgl. Pietsch in diesem Band). Die „Bologna"-Reform hat neue Erwerbszweige und Geschäftsmodelle ins Leben gerufen.

4.3 Kriterien

Die Akkreditierungsentscheidung erfolgt nach vorgegebenen Kriterien wie Einordnung des Studiengangs in Leitbild und Schwerpunktsetzungen der Hochschule, Schlüssigkeit des Konzepts, Studierbarkeit (z. B. was Stundenzahlen und Prüfungslast angeht), Struktur und Zielsetzung des Studienganges, personelle und sächliche Ausstattung, Nachteilsausgleich für Studierende mit Handicaps unter Beachtung eventueller Besonderheiten der Hochschule. (Akkreditierungsrat 2013, S. 10ff.)

In ausführlichen Selbstdokumentationen hat die Hochschule ihre Konzepte und ihr Profil aufzuzeigen und Nachweise über Recherchen auf dem Arbeitsmarkt oder Absolventenbefragungen und generell Nachweise über die Erfüllung der genannten Kriterien bis hin zur Auflistung des Lehrpersonals mit Lebensläufen und Veröffentlichungen zu erbringen.

4.4 Modularisierung

Die Modularisierung der Studieninhalte ist ein Kern der Bologna-Reform. Sie bedeutet, dass das gesamte Studienprogramm eines nach dem zu erreichenden Abschluss (B.A., M.A., ggf. mit spezifizierendem Zusatz) bezeichneten Studiengangs in einzelne, inhaltlich zu definierende Bausteine strukturiert wird. Für jeden Baustein wird die Anzahl der zu erwerbenden *Credit Points* festgelegt, die wiederum auf dem *Workload* beruhen, das ist der Arbeitsaufwand, der für die Studierenden unterstellt wird, um die mit *Credit Points* honorierten Leistungen zu erbringen. In der Regel werden hierfür 30 Arbeitsstunden: Präsenzstunden, d. h. Anwesenheit oder im guten Fall sogar Mitarbeit in Lehrveranstaltungen, aber auch Selbstlernzeiten angenommen. Diese Berechnung gilt auch für gelenkte Praktika und die Erstellung der Abschlussarbeit.

So umfasst z. B. das Pflichtmodul „Allgemeine Grundlagen" (Bachelor-Studiengang Soziologie, Universität) zwei Vorlesungen mit zusammen acht Leistungspunkten; die Bachelorarbeit (Bearbeitung in drei Monaten), die immer ein eigenes Modul darstellt, wird in diesem Fall mit 12 Punkten bewertet. Mit einem Bachelor-Abschluss sind in den meisten Fällen 180 Leistungspunkte erreicht, in einem Master-Studium zusätzlich zumeist 120 Punkte. In Einzelfällen kann die Verteilung eine andere sein, aber für den „Master" ist immer eine Gesamtzahl von während Bachelor- *und* Masterstudium erworbenen 300 Leistungspunkten notwendig. In „Modulhandbüchern", einem wesentlichen Teil der Antragsunterlagen, sind die Studiengänge detailliert nach Lehrveranstaltungen, Studienzielen, zu erwerbenden Kompetenzen, Prüfungsformen, Arbeitsaufwand, zu erreichende *Credit Points*, Häufigkeit des Angebots und Dauer des Moduls darzustellen und auszuweisen.

Die Modularisierung stellt erhebliche Anforderungen an die Verantwortlichen der Hochschule bzw. des Fachbereichs. Zum einen wird das Prinzip selbst nicht überall verstanden oder, wenn verstanden, nicht akzeptiert – stillschweigend oder seltener auch explizit. Zum andern stellen sich oft erhebliche Schwierigkeiten bei der Abgrenzung der einzelnen Module ein. Ein Studiengang muss bis ins letzte Detail geplant und durchstrukturiert sein, bevor seine Anerkennung/Akkreditierung überhaupt beantragt werden kann. Zum dritten sind manche Verantwortliche überfordert mit der Aufgabe, die Inhalte eines Moduls knapp und präzise zu beschreiben, die angestrebten Studienziele und Kompetenzen zu definieren, sie voneinander zu unterscheiden und Studienziele und Kompetenzen wiederum von den Inhalten zu unterscheiden. Beschreibungen von *Studienzielen* wie „Vermittlung von …", „Einblicke i n…", „Vertiefung des Stoffes aus der Vorlesung", „Theorie des …" finden sich in zahlreichen Modulhandbüchern. Handlungsorientierte Zieldefinitionen sind deutlich die Ausnahme, was den Mangel an hochschuldidaktischer Durchdringung des Lehrbetriebs belegt (vgl. Späte 2011). Daraus ist keinesfalls auf grundsätzliche Defizite im persönlichen Engagement der verantwortlichen Lehrenden zu schließen. Was vor dem Hintergrund der „Bologna"-Normen als defizitäre Umsetzung erscheint, mag für die Betroffenen durchaus kein Mangel sein. Die überstarke Formalisierung des Lehrbetriebs stößt oft zu Recht auf Vorbehalte.

4.5   *Employability* und Schlüsselqualifikationen

In der Konzeption des Bologna-Prozesses wird – neben der Neustrukturierung und Straffung der Curricula, der internationalen Vergleichbarkeit und Mobilität und der engeren Verzahnung von Wissenschaft, Hochschule und Wirtschaft – angestrebt, das Studium stärker als zuvor als berufsqualifizierende Maßnahme zu definieren. Übergreifende Zielsetzung ist die Herstellung der Beschäftigungsfähigkeit (*employability*) für die Absolventen und Absolventinnen des grundständigen Bachelor-Studiengangs. „In einem System mit gestuften Studienabschlüssen ist der Bachelor der Regelabschluss eines Hochschulstudiums. Er hat gegenüber dem Diplom- und Magisterabschluss eigenständiges berufsqualifizierendes Profil" […] und muss „wissenschaftliche Grundlagen, Methodenkompetenz und berufsfeldbezogene Qualifikationen […] vermitteln" (Kultusministerkonferenz 2010, S. 2). Dem dienen Arbeitsmarktrecherchen, Kontakte zur außeruniversitären Praxis, Beiräte, regelmäßige Verbleibstudien unter den Absolventen, dem dienen die Definition von Schlüsselqualifikationen sowie Lernziel- und Kompetenzbeschreibungen als Bestandteile der Modulbeschreibungen – Kriterien, die bei einer Akkreditierungsentscheidung herangezogen werden.

Hier sind die Vertreter und Vertreterinnen der außeruniversitären Berufspraxis in besonderem Maße gefragt. Erfahrungen in Gutachtergruppen und Akkreditierungskommissionen zeigen: Sie werden gerne gehört, aber fast ebenso gerne überhört. In den Entscheidungsgremien – den Kommissionen – stellen die Praxisvertreter wie erwähnt eine kleine Minderheit dar, in Gutachtergremien ist das Zahlenverhältnis günstiger. Die oft sehr umfangreichen Antragsunterlagen der Hochschulen wie auch die Gutachterberichte zeigen zudem, wie häufig über die Fragen der Praxisrelevanz, der Arbeitsmarktrelevanz, des berufsspezifischen Profils mit mehr oder minder geschickten Formulierungen hinweggegangen wird, wie sich Gutachtergruppen mit vagen Zusicherungen der Hochschulen zufrieden geben.

Die Berufsfähigkeit wird nicht zuletzt mit dem Erwerb von Schlüsselqualifikationen konstituiert. Gemeint sind überfachliche Qualifikationen bzw. Kompetenzen, die dem Individuum erlauben, auf der Basis von fachlicher Kompetenz mit unerwarteten Problemen, Aufgaben und Entwicklungen erfolgreich umzugehen. So werden in der Anlage zu den Ländergemeinsamen Strukturvorgaben der KMK „Rahmenvorgaben für die Einführung von Leistungspunktsystemen und die Modularisierung von Studiengängen" Schlüsselqualifikationen explizit als Qualifikationsziele vorgesehen (KMK 2010, Anlage S. 3). Ein Beispiel zur Umsetzung zeigt wie viele andere auch, dass Hochschulen mit diesem Konzept oft wenig anzufangen wissen. „Das Bachelor-Studium vermittelt über die fachlichen Kenntnisse hinaus Schlüsselkompetenzen für den erfolgreichen Berufseinstieg", heißt es in der Antragsunterlage einer Universität (sozialwissenschaftlicher Studiengang). Die Modulgruppe „Schlüsselqualifikationen" besteht allerdings lediglich aus einem Seminar (ein Semester) über „Grundlagen des wissenschaftlichen Arbeitens", mit einem *Workload* von 30 + 90 und vier Leistungspunkten; als Lernzielüberprüfung ist eine Klausur vorgesehen.

„Als Leitmotiv tauchen Schlüsselqualifikationen bevorzugt an den Stellen des Diskurses auf, an denen es um die Herstellung des Zugsamenhangs zwischen Studium und Beruf geht." Das Konzept erlaube es, „Begrenzungen zu überwinden zwischen wissenschaftlicher Expertise als Studienziel und (berufs)praxisorientierten Ansätzen", die wiederum auf Studienreform einwirken wollen. (Wildt 1999, S. V) Doch festzustellen ist, dass das Konzept sich zunehmend aus der weiteren Ausgestaltung der „Bologna"-Reformen verflüchtigt. Damit fallen diese Neuausrichtungen des Hochschulwesens hinter Erkenntnisse der Berufspädagogik aus den 1970er Jahren (Mertens 1974) zurück.

4.6   Harmonisierungen

Das deutsche Akkreditierungssystem ist beabsichtigt oder unbeabsichtigt beherrscht von organisationssoziologischen und gruppendynamischen Prozessen. Wer in der Gutachterrolle als „peer" auftritt, kann zu einem anderen Zeitpunkt umgekehrt in der Rolle des Antragstellers „auf der anderen Seite des Tisches" sitzen; das ist den Teilnehmenden durchaus bewusst und wird oft genug expliziert. Einige Lehrsätze der Organisationssoziologie können bei solchen Gelegenheiten verifiziert werden:

a. Organisationen interagieren vorrangig mit Organisationen. Vertreterinnen und Vertreter des Faches, der Wissenschaft agieren lieber mit eben solchen als mit Nichtfachvertretern (z. B. Ministerialbeamten). Daraus ergibt sich, dass Organisationen dazu neigen, sich – über Imitation – einander anzupassen. Die Fachvertreter, seien es Gutachter oder Begutachtete, tendieren zum Konsens, wenig zum Konflikt. In dieses Harmoniestreben sind auch die Vertreter und Vertreterinnen von Studierendenschaft und Berufspraxis umstandslos einbezogen. Sie repräsentieren diffuse Bereiche, von denen keine unmit-

telbaren Sanktionen ausgehen, ihre Rolle ist daher eher untergeordnet, so sehr sie in den Ausschüssen und Kommissionen auch respektiert werden.
b. Organisationen versuchen ihre Existenz zu sichern: hier also das Beharrungsvermögen des Wissenschaftsbetriebs in seiner jeweiligen fachlichen Ausprägung.
c. Wenn Ziele nicht erfüllbar sind, begnügt man sich mit *scheinbarer* Zielerfüllung. Belege finden sich in übergroßer Zahl in Antragsunterlagen von Hochschulen und Gutachten: eine Phraseologie ist entwickelt worden, die über die wirklichen Probleme oft hinwegtäuscht und umgangssprachlich-ironisch als „Antragslyrik" bezeichnet wird – auch von den Beteiligten.

Diese Prozesse und Strukturen verunmöglichen oft sachgerechte Entscheidungen und führen mit anderen Faktoren dazu, dass die Ziele von „Bologna" nur partiell erreicht werden (vgl. Münch 2010).

5 Lage in der Soziologie heute

5.1 Überzogene Differenzierung durch „Profilbildung"

Der mit „Bologna" – in der deutschen Ausprägung – verbundene Zwang zur „Profilbildung" jeder einzelnen Hochschule, jedes einzelnen Fachbereichs, jedes einzelnen Studiengangs führt zu einer Zersplitterung der Fächer- und Studienlandschaft in sehr viele Disziplinen. In der Soziologie hat diese innere Differenzierung ein kaum mehr überschaubares Ausmaß erreicht. Bei aller äußeren Harmonisierung sind inhaltliche Vergleiche der verschiedenen sozialwissenschaftlichen und soziologischen Studiengänge kaum mehr möglich. So legitim unterschiedliche Schwerpunktsetzungen im jeweiligen Fall sein mögen, so wird nicht nur die Mobilität der Studierenden zwischen den Hochschulen im grundständigen Studium fast unmöglich gemacht, für den Wechsel nach dem B.A.-Abschluss zum „Master" an einer anderen Hochschule sehr erschwert; es besteht auch die Gefahr, dass mit dem Blick auf eine sehr spezielle örtlich oder regional begrenzte Nachfrage neue Beschäftigungsbarrieren ungeachtet aller gewünschten Flexibilität errichtet werden. Doch ist es noch zu früh, um hierüber ein allgemeines Bild erstellen zu können. Eine aggregierte Darstellung der in vielen Hochschulen inzwischen durchgeführten Absolventenbefragungen steht noch aus.

Immerhin können nach „Bologna" Experimente und neue Konzepte entwickelt und umgesetzt werden, wobei allerdings gerade die soziologische Fachdidaktik noch gründlicher Erarbeitung und vor allem empirischer Fundierung bedarf (Späte und Kloth 2011, S. 21).

5.2 Studienorte und Studiengänge

Für das Jahr 1995 hatte Gregor Siefer 28 Diplom- und 32 Magister-, insgesamt also 60 Studiengänge für Soziologie nachgewiesen. Die Diplomabschlüsse lauten Dipl.-Soziologe oder

Dipl.-Soziologin, davon abweichend wenige Fälle wie Diplom-Ökonom, Diplom-Sozialwirt, Diplom-Sozialwissenschaftler und Diplom-Volkswirt sozialwissenschaftlicher Richtung. Die gezählten Magister-Abschlüsse (Magister Artium, abgek. M.A., nicht zu verwechseln mit dem heutigen M.A., dem Master of Arts) enthalten Soziologie als Hauptfach, mit unterschiedlichen Fächerkombinationen. (Siefer 1995, S. 272f.) Für die Soziologie als akademisches Ausbildungsfach haben sich demgegenüber die Zahlen seit den Bologna-Reformen leicht verringert, wenn man mit den früheren Diplom- und Magister-Abschlüssen nur die heutigen Master-Qualifikationen vergleicht. Die Anzahl der Bachelor- und Master-Abschlüsse insgesamt, soweit sie explizit Soziologie oder Sozialwissenschaft, im Einzelfall auch *Social Sciences* benannt sind, übertrifft allerdings den genannten Stand vor zwanzig Jahren bei weitem.

Die folgenden Tabellen zeigen die mit Stand Mai 2015 akkreditierten Studiengänge der Soziologie und Sozialwissenschaft auf Bachelor- wie Masterebene. Aufgenommen sind nur Studiengänge, die „Soziologie" bzw. „Sozialwissenschaft", „Sozialwissenschaften oder „Social Science/s" im Titel führen. Aufgrund der Diffusion soziologischen Wissens gibt es weitere Studiengänge mit mehr oder weniger ausgeprägten soziologischen Inhalten, z. B. unter Titeln wie „Gesellschaft und Kulturen der Moderne", „Gender Studies", „Alternde Gesellschaften" u. a. m., die hier nicht aufgeführt sind.

Bei Bachelor-Abschlüssen wird hier nicht zwischen Ein-Fach- und Zwei-Fach-Bachelor unterschieden. Bei Master-Abschlüssen wird nicht unterschieden nach konsekutiv, nicht-konsekutiv oder weiterbildend (letztere i. d. R. kostenpflichtig).

Die jeweiligen spezifischen Schwerpunktsetzungen sind nicht ausgewiesen, soweit sie nicht aus Zusätzen zum Titel hervorgehen; die Informationen können aber als erste Orientierung dienen. Angemerkt sind Studiengänge für die Lehrämter.

Tab. 2 B.A.-Studiengänge Soziologie, Sozialwissenschaften/ Social Sciences

B.A.-Studiengänge Soziologie, Sozialwissenschaften/ Social Sciences	
Universitäten. H: Hochschule, FernU: FernUniversität, HU: Humboldt-Universität, TU: Technische Universität UBw: Universität der Bundeswehr	
B.A. Soziologie	
B.A. Soziologie (22)	Bamberg, Bielefeld, Bremen, Chemnitz, Darmstadt, Düsseldorf, Duisburg -Essen, Eichstätt-Ingolstadt, Erfurt, Frankfurt/M., Freiburg, Göttingen, Jena, Kassel, Kiel, Konstanz, Mainz, Mannheim, Münster, Potsdam, Rostock, Trier, Wuppertal
B.A. Soziologie in Kombination (2)	*Aachen*: Politik: Politikwiss. und Soziologie, *Hagen* FernU: Politikwissenschaft, Verwaltungswissenschaft, Soziologie

	B.A. Sozialwissenschaften
B.A. Sozialwissenschaften (22)	Augsburg, Berlin HU, Bielefeld, Bochum, Bonn, Braunschweig, Düsseldorf, Duisburg-Essen, Erfurt: Staatswissenschaft – Sozialwissenschaften, Fulda H, Göttingen, Hannover, Kaiserslautern, Köln, Magdeburg, Marburg, München UBw: Staats- und Sozialwissenschaften, Oldenburg, Osnabrück, Rostock, Stuttgart (dt.-frz.), Trier, Vechta, Wuppertal
B.A. Sozialwissenschaften Lehramt (4)	Bielefeld, Dortmund TU, Duisburg-Essen (optional), Hamburg, Köln, Ludwigsburg, PH, Münster, Rostock, Schwäbisch Gmünd PH, Siegen
B.A. Social Sciences (2)	Rhein-Waal H : International Business and Social Sciences, Gießen: Social Sciences/ Sozialwissenschaften

Tab. 3 M.A.-Studiengänge Soziologie, Sozialwissenschaften/ Social Sciences

Master-Studiengänge Soziologie, Sozialwissenschaft(en) Social Sciences	
Universitäten. H: Hochschule, TH: Technische Hochschule, TU: Technische Universität, UBW: Universität der Bundeswehr, HU: Humboldt-Universität Berlin, ThH: Theologische Hochschule	
M.A. Soziologie	
M.A. Soziologie (16)	Aachen TH, Bamberg, Bielefeld, Chemnitz TU, Darmstadt TU, Duisburg-Essen, Frankfurt/M., Freiburg, Göttingen, Jena, Kassel, Konstanz, Mannheim, Münster, Rostock, Trier, Wuppertal
M.A. Soziologie mit ausgewiesener Spezialisierung (10)	Aachen TH: Politik: Politikwissenschaft/ Soziologie, Bremen: Soziologie und Sozialforschung, Erfurt: Geschichte und Soziologie/ Anthropologie des Vorderen Orients in globaler Perspektive, Frankfurt/M.: Wirtschafts- und Finanzsoziologie, Kiel: Soziologie, International vergleichende, Mainz: Soziologie: Forschungspraxis und Praxisforschung, Marburg: Soziologie und Sozialforschung, Osnabrück: Soziologie: Dynamiken gesellschaftlichen Wandels, Trier: Medien und Kultursoziologie, Trier: Wirtschaftssoziologie
M.A. Sozialwissenschaft(en)/ Social Sciences	
M.A. Sozialwissenschaft(en) (4)	Berlin HU, Bochum, Magdeburg, Stuttgart, Wuppertal
M.A. Sozialwissenschaft(en) mit ausgewiesener Spezialisierung (8)	Augsburg: Sozialwissenschaftliche Konfliktforschung, Bielefeld FH: Angewandte Sozialwissenschaften, Berlin HU: Sozialwissenschaften / German Turkish Masters Program in Social Science, Dortmund TU: Sozialwissenschaftliche Innovationsforschung, Frankfurt/M.: Sozialwissenschaften des Sports, Düsseldorf: Sozialwissenschaften Gesellschaftliche Strukturen und demokratisches Regieren, München: Statistik mit wirtschafts und sozialwissenschaftlicher Ausrichtung, München UBw: Staats- und Sozialwissenschaften
Master Social Sciences (4)	Friedenau ThH: International Social Sciences, Berlin HU: Sozialwissenschaften/ German Turkish Masters Program in Social Science, Berlin HU: Research Training Program in Social Science, Freiburg: Social Sciences

6 Zusammenfassung

Nach Auf- und Abbewegungen der nach dem 2. Weltkrieg in Deutschland neu zu konstituierenden Soziologie bzw. Sozialwissenschaft haben die beiden Fächer sich unter dem Vorzeichen der „Bologna"-Reformen zahlenmäßig konsolidiert. Sicherlich ist die Praxisorientierung in den verschiedenen Studienkonzepten stärker als früher gegeben, dabei scheint die Wissenschaftlichkeit, die theoriebasierte Reflexionsfähigkeit zurückzubleiben. Die Differenzierungen zwischen den einzelnen Standorten sind allerdings ins Unüberschaubare gestiegen, und auch eine inhaltliche Konsistenz des Faches Soziologie ist nicht vorhanden. Inwieweit die Bachelor-Studiengänge zu der angestrebten Berufsfähigkeit führen, ist pauschal mangels umfassender Daten kaum zu beurteilen. Auch heute ist Clemens zuzustimmen: „Deutlich wird hier, dass im Sinne einer verbesserten Anwendungs- und Verwendungspraxis sowohl theoretisch-konzeptionelle wie empirische Kompetenzen gefragt sind. Daher muss die Entwicklung der soziologischen Praxis – bei aller Notwendigkeit zur Spezialisierung – von beruflicher Qualifikation geprägt werden, die sowohl breites theoretisches und Methodenwissen mit der Fähigkeit zur lebensweltlichen Perspektive als ‚gesellschaftliche Kompetenz' verbindet." (Clemens 2001, S. 231) Wie die Beiträge dieses Sammelbandes zeigen, sind die mit einer soziologischen Ausbildung vermittelten und internalisierten Kompetenzen gleichwohl eine Basis für einen erfolgreichen Weg im außeruniversitären Berufsleben.

Literatur

Akkreditierungsrat (2013). *Regeln für die Akkreditierung von Studiengängen und für die Systemakkreditierung.* Drs/AR 20/2013, abrufbar unter http://www.akkreditierungsrat.de/index.
Alemann, Heiner von (1995). Berufsfelder und Berufschancen von Soziologen. In Schäfers, B. (Hrsg.), Soziologie in Deutschland (273-294). Opladen: Leske & Budrich.
Bahrdt, Hans Paul (1984). *Schlüsselbegriffe der Soziologie.* München: Beck.
Bögeholz, Hartwig (1995). *Wendepunkte – die Chronik der Republik. Der Weg der Deutschen in Ost und West.* Reinbek: Rowohlt.
Clemens, Wolfgang (2001). Soziologie in der gesellschaftlichen Praxis. In *Sozialwissenschaften und Berufspraxis* 24, 213-234.
Ernst, Stefanie (2008). *Manual Lehrevaluation.* Wiesbaden: VS Verlag für Sozialwissenschaften.
Gerhards, Jürgen (2014). Top Ten Soziologie. Welche soziologischen Texte sollten Studierende der Soziologie gelesen haben? In *Soziologie* 43, 313-321.
König, Renée (1958) (Hrsg.). Soziologie. Das Fischer Lexikon. Frankfurt a. M.: Fischer Bücherei.
Kultusministerkonferenz (2010). *Ländergemeinsame Strukturvorgaben für die Akkreditierung von Bachelor- und Masterabschlüssen.* Beschluss der Kultusministerkonferenz vom 10.10.2003 in der Fassung vom 04.02.2010. Mit Anlage „Rahmenvorgaben für die Einführung von Leistungspunktsystemen und die Modularisierung von Studiengängen". Abrufbar unter http://www.kmk.org.

Lüschen, Günther (1995). 25 Jahre deutsche Nachkriegssoziologie. Institutionalisierung und Theorie. In Schäfers, Bernhard (Hrsg.), *Soziologie in Deutschland. Entwicklung, Institutionalisierung und Berufsfelder. Theoretische Kontroversen* (11-33). Opladen: Leske & Budrich.

Mertens, Dieter (1974). Schlüsselqualifikationen – Thesen zur Schulung für eine moderne Gesellschaft. In *Mitteilungen aus der Arbeitsmarkt- und Berufsforschung* 7, Nr. 1, 1974. Münch, Richard (2010). Mit dem Bologna-Express in die europäische Wissensgesellschaft. In *Sozialwissenschaften und Berufspraxis* 33, 5-18.

Schäfers, Bernhard (1986). *Grundbegriffe der Soziologie*. Opladen: Leske & Budrich.

Siefert, Gregor (1995). Die Institutionalisierung der Soziologie: Studienabschlüsse und Studienorte. In Schäfers, B. (Hrsg.), *Soziologie in Deutschland* (259-272). Opladen: Leske & Budrich.

Späte, Katrin (2011). *Kompetenzorientiert Soziologie lehren. Dimensionen, Methoden, Perspektiven.* Opladen & Farmington Hills (USA): Barbara Budrich.

Späte, Katrin (2011). Vom „absichtslosen Zusammenwirken" zum getunten Studienprogramm. Eine wissenssoziologische Diskussion der Studienreform. In dies. (Hg.). *Kompetenzorientiert Soziologie lehren. Dimensionen, Konzepte, Perspektiven* (S. 143-162). Opladen & Farmington Hills: Barbara Budrich.

Späte, Katrin, & Kloth, Sebastian 2011: Ewig undiszipliniert? Fachkompetenz in der Soziologie-Lehre. In dies. (Hg.). *Kompetenzorientiert Soziologie lehren. Dimensionen, Konzepte, Perspektiven* (S. 11-31), Opladen & Farmington HIlls: Barbara Budrich.

Wildt, Johannes (1999). Vorwort. In Orth, Helen, Schlüsselqualifikationen an deutschen Hochschulen (V-VIII). Neuwied u. a. O.: Luchterhand.

Wissenschaftsrat (2012). *Empfehlungen zur Akkreditierung als Instrument der Qualitätssicherung.* Drucksache 2259-12, Bremen 25.05.2012.

Gesucht: Soziologinnen und Soziologen?
Der Stellenmarkt in der Wochenzeitung „Die Zeit" 2001 bis 2014

Norbert Schreiber

1 Einleitung

Im Sammelband „Was werden mit Soziologie" (Breger und Böhmer 2007) wurde bereits mit Daten aus dem Mikrozensus darüber berichtet, wo Erwerbstätige tätig sind, die ein sozialwissenschaftliches Studium abgeschlossen haben (Glöckner 2007). Dabei zeigte sich, dass sozialwissenschaftlich Qualifizierte in erheblichem Umfang in Berufen beschäftigt sind, auf die ihr Hochschulstudium nicht speziell zugeschnitten war, beispielsweise in kaufmännischen Berufen oder Medienberufen.

Mein Beitrag in diesem Band (Schreiber 2007) befasste sich auf der Grundlage von Stellenangeboten 2001 bis 2006 in der Wochenzeitung „Die Zeit" mit der Frage, welche Arbeitgeber heutzutage ausdrücklich Personen suchen, die durch ihr Hochschulstudium sozialwissenschaftliche/soziologische Kompetenzen erworben haben. Die Ergebnisse dieser Inhaltsanalyse sollen hier bis zum Jahr 2014 fortgeschrieben werden.[1]

2 Entwicklungen am Stellenmarkt für Sozialwissenschaften

Von Januar 2001 bis Dezember 2014 wurden in der Wochenzeitung „Die Zeit" insgesamt 6.175 Stellenangebote veröffentlicht, welche sich entweder *ausschließlich* an Personen mit einem Studium der Soziologie (13 %) oder der Sozialwissenschaften (17 %) oder ausdrücklich *auch* an diese beiden Zielgruppen richteten (70 %). Zu ähnlichen Ergebnissen gelangte auch Manfred Bausch mit einer Stellenanalyse: „Die Inserenten richten sich […] in der überwiegenden Zahl der Offerten nicht ausschließlich an Absolventen bestimmter geistes- und sozialwissenschaftlicher Studiengänge, sondern lassen Wettbewerber an-

---

1 Die SPSS-Datei mit der Inhaltsanalyse der Stellenangebote für SozialwissenschaftlerInnen/ SoziologInnen in „Die Zeit" ab dem Jahr 2001 steht kostenlos für weitere wissenschaftliche Sekundäranalysen, beispielsweise im Rahmen von Abschlussarbeiten, zur Verfügung. Die Datei kann beim Autor per E-Mail (s. u.) angefordert werden.

derer Studiengänge zu. Sozialwissenschaftler konkurrieren häufig mit Wirtschafts- und Geisteswissenschaftlern, Psychologen und Pädagogen um eine Stelle" (Bausch 2010, S.5).

Betrachtet man den Sprachgebrauch in den Stellenanzeigen etwas genauer, wird deutlich, dass sich im Gegensatz zur Berufsbezeichnung „Psychologe" die Berufsbezeichnung „Soziologe" in Deutschland nicht wirklich durchgesetzt hat. In den meisten Fällen wird nämlich ganz allgemein von „Sozialwissenschaftlern" gesprochen, und angesprochen sind damit Personen, die schwerpunktmäßig soziologisch qualifiziert sind. Der Begriff „Sozialwissenschaftler" bezieht sich nur in wenigen Stellenangeboten auf Akademikerinnen und Akademiker, welche speziell ein Studium der „Sozialwissenschaften" absolviert haben.

Nach den Inseraten in der „Die Zeit" waren in den Jahren 2003 bis 2006 und 2013/14 besonders wenige Stellen mit einer konkreten Ausschreibung für die Sozialwissenschaften am Markt (Tab. 1). Eine besonders günstige Arbeitsmarktlage für sozialwissenschaftlich Qualifizierte zeigte sich dagegen in den Jahren 2008 und 2009.

Tab. 1 Stellenangebote für Sozialwissenschaftler in „Die Zeit" 2001-2014

Jahr	Anzahl Angebote
2001	486
2002	478
2003	341
2004	358
2005	321
2006	358
2007	489
2008	653
2009	594
2010	437
2011	503
2012	464
2013	380
2014	313

Im Laufe des Jahres 2013 wurden der Bundesagentur für Arbeit 450 freie Stellen für Sozialwissenschaftlerinnen und -wissenschaftler gemeldet (Bundesagentur für Arbeit 2014, S. 87). Dies sind etwas mehr Stellenangebote als durch die Stellenanalyse der „Zeit" ermittelt wurden. Beide Quellen dürften allerdings keine umfassende Übersicht zum Arbeitsmarkt für sozialwissenschaftlich Qualifizierte bieten, so dass sich für Erwerbsarbeitsuchende weitere, auch informelle Recherchen empfehlen.

3 Wer sucht gezielt sozialwissenschaftlich Qualifizierte?

Der Stellenmarkt in „Die Zeit" bietet konkrete Beschäftigungsmöglichkeiten vor allem an Universitäten (39 % der Angebote), in öffentlichen Forschungseinrichtungen (18 %), an Fachhochschulen (13 %), bei Bund, Ländern und Gemeinden (8 %), bei Hilfsorganisationen und Wohlfahrtsverbänden (6 %) sowie in kirchlichen Einrichtungen (6 %)[2]. Sogenannte „gewinnorientierte" Unternehmen spielen als Anbieter auf diesem Markt kaum eine Rolle, obwohl einige mit dem Studium der Sozialwissenschaften nachweislich in diesem Bereich beruflich tätig sind (Brüderl und Reimer 2002; Glöckner 2007). Unternehmen suchen also nur in seltenen Fällen ausdrücklich sozialwissenschaftliche Fachleute und wenden sich im Zweifel lieber und in erster Linie an Akademikerinnen und Akademiker mit wirtschaftswissenschaftlichem und speziell betriebswirtschaftlichem Hintergrund.

In der Hälfte der explizit Sozialwissenschaften adressierenden Stellen werden wissenschaftliche Mitarbeiter oder vergleichbares wissenschaftliches Personal gesucht. Jeweils ein Fünftel der Angebote entfällt auf Professuren (Universitäten und Fachhochschulen) sowie Fachkräfte im außerwissenschaftlichen Bereich. Ein Zehntel der Angebote bezieht sich auf Führungskräfte wie zum Beispiel Geschäftsführung oder Direktion.

4 Welche Qualifikationen werden erwartet?

Die Stellenanzeigen wurden nach Erwähnung von Qualifikationen in den drei Bereichen Methoden empirischer Sozialforschung, "Fremdsprachen und Promotion ausgewertet. Es zeigt sich, dass die Qualifikationsanforderungen an die Bewerberinnen und Bewerber mit sozialwissenschaftlichem Abschluss im Bereich Fremdsprachenkompetenz auf einem hohen Niveau schwankt (44 %), im Laufe der Jahre im Bereich Promotion etwas gestiegen sind (vgl. Tab 2).

Besonders häufig (47 % der Stellen) wird bei Ausschreibung eines sozialwissenschaftlichen Studiums erwartet, dass Methoden der empirischen Sozialforschung beherrscht werden. Dabei überwiegt zurzeit die Nachfrage nach quantitativen Methodenkenntnissen speziell für Befragungen, Evaluationen und statistische Auswertungen, beispielsweise mit SPSS. Unter anderem durch die Internationalisierung von Wissenschaft und Forschung, die weltweite Tätigkeit deutscher Hilfsorganisationen und die steigende internationale Kommunikation von Institutionen in Deutschland sind Fremdsprachenkenntnisse zunehmend unabdingbar geworden. Die Nachfrage nach Fremdsprachenkenntnissen insbesondere bezüglich Englisch ist vermutlich noch größer, als in den untersuchten Stellenanzeigen

---

[2] Hochschulen in kirchlicher Trägerschaft wurden den Universitäten und Fachhochschulen und nicht den kirchlichen Einrichtungen zugerechnet.

Tab. 2 Nachgefragte Qualifikationen in Stellenangeboten für sozialwissenschaftlich Qualifizierte in „Die Zeit" 2001-2014 (Mehrfachnennungen möglich)

Jahr	Methoden Empirischer Sozialforschung %	Fremdsprachen- Kenntnisse %	Promotion %
2001	43	34	28
2002	48	33	36
2003	52	39	45
2004	55	47	37
2005	46	49	47
2006	52	46	41
2007	44	48	40
2008	45	47	46
2009	47	49	43
2010	47	48	53
2011	44	43	42
2012	46	44	51
2013	47	47	50
2014	40	44	53
Mittelwert	47	44	43

zum Ausdruck kommt. Fremdsprachenkompetenz dürfte bei jungen Akademikerinnen und Akademikern zunehmend als selbstverständlich vorausgesetzt werden.

Während Methoden- und Fremdsprachenkenntnisse in zahlreichen Tätigkeitsfeldern recht gefragt sind, muss der berufliche Nutzen einer Promotion als sehr unterschiedlich eingeschätzt werden. Die Promotion wird vor allem bei Fachhochschulen (69 % der Stellen), Universitäten (56 %) und öffentlichen Forschungseinrichtungen (47 %) erwartet. Bei privaten Forschungsinstituten (14 %), Einrichtungen von Bund, Ländern und Gemeinden (12 %), Wohlfahrtsverbänden (4 %) und kirchlichen Einrichtungen (3 %) spielt die Promotion demgegenüber als wichtiges Auswahlkriterium nur selten eine Rolle.

5 Wo gibt es Arbeit?

Wer mit einem Abschluss in Sozialwissenschaften Erwerbsarbeit sucht, muss damit rechnen, eher in einer (west-)deutschen Großstadt als in Klein- und Mittelstädten fündig zu werden (Tabelle 3). Auf die zehn deutschen Städte mit den häufigsten Stellenangeboten entfallen immerhin 42 % aller Inserate.

Tab. 3 Die 10 häufigsten Arbeitsorte bei Stellenangeboten in „Die Zeit" 2001-2014

Ort	Anzahl Stellen	Häufigste Anbieter
Berlin	712	Universität
Bonn	409	Öffentliche Forschungseinrichtung Beispiel: Deutsches Zentrum für Luft- und Raumfahrt
München	252	Öffentliche Forschungseinrichtung Beispiel: Deutsches Jugendinstitut
Frankfurt/M	216	Universität
Hamburg	179	Universität
Bremen	174	Universität
Hannover	172	Öffentliche Forschungseinrichtung Beispiel: Hochschul-Informations-System
Köln	167	Öffentliche Forschungseinrichtung Beispiel: Gesis, Leibniz-Institut für Sozialwissenschaften
Stuttgart	145	Kirchliche Einrichtung Beispiel: Diakonisches Werk
Mannheim	140	Öffentliche Forschungseinrichtung Beispiel: Gesis, Leibniz-Institut für Sozialwissenschaften

In Berlin ist das Anbieterspektrum besonders vielfältig geworden, nachdem einige Verbände und Organisationen ihre Zentrale in die neue Bundeshauptstadt verlegt haben. Das alte politische Zentrum, der Bonner Raum, bietet Sozialwissenschaftlerinnen und -wissenschaftlern aber nach wie vor relativ viele Beschäftigungsmöglichkeiten. Dies ist unter anderem auf den „Berlin-Bonn-Ausgleich" zurückzuführen, durch den in der Region Köln-Bonn gezielt neue Institutionen angesiedelt wurden, um den Abzug von Bundeseinrichtungen nach Berlin zu kompensieren.

In den neuen Bundesländern sind die Beschäftigungsmöglichkeiten für die Zielgruppe besonders spärlich. Nach den Stellenanzeigen in „Die Zeit" konnten sozialwissenschaftlich Qualifizierte noch am ehesten in Leipzig (63 Stellen), Dresden (56), Halle (50) und Potsdam (43) eine ihrer Ausbildung entsprechende Arbeit finden. Charakteristisch für die Arbeitsmarktsituation in den neuen Bundesländern ist, dass Einrichtungen und Organisationen außerhalb von Wissenschaft und Forschung noch seltener als in den alten Bundesländern sozialwissenschaftlich Qualifizierte nachfragen.

6 Ist die befristete Beschäftigung der Normalfall?

59 % aller untersuchten Stellen wurden als zeitlich befristet ausgeschrieben. Die zeitliche Befristung hat oftmals damit zu tun, dass der Arbeitsauftrag begrenzt ist und dass nur in begrenztem Umfang Personalmittel für ein so genanntes „Projekt" zur Verfügung stehen. Beschäftigungsverhältnisse dieser Art sind in den öffentlichen Forschungsinstituten, an Universitäten, bei Hilfsorganisationen oder Bildungseinrichtungen die Regel (Tab. 4).

Tab. 4 Beschäftigungsverhältnisse bei Stellenangeboten nach Anbietern in „Die Zeit" 2001-2014

Stellenanbieter	n	Befristet %	Unbefristet %
Öffentliche Forschungseinrichtung	187	81	19
Universität	2.433	68	32
Hilfsorganisation, Wohlfahrtsverband	396	62	38
Bildungseinrichtung	80	54	46
Privates Forschungsinstitut	152	49	51
Stiftung	178	46	54
Bund, Bundesland, Kommune	478	41	59
Interessenverband	76	40	60
Fachhochschule	823	38	62
Kirchliche Einrichtung	337	24	76

Befristete Arbeitsverträge sind eigentlich eher untypisch für Institutionen und Organisationen, die kontinuierlich bestimmte Dienstleistungen zu erbringen haben. Dazu zählen kirchliche Einrichtungen ebenso wie der Öffentliche Dienst auf den Ebenen von Bund, Bundesländern und Kommunen. Für diese Arbeitgeber wäre es vermutlich auch ziemlich unwirtschaftlich, ihre neuen Akademikerinnen und Akademiker relativ lange speziell einzuarbeiten und sie dann nach kurzer Zeit wieder freizusetzen.

Die Beschäftigungsverhältnisse an den Fachhochschulen unterscheiden sich vor allem deshalb von jenen an den Universitäten, weil Fachhochschulen, wenn sie sozialwissenschaftlich Qualifizierte nachfragen, meistens Hochschullehrende auf Dauer suchen. Universitäten und die ihnen zugeordneten Institute suchen demgegenüber wesentlich öfter wissenschaftliche Mitarbeiterinnen und Mitarbeiter, die in zeitlich befristete Forschungsprojekte eingebunden sind und durch Drittmittel finanziert werden.

Sozialwissenschaftlerinnen und Sozialwissenschaftler, die eine längerfristige Beschäftigungsperspektive anstreben, müssen sich also in der Regel um eine Anstellung außerhalb von Wissenschaft und Forschung bemühen. Dies erklärt nicht zuletzt, warum nach Ergebnissen des Mikrozensus lediglich 14 % derer, welche früher ein sozialwissenschaftliches Hochschulstudium absolviert haben, in Hochschulen und Forschung tätig sind (Glöckner 2007, S. 167).

7 Ausblick

Nach dem Mikrozensus besaßen im Jahr 2012 hochgerechnet rund 66.000 Erwerbstätige in Deutschland einen sozialwissenschaftlichen Hochschulabschluss (Bundesagentur für Arbeit 2014, S. 87): Von diesen sozialwissenschaftlich Qualifizierten waren allerdings lediglich rund 6.000 Erwerbstätige im engeren Sinne sozialwissenschaftlich tätig. Der weit überwiegende Teil der Erwerbspersonen mit sozialwissenschaftlicher Qualifikation hat also schließlich Arbeitsplätze gefunden, welche am Erwerbsarbeitsmarkt nicht explizit an sozialwissenschaftlich Qualifizierte gerichtet werden. Genauere Erkenntnisse zu den häufigen Übergängen von einem sozialwissenschaftlichen Hochschulstudium in eher weniger explizit sozialwissenschaftlich geprägte berufliche Felder wären nicht zuletzt für die inhaltliche Gestaltung neuer Studiengänge sehr nützlich.

Literatur

Bausch, Manfred (2010). Stellenmarkt Geistes- und Sozialwissenschaften. In Wissenschaftsladen Bonn (Hrsg.), *Arbeitsmarkt Bildung Kultur Sozialwesen 16/2010* (S. 4-8). Bonn.

Breger, Wolfram, Böhmer, Sabrina (Hrsg.) (2007). *Was werden mit Soziologie. Berufe für Soziologinnen und Soziologen. Das BDS-Berufshandbuch*. Stuttgart: Lucius & Lucius.

Brüderl, Josef, Reimer, David (2002). Soziologinnen und Soziologen im Beruf. Ergebnisse ausgewählter Absolventenstudien der 90er Jahre. In: In Reinhard Stockmann, & Wolfgang Meyer, & Thomas Knoll (Hg.). *Soziologie im Wandel. Universitäre Ausbildung und Arbeitsmarktchancen in Deutschland* (S. 199-214). Opladen: Leske und Budrich,

Bundesagentur für Arbeit (2014). *Gute Bildung – gute Chancen. Der Arbeitsmarkt für Akademikerinnen und Akademiker in Deutschland*. Nürnberg.

Glöckner, Ulf (2007). Wandel der Tätigkeitsfelder von Sozialwissenschaftlern. Eine Deskription auf der Grundlage des Mikrozensus von 1989, ,93, ,96 und 2000. In Wolfram Breger, & Sabrina Böhmer (Hg.). *werden mit Soziologie. Berufe für Soziologinnen und Soziologen. Das BDS-Berufshandbuch* (S. 163-176). Stuttgart: Lucius & Lucius,.

Meyer, Wolfgang (2002). Die Entwicklung der Soziologie im Spiegel der amtlichen Statistik. In Reinhard Stockmann, & Wolfgang Meyer, & Thomas Knoll (Hg.). *Soziologie im Wandel. Universitäre Ausbildung und Arbeitsmarktchancen in Deutschland* (S. 45-113). Opladen: Leske und Budrich,.

Schreiber, Norbert (2007). Ein Blick auf den Stellenmarkt in „Die Zeit". In Wolfram Breger, & Sabrina Böhmer (Hg.). *Was werden mit Soziologie. Berufe für Soziologinnen und Soziologen. Das BDS-Berufshandbuch* (S. 115-124). Stuttgart: Lucius & Lucius,.

Literaturhinweis

Schreiber, Norbert (1999). *Wie mache ich Inhaltsanalysen? Vom Untersuchungsplan zum Ergebnisbericht*. Frankfurt/M. : Fischer.

Erwartungen der Wirtschaft an Absolventinnen und Absolventen

Kevin Heidenreich

1 Arbeitsmarkt und Erwartungen seitens von Unternehmen

Der Arbeitsmarkt für Hochschulabsolventinnen und -absolventen ist vielfältig, undurchsichtig und manchmal nervenaufreibend – für Absolventen und Personaler gleichermaßen. So wenig wie es den einzigen passenden Job für alle Soziologen oder Sozialwissenschaftler gibt, so wenig gibt es auch den perfekten Bewerber für Unternehmen. Jedes Unternehmen stellt andere Anforderungen an Mitarbeiterinnen und Mitarbeiter. Welche Kompetenzen erwartet werden, hängt von der Branche, der zu besetzenden Position sowie der Größe des Unternehmens ab. Es macht oftmals auch einen großen Unterschied, ob das Unternehmen international aufgestellt ist oder nicht.

Die Uneinheitlichkeit der Erwartungen an Hochschulabsolventen macht es für den Studierenden nicht einfach, das Studium auf den zukünftigen Berufswunsch hin auszurichten und die eigenen Stärken gegenüber dem Arbeitgeber deutlich zu machen. Genauso schwierig ist es von Seiten der Wirtschaft, eindeutige Aussagen zu treffen. Die Vielfalt und manchmal auch die Überzogenheit von Stellenanzeigen zeigen dies eindrucksvoll. Zudem schwankten die Bewertungen der „Bologna"-Studiengänge durch Arbeitgeber in den vergangen Jahren. Hier scheint sich ein Wandel anzudeuten; der „Bachelor kommt in den Unternehmen an", heißt es in einer Information der Bundesvereinigung der Deutschen Arbeitgeberverbände (2014).

Was genau erwarten Unternehmen von den Absolventinnen und Absolventen der neuen Studiengänge? Um eine gewisse Orientierung zu geben und vielleicht auch kleine Gemeinsamkeiten herauszufinden, führt der Deutsche Industrie- und Handelskammertag (DIHK)[1] regelmäßig gemeinsam mit den Industrie- und Handelskammern Umfragen zu den Erwartungen der Wirtschaft an Hochschulabsolventen durch. Die nachfolgenden Ergebnisse sind eine Auswahl der jüngsten Befragung von 2011, an der sich 2175 Unternehmen in 77 von 80 IHK-Bezirken in Deutschland beteiligt haben (Heidenreich 2011). Darunter sind alle

---

[1] Der DIHK ist ein eingetragener Verein; Mitglieder sind die 80 deutschen Industrie- und Handelskammern. Er vertritt in allen Fragen, die das Gesamtinteresse der gewerblichen Wirtschaft betreffen, den gemeinsamen Standpunkt der IHKs auf nationaler, europäischer und internationaler Ebene gegenüber Politik, Verwaltung, Justiz und Öffentlichkeit.

Unternehmensgrößen vertreten: 37 Prozent sind kleine Unternehmen bis 50 Mitarbeiter, 44 Prozent sind mittlere Unternehmen bis 500 Mitarbeiter und mit einem Anteil von 18 Prozent haben sich Großunternehmen mit mehr als 500 Mitarbeitern an der Umfrage beteiligt. Der Anteil der Unternehmen, die international aktiv sind, beträgt 58 Prozent.

Die Umfrage erlaubt keine Aufschlüsselung nach der Fachrichtung des Studiums. Es können also keine Aussagen speziell für Soziologen oder Sozialwissenschaftler getroffen. Die folgenden Ergebnisse spiegeln vielmehr einen Durchschnitt über alle Fächer und Tätigkeiten in deutschen Unternehmen wieder. So interessant eine genauere Betrachtung wäre, so schwierig ist aber oftmals eine Zuordnung zwischen der Ausrichtung des Studiums und der darauf folgenden Tätigkeit. Gerade im geistes- und sozialwissenschaftlichen Bereich erlaubt die breite Ausrichtung des Studiums eine Vielzahl an beruflichen Möglichkeiten.

2 In Unternehmen Beschäftigte mit akademischem Abschluss

Knapp ein Drittel der Unternehmen hat einen Anteil an Hochschulabsolventen von maximal 5 Prozent unter den Mitarbeiterinnen und Mitarbeitern im Betrieb. Unternehmen mit einem Anteil von mehr als 30 Prozent Mitarbeiterinnen und Mitarbeitern mit einem Hochschulabschluss machen dagegen nur einen Anteil von etwa 17 Prozent aller Unternehmen aus. Die Mehrheit der neu eingestellten Beschäftigten mit einem Hochschulabschluss hat noch einen alten Diplom- oder Magister-Abschluss erworben. Der Anteil an Absolventinnen und Absolventen mit Bachelorabschluss liegt aber bereits bei 25 Prozent, mit einem Masterabschluss bei 14 Prozent. Vor allem große Unternehmen haben im Vergleich mehr Bachelor-Absolventinnen – und Absolventen eingestellt als kleine Unternehmen.

Im Vergleich zu der letzten Umfrage aus dem Jahr 2007 ist der Anteil der alten Hochschulabschlüsse von 59 Prozent auf 52 Prozent leicht gesunken, der Anteil von Master-Abschlüssen von 8 Prozent auf 14 Prozent gestiegen und der Anteil an Bachelor-Abschlüssen ist mit 25 Prozent in etwa gleich geblieben. Für die Zukunft ist vor dem Hintergrund der Einstellung von Diplom- und Magisterstudiengängen eine weitere Reduktion der früheren Abschlüsse zu erwarten.

Der konstant gebliebene Anteil von Absolventinnen und Absolventen mit Bachelorabschluss hat zwei Ursachen: Erstens haben zum Zeitpunkt der letzten Umfrage zwar die ersten Studierenden mit einem Bachelor-Abschluss, aber nur wenige mit einem Master-Abschluss die Hochschulen verlassen, weil der Zugang zum Masterstudium das Vorhandensein eines Hochschulabschlusses bereits voraussetzt Somit ist es plausibel, dass der Anteil der Beschäftigten mit einem Masterabschluss steigt. Zweitens schließen 80 % der Bachelorstudierenden einen Masterstudiengang an, so dass diese noch nicht auf dem Erwerbsarbeitsmarkt zur Verfügung stehen. Das zukünftige Verhältnis von Bachelor- und Master-Abschlüssen hängt somit stark von der Akzeptanz des Bachelors bei Studierenden und Unternehmen ab.

Bei den Einstellungen von Mitarbeiterinnen und Mitarbeitern in den 12 Monaten vor der Befragung liegt der Anteil von Absolventinnen und Absolventen mit einem Fachhochschulabschluss mit 42 Prozent knapp über dem Anteil derjenigen mit einem universitären Abschluss mit 40 Prozent. Dieses Verhältnis macht deutlich, dass die Mitgliedsunternehmen der IHK-Organisation, im Gegensatz zum Beispiel zum öffentlichen Dienst, überdurchschnittlich viele Absolventinnen und Absolventen von Fachhochschulen einstellen. Die Unternehmen schätzen also die praxisnahe Ausbildung sowohl an Fachhochschulen als auch an Berufsakademien, die mit knapp 18 Prozent der eingestellten Personen ebenfalls überdurchschnittlich vertreten sind. Die Wertschätzung berufsbegleitender Studiengänge durch die Unternehmen sei hier ausdrücklich hervorgehoben (vgl. Heidenreich 2011, S. 18ff.), auch wenn im Folgenden auf diesen Aspekt nicht näher eingegangen wird.

3   Erwartungen an die Studiengänge „Bachelor" und „Master"

Knapp die Hälfte derjenigen Unternehmen, die Hochschulabsolventen und -absolventinnen beschäftigen, haben Nachwuchskräfte mit Bachelor- und bzw. oder Master-Abschluss eingestellt. (Im Jahr 2011 lag dieser Anteil bei 45 %.) Es herrscht eine gewisse Skepsis vor: die Erwartungen an Absolventinnen und Absolventen mit den neuen Studienabschlüssen beziehen sich hinsichtlich des Bachelor vor allem auf eine stärkere Anwendungsorientierung, einen stärkeren, durch integrierte Praktika zu vermittelnden Praxisbezug sowie auf soziale und persönliche Kompetenzen (vgl. Abb. 1), hinsichtlich des Master neben der Anwendungsorientierung und Praktika auch, mit Blick auf die einzunehmenden Positionen, auf Ausbildung von Führungskompetenzen (vgl. Abb. 2).

Erwartungen an Bachelor-Studiengänge
1 = unwichtig | 5 = sehr wichtig

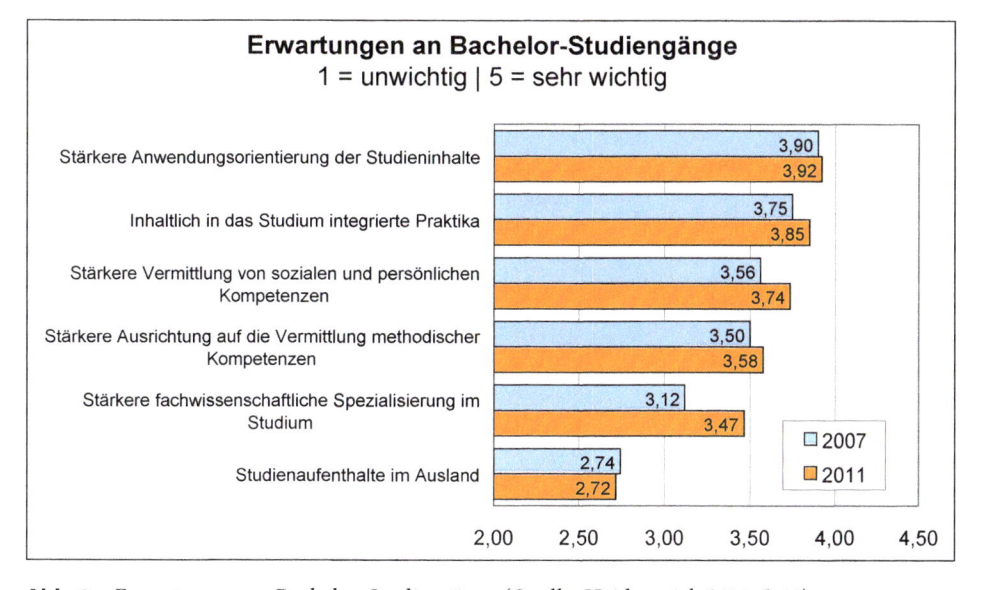

	2007	2011
Stärkere Anwendungsorientierung der Studieninhalte	3,90	3,92
Inhaltlich in das Studium integrierte Praktika	3,75	3,85
Stärkere Vermittlung von sozialen und persönlichen Kompetenzen	3,56	3,74
Stärkere Ausrichtung auf die Vermittlung methodischer Kompetenzen	3,50	3,58
Stärkere fachwissenschaftliche Spezialisierung im Studium	3,12	3,47
Studienaufenthalte im Ausland	2,74	2,72

Abb. 1   Erwartungen an Bachelor-Studiengänge (Quelle: Heidenreich 2011, S. 12)

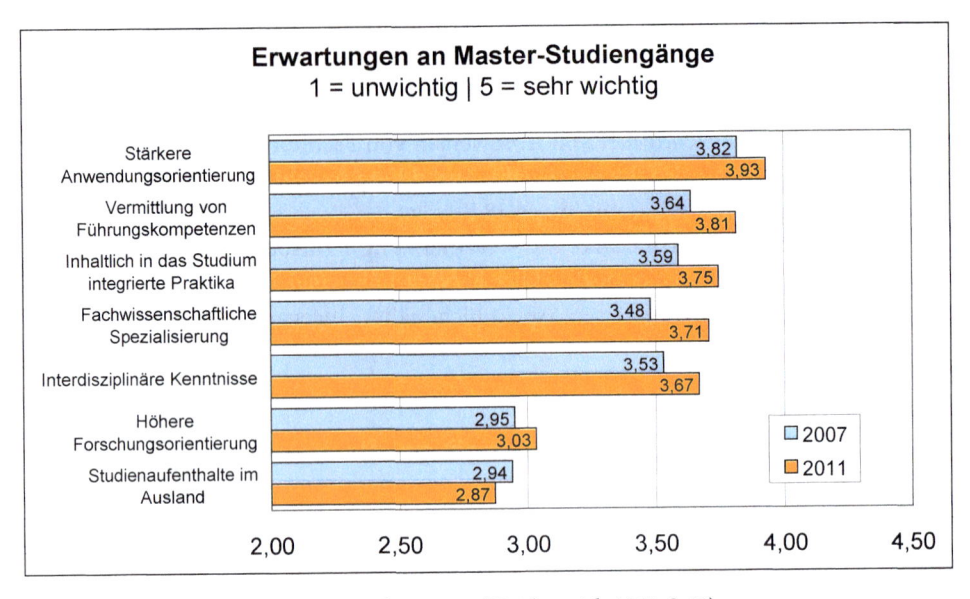

Abb. 2 Erwartungen an Master-Studiengänge (Heidenreich 2011, S. 13)

Ein Großteil der Unternehmen sieht generell Schwierigkeiten bei der Stellenbesetzung mit akademisch ausgebildeten Beschäftigten, gleich welchen Abschlusses. 16 Prozent der Befragten gaben in der Umfrage des DIHK an, dass ihnen Bewerberinnen und Bewerber fehlten; dies war vor allem in den Bereichen Informationstechnologie(IT) sowie Medien der Fall. Für viele war auch die fachliche Qualifikation der beschäftigten Akademiker und Akademikerinnen nicht ausreichend (Heidenreich 2011, S.16). Mehr als ein Drittel (34 Prozent) trennte sich aus unterschiedlichen Gründen von Beschäftigten mit akademischem Abschluss (vgl. Abb. 3).

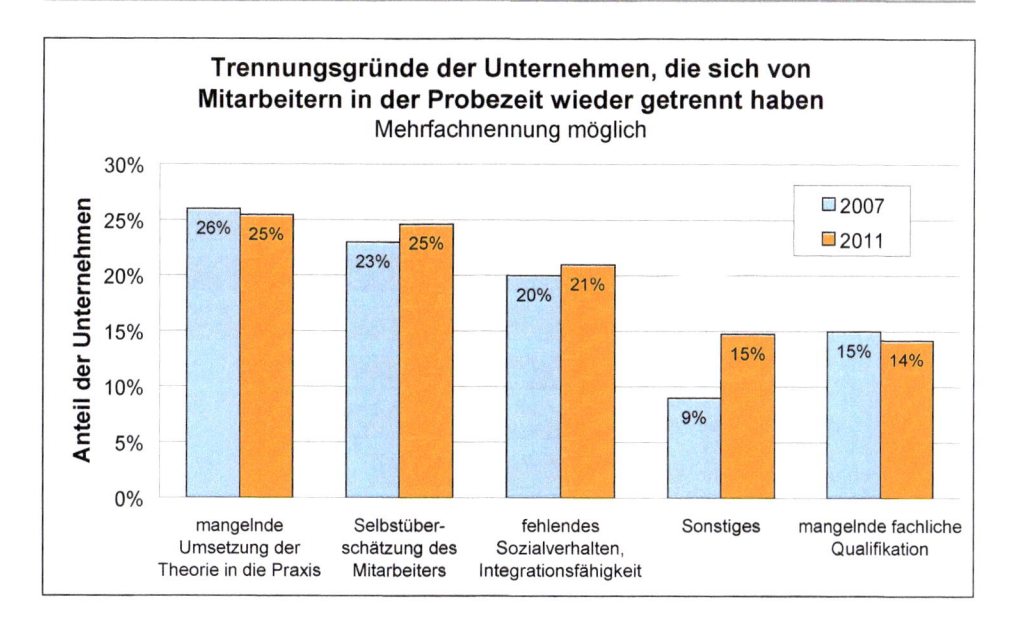

Abb. 3 Trennungsgründe (Heidenreich 2011, S. 16)

4 Erwartungen an Absolventinnen und Absolventen „Bachelor" und „Master"

Einsatzbereitschaft, Verantwortungsbewusstsein, Kommunikations- und Teamfähigkeit sind hinsichtlich der sozialen Kompetenzen von Hochschulabsolventen und -absolventinnen die deutlichen Spitzenreiter aus der Sicht von Unternehmen und Arbeitgebern. Die zuvor vermisste Führungskompetenz (siehe oben) spielt auch eine, aber untergeordnete Rolle. Im Hinblick auf Erwartungen an persönliche Kompetenzen liegen Selbständigkeit, Erfolgsorientierung und Belastbarkeit sowie Stressresistenz auf den ersten Plätzen (vgl. Abb. 4 und 5).

Soziale Kompetenzen
1 = unwichtig | 4 = sehr wichtig

Einsatzbereitschaft	3,86
Verantwortungsbewusstsein	3,84
Kommunikationsfähigkeit	3,79
Teamfähigkeit	3,79
Kritikfähigkeit	3,47
Konfliktfähigkeit	3,43
Führungskompetenz	3,02
interkulturelle Kompetenz	2,70

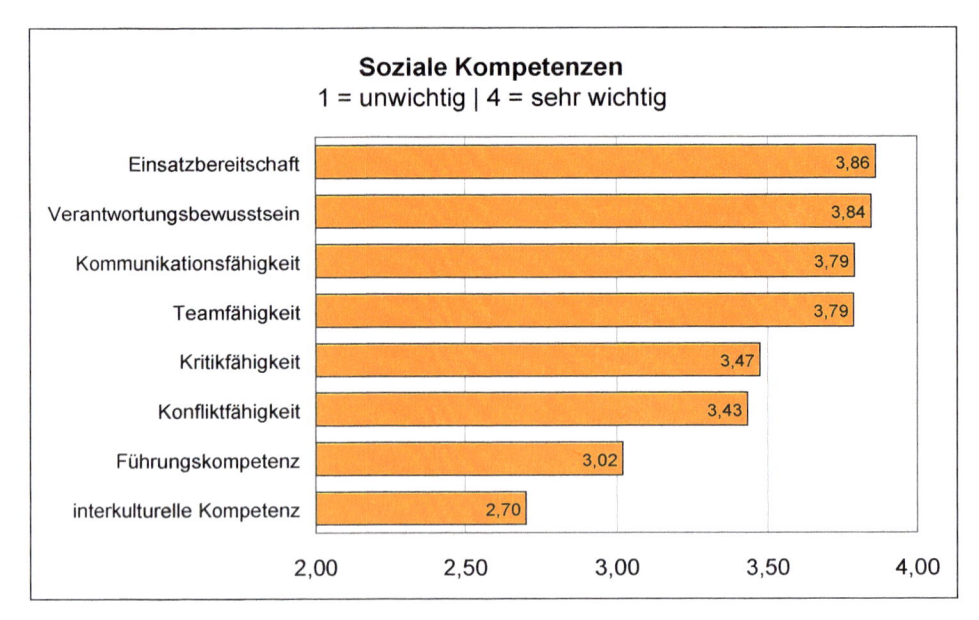

Abb. 4 Gewichtung sozialer Kompetenzen (Quelle: Heidenreich 2011, S. 17)

Persönliche Kompetenzen
1 = unwichtig | 4 = sehr wichtig

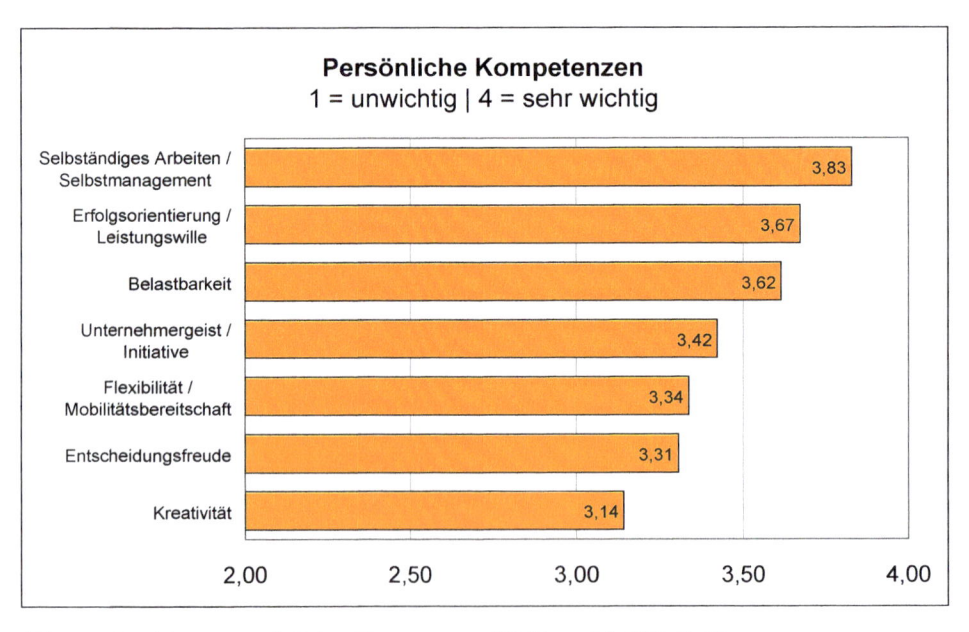

Selbständiges Arbeiten / Selbstmanagement	3,83
Erfolgsorientierung / Leistungswille	3,67
Belastbarkeit	3,62
Unternehmergeist / Initiative	3,42
Flexibilität / Mobilitätsbereitschaft	3,34
Entscheidungsfreude	3,31
Kreativität	3,14

Abb. 5 Gewichtung persönlicher Kompetenzen (Heidenreich 2011, S. 18)

Analyse- und Entscheidungsfähigkeit gelten unter den fachlich-methodischen Kompetenzen als besonders wichtig, während die Befähigung zu Forschung, die naturgemäß nur bei wenigen Positionen relevant ist, als weniger wichtig angesehen wird (vgl. Abbildung 6).

Fachliche und methodische Kompetenzen
1 = unwichtig | 4 = sehr wichtig

Analyse- und Entscheidungsfähigkeit	3,63
Breites Fachwissen aus der Fachdisziplin	3,51
Lernkompetenz	3,47
Berufsspezifisches Wissen (Praktika, Nebenjobs)	3,35
Fächerübergreifendes Wissen	3,20
Forschungskompetenz	2,25

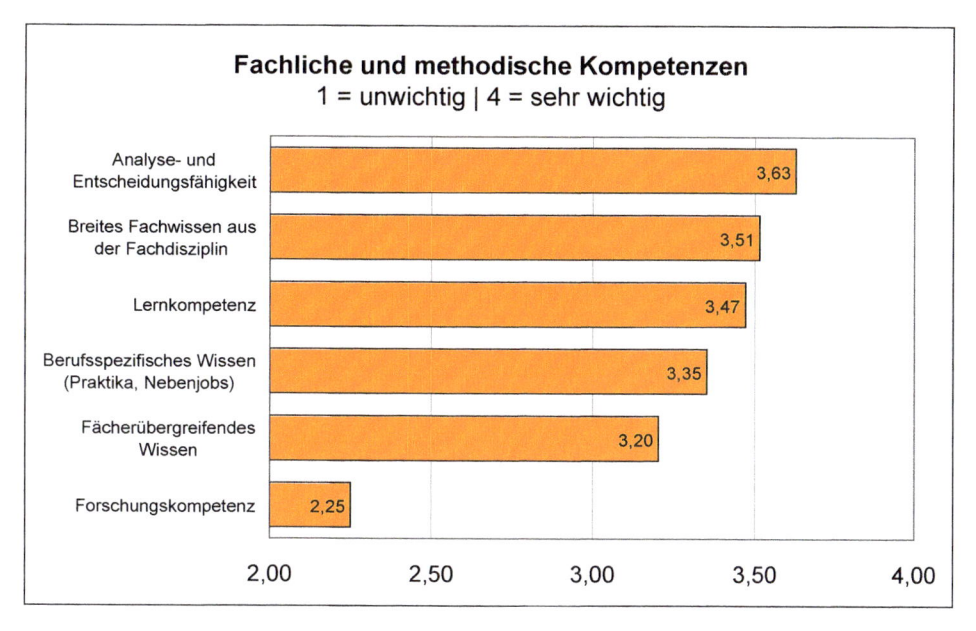

Abb. 6 Gewichtung fachlich-methodischer Kompetenzen (Heidenreich 2011, S. 18)

Die im Rahmen der Bologna-Reformen als wichtiges Teilziel der akademischen Ausbildung angesehene internationale Mobilität wird von Unternehmen zwar gerne gesehen, spielt in der Regel jedoch keine entscheidende Rolle in Bezug auf die erwarteten Kompetenzen. Neben den eher instrumentellen Kenntnissen und Fertigkeiten in den Bereichen der Elektronischen Datenverarbeitung und der Kommunikationstechnologien, sind zweifellos auch die persönliche Kommunikations- und Präsentationsfähigkeiten ein wichtiges Desiderat der Unternehmen, was durchaus als ein Hinweis auf Ziele der akademischen Ausbildung verstanden werden kann (vgl. Abb. 7). Ohne die Interpretation zu überdehnen, kann man aus diesen Daten sicherlich eine Bekräftigung der Vermittlung von Schlüsselqualifikationen in den Bachelor- und Master-Studiengängen ablesen.

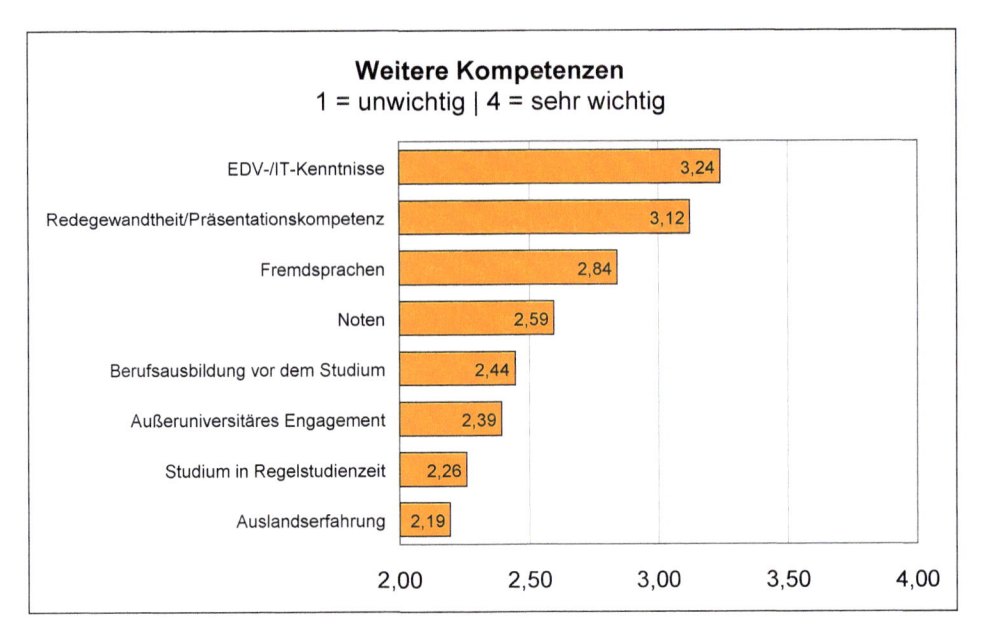

Weitere Kompetenzen
1 = unwichtig | 4 = sehr wichtig

- EDV-/IT-Kenntnisse: 3,24
- Redegewandtheit/Präsentationskompetenz: 3,12
- Fremdsprachen: 2,84
- Noten: 2,59
- Berufsausbildung vor dem Studium: 2,44
- Außeruniversitäres Engagement: 2,39
- Studium in Regelstudienzeit: 2,26
- Auslandserfahrung: 2,19

Abb. 7 Gewichtung weiterer Kompetenzen (Heidenreich 2011, S. 19)

5   Fazit

Die Erwartungen an Hochschulabsolventinnen und -absolventen sind je nach Unternehmen sehr unterschiedlich. Es lassen sich aber Tendenzen und gemeinsame Richtungen feststellen. Entscheidend für eine Einstellung sind weniger fachliches Wissen, sondern vielmehr persönliche und soziale Kompetenzen. Zu einem Studium gehört im Wesentlichen die Fähigkeit, Aufgaben in wissenschaftlich fundierten Tätigkeitsfeldern qualifiziert zu lösen, indem wissenschaftlich gewonnenes Bestandswissen angewendet und von Fall zu Fall fortgedacht wird.

Mit einem Studienabschluss in Soziologie oder Sozialwissenschaften ist man gelegentlich dem Vorurteil ausgesetzt, mit dem erlangten Wissen „könne man ja nichts Ordentliches werden". Kenner der Materie wissen natürlich, dass dem nicht so ist, und auch in der gewerblichen Wirtschaft werden die Kenntnisse dieser Berufsgruppe sehr geschätzt. Es zeigt sich aber, dass ein Studium mehr ist als nur das Anhäufen von Wissen, sondern Studierende erhalten wichtige Kompetenzen, die man in fast jeder Form von Studium erlangen kann. Es gibt nicht *den* einen Absolventen mit eindeutigen Merkmalen, der von jedem Arbeitgeber geschätzt wird. So unterschiedlich und differenziert die Unternehmen in Deutschland und anderswo sind, so unterschiedlich und differenziert sind auch die Anforderungen an die Mitarbeiterinnen und Mitarbeiter. Dies trifft insbesondere auf den akademischen Bereich zu.

Literatur

Heidenreich, K. (2011). *Erwartungen der Wirtschaft an Hochschulabsolventen.* Hrsg. von Deutscher Industrie- und Handelskammertag e. V., Berlin. Abrufbar unter www.dihk.de.

Teil B
Sozialwissenschaftliche Berufsfelder

B

1 Anwendungsorientierte Forschung

Beruflichkeit und Kompetenzentwicklung
Die Aufgaben der Berufsbildungsforschung

Agnes Dietzen

1 Berufsbildungsforschung am Bundesinstitut für Berufsbildung

Eine Ausbildung zu absolvieren, die dazu befähigt, eine berufliche Tätigkeit mit anerkanntem Profil auszuüben sowie weitere berufliche und persönliche Kompetenzentwicklungsmöglichkeiten eröffnet, ist mehr denn je ein Schlüssel und Garant für gesamtgesellschaftliche Teilhabe und für eine angemessene Positionierung in modernen Gesellschaften. Aus soziologischer Perspektive sind damit eine Reihe wichtiger gesellschaftlicher Themen im Bedeutungszusammenhang der (Berufs)Bildung verbunden: die Bestimmung von Lebensweisen und Lebenschancen, Verteilung von Einfluss und Macht, die Prägung von Selbst- und Weltverhältnissen der Menschen. Um diese Zusammenhänge begreifbar zu machen, muss die Soziologie mit Disziplinen wie der Pädagogik, Ökonomie, Psychologie, Politikwissenschaft zusammenarbeiten und sich mit politischen Rahmenbedingungen und Entscheidungen kontinuierlich auseinandersetzen. Thematisch und institutionell ist das der Rahmen, innerhalb dessen im Bundesinstitut für Berufsbildung Berufsbildungsforschung ausgeübt und reflektiert wird.

Die Berufsbildungsforschung ist durch das Berufsbildungsgesetz eine gesetzlich festgelegte Kernaufgabe des Bundesinstituts für Berufsbildung (BIBB). Als sogenannte Ressortforschungsinstitution hat das BIBB die Aufgabe, durch seine Forschungsergebnisse politische Akteure und Entscheider zu beraten und die Berufsbildungspraxis zu unterstützen. Damit sind die Forschungstätigkeiten im BIBB als anwendungsbezogene Forschung definiert. Erforscht werden beispielsweise Prozesse und Bereiche der Kompetenzentwicklung in Aus- und Weiterbildung, die Entwicklung von Angebot und Nachfrage auf dem Ausbildungsmarkt, Qualifikationsanforderungen seitens von Unternehmen und Personen, die Integrationsmöglichkeiten von erwerbslosen Menschen in das Beschäftigungssystem, Kosten und Nutzen beruflicher Bildung und vieles andere mehr. Die Abteilung „Sozialwissenschaftliche Grundlagen der Berufsbildung" unterstützt beispielsweise das Statistische Bundesamt bei der Erstellung der Berufsbildungsstatistik und ermittelt jährlich die Zahl der neu abgeschlossenen Ausbildungsverträge. Außerdem werden grundlegende Zuarbeiten für den jährlichen Berufsbildungsbericht der Bundesregierung geleistet und in der Abteilung wird der jährliche indikatorengestützte Datenreport zum Berufsbildungsbericht erstellt.

Die Berufsbildungsforschung stellt keine hinreichend abgrenzbare Forschungsdisziplin dar. In Deutschland sind es vor allem wirtschafts- und berufspädagogische Lehrstühle, die Berufsschullehrer ausbilden und sich der Lehr-Lernforschung in der Berufsbildung widmen. Berufliche Lehr-Lernforschung erfolgt zudem in der pädagogischen Psychologie. Die Berufs- und Qualifikationsforschung als Schwerpunktthema der Berufsbildungsforschung ist, von wenigen Ausnahmen abgesehen, als Themenfeld der universitären Forschung nicht existent. Empirische Bildungsforscherinnen und -forscher im Feld der Berufsbildung kommen meist aus der Psychologie, den Erziehungswissenschaften und aus der Soziologie. Insgesamt ist die vergleichsweise relativ kleine Gruppe der Berufsbildungsforscherinnen und -forscher eine weitgehend interdisziplinäre Community, und gerade diese Interdisziplinarität prägt entscheidend den Forschungskontext, in dem wir uns im BIBB bewegen.

Meine Kolleginnen und Kollegen in der Abteilung und im Arbeitsbereich haben Abschlüsse in den Fächern Soziologie, Psychologie, Kulturwissenschaften, Pädagogik, Erziehungswissenschaften, Ökonomie. Diese Interdisziplinarität erfordert in der Forschungsarbeit und -kommunikation den Willen zur Reflexion und zu erheblichen Übersetzungsleistungen, um eine tragfähige Kommunikation und Kooperation zu ermöglichen.

2 Das Bundesinstitut für Berufsbildung, die Berufsbildung und die Akteure im Feld der Berufsbildung

Das BIBB ist ein Bundesinstitut mit über 600 Mitarbeiterinnen und Mitarbeitern, das als bundesunmittelbare Anstalt des öffentlichen Rechts aus Haushaltsmitteln des Bundes finanziert wird. Der BIBB Gesamthaushalt 2013 umfasste 226,113 Mio €, davon sind allerdings vor allem Programmmittel in Projektträgerschaft in Höhe von ca. 170 Mio enthalten (vgl. Jahresbericht 2013, S. 76). Es ist dem Geschäftsbereich des Bundesministeriums für Bildung und Forschung (BMBF) zugeordnet, untersteht damit dessen Rechtsaufsicht, und hat seit dem Jahr 1999 seinen Sitz in der ehemaligen Bundeshauptstadt Bonn. Gegründet wurde das BIBB im Jahr 1970 auf Basis der Verabschiedung des Berufsbildungsgesetzes (BBiG). Somit ist es seit mehr als 40 Jahren als Einrichtung des Bundes für die Politik, die Wissenschaft und die Praxis beruflicher Bildung tätig. Mit seinen Forschungs- und Entwicklungsarbeiten sowie Beratungsaktivitäten trägt das BIBB dazu bei, Qualifikationen, Kompetenzen und berufliche Entwicklungswege zu sichern. Das BIBB versteht sich als eine Institution, die nicht nur wirtschaftliche Verwertungsinteressen der Qualifizierung und Kompetenzentwicklung von Arbeitskräften berücksichtigt, sondern individuelle Entwicklungsmöglichkeiten von Menschen im Sinne verbesserter Lebenschancen durch Bildung und qualifizierte Erwerbsarbeit in den Blick nimmt.

Die Forschungs- und Arbeitsergebnisse richten sich vor allem an Fachleute im Bereich der Berufsbildung. Dazu zählen Personen, die mit der Berufsbildungsplanung in Ministerien des Bundes und der Länder beschäftigt sind ebenso wie bei Arbeitgeber- und Arbeitnehmerorganisationen, bei Industrie- und Handelskammern, Handwerkskammern, in Fachverbänden und der Berufsbildungspraxis. Dazu zählt ein breiter Personenkreis aus den für die Aus- und Weiterbildung zuständigen Stellen, Aus- und Weiterbildungspersonal in Betrieben, Bildungs- und Weiterbildungseinrichtungen, Mitglieder von Prüfungsausschüssen, betriebliche Personalverantwortliche sowie Betriebs- und Personalräte in Betrieben, Bildungs- und Weiterbildungseinrichtungen. Zu den Adressaten gehören allerdings auch Wissenschaftlerinnen und Wissenschaftler an Universitäten, Fachhochschulen und außeruniversitären Forschungseinrichtungen insbesondere in den Bereichen der Erwachsenenbildung, der Bildungssoziologie sowie der Arbeitsmarktforschung, z. B. Deutsches Institut für Erwachsenenbildung (DIE), Wissenschaftszentrum Berlin (WZB), Sozialwissenschaftliches Forschungsinstitut Göttingen (SOFI), Institut für Sozialwissenschaftliche Forschung München (ISF), Institut für Arbeit und Beruf (IAB).

Obwohl das BIBB eine national ausgerichtete Institution ist, agiert es zunehmend im internationalen Kontext. Wir beraten internationale Partner in Regierungs-, Wirtschaft- und Bildungsinstitutionen bei der Entwicklung und Modernisierung der Berufsbildung. Seit dem Jahr 2013 ist das BIBB Zentralstelle für Internationale Berufsbildungskooperation (GOVET – German Office for International Cooperation). GOVET bildet die Geschäftsstelle der deutschen Akteure und Institutionen, die in der internationalen Berufsbildungszusammenarbeit (Runder Tisch) tätig sind. Sie ist die Anlaufstelle für Interessenten aus dem Aus- und Inland, die wissen wollen, wie duale Ausbildung in Deutschland funktioniert oder wie sie kompetente Partner für die Zusammenarbeit finden können.

Die Mitarbeiterinnen und Mitarbeiter initiieren und pflegen darüber hinaus auch internationale Netzwerke, zum Beispiel zur Professionalisierung des Ausbildungspersonals, zum Förderung von Lernprozessen in und während der Arbeit sowie zur Qualitätssicherung von Aus- und Weiterbildung. Alle Mitarbeiterinnen und Mitarbeiter, insbesondere die jungen Wissenschaftlerinnen und Wissenschaftler, werden motiviert, in internationalen Forschungskooperationen mitzuwirken und ihre Ergebnisse auf internationalen Kongressen vorzustellen. Zunehmend forschen und lehren Beschäftigte des BIBB als Gastwissenschaftlerinnen und Gastwissenschaftler an internationalen Universitäten und Forschungsinstitutionen.

Die Arbeit im BIBB ist stark geprägt vom Wissenstransfer zwischen Regierungspolitik, Wissenschaft und Praxis. Die Relevanz von Forschungsthemen und Fragestellungen ergibt sich oftmals aus Handlungsbedarfen seitens „der Praxis" und „der Politik". Daher müssen sich Berufsbildungsforscherinnen und -forscher regelmäßig dem Diskurs mit verschiedenen Akteuren aus Wissenschaft, Politik und Praxis stellen. Die Forschungsarbeiten werden regelmäßig in einem wissenschaftlichen Beirat diskutiert, der durch nationale und internationale Wissenschaftlerinnen und Wissenschaftler verschiedener disziplinärer Herkunft besetzt ist. Ebenso werden neue Forschungsprojekte in einem von Vertretern der Arbeitnehmer und Arbeitgeber, Bund und Länder besetzten politischen Gremium vorgestellt und diskutiert.

Alle Wissenschaftlerinnen und Wissenschaftler müssen daher in der Lage sein, ihre Forschungsarbeit und ihre Ergebnisse den Kenntnissen und Erwartungen der unterschiedlichen Akteure entsprechend zu kommunizieren. Sie müssen Vorträge im Rahmen von nationalen und internationalen Wissenschaftstagungen halten, in referierten internationalen Zeitschriften publizieren und ebenso ihre Ergebnisse den Personen in Ministerien, sozialpartnerschaftlichen Verbänden sowie Bildungsinstitutionen vermitteln.

In den letzten Jahren hat das BIBB seine internationale Ausrichtung in Forschung, Entwicklung und Gestaltung verstärkt. In der Forschungsarbeit wird die Bildung internationaler Teams angestrebt oder ist bereits realisiert, Gastwissenschaftler arbeiten temporär im Institut und Forschungskooperationen mit ausländischen Instituten wie dem Research Centre for Education and the Labour market (ROA) an der Universität Maastricht, der Universität Bern, dem Centre d'études et de recherches sur les qualifications in Marseille (CEREQ) oder dem Europäischen Zentrum für die Förderung der Berufsbildung (CEDFOP) in Thessaloniki.

Neben den forschungsbezogenen Tätigkeiten vertiefen Mitarbeiterinnen und Mitarbeiter ihre Fachkenntnisse häufig durch Lehre an Universitäten.

3 Zum Arbeitskontext: Berufsbildungsforschung

3.1 Aktuelle Forschungsprojekte

Im Bereich der Berufsbildungsforschung arbeite ich im Bundesinstitut für Berufsbildung (BIBB) in der Forschungsabteilung „Sozialwissenschaftliche Grundlagen der Berufsbildung". Dort leite ich den Arbeitsbereich „Kompetenzentwicklung" mit den Schwerpunkten (1) berufliche Kompetenzforschung und Kompetenzdiagnostik (2) Lernen im Lebensverlauf mit Augenmerk auf entscheidende Bildungs- und Statuspassagen und (3) betriebliches Lernen und Kompetenzentwicklung. Ich bin verantwortlich für die Forschung und die sie unterstützenden Arbeiten von 16 Kolleginnen und Kollegen des Arbeitsbereichs, die in Teams im BIBB eigenen Forschungsprojekten oder drittmittelfinanzierten Projekten arbeiten.

Derzeitige „Highlights" unserer Forschung sind die Entwicklung von Kompetenzmodellen für berufsbezogene soziale Kompetenzen und deren Erfassung und Messung. Ein von uns entwickelter videogestützter Kompetenztest, der beruflich schwierige Situationen möglichst authentisch nachbildet, wird bei Auszubildenden zur medizinischen Fachangestellten eingesetzt und liefert erstmalig Erkenntnisse über individuelle Voraussetzungen zur Emotionsregulation, Perspektivenkoordination und Kommunikationsfähigkeit, die im Rahmen des Projektes als die zentralen Kompetenzdimensionen im Beruf der medizinischen Fachangestellten identifiziert wurden. Empirisch fundierte Forschungsarbeiten zu den sozialen Kompetenzen sind im Bereich der beruflichen Kompetenzforschung noch rar, obwohl die Bedeutung sozialer Kompetenzen besonders in personenzentrierten Dienstleistungsberufen wie in den Gesundheits- und Pflegeberufen oder in Berufen mit hohem Anteil an Beratung und Kundenkontakt (z. B. Bank- und Versicherungskaufleute, Friseurinnen und Friseure) seit langem unumstritten ist. Soziale Kompetenzen werden jedoch bislang aber kaum systematisch erfasst oder gefördert. Durch das Projekt wird die Bedeutung sozialer Kompetenzen für professionelles Handeln sichtbar und einer gezielten Förderung zugänglich (vgl. Dietzen et al. 2012, Dietzen 2015a).

In einem Projekt „Bildungsorientierungen und -entscheidungen von Jugendlichen im Kontext konkurrierender Bildungsangebot" werden Berufsfindungsprozesse von Jugendlichen erforscht mit dem Ziel jene individuellen, sozialen und kontextuellen Bedingungen zu eruieren, die bei Jugendlichen zu einer Annahme (oder Ablehnung) an vorhandene Möglichkeiten schulischer oder betrieblicher Ausbildungswege führen.

Im Mittelpunkt der Analysen steht die Frage, welche Bedingungen bei verschiedenen Ausbildungsangeboten gegeben sein müssen, um von Jugendlichen nachgefragt zu werden. Als Teil des potenziellen Bedingungsgefüges werden institutionell-strukturelle Faktoren, wie z. B. berufsspezifische Merkmale, regionale Marktlagen und Alternativangebote anderer Bildungssektoren ebenso untersucht wie Kompetenzen und Motivationen der Jugendlichen, Einflüsse aus ihrem sozialen Umfeld sowie ihre bisherigen bildungsbiografischen Erfahrungen und deren Auswirkungen auf ihre berufliche Orientierung (Jahresforschungsprogramm BIBB 2014; Schnitzler et al. 2015).

In welcher Weise Kompetenzen, die während der Erwerbstätigkeit und durch persönliche Erfahrung erworben wurden, auch als Qualifikationen anerkannt und honoriert werden können, wird in dem Projekt „Betriebliche Ansätze der Kompetenzfeststellung und Anerkennung informell erworbener Kompetenzen – Möglichkeiten zur Verbesserung der beruflichen Entwicklung An- und Ungelernter" untersucht (Jahresforschungsprogramm BIBB, 2015). Die Forschungsarbeit unterstützt die derzeitig bedeutsame bildungspolitische Initiative zur Etablierung eines Systems zur Anerkennung informell und non-formal erworbener Kompetenzen, die mit Einführung nationaler Qualifikationsrahmen in den EU-Mitgliedstaaten durch die Europäische Kommission empfohlen wurde, um gleichwertige Zugänge zu Bildung und Beschäftigung zu schaffen. Damit würde die bisherige Lern-, Anrechnungs- und Anerkennungskultur, die in Deutschland vorwiegend durch formale Abschlüsse und Zertifikate aus anerkannten Bildungsgängen geprägt ist, grundlegend verändert werden. Ergänzend zum formalen System würden alternative gleichberechtigte Zugänge zur beruflichen Aus- und Weiterbildung für nicht formal qualifizierte Menschen geschaffen und dadurch weitere Etappen der beruflichen Entwicklung eröffnet und unterstützt werden (Bohlinger und Münchhausen 2011).

3.2 Begleitung von Forschung und Qualifikationsarbeiten

Neben meiner eigenen Forschungstätigkeit initiiere und begleitete ich die Forschungsarbeiten insbesondere bei den vielen jungen Wissenschaftlerinnen und Wissenschaftlern des Arbeitsbereiches. In Phasen der Projektgenese diskutiere ich mit den Kolleginnen und Kollegen Fragestellungen und Forschungsdesigns, bis ein Projekt hinreichend konturiert ist. Im Forschungsprozess selbst stehe ich beratend zur Seite durch Rückmeldungen und Diskussionen von Arbeitspapieren, Artikeln und Projektberichten. Obwohl das BIBB über kein Promotionsrecht wie die Universitäten verfügt, werden Promotionen oder Qualifizierungsarbeiten von den Beschäftigten bzw. Studentischen Hilfskräften oder Studierenden aus Kooperationsuniversitäten besonders gefördert und unterstützt. Sie erfordern eine fachliche und meist auch persönliche Begleitung und Unterstützung.

3.3 Mitarbeiterführung und Sicherung von Kommunikation und Kooperation in und außerhalb der Institution

Mit der Tätigkeit der Leitung eines Arbeitsbereiches verbinden sich klassische Aufgaben der Personalführung und Entwicklung: Rekrutierung neuer Mitarbeiterinnen und Mitarbeiter, Stellensicherung, Vereinbarung von Leistungszielen und Mitarbeiterbeurteilungen. Eine Schwierigkeit für die Personalführung besteht in der unbefriedigenden Situation, dass sowohl der Umfang von Aufgaben als auch die Anforderungen an Forschungsarbeit enorm gestiegen sind, gleichzeitig allerdings Stammstellen reduziert wurden und den Wissenschaftlerinnen und Wissenschaftlern immer häufiger nur befristete Beschäftigungsverhältnisse angeboten werden. Themenbezogene Arbeitsgruppen im Institut wie zum Beispiel zu wissenschaftlichen Methoden oder zur Migrationsforschung, zu Aspekten der Durchlässigkeit und Kompetenzentwicklung fördern die interne Kommunikation und Kooperation zwischen verschiedenen Organisationseinheiten des BIBB. Forschungskolloquien und kollegiale Präsentations- und Diskussionsrunden dienen der gemeinsamen Reflexion sowie gute Möglichkeiten für junge Menschen ihre Forschungsarbeit vor einem größeren Zuhörerkreis zu präsentieren und wertschätzende Rückmeldungen zu erfahren.

4 Zum beruflichen Weg

Seit dem Jahr 1992 bin ich mit verschiedenen Aufgaben und Funktionen im BIBB tätig. Nach meinem Studium der Soziologie und Philosophie sowie der Promotion zum Thema „Soziales Geschlecht. Soziale, kulturelle und symbolische Dimensionen des Gender-Konzepts" (Dietzen 1993), an der Johann Wolfgang Goethe-Universität in Frankfurt am Main, habe ich mich auf Stellenausschreibungen beworben, in denen Sozialwissenschaftlerinnen und Sozialwissenschaftler gesucht wurden. Über eine erfolgreiche Bewerbung auf eine Stellenanzeige des BIBB bin ich ins Institut gekommen, dessen Hauptsitz damals noch in Berlin war. Meine erste Stelle war die Leitung einer Koordinierungsstelle eines europäischen Berufsbildungsprogrammes zur Förderung der europäischen Zusammenarbeit und dem Austausch von Auszubildenden. Der Arbeitsvertrag bezog sich zunächst auf diese zeitlich begrenzte Programmarbeit. Unsere Aufgaben umfassten die fachliche Bewertung von Projektanträgen und die Beratung von Antragstellern. In meiner zweiten Stelle, die wieder als Projektstelle zeitlich begrenzt war, habe ich ein europäisches Forschungsprogramm koordiniert, indem es ebenfalls um fachliche Beratung, Bewertung von Forschungsanträgen und die Durchführung einer Programmevaluation ging. Die Arbeit erforderte eine kontinuierliche Zusammenarbeit und den Austausch mit europäischen Kolleginnen und Kollegen, was sehr motivierend war. Auf diese Weise sind europäische Kooperationsbeziehungen entstanden, die bis heute meine Arbeit im BIBB unterstützen. Insgesamt habe ich mit diesen Koordinationsaufgaben ungefähr fünf Jahre im BIBB zugebracht, bis ich über die Bewerbung auf eine interne Ausschreibung eine feste, unbefristete Anstellung als wissenschaftliche Mitarbeiterin in der jetzigen Abteilung des BIBB erhalten habe.

Als Berufsbildungsforscherin war ich zunächst im Aufbau eines neuen Forschungsschwerpunktes zur frühzeitigen Erkennung neuer Qualifikationen beteiligt und habe dort Studien selbstständig durchgeführt. So wurden Stellenanzeigen im Hinblick auf ihre Informations- und Aussagekraft für eine frühzeitige Identifizierung von neuen Arbeits- und Qualifikationsanforderungen einer empirischen Analyse unterzogen. Stellenanzeigenanalysen sind heute ein anerkanntes Instrument zur Erfassung von Anforderungen und zur kritischen Abschätzung betrieblicher Rekrutierungsstrategien. In einer wissenssoziologisch ausgerichteten Studie war das Expertenwissen von Organisations- und Personalentwicklungsberaterinnen und -beratern als Ressource für die Qualifikationsforschung Gegenstand der Forschungsarbeit. Auch hier war ich in ein Netzwerk von Forschungsinstitutionen und Personen in der Qualifikationsforschung eingebunden, das über diesen Kontext hinaus bis heute besteht und erfolgreiche Kooperationen in verschiedenen Projekten ermöglicht.

Seit Aufnahme meiner Tätigkeit als Leiterin des Arbeitsbereiches Kompetenzentwicklung im Jahr 2007 beschäftige ich mich mit der beruflichen Kompetenzforschung im BIBB. Mit den Forschungsarbeiten im Bereich der Kompetenzdiagnostik wurde ein neues Forschungsfeld aufgebaut. Mein besonderes wissenschaftliches Interesse in diesem Zusammenhang liegt in der Analyse der Rolle unterschiedlicher Wissensformen und Typen (Erfahrungswissen, Praxiswissen, theoretisch-systematisches Wissen) und ihrer Bedeutung für praktisches Handeln, Problemlösen und zum Aufbau beruflicher Handlungsfähigkeit (Dietzen et al. 2015b; Dietzen 2015c)

In meinem Soziologiestudium habe ich mich besonders für die theoretische Soziologie und Wissenschaftssoziologie interessiert und habe in diesen Bereichen meine Diplomarbeit und meine Promotion abgeschlossen. Bezüge zur Berufsbildung gab es in meinem Studium keine und auch keine anderen Fähigkeiten oder Arbeitstechniken, die mich besonders dazu befähigt hätten, in der Berufsbildung tätig zu sein. Dennoch habe ich keinen Moment lang gezögert in die Berufsbildung einzusteigen, da mir deutlich war, dass es sich um einen immens wichtigen gesellschaftlichen Bereich handelt. In ihm werden nicht nur Statusrollen und Erwerbschancen entwickelt, sondern auch gesellschaftliche Teilhabe und Lebenschancen realisiert. Vor meinen Augen stand damals, dass über 60 % eines Jahrganges in die berufliche Ausbildung münden. Das Gefühl dazu beitragen zu können, dass junge Menschen über eine berufliche Ausbildung eine gute Ausgangposition zur Gestaltung ihrer beruflichen und persönlichen Entwicklung erhalten, motivierte mich damals und treibt mich heute um.

5   Was muss man können, um im BIBB zu arbeiten

Die Forschungsarbeit im BIBB ist primär empirisch orientiert, daher sind hervorragende methodische Kenntnisse sowohl quantitativer als auch qualitativer Art eine wichtige Voraussetzung. Ohne diese gibt es wenig Perspektiven in der BIBB-Forschung zu arbeiten. Soziologisches Denken als Voraussetzung und Möglichkeit differente gesellschaftliche Perspektiven und Handlungslogiken erkennen und einzuordnen zu können, ist in der (Berufs-)

Bildungsforschung grundlegend. Die gesellschaftlichen Institutionen und Rollen, die auf Bildungsprozesse einwirken wie Familie, Schule, sozialer Status, Geschlecht, soziale und kulturelle Ressourcen prägen die Positionen im Bildungs- und Erwerbsystem entscheidend. Mit den Werken soziologischer Klassiker wie Max Weber (Handlungstheorie, Theorie von Rationalisierung), Emile Durkheim (Theorie gesellschaftlicher Institutionen) und Pierre Bourdieu (sozialen und kulturellen Ressourcen/Kapitalien), um einige wenige Beispiele zu nennen, stehen ausgezeichnete theoretische Grundlagen bereit, an die aktuelle Handlungstheorien und institutionelle Ansätze sowie ressourcenbezogene Ansätze anknüpfen. Diese und weitere soziologische Theorien stellen einen hervorragenden konzeptionellen und begrifflichen Rahmen zur Verfügung um die hier bestehende Komplexität der Einflüsse auf Bildung und ihre erzeugenden Effekte einzuordnen.

6   Arbeitsbedingungen im BIBB

Wissenschaftlerinnen und Wissenschaftler im BIBB werden nach öffentlichem Tarifrecht des Bundes besoldet. Als Einstiegsgehalt von jungen Wissenschaftlerinnen und Wissenschaftlern gilt TVöD E 13, um dann je nach Erfahrungs- und Leistungskontext bis TVöD 15 zu steigen. Im Rahmen einer Initiative des Bundes zur Stärkung der Ressortforschung des Bundes können darüber hinaus leistungsabhängige außertarifliche Gehälter gezahlt werden. Die Beschäftigungsverhältnisse für Nachwuchswissenschaftlerinnen und sind in der Regel zeitlich befristet; ein dauerhafter Vertrag ist häufig erst nach mehreren Jahren möglich, da im BIBB wie bei anderen öffentlichen Arbeitgebern in den letzten Jahren Stammstellen erheblich reduziert wurden. Ein nicht unerheblicher Anteil der Wissenschaftler/-innen im BIBB sind verbeamtet.

Besonders positiv ist ein sehr breites Spektrum von Fortbildungsmaßnahmen und Personalentwicklungsmöglichkeiten, das den Mitarbeiter/-innen im BIBB zur Verfügung steht. Für die Forschung bezieht sich dies auf Schulungen zur empirischen Sozialforschung, die einzeln oder in Gruppen erfolgen können. Darüber hinaus bestehen besondere Angebote zum Beispiel „Academic Writing", um gezielt Wissenschaftler-innen und Wissenschaftler darin unterstützen, in internationalen Zeitschriften zu publizieren. Wissenschaftlerinnen und Wissenschaftler, die berufsbegleitend promovieren möchten, können zeitlich befristet freigestellt werden, das Fortbildungsangebot und eine umfassende Forschungsinfrastruktur nutzen. Das BIBB selbst verfügt über einige Promotionsstellen für drei Jahre, die in Forschungsprojekten angesiedelt sind. Seit einem Jahr ermöglicht das BIBB in Kooperation mit der Universität Köln die Besetzung einer Juniorprofessur. Die Inhaberinnen und Inhaber sind jeweils zur Hälfte an der Universität mit Lehre und dem BIBB mit verbundenen Forschungsarbeiten tätig.

Die Arbeitszeiten im BIBB sind sehr flexibel. Neben familiengerechten Kernarbeitszeiten und langen Rahmenarbeitszeiten, existieren eine Reihe flexible Arbeitszeitmodelle wie heimbasierte und aufgabenbezogene mobile Telearbeit und gleitende Arbeitszeiten sowie Sonderregelungen für die Betreuung zu pflegender Angehöriger.

Alle Möglichkeiten sind hervorragend darauf ausgerichtet eine Balance zwischen Arbeit und Leben herzustellen, die ich selbst an verschiedenen Stellen meines bisherigen Berufslebens im BIBB um Arbeit und familiäre Erfordernisse zu vereinbaren, in Anspruch nehmen konnte.

Literatur

Bundesinstitut für Berufsbildung (Hrsg) (2013). *Jahresbericht 2013.* http://www.bibb.de/veroeffentlichungen/de/publication/show/id/7364. Zugegriffen: 04.05.2015

Bundesinstitut für Berufsbildung (Hrsg) (2014). *Jahresforschungsprogramm des Bundesinstituts für Berufsbildung 2014,* http://www.bibb.de/dokumente/pdf/jfp_2014.pdf. Zugegriffen: 04.05.2015

Bundesinstitut für Berufsbildung (Hrsg) (2015). Jahresforschungsprogramm des Bundesinstituts für Berufsbildung 2015, http://www.bibb.de/dokumente/pdf/jfp_2015.pdf. Zugegriffen: 04.05.2015

Dietzen, Agnes & Monnier, Moana & Srbeny, Christian & Tschöpe, Tanja (2015a): *Soziale Kompetenz Medizinischer Fachangestellter: Was genau ist das und wie kann man sie messen?.* BWP@ Berufs- und Wirtschaftspädagogik -online (im Erscheinen).

Dietzen, Agnes (2015b). Die Rolle von Wissen in Kompetenzerklärungen und im Erwerb beruflicher Handlungskompetenz. In: Michaela Stock M. & Peter Schlögl & Kurt Schmid & Daniela Moser, (Hrsg) (2015). *Kompetent – wofür? Life Skills – Beruflichkeit – Persönlichkeitsbildung. Beiträge zur Berufsbildungsforschung.* (S. 39-54). Innsbruck: Studienverlag.

Dietzen, Agnes & Powell, Justin & Bahl, Anke & Lassnigg, Lorenz (Hrsg) (2015c). *Soziale Inwertsetzung von Wissen, Erfahrung und Kompetenz in der Berufsbildung.* Weinheim: Juventa Verlag. (im Druck)

Dietzen, Agnes & Monnier, Moana & Tschöpe, Tanja (2012). *Soziale Kompetenzen von medizinischen Fachangestellten messen – Entwicklung eines Verfahrens im Projekt CoSMed.* Berufsbildung in Wissenschaft und Praxis. 6/2012. S. 24-28.

Dietzen, Agnes (1993). *Soziales Geschlecht. Dimensionen des Genderkonzeptes.* Opladen: Westdeutscher Verlag.

Münchhausen, Gesa & Bohlinger, Sandra (Hrsg) (2011). *Recognition and Validation of Prior Learning.* Bielefeld: Bertelsmann.

Schnitzler, Annalisa &Matthes, Stephanie & Ulrich, Joachim Gerd &; Weiß, Ursula & Granato, Mona (2015). Berufskonzepte Jugendlicher zu ausgewählten Ausbildungsberufen. In: Bundesinstitut für Berufsbildung. (Hrsg.) *Datenreport zum Berufsbildungsbericht 2015. Informationen und Analysen zur Entwicklung der beruflichen Bildung.* S. 91-97.

Qualitative Marktforschung

Tatiana Müller

1 Die Marktforschungsbranche

Die Branche der Marktforschung wird geprägt von Produktinnovationen verschiedener Unternehmen und dem Wandel unserer Lebensstile. Zunehmende Internationalisierung, Digitalisierung und der Trend der „big data" bestimmen das Denken und Handeln in Unternehmen und somit auch in der Marktforschung.

Die Vielzahl der Konsumgüter, die in fortgeschrittenen Industriegesellschaften vorhanden sind, stellt Unternehmen vor die Herausforderung, Produkte zu entwickeln die nicht nur einen praktischen, sondern auch emotionalen Mehrwert im Leben eines Konsumenten bieten (denken wir an Apple). Nur so ist es möglich sich von der Konkurrenz tatsächlich abzuheben, denn: „Unternehmen haben es nun mit den informiertesten Verbrauchern aller Zeiten zu tun. Sie haben jederzeit die Möglichkeit, die Marke zu verlachen oder zu beschimpfen." (brand 1, Ausgabe 02/2015).

Die Aufgabe der Marktforschung ist es daher, Unternehmen Informationen bereitzustellen, um das Marktgeschehen und -umfeld zu verstehen. Dies geschieht entweder über die Befragung von Konsumentinnen und Konsumenten oder durch die Erhebung und Interpretation von Handelsdaten. Marktforschungsinstitute ermitteln zum Beispiel das Kaufverhalten der Konsumenten, messen die Wirkung von Werbung und können Marktanteile eines Produktes vorhersagen. Die Gesellschaft für Konsumforschung (GfK SE), ein internationales Marktforschungsinstitut aus Nürnberg, misst etwa die TV-Einschaltquoten in Deutschland.

Marktforschung zielt als Instrument des Marketings darauf ab, Unternehmen Trends, Chancen und Risiken aufzuzeigen und mithilfe von Handels-, und Marktdaten Entscheidungsgrundlagen zu liefern.

Die Marktforschungs-Branche verzeichnet ein stetiges Wachstum. Im Jahr 2012 wurden im europäischen Marktforschungsmarkt 11.8 Mio. Euro umgesetzt, wovon 24 % in Deutschland erzielt wurden. Neben Großbritannien (36 %) und Frankreich (18 %) bildet der Markt in der Bundesrepublik Deutschland für Unternehmen einen der drei wichtigsten Standorte Europas, um Marktforschung betreiben zu lassen. Italien, Spanien und die Niederlande sind mit jeweils 2 – 5 % vertreten, während sonstige Länder auf 11 % kommen (ADM, 2015).

Diese Wichtigkeit spürt man auch im täglichen Arbeitsalltag: Deutschland wird bei internationalen Projekten fast immer als Testmarkt – manchmal sogar als repräsentativ für ganz Europa – einbezogen.

Die Struktur des Marktes lässt sich folgendermaßen veranschaulichen: Einige wenige große Marktforschungsunternehmen agieren auf internationaler Ebene (siehe Tab. 1), als einziges Unternehmen mit Sitz in Deutschland ist die GfK SE unter den Top 5 vertreten.

Tab. 1 Die 5 größten Marktforschungsunternehmen weltweit nach Umsatz

Ranking 2013	Unternehmen	Headquarter	Ursprung	Standorte weltweit	Umsatz weltweit in 2011 (US$ Mio)
1	The Nielsen Company	New York	U.S.	100	$6,0
2	Kantar Group	London & Fairfield, Conn.	UK	80	$3,3
3	IMS Health	Parsippany, N.J.	U.S.	74	$2,5
4	Ipsos SA	Paris	Frankreich	84	$2,2
5	GfK SE	Nürnberg	Deutschland	68	$1,9

Quelle: American Marketing Association © Statista 2015

Innerhalb Deutschlands teilen sich die zehn größten Marktforschungsinstitute ca. 80 % des Branchenumsatzes. Die GfK SE steht seit Jahren auf Platz 1, gefolgt von TNS Infratest (Platz 2, München) und Nielsen (Platz 3, New York). Mit Ipsos (Platz 4, Paris) und Maritz Research (Platz 5, Maumee) sind die bekanntesten Unternehmen genannt.

Die GfK SE agiert in den zwei Sektoren *Consumer Choices* (CC) und *Consumer Experiences* (CE). CC erforscht die Wahl der Verbraucher, d.h. was verkauft wird, wann und wo. CE hat die Erfahrungen der Verbraucherinnen und Verbraucher im Blick. Welche Einstellungen, Wahrnehmungen und Verhalten treiben die Einzelnen an? Wieso kauft die Zielgruppe? Was genau? Auf welche Art und Weise? Im Bereich Consumer Experiences ist die qualitative Marktforschung der GfK SE verankert.

2 Qualitative Marktforschung

Stellt man sich bei fachfremden Personen als qualitative Marktforscherin vor, können die wenigsten Personen etwas mit dem Berufsfeld anfangen. Aussagen wie *„Ach, ihr seid diejenigen, die Zahlen und Statistiken interpretieren und Berichte mit Balkendiagrammen erstellen"* sind an der Stelle zwar nicht selten, aber unpassend.

Während man in der quantitativen Marktforschung Daten, Zahlen und Fakten sammelt, interpretiert und dem Kunden Statements zu Marktdynamik, -Größe und Absatzmarkt präsentiert, geht es im qualitativen Bereich um die Bedürfnisse des Konsumenten.

Qualitative Marktforschung bedeutet, die Meinungen, Motive und Wünsche bestimmter Zielgruppen psychologisch zu explorieren, um ihr Verhalten zu verstehen. Sie exploriert tief, deckt unbewusste Gedankengänge und Emotionen auf und erklärt Unternehmen, warum Konsumenten so denken und handeln, wie sie es tun. Da dieses Forschungsfeld nicht auf harten Fakten und Zahlen basiert, sondern auf psychologischen Prozessen, ist es das A und O des qualitativen Forschers, die richtigen Fragen zu stellen und nicht die korrekte Formel anzuwenden, um Ergebnisse zu erzielen.

Daher wird in der qualitativen Forschung – im Unterschied zu quantitativen Verfahren – auch nur eine kleine Stichprobe (ca. 6-50 Personen) intensiv betrachtet, mit dem Ziel, individuelle Beweggründe des Einzelnen zu verstehen und nicht repräsentative und valide Aussagen zu treffen.

Aber Achtung: Die Schlussfolgerung, dass qualitative Marktforschung aufgrund der kleinen Stichprobe keine relevanten und repräsentativen Ergebnisse liefert, ist falsch. Als Individuum im sozialen Gefüge verständigen, leben und handeln Menschen nach Mustern und Regeln, die in unserer Gesellschaft als allgemeingültig verstanden und daher aktiv gelebt werden. Obwohl wir uns als einzigartig erleben, orientieren wir uns an einer gemeinsamen Wert-, und Normenwelt, die schließlich unser Denken, Handeln und Fühlen steuert. Auch Präferenzen, Vorlieben und Abneigungen jedes Einzelnen sind somit geprägt von gesellschaftlichen Einflüssen und der sozialen Gruppe, in der er sich bewegt.

Schafft man es, die Beweggründe und Motive einiger weniger Mitglieder einer solchen Gruppe zu verstehen und die zugrundeliegende Normenwelt aufzudecken, können diese Ergebnisse auch auf andere, nicht untersuchte Mitglieder dieser sozialen Gruppe übertragen werden.

Daher werden in einer qualitativen Forschungsstudie Probanden nach genau abgegrenzten Kriterien ausgewählt (rekrutiert). Häufig kennt der Auftraggeber seine Zielgruppe bereits und möchte diese befragen, um sie durch spätere Marketing-Aktionen gezielt anzusprechen (vgl. Kalthoff et al. 2008).

Trotz der hohen Wirksamkeit qualitativer Marktforschung wurden 2013 nur 11 % des Gesamtumsatzes der Branche mit qualitativer Primäruntersuchung umgesetzt (ADM 2015). Qualitative Marktforschung ist deshalb noch ein „*versteckter Berufszweig*", glaubt man dem Berufsverband Deutscher Markt-, und Sozialforscher (BVM), und bietet dennoch für Soziologinnen und Soziologen großartige Chancen und vielfältige Möglichkeiten, universitäres Wissen in der Marktforschung anzuwenden.

3 Tätigkeitsfeld: qualitative Marktforschung

Die GfK SE ist ein full-service Institut, das heißt, sie führt sowohl Forschung (Studienkonzeption, Datenauswertung) als auch Feldarbeit (Datenerhebung) im eigenen Haus durch. Neben full-service Instituten gibt es reine Felddienstleister wie zum Beispiel Foerster & Thelen (Top 10 der Branche), die sich auf Feldarbeit spezialisiert haben.

Ist man in der qualitativen Marktforschung der GfK SE tätig, ist eine Person – bei größeren Aufträgen kleine Teams – für all diese Projektschritte verantwortlich, sowohl organisatorisch als auch inhaltlich – von der Angebotserstellung bis hin zur Projektdurchführung sowie Analyse und Aufbereitung der Ergebnisse. Auch Ergebnispräsentationen beim Auftraggeber vor Ort oder via Video-Konferenz gehören dazu.

Im Gegensatz dazu sind „quantitative" Kollegen stärker spezialisiert und beispielsweise ausschließlich für Datenerhebung zuständig, während Andere die Kundenkommunikation übernehmen – beide arbeiten für dasselbe Projekt, nicht zwingend aber in derselben Abteilung.

Die am häufigsten eingesetzten Befragungsinstrumente der qualitativen Marktforschung werden im Folgenden kurz dargestellt:

Fokusgruppen: Bei dieser Methode wird anhand eines offenen Leitfadens eine interaktive Diskussion zu kundenspezifischen Fragestellungen mit ausgesuchten Teilnehmern unter Leitung einer Moderatorin oder eines Moderators durchgeführt. Es werden projektive und kreative Fragetechniken angewendet, die es ermöglichen, sowohl rationale Einstellungen als auch emotionale Beweggründe von Konsumentinnen und Konsumenten herauszuarbeiten.

Durchgeführt werden Fokusgruppen in Teststudios, die über professionelle Gruppendiskussions-Räume verfügen. Diese sind mit einem Einwegspiegel ausgestattet, so dass Auftraggeber und Kollegen das Geschehen beobachten können. Häufig wird die Diskussion simultan ins Englische übersetzt (Gruppendiskussionen in der Marktforschung. Dammer, Szymkowiak 2008).

Interviews: Einzelinterviews werden häufig bei der Exploration heikler oder individueller Themen durchgeführt, da man sich als befragte Person wohler fühlt und offener sprechen kann, wenn man seine Empfindungen, Vorlieben aber auch Sorgen nur mit dem Moderator oder der Moderatorin bespricht. Beispiele sind Interviews über den Umgang mit Geld(-sorgen), Ernährungs-, und Kleidungsgewohnheiten oder das Rauchen. Auch Mitarbeiterbefragungen finden in diesem Einzelsetting statt.

Außerdem eignen sich Interviews, wenn die Zielperson schwer erreichbar ist oder die Diskussionsinhalte nicht mit anderen Studienteilnehmern geteilt werden können, zum Beispiel bei Interviews mit Spezialisten über deren Beruf. Eine besonders spannende Form stellt das ethnographische Interview dar, hier werden die Teilnehmer/innen zu Hause besucht und deren Umfeld stark in die Forschung mit einbezogen. Es ist dabei unglaublich spannend und aufschlussreich, die unterschiedlichsten Menschen kennen zu lernen und mehr über ihre Lebensweise zu erfahren (vgl. Mey und Mruck 2007).

Online-Befragungen: Digitale Methoden sind auch im qualitativen Bereich auf dem Vormarsch. Tools, die einem Online-Forum ähneln, dienen als Befragungsplattform. Über einen Zeitraum von mehreren Tagen hinweg beantworten die Probanden aus allen Teilen Deutschlands offene Fragen des Moderators. Daneben gibt es Online-Diskussionsrunden, Live-Chats und Video-Interviews, durchgeführt an elektronischen Endgeräten wie PC oder Tablet. Mobile Befragungen über Smartphone-Apps machen schnelle, direkte und unkomplizierte Kommunikation zwischen Konsument, Marktforscher und Kunde möglich und gehören zu den neuesten Ansätzen (vgl. Gnambs und Batinic, 2007).

Natürlich umfasst das qualitative Methodenportfolio weit mehr als die vorgestellten Instrumente. Bei Interesse an aktuellen Projekten aus der Forschung lohnt sich ein Besuch des jährlich stattfindenden Berliner Methodentreffens. Mithilfe von Vorträgen, Workshops und Forschungswerkstätten wird ein Einblick in die Praxis qualitativer Forschung eröffnet, durch aktive Teilnahme lernt man die Bandbreite an qualitativen Methoden kennen und selbst anwenden.

4 Fachkenntnisse und persönliche Stärken

Eine klassische Ausbildung für den Beruf in der qualitativen Marktforschung gibt es eher nicht, daher erfolgt vieles durch ein autodidaktisches *„learning by doing"* im Job. Innovative Forschungsansätze und Befragungsmethoden sind entscheidende Faktoren zur Abgrenzung gegenüber Konkurrenzanbietern. Daher verhelfen Neugier und der Wille, sich ständig weiterzuentwickeln und auch ungewohntes Terrain zu betreten, zu beruflichem Erfolg, erfordern aber auch Mut und Selbstvertrauen.

Welche Inhalte aus dem Studium der Soziologie lassen sich in der qualitativen Marktforschung anwenden?

Empirische Methoden dienen als Basis und Handwerkszeug im Job. Daher ist es ratsam, sich im Zuge des Studiums Qualifikationen über qualitative Methoden anzueignen, bestenfalls mit praktischer Anwendung. Konkret kann das bedeuten:

- Kenntnisse über Befragungsinstrumente
- Fähigkeit, Forschungsfragen in einen qualitativen Leitfaden konkret umzusetzen
- Kenntnis der Bandbreite an Frage-, und Explorationstechniken
- Kenntnis qualitativer Auswertungsverfahren in Theorie und Praxis
- Sozialpsychologisches Fachwissen

Auch empirische Forschungsseminare ermöglichen die realitätsnahe Umsetzung des universitären Wissens. Hierbei bieten sich die Sektionen Ethnomethodologie, Ethnographie oder Videographie an. Alle Mathematik-Hasser können aufatmen, denn statistische Verfahren werden nicht benötigt. Auf theoretischer Ebene lassen sich vor allem Inhalte aus der Organisations-, Konsum-, Arbeits-, und Wirtschaftssoziologie anwenden.

4.1 Ein breites Interessenspektrum: Schon mal professionell über Fliegengitter geforscht?

Es ist von Vorteil, sich persönlich für verschiedene Themengebiete, aktuelle Geschehnisse und Entwicklungen aus Gesellschaft, Kultur und Technik zu interessieren. Diese Kenntnisse helfen, Studieninhalte besser zu verstehen – denken Sie an aktuelle Themen wie Datenschutz, Twitter, Instagram &Co, Nachhaltigkeit und viele andere. Es ist nicht nötig und bei der Schnelligkeit des Geschäftes auch unmöglich, Fachwissen über Industrien und Produkte zu haben. Es gilt vielmehr die Fähigkeit, sich schnell, fachlich richtig und ständig in unbekannte Themen einzuarbeiten. Was die einen als spannend und abwechslungsreich empfinden, kann für die anderen eine permanente, anstrengende Herausforderung sein!

Die GfK SE deckt mit ihrer qualitativen Forschung die verschiedensten Industrien ab: Automobil, Fashion & Lifestyle, Handel, Industriegüter, Medien & Entertainment, Reisen & Tourismus, Energie & Umwelt, Finanzdienstleistungen, Health, Konsumgüter, Öffentliche Dienstleistungen, Technologien.

Kleinere Institute spezialisieren sich eher auf eine einzige Branche, wie zum Beispiel den Bereich Health-Care, wo zum Beispiel Pharmazieunternehmen, Krankenhäuser, Ärzte- und Patientenverbände, Hersteller von medizinischen Geräten als Auftraggeber in Frage kommen.

Häufig werden Patienten befragt oder es geht um noch unbekannte Medikamente, sodass in dieser Branche eigene Regeln für Forschungsstudien beachtet werden müssen. Die verantwortlichen Forscherinnen und Forscher durchlaufen eigene Schulungen, bevor sie Fokusgruppen oder Interviews abhalten dürfen. Das mit der Zeit angeeignete Experten- und Branchenwissen dient als Wettbewerbsvorteil gegenüber konkurrierenden Marktforschungsinstituten.

Inhaltlich ist die Welt der qualitativen Marktforschung so bunt, schräg und facettenreich, wie man es sich nur vorstellen kann. Geforscht wird über alles, was es an Produkten und Dienstleistungen auf dem Markt zu beziehen gibt. Hierbei denken Sie bitte nicht nur an übliche Dinge wie Joghurt, Tütensuppe oder Gummibärchen sondern auch an A wie Airlines, Abu Dhabi, Adressbücher oder Z wie Zupfkuchen, Zahnseide oder Zudecken. Zu den Auftraggebern der GfK SE gehören die größten Handelsmarken der Welt, es könnte aber auch die Bäckerei von nebenan sein, die Vereinigung der Schornsteinfeger oder der Tourismusverband eines asiatischen Landes.

4.2 Moderation: Kommunikation und Empathie

Die Moderation ist eine der höchsten Künste der qualitativen Marktforschung. Der offene Leitfaden dient zwar als Grundlage und roter Faden einer Diskussion, ist jedoch nicht als statisches Instrument zu verstehen. Es geht nicht um Hypothesen-Überprüfung, sondern um die Entdeckung unbekannter Bedürfnisse, offener Wünsche und unausgesprochener Emotionen der befragten Person.

Im Verlauf des Gespräches gilt es, alles zu hinterfragen, was wir als Normalität betrachten. Es reicht nicht, zu erfahren, *dass* eine Werbung als langweilig oder spannend bezeichnet wird, sondern es gilt, das *Warum* zu explorieren. Jenes Warum können die Diskussionsteilnehmer häufig nur schwer beschreiben. Überlegen Sie gerne spontan, warum Ihnen das *eine* Produkt oder die *eine* Marke besser gefällt als andere oder warum ein Werbeplakat eher Qualität vermittelt als ein anderes. Unternehmen, Werbeagenturen und Hersteller sprechen uns gezielt auf einer unterbewussten Ebene an, die sich nur schwer verbalisieren lässt – die Aufgabe des Moderators ist es, genau diese Ebene zu explorieren.

Sie sehen, qualitative Diskussionen sind nicht vergleichbar mit einem Alltagsgespräch, sondern beruhen auf psychologisch fundierten Frage-, und Explorationstechniken.

Gruppendiskussionen bergen ihre eigene Dynamik. Wichtig sind eine gezielte Steuerung und Kontrolle der Diskussion, sowie ein Gefühl für Gruppenphänomene wie Hierarchiebildung und Stimmführerschaft. Außerdem ist ein zielgerichteter Umgang mit Viel-, oder Wenig-Rednern notwendig. Sie sollten sich bewusst sein, als Moderator oder Moderatorin Gruppen unbekannter Personen zu leiten, zu animieren und notfalls zu intervenieren.

Durchsetzungsvermögen, Kontaktfreude, Empathie, die Neugier auf fremde Menschen und die Fähigkeit, eine vertrauensvolle Gesprächsatmosphäre schaffen zu können, sind unabdingbare Voraussetzungen für diese Tätigkeit.

4.3 Analyse und Interpretation: Freies Denken gefragt

Bei der Analyse und Interpretation qualitativer Daten lässt sich nicht auf vorgefertigte Auswertungsschemata oder Programme zurückgreifen. Die Erkenntnisse aus einer qualitativen Befragung zu analysieren und zu interpretieren, benötigt ein hohes Maß an abstraktem Denken und die Fähigkeit, vor allem auch das „nicht Ausgesprochene" zu erkennen. Hintergrund ist, dass die gelebte Realität der Konsumenten nicht 1:1 mit ihrem tatsächlichen Verhalten übereinstimmt. Unsere Meinungen und Verhaltensmuster werden von sozialen und kulturellen Einflüssen geprägt, die es in die Analyse einzubeziehen gilt.

Ein Beispiel: Vor 30 Jahren wurden Frauen in einer Gruppendiskussion dazu befragt, wie sie das derzeitige Angebot an Verpackungsgrößen für Waschmittel in Pulverform bewerten. Alle Frauen gaben zunächst an, zufrieden mit den vorhandenen Verpackungsgrößen zu sein (sie kannten ja auch nichts anderes). An anderer Stelle der Diskussion hatte der Moderator aber herausgefunden, dass das Schleppen der großen 30l-Verpackungen die Frauen große Mühe kostete. Als der Waschmittelhersteller auf Empfehlung des Marktforschers zum ersten Mal kleinere Verpackungen auf den Markt brachte, waren diese der große Verkaufsschlager.

Was an dieser Stelle sehr plakativ dargestellt wird, bedeutet folgendes: Es ist die Leistung des Marktforschers und nicht die des Befragten, offene Bedürfnisse von heute zu erkennen, mit dem Produktangebot des Unternehmens zu vergleichen und damit auf mögliche Entwicklungen von Morgen zu schließen. Denn während die befragte Person in ihrer eigenen Lebenswelt „gefangen" ist, gewinnt der Marktforscher während der Analyse zusätzlichen

Weitblick, der es ihm ermöglicht, über die aktuelle Marktlage und die individuellen Bedürfnisse des Einzelnen „hinauszublicken".

Wichtig ist es zu verstehen, dass die Arbeit in der qualitativen Marktforschung nicht darin besteht, Daten deskriptiv zusammenzufassen, sondern fundiert psychologisch zu analysieren, zu bewerten und visuell aufzubereiten.

Die Ergebnisse einer qualitativen Analyse werden immer in Hinblick auf die Fragestellungen des Auftraggebers abgeleitet. Ebenso die daraus umsetzbaren Empfehlungen für das Marketing.

4.4 Projektmanagement: Organisation, Überblick, Entscheidungsfreudigkeit

Unabhängig von der inhaltlichen Aufgabenstellung besteht ein sehr großer Teil der Tätigkeit in der Organisation von Projekten. Schon bei der Angebotserstellung gilt es, die Wünsche des Kunden in Bezug auf das methodische Design, den Zeitrahmen und die Budgetvorstellungen in ein Studienkonzept umzusetzen, das am Ende auch erfolgreich durchgeführt werden kann. Natürlich gibt es zwischen theoretischer Vorstellung und tatsächlichem Geschehen häufig Diskrepanzen, sodass kreative Lösungsansätze und Entscheidungsfreudigkeit gefragt sind.

Es ist Aufgabe der Projektleitung, alle Kooperationen mit beteiligten Subunternehmern und/oder internationalen Partnern vorzubereiten, Forschungsmaterialien zu erstellen sowie die konkrete Feldphase zu planen. Die Projektleitung trägt Verantwortung für den Ablauf der Studie und das Wirken der beauftragten Dienstleister. Es ist von großer Wichtigkeit, den Auftraggeber in alle Prozessschritte miteinzubeziehen und dabei transparent und kontinuierlich zu kommunizieren.

Häufig treten vor und während der Projektphase unvorhergesehene Schwierigkeiten auf. Einige Szenarien sollen ihre Vorstellung konkretisieren: 1) Die gesuchte Zielgruppe wird nicht in der vorgegebenen Zeit rekrutiert, sodass Fokusgruppen verschoben werden müssen, was Mehrkosten verursacht. 2) Eine Fokusgruppen-Diskussion bringt Ergebnisse, die der Auftraggeber besonders interessant findet. Die Themen der Ergebnisse wurden nicht explizit angesprochen, sondern haben sich in der Diskussion ergeben. Für die Diskussionsrunde am nächsten Tag möchte er den Diskussionsleitfaden inhaltlich komplett umstellen, und am neuen Thema orientieren. 3) Die gewünschten Testgeräte, die mit den Befragten evaluiert werden sollen, hängen am Zoll fest. Schnell muss Abhilfe geschaffen werden.

In solchen Situationen sind lösungsorientierte Ansätze gefragt, um eine Studie im vorgesehenen Budget-, und Zeitrahmen zur Zufriedenheit aller abzuwickeln.

4.5 Fahren in unwegsamen Gefilden: „ad hoc-Geschäft" ist nicht planbar

Anders als bei den Kollegen aus der Panelmarktforschung (quantitative Langzeit-, und Längsschnittstudien) ist im qualitativen Geschäft sehr wenig plan-, und vorhersehbar. Neue Projekte bedeuten komplett eigene Fragestellungen, die inhaltlich sehr anspruchsvoll sein können. Die Berührung mit Themen und Personen, die fernab der eigenen Alltagswelt vorhanden sind, macht die Tätigkeit unglaublich spannend – wer sonst erhält die Chance, Millionäre in ihren Großstadtvillen zu interviewen oder Ernährungstipps von Profisportlern zu erhalten! Andererseits ist es unmöglich, sich wochenlang intensiv mit einem Thema auseinanderzusetzen, qualitative Forscher sind All-Rounder, keine Spezialisten. Werden Sie sich bewusst, welcher Typ Mensch Sie sind und welche Art von Forschung für Sie geeigneter erscheint.

„Ad hoc-Geschäft" bedeutet auf Projektebene, das Team wirbt um Aufträge mit häufig unbekanntem Startpunkt. Ob und wann genau das „GO" für ein Projekt gegeben wird, ist unklar. Das berufliche Tagesgeschehen und die Ressourcenbindung von Man-Power sind daher schwer einschätzbar. Aufgrund der kurzen Projektlaufzeit von durchschnittlich ca. 6 Wochen ist oft nicht vorhersehbar, mit welchen Kunden, Inhalten und Aufgabenstellungen man sich im nächsten Monat befassen wird.

Diese Art des Geschäfts birgt viel Abwechslung und Spannung, selten kehrt Ruhe ein. Es ist eine der vielfältigsten und aufregendsten Tätigkeitsbereiche der Branche!

4.6 Kundenorientierung: Tätigkeit in einem Dienstleistungssegment!

Arbeiten mit und für Kunden ist das tägliche Brot in der Marktforschung. Selbstsicheres Auftreten, Kommunikationsfähigkeit und Verhandlungsgeschick sind hier gefragt. Hintergründe und Fragestellungen des Auftrags unterscheiden sich je nach Kunde stark, qualitative Forschungsansätze sind wenig standardisiert. Das Aufsetzen eines Studiendesigns beinhaltet daher auch einen hohen Grad an Beratungsleistung gegenüber dem Kunden.

Während der gesamten Projektlaufzeit übernimmt man für die Leitung der Studie die volle Verantwortung gegenüber dem Auftraggeber, nicht selten gilt es unvorhergesehene Schwierigkeiten schnell und flexibel zu lösen, um das Projekt im kalkulierten Kosten-, und Zeitrahmen abzuwickeln.

4.7 Einen kühlen Kopf bewahren: Der Umgang mit Zeitdruck und Stress

Bei aller Abwechslung und Spannung sind das Arbeiten unter Zeitdruck und der Umgang mit zeitweise hoher Belastung unumgänglich. Nicht selten haben Projektmanager gleichzeitig mehrere „Baustellen" im Blick und kümmern sich nebenbei um neue Aufträge. Im Email- und Online-Zeitalter werden Angebote innerhalb weniger Tage erstellt, Projekte in kürzest möglicher Zeit abgewickelt. Kunden sind daran interessiert, schnell Ergebnisse mit geringem Aufwand zu erhalten – der Wettbewerbsdruck ist in der Marktforschung zu spüren und es macht sich bemerkbar, dass es sich um eine Dienstleistungsbranche handelt.

4.8 Kulturelle Integration: Marktforschung ist international

Das Tagesgeschäft in der Marktforschung ist international, fließende Englischkenntnisse sind daher ein Muss. Deutschland wird mit seiner umsatzstarken Wirtschaft häufig als Location in internationale Marktforschungsprojekte integriert. Wichtig ist dabei zu beachten, dass Ergebnisse auf internationaler Basis nur dann vergleichbar sind, wenn das Studiendesign über Ländergrenzen hinweg nahezu identisch ist.

Hier gilt es als Projektkoordinator, Unterschiede in Kultur und Mentalität bei der Auf-, und Umsetzung eines Studiendesigns zu berücksichtigen – wie es im Ethno-Marketing bedacht wird. Interkulturelles Fingerspitzengefühl ist gefragt: deutsche Direktheit und Ehrlichkeit kann in japanischen oder indischen Kulturkreisen schnell als persönliche Beleidigung empfonden werden. Aber auch in Bezug auf die Zielgruppe und – Zusammensetzung gibt es oft Unterschiede: während in Deutschland Diskussionsrunden zwischen Frauen und Männern gang und gäbe sind, werden die Geschlechter in der Türkei häufig getrennt und Probanden sogar einzeln befragt – um die persönliche Schamgrenze nicht zu überschreiten.

Die Moderation und Berichtslegung erfolgt daher immer von Forscherinnen und Forschern, welche die Muttersprache sprechen und im jeweiligen Land aufgewachsen sind, da kulturelle und soziale Einflüsse das Meinungsbild, die Bedürfnisse und Wünsche eines Individuums stark prägen und bei der Interpretation der Ergebnisse Beachtung finden müssen.

Folgendes Beispiel zum Abschluss zeigt, dass kulturelle Gepflogenheiten die Feldarbeit gehörig durcheinander bringen können: Für eine japanische Automarke wurden Personen zu einer Gruppendiskussion eingeladen, um den Prototyp eines neuen Fahrzeug-Modells zu evaluieren. Bei „Car Clinics" ist es üblich, Fahrzeug-Prototypen in einer Halle auszustellen, sodass die Befragten sich alles im Detail ansehen können, bevor diskutiert wird. Die Auftraggeber aus Japan waren extra angereist, um die Fokusgruppe „hinter der Scheibe" live mit zu verfolgen.

In der Pause zwischen erster und zweiter Diskussionsrunde wurde die Moderatorin von den Kunden zur Rede gestellt: es könne doch bitte schön nicht sein, dass keinerlei Kritik geübt wurde und niemand etwas zu verbessern hatte. Die Moderatorin wunderte sich, da die Befragten – typisch Deutsch – nicht mit negativen Kommentaren hinter dem Bug gehalten hatten, zudem handelte es sich nicht um Besitzer eines Fahrzeuges der entsprechenden Marke. Nach kurzem Chaos stellte sich heraus, was schief gelaufen war: der Simultan-Übersetzer, ein Japaner, hatte keinen einzigen negativen Kommentar übersetzt, nur um seinen Landsleuten und sich selbst die Scham zu ersparen, „direkt" Kritik überliefern zu müssen!

5 Wege in die Branche

Die Marktforschung bleibt nicht von Konjunkturschwankungen verschont – Unternehmen sparen schnell an Budget für Forschungsprojekte, wenn der Gürtel enger geschnallt wird. Dennoch erweist sich die Branche als krisensicher und robust, die Loyalität unter Arbeitnehmern ist in der Regel hoch. Arbeitsverhältnisse münden nach einer befristeten Anstellung von 12 – 24 Monaten inklusive Probezeit häufig in unbefristeten Verträgen.

Qualitative Marktforscher arbeiten als ordentliche Angestellte in kleinen Teams von bis zu 15 Personen, häufig aber auch als selbständige One-Man/Woman-Show. Das Einstiegsgehalt liegt je nach Institutsgröße und persönlicher Qualifikation zwischen einem Bruttolohn von 30.000€ – 45.000€, schwankt aber stark.

Die Regelarbeitszeit der GfK SE beträgt 39h pro Woche, die Kernarbeitszeit liegt zwischen 09:00h – 17.00h. Mehrarbeit wird meistens mit Freizeitausgleich oder auch monetär am Ende des Jahres abgegolten.

Aufgrund der kleinen Größe eines qualitativen Teams und der Unvorhersehbarkeit der Auftragslage schwankt die Arbeitsintensität, sodass in Hochphasen mit Überstunden gerechnet werden sollte. Die Besonderheit der qualitativen Arbeit ist es, ab und an auch in den Abendstunden tätig zu sein, da Fokusgruppen und Interviews fast immer mit Berufstätigen durchgeführt werden. Die Tätigkeit setzt damit Reisebereitschaft voraus, meistens geht es in die größten Städte Deutschlands, ab und an auch in andere Staaten.

Viele Wege führen in die Welt der Marktforschung. Häufig gelingt der Einstieg in das Berufsfeld über Praktika und/oder Werkvertragtätigkeiten. Auch die Tätigkeit bei einem Felddienstleister beziehungsweise als selbständige/r Interviewer/in kann Türen öffnen. Wer ausschließlich qualitative Marktforschung betreiben möchte, sollte sich an full-service-Institute halten, Unternehmen der Industrie beschäftigen selten rein qualitative Forscher.

Den klassischen Ausbildungsweg hierfür gibt es nicht. Während früher Psychologie als adäquates Studium galt, finden sich heute Absolventen der Soziologie, des Marketings, der Philosophie, der Geographie sowie der Kulturwissenschaft unter den Kollegen wieder. Die GfK SE hält einen Lehrstuhl an der Universität Erlangen-Nürnberg – GfK Lehrstuhl für Marketing Intelligence – und verknüpft so unternehmerisches Handeln mit universitärem Forschungsanspruch.

Literatur

Buber, Renate, & Holzmüller, Hartmut (Hrsg.) (2007). *Qualitative Marktforschung. Theorie, Methode, Analyse*. Wiesbaden: Springer VS Verlag.
Brüsemeister, Thomas (2008). *Qualitative Forschung. Ein Überblick*. Wiesbaden: Springer VS Verlag.
Dammer, Ingo, & Szymkowiak, Frank (2008). *Gruppendiskussionen in der Marktforschung*. Köln: rheingold verlag.

Fantapié Altobelli, Claudia (2007). *Marktforschung. Methoden, Anwendungen, Praxisbeispiele*. Stuttgart: Lucius&Lucius.
Felser, Georg (2007). *Werbe- und Konsumentenpsychologie*. Wiesbaden: Springer VS Verlag.
Garfinkel, Harold (1967). *Studies in Ethnomethodology*. Cambridge: Polity.
Gnambs, Timo, Batinic, Bernad (2007). Qualitative Online-Forschung. In Gabriele Naderer, Eva Balzer, (Hrsg.). *Qualitative Marktforschung in Theorie und Praxis Grundlagen, Methoden und Anwendungen* (S.343-362). Wiesbaden: Springer Gabler.
Kalthoff, Herbert, & Hirschauer, Stefan,& Lindemann, Gesa (Hrsg.) 2008: *Theoretische Empirie. Zur Relevanz qualitativer Forschung*. Frankfurt a.M: Suhrkamp.
Loos, Peter, & Schäffer, Burkhard (2001). *Das Gruppendiskussions-verfahren. Qualitative Sozialforschung*. Band 5. Opladen.
Mey, Günter, & Mruck, Katja (2007). Qualitative Interviews. In Gabriele Naderer, Eva Balzer, (Hrsg.). *Qualitative Marktforschung in Theorie und Praxis. Grundlagen, Methoden und Anwendungen* (S.247-287). Wiesbaden: Springer Gabler.

Möglichkeiten der Information:

Auf der jährlich in München stattfindenden Messe „*Research & Results*" bietet sich die Möglichkeit, mit den Akteuren der Branche in Kontakt zu treten und Vorträge zu Trends & Treibern zu hören. Die Teilnahme ist kostenlos, es braucht nur eine Voranmeldung. www.research-results.de.
Der Berufsverband Deutscher Markt-, und Sozialforscher e. V. bildet die wichtigste Interessenvertretung der Markt-, und Sozialforscher. Mit Jahreskongressen, Fachtagungen und Arbeitsgruppen bringt er Mitglieder der Branche unternehmensübergreifend zusammen. Aktuell bildet die Fachgruppe AKQua eine Plattform für qualitative Forscher für fachlichen Austausch. Die Fachgruppe hat es sich zur Aufgabe gemacht, Weiterbildungsangebote zu forcieren sowie öffentliche Veranstaltungen zur Information über qualitative Marktforschung zu organisieren. www.bvm.org
Der berufsständische Verein ADM Arbeitskreis Deutscher Markt-, und Sozialforschungsinstitute e. V. vertritt die Interessen privatwirtschaftlicher Marktforschungsinstitute. Zu seinen Aufgaben gehört es unter anderem, Qualitätsstandards, Berufsgrundsätze und Standesregeln zu überprüfen und festzulegen, z. B. die Richtlinien für die Aufzeichnung und Beobachtung von Gruppendiskussionen und qualitativen Interviews. Für den Neueinstieg oder den Berufswechsel wird man auf der Homepage des ADM unter der Sektion „Stellenangebote" fündig – einer Auflistung aktueller offener Positionen in der Marktforschungsbranche. www.adm-ev.de
Die Initiative Markt-, und Sozialforschung e. V. hat es sich zum Ziel gemacht, die Bevölkerung über Markt-, und Sozialforschung zu informieren. Seit 2013 findet jährlich in den größten deutschen Städten die „Tour der Marktforschung" statt, bei der man die Möglichkeit hat, sich über Aufgaben, Funktionen und Wirkweisen der Markt-, und Sozialforschung für Gesellschaft, Politik und Wirtschaft zu informieren. www.deutsche-marktforscher.de

B

2 Interessenvertretung

Arbeiten bei einer Gewerkschaft

Joyce Abebrese

1 Gewerkschaften in Deutschland – Ein spannendes und dynamisches Berufsfeld

Gewerkschaften sind Zusammenschlüsse von abhängig beschäftigten Arbeitnehmerinnen und Arbeitnehmern, zum Schutz ihrer Rechte und zum Ausbau der Vertretung ihrer Interessen, wenn sie ihre Arbeitskraft an andere zur Produktion von Gütern und Dienstleistungen aller Art verkaufen. Gewerkschaften entstanden im Zuge der Industrialisierung und der damit verbundenen Institutionalisierung des Prinzips des kapitalistischen Wirtschaftens (vgl. Kocka 2013), dass die mögliche Regelungsbedürftigkeit des Wirtschaftens zur Befriedigung menschlicher Bedürfnisse durch das Instrument des „freien Marktes" erfüllt sieht, auf dem Angebot und Nachfrage aller an Wirtschaft Teilnehmenden Menge, Art und Preis von Gütern regeln. Im Wettbewerb der Möglichkeiten von Wirtschaftsstrukturen hat sich das kapitalistische Prinzip weitgehend durchsetzen können. Gewerkschaften als Organisationen erfüllen daher eine wichtige Funktion beim Ausgleich von Interessenkonflikten zwischen den Teilnehmern an Wirtschaftsprozessen und ihren unterschiedlichen Handlungsspielräumen

In Deutschland gibt es gegenwärtig insgesamt drei Dachverbände für Gewerkschaften, der größte unter ihnen ist der Deutsche Gewerkschaftsbund (DGB). Neben ihm gibt es den Deutschen Beamtenbund und die Tarifunion (dbb beamtenbund und tarifunion), den Christlichen Gewerkschaftsbund (CGB) sowie weitere kleinere Einzelgewerkschaften. Der DGB vereint acht Einzelgewerkschaften unter sich, wobei er eine Gesamtmitgliedschaft von 6 142 720 Mitgliedern im Jahr 2013 aufwies. Damit ist der DGB sogar der weltgrößte Gewerkschaftsdachverband. Zu den acht Mitgliedsgewerkschaften zählen (vgl. DGB 2014a): IG Bauen-Agrar-Umwelt (IG BAU), IG Bergbau, Chemie, Energie (IG BCE), Eisenbahn- und Verkehrsgewerkschaft (EVG), Gewerkschaft Erziehung und Wissenschaft (GEW), IG Metall, Gewerkschaft Nahrung-Genuss-Gaststätten (NGG), Gewerkschaft der Polizei (GdP), Vereinte Dienstleistungsgewerkschaft (ver.di). Die DGB-Gewerkschaften weisen unterschiedliche Mitgliederstärken auf: Während die IG Metall mit ca. 2 26 Mio. Mitgliedern knapp 37 % der DGB-Mitglieder ausmacht, hat die Gewerkschaft der Polizei (GdP) mit ca. 174.000 Mitgliedern nur einen knappen Anteil von 2,8 % an der Gesamtmitgliedschaft (vgl. DGB 2014b). Der DGB ist international im Europäischen Gewerkschaftsbund

(EGB) sowie dem Internationalen Gewerkschaftsbund (IGB) vertreten. Er ist demokratisch aufgebaut: die Delegierten der acht Mitgliedsgewerkschaften wählen in 66 Regionen, den neun Bezirken und im Bund die Vorstände. In diese werden Vertreterinnen und Vertreter aus den Gewerkschaften entsandt. Alle vier Jahre wählen insgesamt 400 Delegierte der Gewerkschaften auf dem DGB-Bundeskongress den Geschäftsführenden Bundesvorstand (GBV). Der GBV sowie die acht Vorsitzenden der Mitgliedsgewerkschaften, bilden den Bundesvorstand. Zudem gibt es die neun DGB-Bezirke sowie die 66 DGB-Regionen[1]. Der Bundesausschuss des DGB besteht aus 70 Mitgliedern der Gewerkschaften, dem Bundesvorstand und den neun Bezirksvorsitzenden und tritt einmal jährlich zusammen, um die zentralen Entscheidungen zwischen den Bundeskongressen zu treffen. Nach seiner zwölfjährigen Amtszeit als DGB-Vorsitzender gab Michael Sommer diesen Posten im Jahr 2014 an Rainer Hoffmann ab.

Im Jahr 2002 organisierten die DGB-Gewerkschaften noch 7,7 Mio. Mitglieder. Im Jahr 2008 waren es allerdings nur noch 6,37 Mio. Mitglieder. Nach jahrelang sinkenden Mitgliederzahlen, konnte der DGB in den letzten Jahren zumindest die Mitgliederzahlen stabilisieren und in fünf Gewerkschaften sogar steigende Mitgliederzahlen verzeichnen. Vor allem junge Menschen bis zum Alter von 27 Jahren interessieren sich vermehrt für die Mitgliedschaft in einer Gewerkschaft: Im Jahr 2013 konnte hier ein Zuwachs von 2,58 % verzeichnet werden (vgl. DGB 2013), sodass junge Menschen im Jahr 2013 einen Gesamtanteil von 8,3 % ausmachten (vgl. Wissdorf 2014).

Die Entscheidung zur hauptamtlichen Beschäftigung bei einer Gewerkschaft ist eine langfristige. In einem Artikel zur Entscheidung zur Laufbahn bei einer Gewerkschaft betont ein Mitarbeiter der IG Metall, der für den Bereich der Personalentwicklung zuständig ist: „… (die) Entscheidung sei nämlich in den allermeisten Fällen eine fürs Leben. Wer erst einmal eine Gewerkschaft als Arbeitgeber im Lebenslauf stehen hat, hat es danach in der Wirtschaft nicht leicht, einen Job zu finden", sagt Beerhorst. Denn noch immer herrsche in den Chefetagen das Vorurteil, Gewerkschafter seien vor allem Unruhestifter" (Sommer 2013). Demnach sollte die Entscheidung zur beruflichen Orientierung bei einer Gewerkschaft wohl durchdacht sein. Die Arbeit beinhaltet sehr vielfältige mögliche Beschäftigungsbereiche: u. a. die Arbeit im Betrieb mit Kolleginnen und Kollegen, die politische Bildungsarbeit, auch mit Jugendlichen oder jungen Erwachsenen, die Mitgliederberatung und -information, die Industrie- und Branchenpolitik und die Tarif-, Beamten- und Arbeitsmarktpolitik.

Der Einstieg in eine gewerkschaftspolitische Berufslaufbahn kann unterschiedlich verlaufen: Viele der hauptamtlich Beschäftigten GewerkschaftssekretärInnen beziehungsweise ReferentInnen verfügen bereits über ein breites Spektrum an Erfahrungen aus vorangegangener ehrenamtlicher Aktivität bei einer Gewerkschaft, anderen politischen Organisationen oder aus Mitbestimmungsgremien wie einem Betriebsrat. Die Mitgliedschaft in einer DGB-Gewerkschaft ist Voraussetzung zur Einstellung. Einige DGB-Gewerkschaften bieten interessierten jungen Menschen Traineeprogramme mit unterschiedlich langen

---

1   Die DGB-Regionen sollen bis 2015 durch ehrenamtlich geführte DGB-Kreis- und Stadtverbände, welche die Positionen der Gewerkschaften gegenüber der Kommunalpolitik vertreten, ersetzt werden. Die Regionalgeschäftsstellen werden dann fortan in die Bezirke integriert.

Ausbildungszeiten (zwischen zwölf und 24 Monaten) zur Qualifikation zum/zur Gewerkschaftssekretär/-in an. Hier vereinen sich Seminar- und Praxisphasen. BewerberInnen für das Traineeprogramm, etwa beispielsweisebei der IG Metall sollten ein fundiertes theoretisches Wissen sowie betriebliche Erfahrungen und politisches Engagement mitbringen (IG Metall 2014).

2   Die Gewerkschaft Erziehung und Wissenschaft (GEW)

Die Gewerkschaft Erziehung und Wissenschaft (GEW) vertritt bundesweit mehr als 270.000 Mitglieder in den vier Organisationsbereichen Hochschule und Forschung, Jugendhilfe und Sozialarbeit, Schule und Berufliche Bildung/Weiterbildung. Zudem gibt es die übergreifenden Arbeitsbereiche der Tarif- und Beamtenpolitik, der Frauenpolitik und der Finanzen. Die GEW ist in 16 Landesverbände gegliedert. Nordrhein-Westfalen ist der größte unter ihnen mit mehr als 47.000 Mitgliedern und einer steigenden Tendenz. Mit mehr als 70 % Frauen in ihrer Mitgliedschaft, ist die GEW unter den DGB-Gewerkschaften eine Ausnahme, da männliche Beschäftigte in fast allen Fällen den überwiegenden Teil der Mitglieder ausmachen. Begründet liegt dies sicher im hohen Frauenanteil in den vertretenen Bereichen: Im Bereich der Kinderbetreuung arbeiten knapp 97 % weibliche Beschäftige, im Schulbereich rund 70 %.

Die GEW NRW gliedert sich landesweit in fünf Bezirke, Bezirksausschüsse, Stadt- und Kreisverbände/ -vereinigungen sowie elf Fachgruppenausschüsse, zehn Referate und sechs Ausschüsse. Zu ihren Organen zählen der Gewerkschaftstag, der Landesvorstand und der Geschäftsführende Ausschuss. Der Landesverband beschäftigt in der Landesgeschäftsstelle sechs hauptamtlich beschäftigte Gewerkschaftsreferentinnen und -referenten für die Bereiche Medien und Hochschulpolitik, Bildungspolitik (Schule) und Frauen, Beamtenrecht, Beamtenpolitik und Mitbestimmung, Tarifpolitik, Jugendhilfe und Sozialarbeit und Erwachsenenbildung und Rechtsschutz sowie eine Jugendbildungsreferentin für den Bereich Junge GEW und Hochschulinformationsbüros.

3   Meine Aufgaben als Gewerkschaftsreferentin

Meine konkrete Arbeit als Referentin bei der GEW NRW gliedert sich in drei Arbeits- bzw. Organisationsbereiche: Tarifpolitik, Jugendhilfe sowie Sozialarbeit und Erwachsenenbildung. Diese drei Bereiche bringen unterschiedliche Anforderungen und Bedingungen mit sich, wobei sich meine Tätigkeit in einen inhaltlich-gestaltenden und einen koordinativen Teil gliedert. Diese beiden Hauptaspekte meiner Arbeit gehen an vielen Stellen nahtlos ineinander über. Ich möchte dies am Beispiel der Arbeit im Tarifbereich erläutern: So gibt es bei Tarifauseinandersetzungen, wie im Jahr 2014 zum Warnstreik im öffentlichen Dienst bei Bund und Kommunen, eine inhaltliche und eine koordinative Ebene, die schließlich in die inhaltliche Arbeit übergeht. Bei der inhaltlichen Ebene geht es um die Fragen: Was fordern wir? Warum fordern wir das? Wie mobilisieren wir unsere Mitglieder? Auf der koordinativen Ebene müssen folgende Fragen berücksichtigt werden: Wen müssen wir für einen geplanten Warnstreik in Kitas und Volkshochschulen ansprechen? Wie koordinieren wir den Streik auf Landesebene? Wo organisieren wir Mitgliederveranstaltungen zur Information? Wurden diese Ebenen gut miteinander abgestimmt, kann die inhaltliche Arbeit beginnen.

Meine Arbeit konzentriert sich vorrangig auf die Bereiche Tarifvertrag öffentlicher Dienst Bund und Kommunen (TVöD) und Tarifvertrag öffentlicher Dienst Länder (TV-L). Im Tarifbereich TVöD organisiert die GEW vor allem Beschäftigte aus dem kommunalen Sozial- und Erziehungsdienst und aus den Volkshochschulen. Unter den TV-L fallen bei der GEW angestellte Lehrkräfte, Beschäftigte der Hochschulen und ebenso Beschäftigte des Sozial- und Erziehungsdienstes. Zudem zählen zu den Mitgliedern der GEW NRW auch Beschäftigte der FRÖBEL-Gruppe sowie des Internationalen Bundes (IB), für die eigene Haustarifverträge gelten.

Meine alltäglichen Aufgaben bestehen darin, beratende Telefongespräche zu führen, etwa zu Fragen der korrekten tariflichen Eingruppierung bei einem Arbeitgeberwechsel oder zu Fragen in Bezug auf geplante Veranstaltungen hinsichtlich der Tarifrunden der GEW NRW. Zudem beantworte ich diverse Mails und Anfragen und koordiniere Termine zur Zusammenarbeit mit anderen Organisationen. Ferner organisiere ich Veranstaltungen zu Tariffragen und anstehenden Tarifrunden und kümmere mich um das Verfassen von Stellungnahmen zu geplanten Gesetzesänderungen in den von mir betreuten Organisations- und Arbeitsbereichen, wie beispielsweise zuletzt zu der Änderung des Kinderbildungsgesetzes (KiBiz) (Ministerium für Familie, Kinder, Jugend, Kultur und Sport des Landes Nordrhein-Westfalen 2014), welches zum 01.08.2014 in Kraft trat. Weiterhin verfasse ich Artikel für die Mitgliederzeitung der GEW NRW, die Neue Deutsche Schule (nds).

Bei meiner Arbeit wird ein hohes Maß an Verantwortungsbewusstsein und Eigenständigkeit erwartet. Zudem ist es notwendig, sich schnell in neue Themen und Sachverhalte einzuarbeiten, auch um immer auf dem aktuellsten Stand der Gewerkschaftspolitik und der eigenen Tätigkeitsbereiche zu sein.

Im Vorfeld und zu Zeiten konkreter Tarifauseinandersetzungen, ist meine Arbeit vor allem von Reisen quer durch Deutschland gekennzeichnet. Um auf der Bundesebene den Austausch mit anderen Landesverbänden zu gestalten, finden Sitzungen verteilt über ganz Deutschland statt. Dementsprechend unregelmäßig sind auch meine Arbeitszeiten. Es gibt auch Sitzungen, die z. B. nur einen Tag in Berlin stattfinden, sodass insgesamt eine achtstündige Fahrt für eine mehrstündige Sitzung ansteht. Hinzu kommen regelmäßige Konferenzen oder Seminare, die oft über mehrere Tage angesetzt sind. Innerhalb Nordrhein-Westfalens nehme ich an Landesvorstandssitzungen, Gremiensitzungen und ggf. Landtagsanhörungen oder Treffen mit Politikerinnen und Politikern teil, zu denen auch Reisen quer durch NRW nötig sind. Häufig dauern solche Sitzungen bis spät in den Abend oder sie finden am Wochenende statt. Die Vereinbarkeit von Familie und Beruf schätze ich daher als sehr schwierig ein.

Die Arbeit als Gewerkschaftsreferentin oder -referent ist nicht für alle geeignet. Die zeitlichen Belastungen muss jede und jeder für sich selbst einschätzen und bewerten können, aber Regelmäßigkeiten sind hier selten zu finden. Dies und die damit verbundenen tagtäglichen Herausforderungen sind es aber auch, die die Arbeit so spannend machen. Das Motto „Man lernt nie aus!" wird hier groß geschrieben, denn jeden Tag ergeben sich neue Themen und Bereiche, die in die eigene Arbeit einfließen.

Ein hohes Maß an Selbstständigkeit und Engagement wird vorausgesetzt, sodass es beinahe immer möglich ist, eigene Ideen und Vorstellungen in die Arbeit mit einzubringen und auch umzusetzen. Die Tätigkeit ist vor allem für flexible und spontane Menschen geeignet, die aufgeschlossen, kompromissbereit, aber auch gleichzeitig durchsetzungsfähig sind und eine gute Zusammenarbeit mit vielen unterschiedlichen Menschen schätzen. Interessant ist die Arbeit vor allem für diejenigen, die ein persönliches Interesse, beispielsweise aus einer voraus gegangenen ehrenamtlichen Arbeit bei einer Gewerkschaft oder einem politischen Verband, mitbringen und dieses mit der Arbeit verbinden können.

4   Meine Etappen auf dem Weg zur GEW NRW

Bevor ich meine Arbeit bei der GEW NRW begann, durchlief ich unterschiedliche Bereiche, die den Interessen entsprachen, die ich schon vor dem Studium entwickelt hatte. Diese waren unter anderem der Wunsch, mitzureden, demokratische Strukturen kennenzulernen, sie zu nutzen und Politik verstehen zu lernen. Ich entschied mich für das Studium der Politikwissenschaft mit dem Nebenfach Wirtschaftswissenschaft. Bereits im Bachelor-Studium absolvierte ich ein Praktikum bei einer politischen Partei und erhielt einen Einblick in die Arbeit lokaler Stadtpolitik. Ich begriff schnell, wie viel harte Arbeit hinter der Gestaltung politischer Inhalte innerhalb einer Stadt steckte, und konnte nachvollziehen, wie schwer der Weg des Einzelnen oder der Einzelnen in die Politik werden konnte. Ein Praktikum in der Personalentwicklungsabteilung einer großen gemeinnützigen Gesellschaft sollte meinen Blick auf mögliche Berufsfelder nach dem Studium erweitern. Die Arbeit interessierte mich, nicht zuletzt weil es auch hierbei darum ging, Interessen von Beschäftigten durchzusetzen und ihnen in ihrem Arbeitsumfeld Möglichkeiten zur Entwicklung zu geben. Der Master-Studiengang Sozialwissenschaft mit dem Schwerpunkt Management und Regulierung von Arbeit, Wirtschaft und Organisation erschien mir nach dem Praktikum als eine gute Möglichkeit, mein Interesse an der betrieblichen Personalpolitik weiter auszubauen und fachlich zu fundieren. Während des Studiums weckten vor allem Veranstaltungen mit den Schwerpunkten Partizipation, betriebliche Mitbestimmung, Gewerkschafspolitik und internationale Arbeitsnormen meine Aufmerksamkeit. Ich entschied mich bewusst zu einer ehrenamtlichen Mitarbeit bei der Juso-Hochschulgruppe an der Ruhr-Universität Bochum und wurde bald Referentin für politische Bildung im Allgemeinen Studierenden Ausschuss (AStA). Neben der Möglichkeit als Mitglied des AStA demokratische Strukturen an der Universität kennenzulernen, lernte ich in meinem Amt als Referentin politische

Veranstaltungen zu interessanten Themen, wie beispielsweise der Europäischen Finanzkrise oder dem Strukturwandel des Ruhrgebietes, zu organisieren und zu moderieren.

Bei einem Praktikum bei der Friedrich-Ebert-Stiftung in Accra (Ghana) arbeitete ich mich in das Themengebiet der gewerkschaftlichen Mitbestimmung in der informellen Wirtschaft[2] des Landes ein. Da schätzungsweise bis zu 90 % der arbeitenden Bevölkerung im informellen Teil der Wirtschaft tätig ist, spielt vor allem das Thema der sozialen Absicherung, aber auch das der Möglichkeit der Mitbestimmung der informell arbeitenden Menschen, eine sehr wichtige Rolle. Ich entwickelte das Thema meiner Master-Arbeit ebenfalls in diesem Kontext: Wie viel Mitspracherecht in der Gestaltung von politischen und wirtschaftlichen Inhalten haben die Gewerkschaften und wie wenden sie es an? Gibt es einen Unterschied zwischen dem formalen, theoretischen und dem praktischen Mitspracherecht der ArbeitnehmerInnenvertretungen?

Ich erhielt die Möglichkeit, eine Studienreise für StipendiatInnen der Hans-Böckler-Stiftung zu organisieren, bei der es darum ging festzustellen, welchen Herausforderungen globale Gewerkschaften sich heute zu stellen haben. Wir reisten nach Genf und trafen GewerkschafterInnen und ExpertInnen der International Labour Organization (ILO). Der Leiter der gemeinsamen Arbeitsstelle der RUB und der IG Metall, brachte mich mit unterschiedlichen Menschen aus der Gewerkschaftspolitik und der ILO zusammen und zeigte mir so spätere Berufsmöglichkeiten auf, wofür ich ihm bis heute sehr dankbar bin.

„Was lernst Du denn eigentlich in deinem Studium? Und was wird man danach damit?" Diese und andere ähnliche Fragen hört sicher jede Sozialwissenschaftlerin und jeder Sozialwissenschaftler während des Studiums. Darauf in einer kurzen Form zu antworten, fiel mir oft schwer. Oft weiß man ja selbst nicht, was genau man eigentlich gelernt hat, bis es wirklich praktische Anwendung findet. Bei meinem Berufseinstieg merkte ich aber schnell, dass mir vor allem die Fähigkeit, Sachverhalte in kurzer Zeit zu recherchieren und aus verschiedenen Blickwinkeln zu beleuchten, sehr zugute kam. Natürlich konnte ich auch mein Fachwissen über Gewerkschaften und Mitbestimmungsorgane im Betrieb gut in meine Arbeit integrieren und mit Leben füllen. Eine notwendige Kompetenz liegt darin, Themen anschaulich präsentieren zu können, was ich in meinem Studium bei Referaten und mündlichen Prüfungen üben konnte. Geht es beispielsweise in konkrete Tarifauseinandersetzungen, wie etwa Verhandlungen der GEW mit der Tarifgemeinschaft deutscher Länder (TdL) zur Eingruppierung angestellter Lehrkräfte (GEW 2014), müssen Mitglieder mobilisiert und informiert werden. In dieser Zeit werde ich häufig zu Veranstaltungen von Untergliederungen der GEW NRW eingeladen, um über den Stand der Verhandlungen

---

2 Der Begriff der „informellen Wirtschaft" wird unterschiedlich definiert. Ich verweise hier auf die allgemeine Definition der International Labour Organization (ILO), die folgende Charakteristika nennt: "Although it is hard to generalize concerning the quality of informal employment, it most often means poor employment conditions and is associated with increasing poverty. Some of the characteristic features of informal employment are lack of protection in the event of non-payment of wages, compulsory overtime or extra shifts, lay-offs without notice or compensation, unsafe working conditions and the absence of social benefits such as pensions, sick pay and health insurance." (ILO 2014).

beziehungsweise die Forderungen der GEW zu berichten. Nicht zuletzt ist hierfür auch ein zwischenmenschliches „Miteinander" gefragt, also einen „guten Draht" zu den Mitgliedern zu finden und zu pflegen.

5 Würde ich es wieder so machen? Aber sicher!

Zu Anfang meines Studiums wollte ich politisch aktiv werden und das am liebsten direkt in einer Partei. Nach meinem Praktikum erschienen mir die Spielräume, in denen ich mich bei der Arbeit in einer Partei bewegt hätte, zu beengt. Allerdings wollte ich mein Ideal der Mitbestimmung und Mitgestaltung von politischen Inhalten nicht aufgeben. Nach meinem Praktikum bei der FES in Ghana merkte ich, wie viel Spaß ich daran hatte, mich auf einer anderen praktischen Ebene mit sozialen Themen auseinanderzusetzen.

Ich rate allen noch unentschlossenen, oder auch bereits entschlossenen Menschen, die sich auf der Orientierung nach Berufsmöglichkeiten befinden: Probiert möglichst viel aus, haltet an euren Interessen fest und lasst euch nicht den Mut nehmen! Ihr solltet auf euch selbst und euer Wissen und Können vertrauen und offen dafür sein auch Ehrenämter zu übernehmen oder Praktika zu machen. Ein interdisziplinäres Studium, das Blicke nach links und rechts und über den Tellerrand hinaus erlaubt, kann den Einstieg in den Beruf erleichtern. Zudem rate ich vor allem in dem Bereich der Gewerkschaftsarbeit dazu, auch (arbeits-)rechtliche Vorlesungen und Seminare zu besuchen.

Sich möglichst früh darüber klar zu werden, wo die eigenen Stärken und Schwächen liegen, kann nur von Vorteil sein. Man sollte sich nicht dazu gezwungen fühlen, jeden Job zu machen, denn das wirkt sicher auf Dauer eher frustrierend und demotivierend. Ratsam ist es, sich frühzeitig auf Jobsuche zu begeben. Hierzu kann man sich beispielsweise an die Bundesagentur für Arbeit wenden und sich dort beraten lassen. Hierfür ist allerdings wichtig, dass man sich über eine grobe Richtung schon sicher ist und bei der Arbeitssuche gezielt Kriterien angeben kann.

Meine Ideale konnte ich durch das Studium hindurch und auch bei meinem Berufseinstieg behalten: Gemeinsam können wir etwas erreichen und unsere Interessen gegenüber den Arbeitgebern durchsetzen. Mitbestimmung und -wirkung sind möglich und wichtig für ein solidarisches Miteinander!

Literatur

Abebrese, Joyce (2013). *We need to back that dialogue with some action. Programme and Practice of Decent Work in Ghana.* Friedrich-Ebert-Stiftung

Internetquellen

Deutscher Gewerkschaftsbund: DGB-Mitgliederzahlen ab 2010, http://www.dgb.de/uber-uns/dgb-heute/mitgliederzahlen/2010. Zugegriffen: 04.05.2015.
Deutscher Gewerkschaftsbund: Die Gewerkschaften des Deutschen Gewerkschaftsbundes, http://www.dgb.de/uber-uns/dgb-heute/gewerkschaften-im-dgb. Zugegriffen: 04.05.2015.
Deutscher Gewerkschaftsbund (2014): Mitgliederzahlen: Aufwärtstrend setzt sich fort. Pressemitteilung vom 27.01.2014. http://www.dgb.de/presse/++co++67c3fbe8-8508-11e3-a98f-52540023ef1a. Zugegriffen: 04.05.2015.
Gewerkschaft Erziehung und Wissenschaft: Verhandlungsauftakt für Lehrerentgeltordnung, http://gew.de/Verhandlungsauftakt_fuer_Lehrerentgeltordnung.html. Zugegriffen: 04.05.2015.
IG Metall: Trainieren für die Perspektive IG Metall, http://www.igmetall.de/SID-60A15B93-440B097B/traineeprogramm-beruf-gewerkschaftssekretaerin-4991.htm. Zugegriffen: 04.05.2015.
International Labour Organization: Informal economy, http://ilo.org/global/topics/employment-promotion/informal-economy/lang--en/index.htm. Zugegriffen: 04.05.2015.
Ministerium für Familie, Kinder, Jugend, Kultur und Sport des Landes Nordrhein-Westfalen (MFKJKS NRW): Zweite Stufe zur Revision des Kinderbildungsgesetzes (KiBiz), http://www.mfkjks.nrw.de/kinder-und-jugend/revision-kinderbildungsgesetz/. Zugegriffen: 04.05.2015.
Sommer, Sarah (2013). Gewerkschaft – bis dass der Tod uns scheidet!, http://www.karriere.de/karriere/gewerkschaft-bis-dass-der-tod-uns-scheidet-165470/. Zugegriffen: 04.05.2015.
Wissdorf, Flora (2014). Für junge Deutsche ist der Klassenkampf von gestern, http://www.welt.de/wirtschaft/article127895222/Fuer-junge-Deutsche-ist-Klassenkampf-von-gestern.html. Zugegriffen: 04.05.2015.

Arbeiten für den Frieden
Mit Soziologie zur Friedensfachkraft

Philipp von Zwehl

1 Arbeiten für den Zivilen Friedensdienst

Das Konsortium Ziviler Friedensdienst (ZFD) ist ein Zusammenschluss verschiedener Nicht-Regierungsorganisationen und als Teil der deutschen Entwicklungszusammenarbeit ausschließlich durch das Bundesministerium für wirtschaftliche Zusammenarbeit und Entwicklung (BMZ) finanziert. Es entsendet seine Fachkräfte weltweit, um gewaltsamen Konflikten ohne militärische Mittel zu begegnen. Seit Programmbeginn im Jahr 1999 waren rund 800 Friedensfachkräfte in Projekten vor allem in Lateinamerika, Afrika, dem Balkan und Südostasien aktiv[1]. Eine Ausbildung zur Friedensfachkraft ist beispielsweise bei der vom Forum Ziviler Friedensdienst getragenen Akademie für Konflikttransformation möglich. In Kursen und Trainings wird in der Akademie praxisbezogenes Handlungswissen für die zivile Konfliktbearbeitung in Krisengebieten vermittelt.

Das Curriculum der Akademie orientiert sich an den aktuellen Diskursen in den Bereichen der Konflikttransformation, Entwicklungszusammenarbeit und Erwachsenenbildung. Voraussetzung für die Ausbildung ist eine abgeschlossene Berufsausbildung und/oder eine entsprechende Berufs- und Lebenserfahrung. Entsprechend beträgt das Mindestalter 28 Jahre, wobei in seltenen Fällen auch Ausnahmen möglich sind. Da der Einsatz der Friedensfachkraft in verschiedenen Ländern stattfindet, werden englische Sprachkenntnisse sowie Kenntnisse einer weiteren Sprache als Teilnahmebedingung vorausgesetzt.[2]

Zur Philosophie des ZFD gehört, dass ein „positiver Frieden", also die Abwesenheit von struktureller, kultureller und physischer Gewalt nicht durch die Anwesenheit vom Militär gesichert werden kann, sondern vielmehr einen Wandel in der Gesellschaft voraussetzt. Aus diesem Grund kooperiert der ZFD immer mit lokalen zivilgesellschaftlichen Akteuren, die sich mit gewaltfreien Mitteln für diese Art von Frieden einsetzen. Der Zivile Friedensdienst agiert dabei direkt „am Konflikt". Das bedeutet, dass im Idealfall mit den Hauptakteuren

---

1 Vgl. Portal Bundesministerium für wirtschaftliche Zusammenarbeit und Entwicklung: http://www.bmz.de/de/was_wir_machen/themen/frieden/ziviler_friedensdienst/index.html. Zugegriffen: 05. Mai 2015

2 Vgl. Portal des forum Ziviler Friedensdienst: http://www.forumzfd-akademie.de/. Zugegriffen: 05. Mai 2015

des Konflikts zusammengearbeitet wird. Ziel ist es, die Dynamik einer Konfliktaustragung dahingehend zu beeinflussen, dass Gewalt vermieden, beendet oder gemindert wird. Dabei konzentrierten sich die kirchennahen NGOs meist auf Lateinamerika und Afrika, während die konfessionslosen NGOs vor allem im Balkan und Südostasien aktiv waren. Israel beziehungsweise Palästina bilden hier vor dem Hintergrund der deutschen Geschichte eine Ausnahme. Anders als in den anderen Ländern fördern hier beinahe alle Organisationen einzelne Projekte.

Als Handlungsfelder hat der ZFD den Aufbau von Kooperations- und Dialogstrukturen über Konfliktlinien hinweg, die Verbreitung von Information über den Konflikt, die Reintegration und Rehabilitation der von Gewalt betroffenen Gruppen, Beratung und Trainingsmaßnahmen zu Instrumenten und Konzepten ziviler Konfliktbearbeitung, Friedenspädagogik und die Stärkung der lokalen Rechtssicherheit definiert. Entsprechend vielfältige Einsatzmöglichkeiten gibt es für Sozialwissenschaftlerinnen und Sozialwissenschaftler, zumal ein breites Spektrum an Fähigkeiten vorausgesetzt wird, was gerade für uns als Generalistinnen und Generalisten hervorragend geeignet ist.

Ich begann im Jahr 2012 als Friedensfachkraft in Palästina und arbeitete dort bis Ende des Jahres 2014 als Projektkoordinator in einem „Peer Mediation" Projekt im Westjordanland. Anders als größere Organisationen in der Entwicklungszusammenarbeit unterhält der ZFD keine großen Büros mit internationalen Mitarbeiterinnen und Mitarbeitern. Stattdessen werden einzelne „Consultants" in lokale Organisationen vermittelt, um mit einem Tandem aus je einem lokalen und einem internationalen Mitarbeiter Projekte anzustoßen und umzusetzen. So soll – zumindest theoretisch – gewährleistet werden, dass die Projekthoheit bei den lokalen Organisationen liegt und der „Entwicklungskolonialismus" gestoppt wird.

In einem Projekt, das ich mit meinem lokalen „Counterpart", einem Mitarbeiter der palästinensischen Lehrergewerkschaft, durchführe, geht es um darum, Gewalt an Schulen im Westjordanland zu bekämpfen. Dies ist eine wichtige Aufgabe in einem Land, in dem Kinder häufig mit Gewalt aufwachsen und Konflikte in den Schulen oftmals auch gewaltsam ausgetragen werden. Im Rahmen des Projekts werden Menschen in den verschiedenen Distrikten in Mediations- und Trainingstechniken ausgebildet. Diese gehen dann als Multiplikatorinnen und Multiplikatoren in die Schulen, um dort Mediationsteams zu etablieren, mit deren Hilfe Konflikte gewaltfrei gelöst werden sollen.

Meine Hauptaufgabe ist die Organisation der Trainings, die Entwicklung eines Monitoring- und Evaluationssystems, um die Wirkung der Maßnahmen in den Schulen zu messen sowie ein Bewusstsein für Gewalt an Schulen zu schaffen. Darüber hinaus betreuen und unterstützen wir die Mediationsteams bei ihrer Arbeit in den Schulen. Dabei versuchen wir eng mit anderen Organisationen, wie Save the Children und UNICEF sowie dem palästinensischen Bildungsministerium zusammenzuarbeiten.

Während die Ziele des Projekts gemeinsam mit allen Beteiligten, darunter auch den Vertretern der KURVE Wustrow, Bildungs- und Begegnungsstätte für gewaltfreie Aktion e. V., aus Deutschland, definiert wurden, bin ich bei der Entwicklung weiterer Aktivitäten ausgesprochen frei.

Zur Tätigkeit gehört ebenfalls das Abrechnungs- und Berichtswesen, bei dem man – aufgrund der strengen Anforderungen des BMZ – sehr präzise und differenziert arbeiten muss.

Besonders interessant am Beruf der Friedensfachkraft ist, dass man direkt an den Schnittstellen zwischen Politik beziehungsweise Regierungsorganisationen, NGO und der lokalen Bevölkerung agiert. Dadurch arbeitet man mit vielen Akteurinnen und Akteuren zusammen und lernt die unterschiedlichsten Perspektiven kennen. Eine der größten Herausforderungen ist es dabei, die verschiedenen Interessen aller Beteiligter zu vereinen. Der gewaltsame Konflikt ist durch die Menschenrechtsverletzungen, die durch das israelische Militär begangen werden, die Checkpoints und die persönlichen Geschichten meiner palästinensischen Freundinnen und Freunde allgegenwärtig. Obwohl ihre Situation auf manche hier Lebende ausweglos und deprimierend wirkt, konnte ich feststellen, dass die Menschen weder ihre Hoffnung noch ihre Lebensfreude oder ihre Hilfsbereitschaft verlieren. Durch sie habe ich mich immer sicher und willkommen gefühlt. Außerdem gibt es gerade in Ramallah zahlreiche Möglichkeiten, sich zumindest für einen Moment von den täglichen Konflikten abzulenken, etwa in den zahlreichen Cocktail Bars und Restaurants.

Letztendlich muss man sich aber damit arrangieren, dass man trotz aller Kraft und Energie, die man in diese Arbeit steckt, an der Gesamtsituation allein nichts ändern kann. Umso wichtiger ist es, die eigene Motivation aufrechtzuerhalten und neue Kraft aus den vielen kleinen Erfolgen zu ziehen.

3 Studium und Praktika, Praktika, Praktika

In dem Ort, aus dem ich stamme, gab es, soweit ich das überblicken konnte, keine sozialen Probleme, weder eine hohe Arbeitslosigkeit noch Stadtviertel, in denen eine hohe Anzahl von Menschen mit Migrationshintergrund lebten. Das größte Konfliktpotential waren wohl die Nachbarn, die ihre Hecke nicht ordnungsgemäß schnitten. Die einzige Straftat, die man beobachten konnte, waren betrunkene Jugendliche, die am Wochenende Fahrräder klauten, um damit zum Bahnhof zu fahren und in ihre Dörfer zu verschwinden. Die Idee, so etwas schwer Greifbares, wie Sozialwissenschaften zu studieren, lag für mich zunächst ziemlich fern. Aufgrund mangelnder Alternativen schrieb ich mich zuerst für Betriebswirtschaftslehre ein, wo mir jedoch schnell klar wurde, dass dies nichts für mich war. Glücklicherweise hatte ich sehr verständnisvolle Eltern, die mich bei dem Entschluss, mein Studienfach zu wechseln, sehr unterstützt haben. Da ich ein „kommunikativer" Mensch war, wollte ich genau das zu meinem Beruf machen und schrieb mich im Jahr 2002 für den Bachelor-Studiengang Sozialwissenschaften an der Heinrich-Heine-Universität in Düsseldorf ein. Das Studium bestand zu je einem Drittel aus Soziologie, Politikwissenschaften und Medien- und Kommunikationswissenschaften.

Während meiner Studienzeit sammelte ich einige Erfahrungen, die mein weiteres (Berufs-)Leben stark geprägt haben. Von der Nebentätigkeit in einer PR-Agentur, nach der ich wusste, was ich nicht machen möchte, über persönliche Erfahrungen mit sozialen Problemen in einer „Multikulti-Stadt" bis hin zu zwei besonderen Seminaren an der Universität. In der Vorlesung „Soziologische Gegenwartsdiagnosen" analysierten wir aktuelle Trends in westlichen Gesellschaften: von der „McDonaldisierung der Gesellschaft" bis zur heutigen „Eventgesellschaft". Endlich ging es in der Soziologie nicht um abstrakte Theorien von Habermas und Nietzsche, sondern um aktuelle greifbare Modelle unserer Gesellschaft. Zum ersten Mal hatte ich das Gefühl zu verstehen, was um mich herum passiert, wie westliche Gesellschaften und die Menschen funktionieren, was sie antreibt und motiviert. Davon wollte ich mehr, besser verstehen, warum die Welt so ist, wie sie ist. Gleichzeitig wurde ich für soziale Probleme und für die Ungerechtigkeit auf unserer Welt sensibilisiert. Ich entwickelte Normen und Werte, die ich leben und gegenüber anderen vertreten wollte. In mir wuchs der Drang die Welt mit zu gestalten, beziehungsweise sie zu verändern. Die Frage war nur, wie.

In einem Lehrforschungsprojekt über zwei Semester analysierten wir internationale Erfolge von NGOs und Kampagnen, so genannte „success stories". Dies gab den entscheidenden Hinweis darauf, was ich wirklich wollte und wie ich es erreichen konnte. Da ich bis zu diesem Zeitpunkt noch nie länger im Ausland gewesen bin, entschied ich mich, nach dem Bachelor ein Praktikum im Regionalbüro der FDP-nahen Friedrich Naumann Stiftung in Thailand zu absolvieren. Bei einem Wochenendseminar, kam ich mit dem Leiter des Büros in Bangkok, der auch das Seminar leitete, ins Gespräch. Er bot mir schließlich einen Praktikumsplatz an, sodass ich zwei Monate später dort anfangen konnte. Während des Praktikums begleitete ich ihn zu Workshops in Kambodscha und Myanmar, wo wir versuchten, Dialogprozesse zwischen Jugendlichen in Südostasien zu initiieren. Außerdem konnte ich die Flüchtlingslager im Norden Thailands besuchen – eine unbeschreibliche Erfahrung, da ich früher nie mit wirklicher Armut und Hilflosigkeit konfrontiert worden war.

Nach dem Praktikum entschied ich mich, noch einen Masterstudiengang zu studieren, nämlich „International Relations" an der Victoria University in Wellington, Neuseeland. Hier ging es darum, das Verhalten und die Motivation der verschiedenen Akteure auf der „Weltkarte" durch verschiedene Ansätze zu verstehen und zu prognostizieren, wie ein Professor es uns erklärte. Was die Sozialwissenschaften in Bezug auf die Erklärung von westlichen Gesellschaften geleistet hatten, wurde durch das Studium der Internationalen Beziehungen in einen globalen Kontext gestellt. Am Ende des Studiums sah ich die strukturellen Fehler und Ungerechtigkeiten der Welt überall.

Die Stellensuche gestaltete sich schwierig, sodass ich zunächst nur verschiedene Nebenjobs bei Veranstaltungen und Fernsehserien annahm. Schließlich absolvierte ich ein fünftes Praktikum und begann eine viermonatige Ausbildung zum Projektkoordinator für internationales Projektmanagement in der Entwicklungszusammenarbeit und Humanitären Hilfe. In dieser Ausbildung bekommen die Trainees zum einen das nötige Handwerkszeug, das in der Praxis benötigt wird, vermittelt. Zum anderen werden hier bereits Kontakte zu Trainerinnen und Trainern der verschiedenen NGO geknüpft, was für den Berufseinstieg nur von Vorteil sein kann. Denn wie in vielen anderen Branchen, sind persönliche Kontakte und Networking in der Welt der Nicht-Regierungsorganisationen von unschätzbarem Wert.

4 Mein Berufseinstieg als Campaigner

Bei den Weltklimaverhandlungen in Kopenhagen, an denen ich im Rahmen eines Praktikums teilnahm, lernte ich die „Klimapiraten" kennen. Ihr Ziel war es, durch kreative gewaltfreie Medienaktionen eine Öffentlichkeit gegen geplante Kohlekraftwerke zu erzeugen und die Energiekonzerne somit zur Aufgabe ihrer Pläne zu bewegen. Ich wurde zum Koordinator gewählt und konnte die Methoden meiner Weiterbildung im Bereich Projektplanung und der Erstellung von Projektanträgen anwenden. Neben den Aufgaben in der Öffentlichkeitsarbeit, Strategieentwicklung und Aktionsplanung war ich hauptsächlich mit dem institutionellen Fundraising und dem Networking mit anderen Klimaorganisationen beschäftigt. Zum Einstieg in die neue Kampagne brachten wir alte und neue Klimapiraten zu einem Trainingslager zusammen und designten eine neue Strategie gegen ein Kohlekraftwerk in Brunsbüttel, was von einem Konsortium von deutschen Stadtwerken geplant wurde. Wir gründeten Regionalgruppen, die unabhängig Aktionen durchführten und organisierten einige zentrale Medienaktionen, die es bis in die großen Tageszeitungen brachten. Höhepunkt der Kampagne war eine Stromwechselaktion am Weltklimatag vor dem Brandenburger Tor, die von dem Initiator, 350.org, als europäischer Beitrag weltweit vermarktet wurde. Die Bilder schafften es sogar bis in den Newsletter der Weltklimakonferenz in Cancun, Mexiko. Bald war abzusehen, dass auch diese Aktion Erfolg haben würde und wir die Pläne für das Kohlekraftwerk erlangt hatten. Jedoch war nach unserer Siegesparty erstmal die Luft raus: Viele Aktivistinnen und Aktivisten widmeten sich wieder anderen Dingen und auch ich musste eine neue Stelle suchen.

Wiederum über einen persönlichen Kontakt erhielt ich eine Stelle als Campaigner bei der Anti-Atomkraft-Kampagne „ausgestrahlt" des gleichnamigen Hamburger Vereins. Meine Aufgaben bestanden in der Mobilisierung für Großdemonstrationen und in der Konzeption und Umsetzung einiger kleinerer Aktionen vor dem Bundeskanzleramt. Es war großartig zu beobachten, wie Woche für Woche Hunderttausende auf die Straße gingen, an Mahnwachen teilnahmen und unsere Aktionen unterstützen. Nachdem die Kampagnenziele erreicht waren, wurde allerdings ein grundlegendes Problem der Campaigner deutlich: Wenn sie erfolgreich sind, machen sie sich selbst überflüssig und damit arbeitslos.

Da meine Freundin im Kosovo arbeitete, entschloss ich mich, ihr dorthin zu folgen und mich dort auf Stellensuche zu begeben. Wieder über einen persönlichen Kontakt lernte ich einen Mitarbeiter des Zivilen Friedensdienstes kennen. Im Anschluss an ein Seminar, das zukünftige Friedensfachkräfte absolvieren, erhielt ich eine Stelle als Koordinator eines „Peer Mediation"-Projekts in Ramallah. Obwohl ich kein ausgebildeter Mediator war, konnte ich mit meinen Erfahrungen im Projektmanagement, dem Monitoring und der Evaluation der Wirkung sowie dem Berichts- und Abrechnungswesen punkten.

Was die finanziellen Möglichkeiten betrifft, sieht es in der Realität insbesondere kleiner NGO und Initiativen häufig recht schwierig aus. Die meisten von ihnen sind chronisch unterfinanziert und können ihre Arbeit meist nur durch ehrenamtlich Engagierte leisten. Für sie kann dies allerdings ein Sprungbrett für weitere Stellen sein.

Literatur

Appel, Anja (2009). *Strategieentwicklung bei NGOs in der Entwicklungszusammenarbeit*. Wiesbaden: VS Verlag für Sozialwissenschaften.
Buchner, Michael & Friedrich, Fabian & Kunkel, Dino (Hrsg.) (2005). *Zielkampagnen für NGO: Strategische Kommunikation und Kampagnenmanagement im Dritten Sektor*. Münster: LIT Verlag.
Klein, Ansgar & Roth, Silke (Hrsg.) (2007). *NGOs im Spannungsfeld von Krisenprävention und Sicherheitspolitik*. Wiesbaden: VS Verlag für Sozialwissenschaften.
Krebs, Lutz F. & Pfändler, Stefanie & Pieper, Corinna & Gholipour, Saghi & Juchsinger, Nico (Hrsg.) (2009). *Globale Zivilgesellschaft – eine kritische Bewertung von 25 Akteuren*. Books on Demand GmbH.

Internetquellen

Akademie für Konflikttransformation, http://www.forumzfd-akademie.de/
Bundesministerium für wirtschaftliche Zusammenarbeit und Entwicklung: http://www.bmz.de/
Kurve Wustrow. Bildungs- und Begegnungsstätte für gewaltfreie Aktion e.V.: http://www.kurvewustrow.org/
Ziviler Friedensdienst: http://www.ziviler-friedensdienst.org/de

Friedensfachkraft:
Zwischen Public Relations und Friedensarbeit

Johannes Rüger

1 Public Relations – Im Niemandsland der Medienbranche?

„Irgendwas mit Medien", das war lange Zeit der Berufswunsch vieler junger Menschen, insbesondere wenn sie aus den Sozial- und Geisteswissenschaften kommen. Der Journalismus gilt dabei als die Königsdisziplin, jedoch ist jedem, der eine Zeitung liest klar, dass die Tage dieses edlen Berufes nicht nur gezählt, sondern längst vorüber sind. Am anderen Ende des Spektrums liegen die Bereiche Marketing und Werbung, die sich letztlich dem reinen Verkauf von Produkten widmen. Und irgendwo dazwischen, im Niemandsland der Medienbranche, existiert die PR, auch bekannt als „Public Relations", in deutscher Sprache häufig als „Öffentlichkeitsarbeit" bezeichnet. Marketing kann in Werbung und Marktforschung unterschieden werden, ist also eher produkt-, kunden- und verkaufsbezogen, während PR als externe Kommunikation das Unternehmen oder die Organisation in den Mittelpunkt stellt und auf öffentliche Akzeptanz (z. B. als „Image-Pflege") ausgerichtet ist. Beides hat seinen Ursprung in erwerbswirtschaftlichen Unternehmungen (vgl. Vollmer 2007), wird aber seit einigen Jahren zunehmend auch von Nichtregierungsorganisationen (NGOs) und Verbänden praktiziert. Die zentrale Aufgabe in der PR ist es, eine Beziehung zwischen der jeweiligen Organisation wie in diesem Fall der NGO und den Interessengruppen herzustellen, mit denen man arbeiten will. Der Anspruch der PR ist es, bei der Interessengruppe Sympathie für die eigenen Ziele zu erzeugen oder auch nur die Aufmerksamkeit auf sich zu lenken. Somit hat praktisch jede Institution die in irgendeiner Form mit der Öffentlichkeit im Kontakt steht und mit dieser arbeitet, ein Interesse an guter PR und sollte dafür Fachleute einstellen. Der Trend zum Outsourcing von Arbeitsaufgaben macht allerdings auch vor der Kommunikationsbranche keinen Halt. Ungefähr 66 % der PR-Fachkräfte arbeiten in Agenturen, die übrigen sind in den Pressestellen von Firmen, NGOs, Stiftungen oder Parteien beschäftigt. Vor allem wegen der vielen „Überläufer" aus dem Journalismus ist die PR-Branche in den letzten Jahren gewachsen und auch in finanzieller Hinsicht ist die Situation im Vergleich als nicht schlecht zu bewerten. Das durchschnittliche Monats-Bruttogehalt für einen PR-Manager liegt gegenwärtig bei etwa 2 800 Euro. Die drei größten PR Agenturen Deutschlands erzielten 2011 knapp 122 Millionen Euro Umsatz. Wichtig zu beachten ist, dass sich die Aufgaben und vor allem die Zielsetzung in der PR je nach Arbeitgeber stark unterscheiden. Während Unternehmen und Parteien vor allem ihre Botschaft verbreiten wollen, geht es NGOs und Institutionen eher darum mit ihrer jeweiligen Zielgruppe in den Dialog zu treten und für diese auch direkt ansprechbar zu sein.

2 Zwischen Public Relations und Friedensdienst

Das Forum Ziviler Friedensdienst (forumZFD), für das ich tätig bin, ist eine Nicht-Regierungsorganisation, die sich für die Verwirklichung der Idee des zivilen Friedensdienstes einsetzt. Sie besteht aus 37 Mitgliedsorganisationen und rund 130 Einzelmitgliedern. Haupttätigkeiten des forumZFD sind insbesondere Projekte des Zivilen Friedensdienstes in Nahost, auf dem westlichen Balkan und in Südostasien. Themen sind etwa die Aufklärung über die Entstehung und die Konsequenzen gewaltsamer Konflikte, der Aufbau von Dialog zwischen den Konfliktparteien, die Förderung der Zivilgesellschaft und die Reintegration von Flüchtlingen und ehemaligen Kämpfern. In Deutschland arbeiten Fachkräfte des forumZFD als kommunale Konfliktberater in den Bereichen Migration und Strukturwandel.

Das forum, wie auch andere Organisationen des zivilen Friedensdienstes, entsendet weltweit ausgebildete Friedensfachkräfte, um Gewalt ohne militärische Mittel einzudämmen und die zivilen Kräfte der Gesellschaft dabei zu stärken, Konflikte friedlich zu regeln. Das bedeutet, dass die Friedensfachkraft in Ländern, die in der jüngeren Vergangenheit gewalttätige Konflikte erlebt haben oder in denen solche Konflikte noch andauern, sowohl zivilgesellschaftliche Organisationen als auch Einzelpersonen dabei unterstützt, Versöhnungsprozesse zu fördern und gewalttätige Auseinandersetzungen zu beenden Das beinhaltet etwa die Aufklärung über die Entstehung und die Konsequenzen gewaltsamer Konflikte, den Aufbau von Dialog zwischen den Konfliktparteien, die Förderung der Zivilgesellschaft und die Reintegration von Flüchtlingen und ehemaligen Kämpfern (vgl. www.forumzdf.de).

Mein Aufgabenbereich beim forumZFD ist vielfältig. Ich besetze die Stabsstelle für Medienarbeit und bin damit für alles zuständig, was die Außendarstellung des forumZFD im westlichen Balkan betrifft. Das beinhaltet beispielsweise die redaktionelle Betreuung aller Publikationen, aber auch des Internetauftrittes, der Veranstaltungen in der Region und vor allem die Netzwerkarbeit mit Journalistinnen und Journalisten. Im Grunde ist dies ein klassischer PR-Job und das zu vermarktende Produkt ist dabei nichts Geringeres als der Frieden, für den ich im Namen des *forums* werbe. In erster Linie geht es darum, die Sichtbarkeit der Organisation und ihrer Anliegen zu erhöhen, sprich Pressebeiträge zu lancieren, mit Journalistinnen und Journalisten in Kontakt zu sein, Themen zu setzen und Mediastrategien zu planen.

Mein Alltag besteht entsprechend vor allem darin, immer und für jeden erreichbar zu sein, weshalb ich viel telefoniere, E-Mails schreibe und mich mit zahlreichen Menschen überall in der Region treffe. Als großen Vorteil empfinde ich die freie Gestaltung meiner Arbeitsabläufe, die diese Aufgaben mit sich bringen. Die Kehrseite dieser Freiheit ist natürlich, dass mein Tag nie zu enden scheint: Selbst wenn ich pünktlich um 17 Uhr das Büro verlasse, schaue ich doch kurz vor Mitternacht nochmal in mein elektronisches Postfach. Die Vereinbarkeit von Beruf und Familie ist in dieser Position daher nicht ohne weiteres möglich, insbesondere weil man als Entwicklungshelferin oder Entwicklungshelfer nicht selten über Jahre hinweg von Freunden und Familie getrennt ist.[1]

3   Das Studium der Soziologie – Kann man menschliches Verhalten verstehen lernen?

„Und junger Mann, wo soll es denn nun hingehen?", fragte mich jemand kurz nach dem Abschluss meines Abiturs. Ich moderierte seit einigen Monaten eine Sendung im Lokalradio und wollte, so dachte ich zumindest, Journalist werden. Die Vorstellung, „Journalismus" zu studieren, kam mir jedoch seltsam vor. Sollte man als Journalist nicht in der Redaktion sein? Oder auf der Straße? Unter Menschen? Ganz einfach dort, wo die Geschichten sind und eben nicht im Hörsaal Theorien pauken? Da ich mich für soziale Themen, für Probleme der Gesellschaft, wie Kriminalität und Gewalt, die Unterschiede zwischen Ländern, Menschen und Kulturen interessiere, informierte ich mich stattdessen über die Fächer Politikwissenschaft und Soziologie. Und tatsächlich schien Politikwissenschaft sehr gut zu meinen Interessen zu passen und auch die Soziologie hatte erheblich mehr zu bieten, als zunächst vermutet. Zu meiner Verwunderung hatten auch etliche bekannte Medienmacher diese Fächerkombination studiert, sodass meine Entscheidung dann schnell getroffen war.

In meiner ersten Vorlesung lernte ich, dass der „Homo Oeconomicus" ein rationales Wesen sei, dessen Handeln stets auf die Maximierung des Nutzens für ihn selbst ausgerichtet ist. Dies entsprach nun in keinster Weise meinem Menschenbild, aber als Erstsemester widersprach man dem Professor (noch) nicht. Im zweiten Semester stellte uns ein Professor eine der berühmtesten Studien der Soziologie, die „Arbeitslosen von Marienthal" von Marie Jahoda vor. Hier gab es plötzlich Antworten darauf, wie sich menschliches Verhalten wissenschaftlich erfassen ließ, wie man es dokumentieren, analysieren, vergleichen und womöglich sogar verstehen konnte. Während mir einerseits im Hörsaal ein Menschenbild vermittelt wurde, das ich zutiefst abstoßend fand, erfuhr ich andererseits etwas darüber, wie man das Verhalten der Menschen an sich begreifen konnte. Was treibt Menschen dazu an, so zu handeln, wie sie handeln? Welche Rolle spielen dabei äußere Umstände, ob soziale, politische, wirtschaftliche oder kulturelle? Ob Recherche in Archiven, ob Fragebögen, Interviews in der Gruppe oder einzeln, teilnehmende Beobachtung, die Möglichkeiten schienen unerschöpflich und es gab tausende kleiner Elemente, die man beachten musste.

Im dritten und vierten Semester standen „Analyseverfahren" im Studienprogramm. Zu meinem großen Erstaunen lagen die Aufgaben nah an der Wirklichkeit, etwa die Berechnung des Zusammenhangs von Bildungsabschluss eines Menschen und dessen Angst,

---

1   Einen guten Überblick zu Fähigkeiten und tools die man im NGO-Bereich braucht bietet Barefoot Collective (2009). The Barefoot Guide To working with Organizations and Social Change. http://www.barefootguide.org/bfg-downloads.html. Zugegriffen 21. November 2014.

Opfer eines Verbrechens zu werden. Zahlen begannen sich hier mit Leben zu füllen. Der Bezug zum „echten Leben", das ich als Journalist erforschen und darstellen wollte, wurde hier überdeutlich.

Meinen ersten Nebenjob fand ich über einen Aushang, mit dem „Studentische Hilfskräfte für Marktforschungsabteilung" angeworben wurden. Eine Medienagentur suchte Unterstützung für ihr Team und bot „überdurchschnittliche Bezahlung". Im Bewerbungsgespräch befragte mich der Teamleiter nach meinen Interessen und ob ich unter Zeitdruck arbeiten könne. Da ich journalistisch gearbeitet hatte, ging er davon aus, dass ich mit „den Medien" umgehen konnte. Durch das Studium der Soziologie verstand ich bereits etwas von Statistik und Meinungsumfragen. Meine Aufgabe in der Agentur bestand darin, für einen Kunden die tagesaktuelle Berichterstattung zu sichten und die relevanten Beiträge heraus zu filtern und zu kategorisieren. Für diesen täglichen Pressespiegel hat ein Team rund drei Stunden Zeit, weshalb die Arbeit zügig und routiniert erledigt werden muss. In dieser Zeit lernte ich den Arbeitsalltag in Media-Agenturen recht gut kennen. Im Großen und Ganzen schien es mir ein Geschäft zu sein, in dem es um drei Dinge geht: Kunden, Aufträge und Kreativität, wobei diese meist unter den ersten beiden leidet. Ich lernte quasi nebenbei, wie Gruppenbildung, Abgrenzung der Gruppe nach außen sowie Rollenbildung nach innen funktionieren. Im Fach Soziologie besuchte ich noch ein Seminar zum Thema Terrorismus, danach konzentrierte ich mich auf Politikwissenschaft. Als ich meine Abschlussarbeit zum Thema Minderheitenrechte im Kosovo schrieb, hatte ich damit der Soziologie scheinbar den Rücken gekehrt.

Mit dem Ende des Bachelorstudiums stand die Wahl eines Masterprogrammes an. Kaum einer aus meinem Jahrgang entschied sich für den direkten Einstieg ins Berufsleben. Die meisten fühlten sich noch nicht ausreichend qualifiziert und einige fürchteten sich, so schien es mir, vor der Arbeitswelt.

Nachdem das Bachelorstudium recht „verschult" aufgebaut war und wenig Raum für Themen außerhalb des Curriculums gelassen hatte, versprach das Masterstudium hier mehr Freiraum. Aufgrund meiner ungebrochenen Faszination für den westlichen Balkan und die Länder des ehemaligen Jugoslawien entschied ich mich für ein Masterstudium der Osteuropaforschung, eine Fächerkombination aus Geschichte, Politikwissenschaft und internationalem Recht. Parallel zum Masterstudium begann ich wieder journalistisch zu arbeiten, hauptsächlich im Bereich Online-Radio. Moderation war dabei ein Bereich, der mir schon immer Freude bereitet hatte. In der journalistischen Tätigkeit zeigt sich, dass einige Standards, die in der Soziologie für eine gute Interviewführung gelten, auch im Journalismus Anwendung finden und der Qualität der Beiträge zuträglich sind. Nebenbei organisierte ich Podiumsdiskussionen, was neben der Akquise von Rednerinnen und Rednern natürlich auch das Bewerben der Veranstaltung sowie die Dokumentation, etwa in Form von Berichten und Zeitungsartikeln erforderte. Meine Leidenschaft war und blieb der Südosten Europas und so entschied ich mich gegen Ende des Masterstudiums denn auch, die Abschlussarbeit, erneut zum Thema Minderheitenrechte in Belgrad/Serbien zu schreiben.

4 Vom Journalisten zur Friedensfachkraft

In Belgrad angekommen begann ich mit den Recherchen und stellte eine Liste mit potentiellen Interviewpartnern zusammen. Einer der Experten, den ich für meine Arbeit interviewte, war der Direktor einer deutschen Nicht-Regierungsorganisation, des forum Ziviler Friedensdienst (forumZFD), die ihre Büros nicht nur in Serbien, sondern auch in Bosnien-Herzegowina, Mazedonien und dem Kosovo hatte. Da ich die Arbeit der Organisation spannend fand, produzierte ich einen kleinen Radiobeitrag über das forum, hatte aber sonst nichts weiter mit der Organisation zu tun. Ein halbes Jahr nach meiner Ankunft in Serbien war die Abschlussarbeit eingereicht und mir stellten sich zwei schwierige Fragen: Erstens, in welchem Bereich ich mir Arbeit suchen würde und zweitens, ob ich dies in Serbien oder in Deutschland tun würde. Mein Wunsch war ganz klar in Serbien zu bleiben, aber bei einem durchschnittlichen Monatsgehalt von nur 350 Euro waren die finanziellen Aussichten reichlich düster. Zu meiner großen Freude hatte das forumZFD eine Traineestelle im Bereich Public Relations ausgeschrieben. Keine 24 Stunden, nachdem ich die Ausschreibung entdeckt hatte, hatte ich meine Bewerbungsunterlagen abgeschickt. Einen Monat später war ich eingestellt. Ausschlaggebend für die Zusage waren zum einen meine Kenntnisse im Journalismus und meine analytischen Fähigkeiten, zum anderen die Kontakte, die ich in den sechs Monaten in Belgrad gesammelt hatte, gewesen.

Die alltäglichen Aufgaben ähnelten sehr den Tätigkeiten, die ich bisher ausgeübt hatte. Ich betreute die Publikationen der Organisation, vor allem den Newsletter, organisierte Podiumsdiskussionen und Fotoausstellungen. Aber auch die Organisation von Workshops und internen Tagungen gehörten zu meinen Aufgaben. In erster Linie kam es darauf an, schnell zu sein, mehrere Aufgaben gleichzeitig zu erledigen und Abläufe im Blick haben zu können. Regelmäßig besuchte ich die Büros in Bosnien und Kosovo. Wichtig war hier immer, sich schnell in neue Situationen einfinden zu können, praktisch überall und unter schwierigen Bedingungen arbeiten zu können. Hinzu kommt die Besonderheit, mit einem Höchstmaß an kultureller Sensibilität agieren zu müssen. In Bosnien und Kosovo waren viele Menschen direkt von den Kriegen der 1990er Jahre betroffen. Entsprechend wichtig ist hier ein sensibler Umgang, etwa in Bezug auf die eigene Wortwahl, im Grunde aber im gesamten Auftreten. Eine unbedachte Geste, ein etwas zu forscher Ton, schon kann es vorbei sein mit der Kooperation. Dies ist ein grundlegender Unterschied der Arbeit im Nicht-Regierungs- beziehungsweise Friedensbereich zum Journalismus, einer Disziplin, in der eher offensives Nachhaken das A und O ist. Nichtsdestotrotz fand ich mich bald in meine neue Rolle ein und baute mein Netzwerk auch außerhalb Serbiens aus. Nach einem Jahr als Trainee wurde mir schließlich eine volle Stelle als Entwicklungshelfer angeboten, die ich mit großer Freude annahm. Nach einer dreimonatigen Ausbildung wurde ich in diesem Zuge zur zertifizierten Friedensfachkraft. Seit dem betreibe ich Öffentlichkeitsarbeit für den Frieden: als Soziologe, Journalist und Friedensfachkraft.

Meine jetzige Position, meine Fächerwahl und damit letztlich meine Berufswahl habe ich nie bereut. Aus der Soziologie habe ich neben den Kenntnissen zur statistischen Datenerhebung – und -verarbeitung vor allem die sogenannten „Soft-Skills" mitgenommen, die mir jeden Tag meine Arbeit erleichtern.

Kommenden Generationen von Studierenden der Sozialwissenschaften würde ich vor allem raten, sich nicht selbst „verrückt" zu machen. Zwar kann es als Sozialwissenschaftlerin oder Sozialwissenschaftler umständlicher sein, bald nach dem Studium eine feste Anstellung zu finden. Daher ist es umso wichtiger, bereits während des Studiums aktiv zu sein und sich außerhalb des engen Studienplans auch für andere Themen zu interessieren und in den beruflichen Feldern, die einen interessieren, zu betätigen. Letztlich ist nämlich auch dies ein Inhalt der Sozialwissenschaft. Denn wenn man soziales Verhalten studiert, dann sollte man das dort tun, wo soziales Verhalten stattfindet: Draußen, im Leben.

Literatur

Vollmer, Sonja (2007). *Mit präziser Technik und Kreativität ein Bild gestalten – Soziologen in der Öffentlichkeitsarbeit*. In Katrin Späte (Hrsg). Beruf: Soziologe?!, S. 115-133. Konstanz: UVK.

Internetquellen

Forum Ziviler Friedensdienst, www.forumzdf.de
Barefoot Collective, http://www.barefootguide.org/bfg-downloads.html

B

3 Journalismus

Kritisches Gedankengut ist gesund für die Gesellschaft

Sonia Mikich im Gespräch mit Wolfram Breger[1]

Frau Mikich, Sie sind seit vielen Jahren eine führende Persönlichkeit im deutschen Fernsehjournalismus und Journalismus überhaupt. Wie waren Sie zu Ihrer Zeit auf das Studium der Soziologie gekommen?

Das war ein bisschen der Zeitgeist. Mich interessierte, wie Gesellschaft funktioniert, wie Gesellschaft zusammenhält. Es gab Professoren, die mich darin begeisterten (Kurt Lenk, Karl-Siegbert Rehberg insbesondere, Kurt Hammerich). Mich interessierte die Sache.

Ich bin keine 68erin, wir waren eher frohe 70er. Als Schülerin lebte ich damals in Mönchengladbach. Und die Philosophische Fakultät der RWTH hatte einen sehr guten Ruf. Es entstanden dort auch die feministischen Strömungen, die mich interessierten.

Wie verlief Ihr Studium? Sieben Jahre (ab 1972 bis zum Magisterabschluss 1979) – ist das nicht etwas lange?

13 Semester waren damals durchaus normal, viele studierten länger. Ich war politisch aktiv zu der Zeit, ich hatte allerdings auch keine großen finanziellen Mittel, so dass ich nebenher arbeiten musste. Aber es herrschte nicht dieser Druck. Wir waren privilegiert; man konnte ausprobieren. Ich habe es genossen, dass man eine Art ‚Studium generale' machen konnte: Soziologie, Philosophie und anderes. Diese Kombination war wunderbar. Ich erwarb mir eine Art universitäre Allgemeinbildung. Analysefähigkeit und historisches Wissen, das waren und sind hervorragende Grundlagen auch für meine journalistische Tätigkeit.

Was waren für Sie Highlights im Studium?

Die Selbstorganisation begeisterte mich. Man war für sich allein verantwortlich. Inhaltlich: Geschichte der Soziologie bei Rehberg; auch Hammerich; die „Bindestrich-Soziologien", z. B. Soziologie des Fußballs oder Familien-Soziologie, davon zehre ich heute noch, immer wenn Themen mit Gewaltbereitschaft zu tun haben oder Demographie ... Später dann die Arbeit am Arnold-Gehlen-Institut unter der Leitung von Rehberg.

---

1 Aktualisierte Fassung des Interviews mit Sonia S. Mikich (2007): Journalismus: Sich für Vieles interessieren, sich in Vielem auskennen. In Breger, W., Böhmer, S. (Hrsg.). Was werden mit Soziologie. Berufe für Soziologinnen und Soziologen, 73-80. Stuttgart: Lucius & Lucius. Mit freundlicher Erlaubnis Lucius & Lucius.

Wie waren Ihre Vorstellungen als Studierende der Soziologie, was wollten Sie damit machen, und wie sind Sie dann zu Ihrem Beruf der Fernsehjournalistin gekommen?

Ich habe aus Interesse studiert und nicht mit einem klaren Berufsziel. Ich fand, Soziologie war die Mutter vieler Wissenschaften, und da wir Studenten damals, oder sagen wir, meine Kreise, unentwegt über gesellschaftliche Veränderungen diskutierten, sei es in Architektur oder Stadtplanung, sei es in den Erziehungswissenschaften: es ging immer darum, wir wollten Dinge verändern, und ich konnte mir vorstellen, in die Politik zu gehen, konnte mir vorstellen, in die Sozialarbeit zu gehen. Es musste aber mit Menschen und mit gesellschaftlichen Veränderungen zu tun haben. Gleichzeitig aber: ich habe immer gerne auch geschrieben, das war schon zu Schülerzeiten so, und deswegen hatte ich das Gefühl, im Journalismus gut aufgehoben zu sein.

Ich hatte dann noch ein bisschen das Glück, unmittelbar nach dem Studium kriegte ich dann einen Job an meiner alten Universität, im Institut für Soziologie bei Rehberg als Wissenschaftliche Mitarbeiterin.

Das war das Arnold-Gehlen-Institut.

Ja, das war die Herausgabe des Gehlen-Gesamtwerkes, unter der Leitung von Rehberg. Dann zusätzlich ein feministisches Seminar, und ich war insofern auch wieder ganz dicht bei meinen Interessen.

Aber ich wusste auch, *in the long run*, dass es mir nicht um eine akademische Karriere ging. Dafür war mir das zu abgeschnitten, was an der Universität passierte, ich wollte schon hinaus ins Leben, und so ergab es sich, dass meine Liebe zum Journalismus sehr gut passte zu dem, was ich gelernt hatte.

Sie haben früh schon ein Volontariat gemacht, bei der Aachener Volkszeitung. Aber die Entscheidung für Rundfunk und Fernsehen kam erst später?

Ich bin ja gebürtige Engländerin, ich wollte, ja ich musste BAföG (staatliche Unterstützung für Auszubildende und Studierende) bekommen, um studieren zu können, und ich musste einfach meine Einbürgerung abwarten. Diese Zeit wollte ich sinnvoll nutzen und nicht herumreisen oder tingeln nach dem Abitur, und so konnte ich dann ein Zeitungsvolontariat im Alter von 19 Jahren machen, was heute kaum vorstellbar ist. Fernsehen? Man guckte die Tagesschau, daran kann ich mich noch sehr genau erinnern, und den Internationalen Frühschoppen. Wichtig, weil man so international dachte. Alles andere war mir völlig egal. Dann passierte beim WDR-Volontariat ein persönliches Wunder: Ich drehte die ersten Szenen und fand das so magisch, so kreativ, dass ich dann beim Fernsehen hängen geblieben bin.

Sie haben dann eine sehr eindrucksvolle Karriere durchlaufen. Was sind die Hauptfaktoren, die Ihnen das möglich gemacht haben; sind es Mentoren, Zufälle, eigene Leistung, in Klammern: die aber auch erkannt und anerkannt werden muss von jemandem?

Es war sicherlich gut, dass ich so eine, wie soll ich sagen, universitäre Allgemeinbildung hatte. Das heißt, hier im Bereich der politischen Berichterstattung sich für Vieles zu interessieren und sich auch in Vielem auszukennen. Relativ schnell sich ein bisschen Expertise anzulesen, relativ schnell zu recherchieren, relativ schnell zu wissen, wie Auslandsberichterstattung geht. Meine Fächerkombination – so sehr man heute darüber lächelt und sagt: Ach, das ist ja vielleicht was von gestern – macht einen offen, Dinge aufzunehmen, Fakten zu sammeln und zu analysieren.

Analysefähigkeit und historisches Denken, das ist ganz, ganz wichtig. Das habe ich während des Studiums gelernt, das habe ich mitgenommen. Dadurch waren viele meiner Arbeiten, obwohl ich handwerklich noch gar nicht so weit war, intellektuell geerdet.

Das ist das Eine, was ich mitgebracht habe. Das Zweite, der biografische Zufall, ich glaube, ich bin unabhängig im Kopf und relativ mutig und neugierig, und ich habe sehr oft „hier" geschrien, wenn es um schwierige Herausforderungen ging, und fiel dadurch auf. Und das Dritte: es war auch eine Zeit, die für Frauen gut war.

Die Sprachkenntnisse, die Sie mitgebracht hatten, waren wahrscheinlich für den Start auch gut ...

Sehr gut, ja. Ich bin fließend in Englisch und konnte mich also in der Welt bewegen, und später kam dann noch Russisch dazu, in Französisch hatte ich Schulfranzösisch, habe auch Spanisch und Neugriechisch gelernt, jedoch wieder vergessen, aber es gab eine grundsätzliche Bereitschaft, zu lernen.

Sicherlich gab es noch viele andere Dinge, die Sie im Laufe Ihrer ersten Jahre der Berufspraxis lernen mussten. Wie haben Sie das bewerkstelligt, Weiterbildungen oder private Initiative oder ergab sich das durch Zufall ...?

Nein, ‚Learning by doing'. Also ‚the hard way'. Ich habe am Anfang zum Beispiel sehr schlecht gesprochen. Ich hatte keine gute Sprechstimme, und sie ist erst besser geworden, als ich sehr viel aus dem Ausland berichten musste. Nein, ich hab' eigentlich keine nennenswerten Weiterbildungen gemacht, auch Internetfähigkeiten und anderes, das war alles selbst beigebracht.

Eine lange Zeit Ihrer Tätigkeit beim WDR-Fernsehen waren Sie verantwortliche Redaktionsleiterin des politischen Magazins „Monitor". Was hat man sich konkret darunter vorzustellen, Leiterin einer Redaktion beim Fernsehen?

Also in dem Fall war das ein kleiner Kosmos von Redakteuren, freien Mitarbeitern, Rechercheuren, Assistenten, ferner die Kameraleute, Cutter usw.

In einem solchen Format müssen wir die Wirklichkeit, die gesellschaftliche Wirklichkeit, die politische Aktualität beachten, also gucken, worüber die Leute reden, aber auch, was sind die Themen, über die Leute reden *sollten*. Zur Leitung gehört die Fähigkeit, das Potential von Mitarbeitern zu erkennen und zu sagen: „Okay, du bist eher ein investigativer Typ; du kannst gut Reportagen machen; du wühlst gut in Akten; du bist frech zu Politikern mit dem Mikrofon", und dass die einzelnen Leute am richtigen Platz eingesetzt sind, um eben das Produkt zu machen.

Man kombiniert so weit wie es nötig ist, Autoren zu Gruppen zusammen, besorgt Budgets, Kameraleute usw. Der Leiter bzw. die Leiterin verantwortet „Monitor" nach innen und nach außen, also nach innen gegenüber der Hierarchie, nach außen gegenüber einer Öffentlichkeit, die natürlich nicht immer entzückt ist über unsere Ergebnisse und über das, was wir herausfinden. In der publizistischen Öffentlichkeit streite ich sehr dafür, dass kritisches Gedankengut gesund ist für eine demokratische Gesellschaft. Das ist eines meiner Hauptthemen: wie unabhängig dürfen wir im Kopf sein, wie kritisch dürfen wir sein, wie weit darf auch Meinungsjournalismus gehen. Ich möchte eine Stimme sein, die gehört wird, und nicht nur Programm-Managerin. Gelegentlich habe ich selber Filme gemacht, ich schreibe recht viel und halte recht oft Vorträge.

Ihre Mitarbeiter, oder ein Team draus, haben vor einigen Jahren einen Grimme-Preis bekommen. Ich vermute, dass auch der Teamgedanke in Ihrer Führungspraxis eine große Rolle spielt.

Ja, sehr stark, absolut. Mein Job ist es, wenn's gut läuft, den Leuten den Rücken frei zu halten und sie zu ermutigen. Den Mitarbeitern Zeit zu verschaffen, langfristig, ohne Druck, zu recherchieren. Mein Job ist es auch, selber Themen zu setzen.

Der Preis damals wurde für eine investigative Leistung verliehen – es ging um Lobbyismus in Bundesministerien. Investigativer Journalismus bedeutet, etwas zu enthüllen, was so noch nicht bekannt war, also gegen Widerstände Geheimgehaltenes ans Tageslicht zu bringen, meistens in Zusammenhang mit Skandalen, mit Machtmissbrauch, mit gesellschaftlichen Defiziten.

Ich kann mir vorstellen, dass es auch Widerstände gibt, mit denen Sie sich auseinander setzen müssen, trotz allem Renommee, das Sie natürlich haben als höchst prominente Journalistin. Wie gehen Sie damit um?

Der WDR ist zutiefst liberal, ich kann das beurteilen im Vergleich zu anderen Sendern, aber auch aus eigener Erfahrung. Ja, es gibt auch manchmal Dissens, es gibt auch manchmal richtig Krach bis hin zum Konflikt. Aber es wird auf eine Art und Weise ausgetragen, die am Ende immer zum Ziel hat, das Profil des WDR, seine Sendungen und Macher zu stärken. Und das ist schon sehr hilfreich.

Wie gehen Sie mit dem Stress um, der dabei sicherlich entsteht?

Unterschiedlich. Es gibt Phasen, da bin ich auch ganz mau, ganz müde, das hängt aber stark damit zusammen, ob wir mit unserem Anliegen erfolgreich sind. Gut geht es, wenn ich das Gefühl habe, wir klären auf, wir spielen eine Rolle, wir sind nicht nur irgendwelche Leute, die gerade mal ein paar Minuten Fernsehen füllen, ja?, sondern wir sorgen für Gesprächsstoff und so weiter. Aber wenn ich den Eindruck habe, es ist alles bleiern, es interessiert sich doch niemand dafür, es kommen keine Repliken, man sendet irgendwie ins Leere hinaus, dann macht es mich müde.

Sie äußern sich auch publizistisch immer wieder zu politisch-gesellschaftlichen Fragen, so in dem Demokratie-Essay von 2004 und vor zwei Jahren mit Ihrem Buch zur Krise des

Gesundheitswesens. Wie ist Ihre generelle Einschätzung als Zeitzeugin: ‚Wohin treibt die Bundesrepublik'?

Ich glaube, dass viele Menschen gerne mehr zu sagen hätten, bei der Gestaltung ihres Alltags, ihrer Lebenswirklichkeit. Ich setze auf eine vielspurige Demokratie, sie wird kommen, sie muss kommen. Das wäre gut, erfreulich.

Ich finde, wir leben in dieser Bundesrepublik auch mit den wechselnden politischen Konstellationen schon verdammt gut. Die Skandale, die politischen Defizite entmutigen mich nicht. Und kritischer, unabhängiger Journalismus ist ein gutes Instrument für eine lebendige Demokratie.

Was mir eher Sorgen macht, ist, dass die Politik nicht ihre Rolle spielt als Kitt der Gesellschaft, sondern viel zu viel der Wirtschaft überlässt, dass wirtschaftliches Denken dominiert. Und dann auch noch nicht einmal Makroökonomie, sondern betriebswirtschaftliches Denken in Felder hineinfließt, wo es nicht hingehört. Das macht mir Sorgen.

Noch eine Sorge: Wenn ich mit ganz jungen Leuten spreche, habe ich das Bedürfnis sie zu schütteln. Dieses gar zu Zielstrebige, dieses online-Leben, dieser Konsumismus. Ich weiß nicht, wir hätten früher gesagt reaktionär … Und ich möchte ihnen raten: „Hey, wach mal auf, entkabele dich, lebe mal!"

Kritikfähigkeit, und, was ich vorhin sagte, historisches Denken, Analysefähigkeit empfand ich immer als aufregend, als *power*, überhaupt nicht als Bücherdenken. Da war etwas Schönes, Wahres. ‚Meine Augen sind offen, mein Kopf funktioniert, es passiert etwas und ich verstehe es, und ich kann es vielleicht auch beeinflussen'. Und jetzt habe ich den Eindruck, dass die Leute in ganz kleinen Karos leben und denken. Selbst wenn sie, anders als wir, ihre Praktika in Neuseeland machen, habe ich trotzdem das Gefühl, dass da keine innere Weltläufigkeit existiert, ja?

Wenn man noch mal zurück zur Soziologie kommen darf, ich vermute, in Ihrer heutigen journalistischen Arbeit spielen soziologische Aspekte indirekt oder direkt eine ziemlich große Rolle.

Ja, ich gehe an sehr viele Sachen so heran. Nämlich mit der guten, alten Ideologiekritik, die ja auch ein Baustein der Soziologie ist: Wer will, dass ich was glaube, und warum? – das spielt eine ganz große Rolle in der Alltagsarbeit. Ich bewerte Studien sehr hoch, wissenschaftliche Expertisen, Untersuchungen, Zahlen, die Gesellschaft transparent machen, sie spielen eine Rolle. Nicht umsonst haben wir auch immer wieder mit Uli Beck und Kollegen zu tun oder mit Andreas Zick und den Bielefeldern, das interessiert uns tatsächlich. Das hat sicherlich auch mit meinem soziologischen Background zu tun.

Würden Sie sich heute noch in irgendeiner Weise als Soziologin verstehen?

Mit großen Einschränkungen, weil ich einfach nicht dabei geblieben bin, weil ich die Entwicklung nicht verfolgt habe, weil ich die neueren Bücher nicht gelesen habe, und so weiter – Ich bin nur so dankbar, dass ich das Handwerkszeug habe.

Wir sprachen vorhin von jungen Leuten, gerade wenn wir einmal an Studierende denken oder an Absolventen, Arbeitsuchende – was sind Ihre Ratschläge an die jungen Menschen, Tipps, oder Wünsche auch, wie Sie sich vorstellen, dass junge Leute an die Fragen der Ausbildung und der Berufsfindung herangehen sollten?

Soziologie begreifen tatsächlich als Handwerkszeug für Vieles, ja, und zur Soziologie noch etwas ganz Anderes dazu kombinieren, das finde ich eigentlich ideal.

Wonach soll man sich richten bei der Wahl seiner Ausbildung? Es gibt ja durchaus eine sehr starke Tendenz, nachfrageorientiert auf den Markt zu schauen. Was kommt dort an? Dagegen steht die Haltung, dass man nach seinen eigenen Interessen und nach dem, was man am besten kann, wählt …

Exzellenz hat auch sehr viel mit der Erkenntnis der eigenen Fähigkeiten zu tun, mit Brennen, für etwas brennen. Und deswegen neige ich auch sehr dazu, zu sagen: Okay, lieber ein paar Flops hinnehmen, aber das zeigen, was man an Potenzial hat.

Frau Mikich, warum haben Sie sich netterweise zu dem Interview bereit erklärt?

Ach, aus Sentimentalität gegenüber der Soziologie.

Hat die Soziologie noch Zukunft?

Sagt jemand das Gegenteil? Aber ja! Wer soll sonst die Dinge richten?

Frau Mikich, haben Sie herzlichen Dank für dieses Gespräch!

Literatur

Mikich, Sonia S. (2013). *Enteignet. Warum uns der Medizinbetrieb krank macht.* Gütersloh: Bertelsmann.

Weichert, S. A. und Zabel, C. (Hrsg.) (2007). *Die Alpha-Journalisten. Deutschlands Wortführer im Porträt*, 280-289. Köln: Halem.

Internetquellen

http://www1.wdr.de/daserste/presseclub/ueberuns/moderatorinsoniamikich100.html Zugegriffen: 10.5.2015.

Ein Traumberuf
Sportberichterstattung und Sendungsmanagement im öffentlich-rechtlichen Fernsehen

Boris Inanici

1 Öffentlich-rechtliches Fernsehen

Das Erste, das ZDF und die dritten Programme: der öffentlich-rechtliche Rundfunk nimmt in der Fernseh-Landschaft einen bedeutenden Platz ein. Seit 1948 gibt es in Deutschland dieses System eines demokratischen Rundfunks, der für alle zugänglich sein soll. Die nach britischem Vorbild gegründeten Landesrundfunkanstalten übernahmen die Rolle der Besatzungssender der Alliierten und folgten somit Besatzungs- bzw. deutschem Recht und wurden als Anstalten des öffentlichen Rechts deklariert

Im Jahr 1950 wurde die Arbeitsgemeinschaft der öffentlich-rechtlichen Rundfunkanstalten der Bundesrepublik Deutschland gegründet, besser bekannt als die ARD. Diese setzte sich in ihrer Gründungsformation aus den sechs Landesfunkanstalten BR (Bayrischer Rundfunk), HR (Hessischer Rundfunk), NWDR (Nordwestdeutscher Rundfunk), RB (Radio Bremen), SDR (Süddeutscher Rundfunk) und SWF (Südwestfunk) zusammen. Rundfunk ist nach Art. 30 des Grundgesetzes zwar Ländersache, 1954 ging jedoch das erste gemeinsame Fernsehprogramm auf Sendung. Heute besteht die ARD aus mittlerweile neun Landesrundfunkanstalten, die gemeinsam mit dem 1963 gegründeten ZDF das öffentlich-rechtliche Fernseh- und Radioprogramm in Deutschland gestalten (vgl. Dreier 2008). Allein die ARD dirigiert deutschlandweit 55 Hörfunk- sowie elf Fernsehprogramme. Im Jahr 1984, 30 Jahre nach der ersten TV-Ausstrahlung, wurde die Monopolstellung des öffentlich-rechtlichen Fernsehens durch private Sender aufgelöst. Seitdem herrscht in der BRD das duale Rundfunksystem mit einer Fülle von Angeboten, unter denen die des öffentlich-rechtlichen Rundfunks jedoch nach wie vor eine besondere Stellung innehaben. So handelt es sich bei ARD und ZDF nicht um profitorientierte Unternehmen im klassischen Sinne: sie sind marktfern und dem öffentlichen Sektor zugeteilt. Ziel der öffentlich-rechtlichen Sender ist es, eine angebotsorientierte Grundversorgung zu schaffen, das Publikum mit solide recherchierten Informationen zu versorgen und, entgegen den Prinzipien mancher Privatsender, eine ausgewogene Programmvielfalt (Binnenpluralismus) zu schaffen, die Aufklärung und Information, Kultur und Unterhaltung beinhaltet und den Prozess der freien Meinungsbildung in einem demokratischen Staat fördern soll (vgl. Piepenbrink 2009). Finanziert wird der öffentlich-rechtliche Rundfunk aufgrund des Gebots der politischen Neutralität nicht aus Bundesmitteln, sondern über die Möglichkeit, eine eigene Gebühr, den Rundfunkbeitrag, zu erheben, und zu einem kleinen Teil (ca. 10 %) auch durch den Verkauf von Werbezeiten. Die Erhebung des Rundfunkbeitrags wurde im Jahr 2011 durch den von allen Bundesländern getragenen Rundfunkbeitragsstaatsvertrag neu geregelt, in dem die Zahlung einer einheitlichen Gebühr von allen Haushalten gefordert wird.

Da der öffentlich-rechtliche Rundfunk einigen Auflagen unterliegt, muss eine entsprechende Kontrolle gewährleistet werden. Diese erfolgt durch den Rundfunkrat, der die Interessen der Allgemeinheit vertritt sowie Grundsatzfragen beschließt und bei der Programmwahl der Sender eine beratende Funktion innehat. Zudem wählt er den Verwaltungsrat, der die Einhaltung der Programmrichtlinien und die Geschäftsführung der Sender kontrolliert. Die Sender werden durch ihre jeweiligen Intendantinnen und Intendanten vertreten, die die Gesamtverantwortung tragen und der Kontrolle der Räte unterliegen (vgl. Meyn 2001). Dieser Verantwortungsebene wiederum unterstehen die Fernsehdirektion, die Hörfunkdirektion, die Direktion für Produktion und Technik sowie die Verwaltungsdirektion. Unter diesen Direktionen subsumiert sich nunmehr eine Vielzahl an Tätigkeitsfeldern, in denen bei den neun Landesrundfunkanstalten der BRD etwa 23 000 festangestellte Mitarbeiterinnen und Mitarbeiter beschäftigt sind.

2 Beschäftigungsformen beim öffentlich-rechtlichen Fernsehen

Grundsätzlich unterscheidet man in der Branche zwischen Redakteuren und Reportern, zwischen festangestellten und freien Journalistinnen und Journalisten. Das ist nicht immer deckungsgleich. Meist werden Festangestellte als Redakteure bezeichnet und oft haben sie mit dem Reporter-Leben, dem Einsatz mit Stift und Zettel, beziehungsweise dem Aufnahmegerät oder der Kamera, am „Tatort" als Ort des Geschehens nur noch wenig zu tun. „Sendungsmanager" wäre ein treffender Titel oder „Blattmacher" für den Print-Bereich. Journalisten im engeren Sinn sind Redakteure streng genommen nur noch in seltenen Fällen.

Reporterinnen und Reporter hingegen arbeiten meistens frei und journalistisch im engeren Sinne. In der Regel selbständig, auf eigene Rechnung also und am Ort des Geschehens. Sie erzählen die Geschichten, die von den Redaktionen für die Sendungen eingekauft, redigiert, für gut oder schlecht befunden und schließlich veröffentlicht werden.

Beim Westdeutschen Rundfunk gibt es ebenso festangestellte Reporterinnen und Reporter wie Moderatoren. Nur „freie" Redakteure gibt es beim WDR nicht, da die Sendungsverantwortung aus rechtlichen Gründen bei einer Redakteurin oder einem Redakteur in fester Anstellung liegen muss. Bei anderen Sendern der „ARD-Familie" ist diese Regelauslegung weicher, bei privaten Sendern ohnehin nicht vergleichbar, und im Print- und Online-Bereich kann es ebenso vorkommen, dass freie Mitarbeiterinnen und Mitarbeiter über die Publikation von Beiträgen und Artikeln entscheiden und die Verantwortung im Sinne des Presserechts tragen. Die Funktionen und Zuständigkeiten sind damit nicht klar abgegrenzt, dies zeigt aber auch, wie vielfältig die Möglichkeiten und Beschäftigungsmodelle in dieser Branche sind.

3 Sendungsmanager in der Programmgruppe Sport Fernsehen

Die Redaktion der Programmgruppe „Sport Fernsehen" des WDR besteht aus 20 Mitarbeiterinnen und Mitarbeitern. Gemeinsam managen wir die Sportsendungen im Dritten Programm und das „Mutterschiff" aller Sportsendungen im deutschen Fernsehen: die ARD-Sportschau. So wie die Nachrichtensendung „Tagesschau" jeden Tag aus Hamburg kommt, sendet die Sportschau seit mehr als 50 Jahren jeden Samstag und Sonntag zur „Sportschau-Zeit" um 18 Uhr aus Köln. Die Sportschau ist, so wie die Tagesschau auch, ein Gemeinschaftsprodukt aller ARD-Sender mit Zulieferungen aus der Sportwelt Deutschlands, ja aus der ganzen Welt. Aber hier in Köln, im dritten Keller, ganz in der Nähe des Doms, steht das legendäre Sportschau-Studio, in dem alle Fäden zusammen laufen.

Meine Tätigkeit bei der Sportschau liegt im Bereich der Sendungsredaktion, mal in der Funktion des Chefs vom Dienst (CvD), mal in der Funktion des Senderedakteurs. Am Beispiel der Produktion einer Sonntags-Sportschau werden die wichtigsten Aufgaben im Folgenden skizziert:

Wochen vor dem Sendetermin verrät ein Blick auf den Sportkalender und die langfristige Beitrags-Planung, wie reichhaltig das Angebot ist. Der Chef vom Dienst nimmt erste Kontakte auf: mit Autorinnen und Autoren, mit Redakteuren der anderen Landesrundfunkanstalten, mit Akteuren aus Sportverbänden und Vereinen. In der Woche vor der Sendungswoche konkretisiert der Senderedakteur gemeinsam mit dem Team die Sendungsplanung. Das geplante Programm wird nun intern in der Sportredaktion des WDR und auf Telefonschalten mit den Kolleginnen und Kollegen in der gesamten ARD diskutiert. Die Autoren beginnen mit der Vorbereitung ihrer Arbeit, wenn sie es nicht schon längst getan haben.

Die Beiträge selbst entstehen in der Regel tagesaktuell am Sonntag, dem Sendetag. Trotzdem ist die Sendungswoche nicht nur für die beiden Redakteure vollgepackt mit Terminen. Mit Produktion und Technik müssen Überspielzeiten, Leitungsbuchungen, der Einsatz von Kamerateams und Ü-Wägen abgesprochen werden, mit der Grafikabteilung die Bespielung der Monitore im Sportschau-Studio. Redaktionelle Mitarbeiter fertigen gemeinsam mit Cuttern kurze Einspieler für die Moderationen an und müssen angeleitet werden. Der Regisseur ist für die Inszenierung der Anmoderationen verantwortlich und muss wissen, welche Grafiken und Einspiel-Filme von der Redaktion geplant sind. Er leitet daraufhin die vielen Mitarbeiter der Studiotechnik, vom Kameramann bis zur Ton-Ingenieurin an. Eine externe Datenfirma fertigt darüber hinaus sogenannte „Bauchbinden" sowie Tabellen an und unterstützt die Redaktion mit Statistiken. Hier sind ebenso präzise Absprachen notwendig, wie mit den zahlreichen weiteren Mitarbeiterinnen und Mitarbeitern in der Redaktion, bis hin zu den mobilen Kamerateams der Vor-Ortberichterstattung, die allesamt dafür sorgen, dass die Sportschau am Sonntag so aussieht, wie sie eben immer aussehen soll: Bis ins letzte Detail durchdacht und mit Notfall-Optionen für jede nur erdenkliche Art von Panne.

Weitere wichtige Aufgaben sind schließlich die Arbeit mit dem Moderator an den Texten, sowie mit den Autoren an der Gestaltung der Beiträge. Die Arbeit von CvD und

Senderedakteur unterscheidet sich letztendlich erst am Sendetag, wenn der Chef vom Dienst die Beiträge und Moderationstexte inhaltlich abnimmt, kurzfristige inhaltliche Änderungen aufgrund der bestehenden Nachrichtenlage entscheidet und der Senderedakteur gemeinsam mit dem Regisseur die Sendung aus der Regie „fährt". Bei anderen Sendungen unserer Redaktion wie „Sport im Westen", „Zeiglers wunderbare Welt des Fußballs" oder der „Bundesliga-Sportschau" sieht das im Detail zwar anders, im Grundsatz aber doch ähnlich aus. Mal ist das Team größer, mal kleiner, mal ist die Sendung live, mal aufgezeichnet. Mal eine Magazinsendung, mal ein Reportageformat, oder wie im Fall von „Sport-Inside" ein Format mit viel langfristiger Themenarbeit, bei der die investigativen Qualitäten des Redakteurs abgerufen werden und oft eine enge Zusammenarbeit nicht nur mit den Autoren, sondern – etwa bei Doping-Themen – auch mit dem Justiziariat des Senders erforderlich ist.

An dieser Stelle festigt sich aber, unabhängig davon wie die Sendung letztendlich heißt, meine grundsätzliche Position: Der Redakteur ist vor allem Sendungsmanager. Es handelt sich um eine Tätigkeit mit einer hohen Verantwortung, die uneingeschränkte zeitliche Flexibilität und Belastbarkeit erfordert. Eine Sendungswoche hat nicht fünf, sondern oft sieben Tage, und je nach Thema und Spielort klingelt das Telefon auch einmal mitten in der Nacht. Darüber, wie gut ein Sportschau-Redakteur ist, entscheidet letztendlich die Fähigkeit, unter großem Zeitdruck präzise und tragfähige Entscheidungen fällen zu können unter Berücksichtigung der Interessen aller Beteiligten. Also mit Rücksicht auf die Mitarbeiterinnen und Mitarbeiter, das Publikum, Regeln des Senders und die gesetzlichen Vorgaben für den öffentlich-rechtlichen Rundfunk. Läuft etwas während der Ausstrahlung der Sendung schief, warten alle auf Entscheidungen des Redakteurs. Sekunden fühlen sich in solchen Situationen wie Minuten an.

Anschaulicher formuliert: es handelt sich um einen Beruf mit einem großen „Rucksack" voll Verantwortung und absolutem „Nervenkitzel". Umso mehr ist es das Qualitätsmerkmal eines Sport-Redakteurs, bei allem Druck zu verstehen, dass es am Ende nur in den seltensten Fällen um Existentielles geht, sondern letztendlich um die schönste Nebensache der Welt: den Sport. Und auch ein Lächeln kann selbst im größten Sendungsstress sehr ansteckend sein und weil das zum Glück viele in der Redaktion können und auch tun, ist die Arbeitszufriedenheit auf einem sehr hohen Niveau. Teilweise so hoch, dass man sogar Raum und Zeit im Sender hin und wieder vergessen kann. Mein Chef hat mich beim Einstellungsgespräch gefragt, ob mir bewusst sei, dass die Tätigkeit weder familienfreundlich noch etwas für passionierte Wochenend-Ausflügler ist, dass das Wochenende – um es genau zu nehmen – die arbeitsintensivste Zeit der Woche ist und damit wenig familienfreundlich. Mir war es zum Glück bewusst, da ich zuvor lange als freier Mitarbeiter in der Branche tätig gewesen war. Während dieser Zeit habe ich auch meine Frau kennen gelernt. Und es ist zum Glück damals wie heute noch so, dass ich morgens sehr gerne zur Arbeit und abends sehr gerne zu meiner Familie nach Hause fahre. Ein Traumberuf eben, auch in Zeiten von Olympischen Spielen, Welt- und Europameisterschaften. So ein Einsatz dauert oftmals länger als vier Wochen ohne Unterbrechung und ist auch wieder eine Zeit ohne Familie, was nicht immer einfach zu bewältigen ist.

Das Gehalt beim öffentlich-rechtlichen Rundfunk ist tariflich geregelt. Im ersten Jahr beginnt ein Redakteur beim WDR mit etwas mehr als einem monatlichen Bruttoverdienst in Höhe von 3.500. Wer einmal Millionär werden möchte, sollte allerdings nicht als Redakteur, sondern als Freier Moderator mit vielen Sendungsterminen und gut dotierten Werbeverträgen arbeiten.

4 Wege zum „Traumberuf"

Der Weg zum Redakteur ist ein sehr breiter. Es gibt Quereinsteiger, Selfmade-Redakteure, und Glückspilze. Typischerweise sieht er aber so aus: Abitur -> Praktika -> Freie Mitarbeit -> Studium -> Volontariat -> Redakteur. Wer als Freier Journalist arbeitet, ist diesen Weg womöglich ebenfalls bis zum Ende gegangen oder ist zwischendurch ausgestiegen. Wer zur Gruppe der Quereinsteiger, Selfmade-Redakteure oder Glückpilze zählt, ist womöglich irgendwann eingestiegen oder nebenher gelaufen. Mein Freund und Kollege Karsten Kellermann von der Rheinischen Post hat – als wir über dieses Buch sprachen – bemerkt, dass in jedem vernünftigen und unvernünftigen Buch über Journalismus der Satz „Es gibt keinen Königsweg in den Journalismus" stehe – jetzt steht er auch in diesem.

Zur Vereinfachung sei der typischste aller Wege beschrieben. Zunächst ist das Abitur Voraussetzung für gute Berufsaussichten in der Medienbranche. Ein Studienabschluss ist bei den meisten Medienhäusern Voraussetzung für die Zulassung zum Volontariat. Dabei ist es weniger ausschlaggebend ob Biologie, Sportwissenschaften, Soziologie, BWL, Geschichte, Germanistik oder was auch immer studiert wird. Ein Studium der Journalistik oder der Medienwissenschaften kann helfen, muss es aber nicht zwingend. Es kommt den Arbeitgebern eigentlich darauf an, dass wissenschaftliches Arbeiten erfolgreich nachgewiesen werden kann und damit eine Schlüssel-Qualifikation für den Beruf des Redakteurs erfüllt wird. Redakteurinnen und Redakteure für naturwissenschaftliche Magazine werden am Ende ebenso ausgebildet und gesucht wie jene für Sport- oder Nachrichten-Formate. Und da ist im ersten Fall ein Biologie-Studium eventuell das hilfreichste, im zweiten vielleicht ein Sport-Studium und im dritten ein Bachelor der Soziologie. Apropos Bachelor. Der zählt für die Zulassung zum Volontariat genauso wie ein Master, ein Magister oder ein Diplom. Abgeschlossen muss das Studium sein, das zählt. Dass der Master Chancen erhöht, ist allerdings hier und da nicht auszuschließen.

Ob man das Volontariat als den Ausbildungsplatz zum Redakteur dann bekommt, hängt leider nicht nur von einem sehr guten universitären Abschluss ab. Das zweite wichtige Kriterium ist die Berufserfahrung. Richtig: die Berufserfahrung bereits zum Studien-Ende. Absolventinnen und Absolventen, die denken sie hätten „ja nun studiert" und könnten „ja dann jetzt also Journalist" werden ist keine ausreichende Einstellung. Grundvoraussetzung für die Zulassung zum Volontariats-Auswahlverfahren beim WDR beispielsweise ist die Abgabe qualitativ hochwertiger Arbeitsproben aus den letzten beiden Jahren. Veröffentlichte Artikel, Filme oder Hörfunk-Beiträge, also. Wer während des Studiums nicht bereits Praktika absolviert, als Freier Mitarbeiter gearbeitet hat und bis zum

Studierende fleißig veröffentlicht, hat in den meisten Fällen wenig bis keine Chancen. Die Konkurrenz in der Branche ist dafür einfach als zu groß zu bewerten. Und selbst dann, wenn es manche mit ihren Arbeitsproben, mit einer beeindruckenden Bewerbung und einer aussagekräftigen Biografie ins Auswahlverfahren geschafft haben, streiten sie beim WDR mit ungefähr 600 vergleichbaren Konkurrentinnen und Konkurrenten, um einen der zehn Programm-Volontariatsplätze im Jahr. Das Auswahlverfahren erstreckt sich über mehrere Wochen, mit Hausaufgaben, Arbeitsproben unter Live-Bedingungen, Wissenstest, persönlichem Interview und Rollenspielen. Wer am Ende übrig bleibt, ist eigentlich schon einer der besten Journalisten seines Jahrgangs. Und dann beginnt die 18-monatige, ab dem Jahr 2017 sogar 24-monatige Ausbildung im Sender erst.

Der WDR ist hinsichtlich der Bewerberzahlen ein sehr beeindruckendes Beispiel. Volontariatsbewerbungen bei Tageszeitungen, bei einem lokalen Hörfunk- oder auch größeren TV-Sendern, sind sicherlich auch nicht zweifellos erfolgversprechend, aber vermutlich werden Arbeitgeber auch hier darauf bedacht sein, gute Journalistinnen und Journalisten zu finden. Und damit ist ein weiteres wichtiges Kriterium angesprochen: das Talent! Ohne Talent geht es nicht. Ein echtes Gefühl für Sprache, die Fähigkeit komplexe Dinge anderen Menschen einfach erklären zu können, Organisationstalent, Führungsqualitäten, ein Gespür für den Moment, ein Blick für die Geschichte und intensive Neugierde sind letztendlich ausschlaggebend und unverzichtbar. Wenn man es mit all diesen Fähigkeiten und Qualifikationen bis ins Volontariat geschafft hat, wartet eine unvergleichlich aufregende, schöne und spannende Ausbildung.

5 „Mein Weg"

Redakteur wollte ich eigentlich gar nicht werden und bin es doch geworden. Gleich nach dem Abitur ging es los mit einem Praktikum bei der Westdeutschen Zeitung. Das Schöne an einer kleinen Lokalredaktion einer mittelgroßen Zeitung ist: Man darf gleich ran, man darf also gleich schreiben. Zum Beispiel über lettische Forststudenten zu Besuch in Mönchengladbach, so wie ich in meinem ersten Artikel. Oder über Stefan Effenberg, das durfte ich ein wenig später. Dieser Beitrag wurde sogar ein Aufmacher im Lokalteil. Was für eine Ehre! Und das hat offenbar so gut geklappt, dass ich anschließend als Freier Mitarbeiter bleiben durfte. Ich bekam meinen ersten Fußball-Klub, den ich eine Saison lang für die "Westdeutsche Zeitung" durch die Landesliga begleiten durfte. Dann den Oberliga-Klub der Stadt und schließlich saß ich bei Borussia Mönchengladbach in der Bundesliga auf der Pressetribüne. Zur einen Zeitung kamen weitere, denen ich Berichte aus Trainingslagern der Borussia in der Türkei und Spanien oder von Auswärtsspielen auf St. Pauli oder in Saarbrücken verkaufen konnte.

Zum Print kam irgendwann Online, bei der Rheinischen Post in Düsseldorf. Nebenbei absolvierte ich den Zivildienst an einer Körperbehindertenschule und schließlich das Studium. Ich hatte die engere Wahl zwischen Ethnologie, Germanistik und Kommunikationswissenschaften in Münster und dem Bachelor-Studium der Sozialwissenschaften in Düsseldorf. Ich habe mich für die Sozialwissenschaften entschieden. Um ehrlich zu sein nicht, weil ich das spannender fand, eher weil ich inzwischen so gut im Geschäft war, dass ich bei und für meine Arbeitgeber am Niederrhein im wahrsten Sinne des Wortes am Ball bleiben wollte. Ein Umzug nach Münster wäre aus damaliger Sicht ein Karrierekiller gewesen. Düsseldorf hingegen war nah, der Bachelor neu, mit seinen sechs veranschlagten Semestern vielversprechend kurz und Soziologie, Politik- und Medienwissenschaften für mich damals „ganz in Ordnung". Heute weiß ich, es war eine gute Wahl! Am Ende hat es dann doch acht Semester gedauert, bis ich meine Bachelorarbeit mit dem Titel "Rassistische Darstellung im Film – am Beispiel der Science Fiction" abgegeben habe. Es gab dann irgendwie doch einfach zu viele Fußballspiele, von denen die Welt – mindestens der Niederrhein – erfahren musste.

Von RP-Online ging es schließlich weiter zu WDR.de und zum Online-Auftritt der Sportschau. Ich war irgendwann nicht nur Bundesliga-Reporter für ein kleines Netzwerk von Zeitungen, sondern auch Nationalmannschafts-Reporter für Sportschau.de. Restaurantführer habe ich nebenbei auch noch geschrieben. Das hat zwar nicht wirklich Geld eingebracht, dafür aber das ein oder andere Kilogramm. Glücklich stand ich also da, hatte mein Studium in der Tasche und alles lief wie ich es mir vorgestellt hatte. Es gab keinen Grund etwas zu ändern. Denn ich hatte bereits meinen Traumjob und war als selbstständiger Journalist unabhängig.

Ich musste tatsächlich ein wenig überredet werden mich für ein Volontariat zu bewerben. Dass ich es tat und es letztendlich beim WDR durch die Auswahl-Mühle geschafft habe, ist im Nachhinein mein großes Glück. Auch wenn ich all meine Jobs von jetzt auf gleich aufgeben musste, fundierter hätte die Ausbildung nicht sein können. Ich bin als Print- und Online-Journalist ins Volontariat gegangen. Fernsehen und Hörfunk habe ich dort von der Pieke auf gelernt.

Nach dem Volontariat bin ich als Redakteur beim Fernsehen geblieben. Die Redaktion der Sportschau hat mich übernommen und ich bin vom freien Reporter zum festangestellten Redakteur geworden.

Ich bin nicht der einzige Soziologe in unserer Sportredaktion, es gibt noch einen, auch jemanden mit Betriebswirtschaft und natürlich Kollegen mit einem Diplom in Sportwissenschaften. Ob ich heute von meinem Studium der Soziologie profitiere? Vom Studium an sich ganz sicher, von der Soziologie tatsächlich auch. Es ist ein Privileg Statistiken wirklich deuten und gesellschaftliche Zusammenhänge verstehen zu können. Der soziokulturelle Aspekt ist in der modernen Welt des Sports mindestens so wichtig, wie etwa der medizinische oder kaufmännische. Das Grundinteresse an der Gesellschaft und die Neugierde machen den Soziologen quasi zum Idealtypus eines Journalisten und Redakteurs.

Literatur

Dreier, Hardy (2008). *Das Mediensystem der Bundesrepublik Deutschland.* In: Hans-Bredow-Institut (Hrsg.): Internationales Handbuch Medien, S. 592-602. Baden-Baden: Nomos.

Meyn, Hermann (2001). *Massenmedien in Deutschland.* Konstanz: UVK.

Piepenbrink, Johannes (2009). *Öffentlich-rechtlicher Rundfunk.* Editorial. Aus Politik und Zeitgeschichte 9-10. http://www.bpb.de/apuz/32154/editorial. Zugegriffen: 04.05.15.

Links

Intern.ard.de https://web.archive.org/web/20131102035101/http://www.ard.de/intern/organisation/-/id=8036/rnvfb8/index.html. Zugegriffen: 05.05.15.

Wdr.de Organisation: http://www1.wdr.de/unternehmen/organisation/struktur/struktur102.html. Zugegriffen: 05.05.15.

Kürzer, knackiger, mutiger: Vom Soziologiestudium in den Journalismus

Bianca Fritz

1 Mit den Neuen Medien arbeiten, nicht gegen sie

Der Journalismus wird in schöner Regelmäßigkeit für tot erklärt. Mal ist es die scheinbar abnehmende Qualität, mal sind es neue Medien, die Anlass zur Sorge geben. Derzeit arbeiten in Deutschland nach Schätzungen des Deutschen Journalistenverbandes (DJV) zirka 43.500 fest angestellte Journalistinnen und Journalisten. Mit rund 13.5000 bieten die Tageszeitungen die meisten festen Arbeitsplätze in diesem Bereich in Deutschland (Kaiser 2015). Diese gelten allerdings auch als besonders gefährdet. Das liegt nicht nur daran, dass es immer weniger Abonnentinnen und Abonnenten gibt, sondern vor allem daran, dass die Zeitungsverlage immer weniger Werbeanzeigen einholen können. Zeitungen finanzieren sich aber laut Schneider und Raue zwischen 50 und 60 % aus dem Verkauf von Anzeigenplatz (vgl. Schneider und Raue 2012, S. 341). Weitere Arbeitsfelder im Journalismus in Deutschland sind: Anzeigenblätter und Zeitschriften, ca. 9.000 Festangestellte; privater und öffentlicher Rundfunk, ca. 9.000; Pressestellen, ca. 7.000; Online/Multimedia, zirka 4.000 und Pressebüros und Agenturen, zirka 1.000. Dazu kommt eine schwer zu bestimmende Zahl von freien Mitarbeitenden, die laut DJV stetig steigt. Die Entscheidung, „frei" zu arbeiten, ist dabei nicht immer eine freiwillige: Viele Redakteurinnen und Redakteure, die ihre Festanstellung verlieren, ziehen die Selbstständigkeit dann der Erwerbslosigkeit vor. Im Oktober 2014 waren bei der Bundesagentur für Arbeit 3.105 Journalistinnen und Journalisten sowie Redakteurinnen und Redakteure als arbeitssuchend gemeldet, dem standen bei der Agentur für Arbeit allerdings nur 51 gemeldete Stellen in den Bereichen Redaktion und Journalismus gegenüber.

Besonders die Macher der Printmedien trösten sich gerne mit dem sogenannten Riepl'schen Gesetz – benannt nach dem ehemaligen Chefredakteur der Nürnberger Zeitung von 1913. Er war der Überzeugung, dass bisher kein neues Medium ein altes verdrängt habe. Die unterschiedlichen Medien existierten vielmehr parallel und deckten unterschiedliche Anwendungsbereiche ab (vgl. Riepl 1913). Das mag für viele klassische Massenmedien zutreffen, beispielsweise stillen Kino und Fernsehen sehr unterschiedliche Bedürfnisse von Konsumenten. Mit dem Internet verändert sich allerdings etwas Grundlegendes in der Medienwelt: Es publizieren nicht mehr nur wenige Medienmacher für viele, sondern jede Privatperson kann Medienproduzent werden und theoretisch unzählige Empfängerinnen und Empfänger erreichen. Damit verschärft sich der Wettbewerb um die Aufmerksamkeit von Konsumenten. Journalisten ziehen in Bezug auf das Kriterium Aktualität oft den Kürzeren, denn die Wahrscheinlichkeit, dass ein Ereignis getwittert, gebloggt oder über Portale wie Facebook verbreitet wird, bevor es die Nachrichtenredaktionen erreicht, wächst mit der Zahl der Internetnutzer.

Das Internet kann also bewirken, dass viele Journalistinnen und Journalisten ihre Rolle neu definieren müssen. Das reine Berichten und Vermelden von Nachrichten verliert an Bedeutung, weil potentiell jedermann die technischen Mittel dazu hat, etwas zu verbreiten. Dafür werden die recherchierten Geschichten, Hintergrundgespräche, Einordnungen und Kommentare wichtiger. Medienwissenschaftlerinnen und -wissenschaftler sowie Branchenbeobachterinnen und -beobachter, wie beispielsweise Volker Lilienthal, meinen, dass die neue Rolle der klassischen Medien auch darin liegen könnte, Internetereignisse zu beobachten und einzuordnen (vgl. Lilienthal et al. 2014). Schon heute finden Aktionen, die im Internet ihren Ursprung hatten, den Weg in die klassischen Massenmedien. Ein Beispiel dafür ist die Anti-Sexismus-Kampagne „Aufschrei" auf Twitter im Januar 2013. Dass dort mehrere tausend Frauen über ihre alltäglichen Sexismuserfahrungen berichteten, hat dieses Thema zurück auf die Agenda der Massenmedien geholt. Das ist ein Trend, der bis heute anhält. Es geht im zeitgemäßen Journalismus darum, mit den neuen Medien zu arbeiten, nicht gegen diese. Nur so lässt sich die Krise meistern, die laut Joachim Braun, Chefredakteur des Nordbayerischen Kuriers, keine Krise des Journalismus, sondern eine der Verlage sei. Er sagte vergangenes Jahr in der Laudatio anlässlich der Verleihung des Darmstädter Journalistenpreises:

„Der Journalismus blüht, in Print, vor allem aber im Netz. Lokale Blogs, multimediales Storytelling, Datenjournalismus, Liveblogging, Videos, der Einsatz von Drohnen – nie war lokaler Journalismus so vielseitig wie heute, nie war er so interessant, so qualitativ hochwertig, so nah am Kunden – und nie war er so schlecht finanziert." (Zörner 2014)

Der Journalismus befindet sich also im Umbruch – es ist eine unsichere, aber auch spannende Zeit einzusteigen. Nachwuchsmedienschaffende dürfen aber vor allem eines nicht haben: Berührungsängste mit Online-Medien. Sie sollten unbedingt über alles Digitale auf dem Laufenden sein, sich in sozialen Netzwerken tummeln und über die Grenzen des eigenen Mediums hinaus denken. Wer also auf einen Termin geht, bringt nicht nur Text und Fotos mit nach Hause, sondern auch das Material für ein Online-Fotoalbum, eine Audioreportage und vielleicht einen Film. Manche Redaktionen stellen bereits (semi)professionelle Kameras zur Verfügung, um bewegte digitale Inhalte zu erstellen. Für andere, insbesondere viele Lokalredaktionen, ist die multi- und crossmediale Berichterstattung noch Neuland, und sie sind dankbar für jede noch so verwackelte Amateuraufnahme. Selbst für eine Videoaufnahme genügen dabei die aktuellen handelsüblichen Smartphones den technischen Anforderungen. Zudem bieten viele Hersteller kostenlose einfache Schnittprogramme für Videos und Audiodateien auf ihren Geräten an. Dass die meisten Handyvideos trotzdem grauselig sind, liegt oftmals an den Menschen hinter der Kamera. Diese sollten sich zumindest grob mit Themen wie Bildeinstellungen und Audiospuren befasst haben, bevor sie das erste Mal im Redaktionsauftrag filmen. Tipps, wie Amateure mit dem Smartphone ein ordentliches Video erstellen, finden sich zuhauf im Internet. Empfohlen seien hier der Onlinedienst „Universalcode" sowie das gleichnamige Buch (vgl. Tipps am Ende des Beitrags). Wer sich hier auskennt und auch Lust auf das neue Medium hat, kann sich gegenüber berufserfahrenen Kolleginnen und Kollegen einen Vorteil und eine wichtige Position in der Redaktion verschaffen.

Wer sich allerdings zu sehr auf Online-Inhalte konzentriert, lernt auch bald die Kehrseite kennen. Verlage wissen heute noch nicht, wie man mit Onlineinhalten zuverlässig Geld verdienen kann. Die Gewinne, die sich durch Anzeigen generieren lassen, sind geringer als die im Printbereich. Die Bereitschaft von Leserinnen und Lesern für Inhalte im Internet zu bezahlen ist minimal. Es gibt allerdings auch spannende, journalistische Projekte außerhalb der klassischen Verlagswelt, die vormachen, wie es gehen könnte. Sie überzeugen das Publikum davon, für Qualitätsjournalismus via Crowdfunding oder per Mitgliedschaft in der Community Geld zu bezahlen. Oft werden diese Projekte von jungen und netzbekannten Journalisten ins Leben gerufen, die sich eine Berichterstattung wünschen, welche sich von jener in der klassischen Medienwelt unterscheidet. Beispiele sind die „Krautreporter"[1] oder die „Edition F".[2]

Insbesondere den Absolventinnen und Absolventen der Soziologie und verwandter Fächer sollte außerdem bewusst sein, dass die Rolle der Medien als „vierte Gewalt" des Staates, als Kontrolleur und kritisches Korrektiv, nicht immer dem journalistischen Alltag entspricht. Um Anzeigenkunden zu gewinnen oder den guten Kontakt zu Informantinnen und Informanten zu pflegen, schreiben Journalistinnen und Journalisten häufig nicht so kritisch, wie sie sollten. Der Zeitdruck führt außerdem dazu, dass Redaktionen manche Pressemitteilungen mitsamt ihrer werbenden Inhalte ungefiltert ins Medium übernehmen. Dies gefährdet natürlich die Reputation des Journalismus insgesamt, da die Konsumentinnen und Konsumenten von den klassischen Medien nach wie vor zuerst Professionalität und Unabhängigkeit erwarten.

2 Wege zum Journalismus

Doch wie wird man nun Journalistin oder Journalist? Zunächst: Die Bezeichnung Journalistin oder Journalist ist nicht geschützt. Im Prinzip können sich also alle diesen Titel auf die Visitenkarte drucken lassen. Wer allerdings auch Aufträge oder gar eine feste Anstellung in einer Redaktion anstrebt, sollte Zertifikate über Aus- und/oder Weiterbildungen vorweisen können. Den Interessentinnen und Interessenten stehen dabei viele Wege offen. Der klassische Weg führt über eine zweijährige Ausbildung, genannt Volontariat. Dieses wird von vielen Presseunternehmen, Rundfunkanstalten, Online-Redaktionen oder bei

---

1 Vgl. www.krautreporter.de.
2 Vgl. www.editionf.com.

einer Presseagentur angeboten. An den Universitäten können Journalistik-Studiengänge oder Masterstudiengänge im Bereich Journalismus besucht werden. Daneben bilden auch Journalistenschulen aus – die meisten zahlen ihren Schülerinnen und Schülern sogar einen kleinen Lohn während der Ausbildung. Einen guten Überblick über Studiengänge und seriöse Schulen findet sich auf der Webseite des Deutschen Journalisten-Verbands.[3] Die Vielfalt der Aus- und Weiterbildungsangebote sollte aber über eines nicht hinweg täuschen: Die Zahl der Plätze ist stark begrenzt und es gibt an fast jedem Ort ein Vielfaches an Bewerberinnen und Bewerbern. Das führt zu rigorosen Auswahlverfahren mit Allgemeinwissens- und Stresstests, Schreibproben und zu einem hohen Numerus clausus bei den Studiengängen. Um sich von den anderen Bewerberinnen und Bewerbern abzuheben, empfiehlt es sich, sehr früh und sehr viel Praxiserfahrung zu sammeln. Eine lange Liste absolvierter Praktika und freier Mitarbeit ist gerne gesehen – das gilt insbesondere dann, wenn die Arbeit in Lokal- oder Onlineredaktionen geleistet wurde. Medienmacher sind häufig davon überzeugt, dass man im Lokalen vielen Problemen und Themen begegnet, die auch in anderen Medienbereichen relevant sind – und zudem täglich mit dem direkten Feedback von Leserinnen und Interviewten konfrontiert ist.

Wissen über den Onlinejournalismus ist aufgrund des angesprochenen Wandels der Medienwelt wertvoll. Außerdem sind Praktika in diesen Bereichen oft besonders lehrreich, da die Praktikantinnen und Praktikanten große Freiheiten genießen, und kreativer und selbstständiger arbeiten können als beispielsweise im Politikressort, wo häufig lang etablierte Kolleginnen und Kollegen über jede Zeile wachen. Zudem heißt für Online zu schreiben, sich an ein kritisches Publikum zu wenden, das eine kurze Aufmerksamkeitsspanne hat und sofort gefesselt werden will. Das Publikum antwortet sogar und Unklarheiten oder Fehler werden sogleich bemängelt. Ein weiterer Grund, warum Berufsanfänger auf jeden Fall den Online-Bereich kennenlernen sollten, ist, dass der Beruf des Online-Redakteurs bzw. der Online-Redakteurin weniger begehrt ist, als jener im Feld des Printjournalismus. Online-Journalistinnen und -Journalisten stehen im Verdacht, schlechter bezahlt und weniger seriös zu sein. Gegenüber dem Printbereich muss im Onlinebereich ständig bewiesen werden, dass die Geschwindigkeit im Netz nicht dazu führt, dass einfach abgeschrieben wird. Wobei dann wiederum seitens des Onlinebereichs Klischees wie Gemütlichkeit einerseits und Technikfeindlichkeit andererseits dem Printbereich gegenüber gepflegt werden.

Gut 80 % der Journalismusanfänger wählen laut DJV das Volontariat, um in den Beruf einzusteigen. Dafür stehen ihnen in Deutschland rund 3.000 Plätze zur Verfügung. 70 % der Volontärinnen und Volontäre verfügen über einen akademischen Abschluss. Wenn das Medienhaus einem Tarifvertrag angeschlossen ist, erhalten beispielsweise Tageszeitungs-Volontäre im ersten Ausbildungsjahr ab April 2015 1.853 Euro brutto monatlich und eine feste Anzahl an Seminartagen. Bei Übernahme in eine Redakteursanstellung stehen ihnen in den ersten Berufsjahren 3.155 Euro brutto zu.

---

3 Vgl. Portal des Deutschen Journalisten-Verbands: http://www.djv.de/startseite/info/themen-wissen/aus-und-weiterbildung/journalistenschulenstudium.html.

3　Beschäftigungsformen: Redaktion oder freie Mitarbeit

In der Redaktion hat man bei den meisten Medienhäusern neben den klassischen journalistischen Aufgaben, wie der Recherche und dem Schreiben, auch Medienproduktionsaufgaben. Diese umfassen das Layout von Zeitungsseiten, die Redaktion fremder Texte, den Schnitt für audiovisuelle Medien, die Koordination von Terminen und freien Mitarbeitern sowie die Planung der Medienproduktion für die kommenden Ausgaben oder Sendungen. Außerdem gehört oft die Pflege des Leserkontaktes, sowohl im Online- als auch Offline-Bereich zu den Aufgaben. Dass all diese Aufgaben nicht in einem Nine-to-five-Zeitrahmen erfüllt werden können, versteht sich von selbst. In Lokal-, Online- oder Nachrichtenredaktionen gehören feste Wochenend- und Abendeinsätze ebenfalls zum Arbeitspensum. Freizeit und Arbeitszeit fließen ineinander über, eine Zeiterfassung gibt es für Redakteure nur selten und unbezahlte Überstunden sind in vielen Medienhäusern eine Selbstverständlichkeit. Die Texte und Beiträge, die eine festangestellte Redakteurin produziert, gehören im Regelfall dem Verlag oder Medienhaus, für das sie arbeitet, und können nur mit ausdrücklicher Genehmigung an andere Medien weitergegeben werden.

Freie Mitarbeitende hingegen sind gewöhnlich nur für den Inhalt einzelner Texte und Beiträge verantwortlich, die sie den Medien verkaufen. Eine Mehrfachverwertung ist möglich, muss aber meist schriftlich vereinbart werden, insbesondere wenn Texte an direkte Konkurrenzunternehmen gehen. Die freie Tätigkeit bringt alle Vor- und Nachteile einer selbstständigen Erwerbstätigkeit mit sich (vgl. Lehmann in diesem Band): freie Zeiteinteilung, die Möglichkeit, uninteressante Aufgaben abzulehnen und die Urheberrechte stehen der vollen Verantwortung für Sozialleistungen, dem ständigen Akquirieren von Aufgaben und dem Verdienstausfall bei Urlaub und Krankheit gegenüber. Freie Journalistinnen und Journalisten haben allerdings die Möglichkeit, sich bei der Künstlersozialkasse zu versichern. Bei erfolgreicher Bewerbung übernimmt diese den Arbeitgeberanteil der Sozialversicherungen. Dies ist hilfreich, weil viele "Freie" wenig verdienen, besonders solche, die ausschließlich für Tageszeitungen arbeiten. Das Zeilenhonorar beträgt oftmals weniger als 50 Cent und dies gilt auch nur für die Zeilen, die tatsächlich in dem jeweiligen Medium gedruckt werden. Gleichzeitig wird besonders von den „Freien" erwartet, dass sie für Abend- und Wochenendtermine zur Verfügung stehen. Laut Freien-Umfrage des DJV (vgl. DJV 2014) liegt das Durchschnittgehalt einer freien Mitarbeiterin bei 1.895 Euro brutto, Männer verdienen durchschnittlich 2.440 Euro. Das kann allerdings nur ein grober Richtwert sein, da enorme Unterschiede innerhalb der Berufsgruppe bestehen. Wer ein festes Fachgebiet hat und für Special- Interest-Medien schreibt, steht meist besser da als der Generalist. Der DJV betont auch, dass viele Freie nicht vom Journalismus allein leben, sondern mehrere Standbeine haben. Nahe liegt zum Beispiel auch PR- oder Pressearbeitsaufgaben für Unternehmen und Institutionen zu übernehmen (vgl. Rüger in diesem Band). Es kommt hinzu, dass viele Medienhäuser klassische Redakteursaufgaben an Freie outsourcen, ganze Ressorts werden heutzutage an heimischen Schreibtischen produziert. Die „Freiheit", einfach nur interessante Themen zu bearbeiten, geht also aufgrund des Honorardrucks und mit anderen Aufgaben verloren. Trotzdem geben in der

Freien-Umfrage 73 % der Journalisten an, dass sie mit ihrem Beruf zufrieden oder sehr zufrieden sind. Hier könnte die bessere Vereinbarkeit von Familie und Beruf mit einer freien Tätigkeit eine Rolle spielen.

4 Journalismus und Soziologie – meine persönliche Perspektive

Derzeit habe ich das große Glück, die Soziologie und den Journalismus vereinen zu können. Ich arbeite als Hilfsassistentin bei einer soziologischen Forschung an der Universität Basel mit. Außerdem habe ich eine 50-Prozent-Stelle als Redakteurin bei einem Magazin für Eltern mit Fachmagazincharakter. Da die zwei Anstellungen meist mehr Zeit in Anspruch nehmen, als auf dem Papier steht, bemühe ich mich kaum um Aufträge als freie Journalistin – sie ergeben sich allerdings aus meinen anderen Tätigkeiten. Da ich bei einem Magazin mit klarem Themenprofil arbeite, das zehnmal pro Jahr erscheint, ist das Arbeiten mit mehreren Standbeinen gut möglich. So gibt es beispielsweise keine Abendtermine oder Sonntagsdienste, was für mich – aus dem Tageszeitungsjournalismus kommend – neu und sehr angenehm ist.

Die Entwicklung weg vom Tages- und Nachrichtenjournalismus bedeutet für mich eine stärkere Spezialisierung. Meine redaktionelle Arbeit ist der einer Wissenschaftlerin also näher als der vieler anderer Journalistinnen.

Neben dem Recherchieren und Schreiben eigener Texte, gehört das Planen der Seiten, das Anleiten von Mitarbeitenden, das Redigieren von Texten, Verfassen und Auswahl von Meldungen sowie die Instruktion der Grafiker zu meinen Aufgaben. Die ständige Kommunikation per E-Mail und Telefon mit Expertinnen bzw. Experten und Institutionen bestimmt den Alltag, der hauptsächlich am Schreibtisch in der Redaktion stattfindet. Außerdem betreue ich die Social-Media-Kanäle mit Artikeln und Meldungen, die zu unserem Themengebiet passen. Inhalt und Layout der Zeitschrift wurden vor wenigen Monaten in einem Rundum-Relaunch modernisiert. Einen solchen Relaunch erlebt man im Laufe einer Journalistenlaufbahn immer wieder. Je häufiger der Journalismus totgesagt wird, umso häufiger versuchen Medien, das eigene Produkt mit einer Neugestaltung und Modernisierung neuen Bedürfnissen anzupassen. Typisch für den Relaunch eines Printmediums ist beispielsweise, dass die Verknüpfung zwischen Online und Print gestärkt wird.

Mein Weg in den Journalismus war ein ungewöhnlicher: Ich habe bereits mit 15 Jahren angefangen für unsere Lokalzeitung zu schreiben und mich mit Praktika und freier Mitarbeit ins Volontariat geschrieben – ohne ein abgeschlossenes Studium. Für mich war das ein spannender Weg, aber dieser Lebenslauf führte auch dazu, dass ich als fertige Redakteurin zur „Berufsjugendlichen" wurde – festgelegt auf Themen rund um junge Menschen. Mit der Berufserfahrung wuchs der Wunsch, doch noch zu studieren. Ich erinnere mich an ein Schlüsselerlebnis, als ich über einem Kommentar brütete, den ich innerhalb von zwei Stunden für die Titelseite unserer Tageszeitung schreiben sollte. Es ging um einen Gesetzentwurf zur Handynutzung von Jugendlichen. Und ich fragte mich: Inwiefern sollte Politik in einen so privaten Bereich wie die Handynutzung eingreifen, um junge Menschen zu schützen? Welche Konsequenzen hat ein solches Gesetz? Und: stehe ich auf der Pro- oder doch eher auf der Kontraseite? Immerhin musste ich für einen knackigen Kommentar klar Stellung beziehen ohne zwischen „einerseits und andererseits" abzuwägen. Aber die Zusammenhänge waren mir nicht klar genug, um eine fundierte Meinung zu haben. Da wünschte ich mir ein vertieftes Verständnis unserer Gesellschaft und einen kritisch geschulten Geist. Einen solchen, wie er im Studium, mit Muße und Perspektivwechseln gepflegt wird.

Ich habe den Schritt an die Universität nie bereut, wo ich Soziologie und das interdisziplinäre Fach Gesellschaftswissenschaften studierte. Dabei stieß meine Entscheidung in meinem Umfeld durchaus auf Unverständnis. Hatte ich mir doch auch ohne Studium meinen Teenagertraum erfüllt und eine feste Redaktionsstelle erhalten. Die „verkehrte" Reihenfolge hatte für mich viele Vorteile: das Schreiben von Texten, das schnelle Erfassen von Kernpunkten und die Präsentation meiner Ergebnisse, all das fiel mir sehr viel leichter als anderen Studierenden. Auch konnte ich während des Studiums als freie Journalistin und in Teilzeitpensen als Redakteurin Geld verdienen. Sowohl im Studium als auch im Beruf war ich äußerst motiviert, vermutlich auch, da ich diesen Weg bewusst gewählt habe und die Uni nicht einfach auf die Schule folgte. Ein Nachteil an diesem Weg ist, dass die Möglichkeiten, ein Stipendium oder Ausbildungsgeld zu ergattern, für Menschen mit abgeschlossener Berufsbildung sehr begrenzt sind. In finanzieller Hinsicht waren es also harte Jahre, besonders da ich einen vollen Verdienst gewohnt war.

Das Studium hat mich zu einer Hinterfragenden gemacht. Das steht mir manchmal im Weg, wenn ich heute schnell ein journalistischer Text mit einem bestimmten Tenor verfassen soll. Insgesamt aber hat mich das Soziologie-Studium vorangebracht – menschlich und beruflich. Meine Interessen sind mir bewusster, ich habe einen fachlichen Schwerpunkt und ich traue – wie man unter Soziologen so schön sagt – keiner Statistik, die ich nicht selbst gefälscht habe. Denn gerade als Journalistin werde ich mit Zahlenmaterial überhäuft, das mich beeindrucken soll, damit ich es weiter verbreite.

5   Soziologie und Journalismus

Soziologiestudierende, die sich für den Journalismus interessieren, müssen gleich doppelt bereit sein umzudenken: Zum einen sind ihre Texte keine fertigen Werke mehr, sondern Diskussionsgrundlagen. Zum anderen müssen sie bereit sein, sich von der im Studium mühsam angeeigneten Genauigkeit, dem Abwägen, den langen, verschachtelten Sätzen zu verabschieden. All das hat in einem journalistischen Text meist keinen Platz mehr. Oder es ist nicht erwünscht, weil es der notwendigen Zuspitzung zum Wecken von Aufmerksamkeit im Weg steht. Dennoch muss es im Kopf des Schreibenden stattfinden: Eine gute Journalistin weiß sehr viel mehr über ein Thema, als sie schreiben kann. Ein fundiertes Verständnis davon, was eine Gesellschaft zusammenhält, sowie das Grundwissen über Statistik können bei der Arbeit in den Medien eine große Hilfe sein. Insofern möchte ich Journalismus-Papst Wolf Schneider widersprechen, der gemeinsam mit Paul-Josef Raue rät, keinesfalls ein Fach wie Soziologie zu studieren, sondern lieber „etwas Handfestes, worüber Bescheid zu wissen dem Journalisten und seinem Leser nützt" (Schneider und Raue 2012, S. 19).

Im Soziologiestudium erwirbt man zahlreiche Fähigkeiten, die im Journalismus nützlich sind. Der Einstieg ist für Soziologieabsolventinnen und -absolventen dennoch häufig schwierig. Ihr abgeschlossenes Studium ist zwar kein Alleinstellungsmerkmal, dennoch liebäugeln relativ viele Soziologiestudierende früher oder später mit einem Beruf in den Medien. Das liegt nicht zuletzt daran, dass der Betrachtungsgegenstand der Soziologie – das Zusammenleben von Menschen – dem der meisten Journalistinnen und Journalisten entspricht. Nur die Herangehensweise ist eben eine andere. Ich genieße es, dass mir diese Freiheit gegeben wird, bevor es morgen in der Redaktion wieder heißt: „Das geht aber sicher auch noch etwas kürzer, knackiger und mutiger."

Literatur

Deutscher Journalisten-Verband (Hrsg.) (2014). *Freien-Umfrage 2014. Arbeitsbedingungen Freier Journalisten*. Online-Umfrage. http://www.djv.de/startseite/info/beruf-betrieb/freie/freienumfrage.html. Zugegriffen 03.05.2015

Kaiser, Ulrike (2015). Arbeitsmarkt und Berufschancen. Deutscher Journalistenverband. http://www.djv.de/startseite/info/themen-wissen/aus-und-weiterbildung/arbeitsmarkt-und-berufschancen.html. Zugegriffen: 03.05.2015.

Lilienthal, Volker & Weichert, Stephan & Reineck, Dennis & Sehl, Annika & Worm, Silvia(Hrsg.) (2014). *Digitaler Journalismus. Dynamik – Teilhabe – Technik*. Leipzig: Vistas. Schriftenreihe Medienforschung der Landesanstalt für Medien Nordrhein-Westfalen, Band 74, Leipzig: Vistas.

Riepl, W. (1913): *Das Nachrichtenwesen des Altertums mit besonderer Rücksicht auf die Römer*. Leipzig: Teubner.

Schneider, Wolf & Raue, Paul-Josef (2012). *Das neue Handbuch des Journalismus und des Online-Journalismus*. Hamburg: Rowohlt Taschenbuch Verlag.

Zörner, H. (2014). *Verlags-, nicht Zeitungskrise*. http://www.djv.de/startseite/service/news-kalender/detail/article/verlags-nicht-zeitungskrise.html?cHash=e96181400d36be7484b321ec3d74ea6b&type=500. Zugegriffen: 8. März 2015.

Literaturhinweise

Jakubetz, Christian Langer, Ulrike Hohlfeld, Ralf (Hrsg.) (2014). Universalcode. Journalismus im digitalen Zeitalter: Die digitale Welt verändert den Journalismus. Affing: EFF ESS Verlag.

La Roche, Walther von (2013). *Einführung in den praktischen Journalismus*. Wiesbaden: Springer VS.

Linktipps

Portal des Deutschen Journalistenverbands: www.djv.de www.djv.de/fileadmin/user_upload/Freiendateien/Freie-Hintergrund/Zwischenbericht-Umfrage-Freie-2014.pdf

Energie-Fachinformation: Vermittlung mit System

Franz Lamprecht

1 Der Fachzeitschriftenmarkt und die „et"

Der Markt für Fachzeitschriften ist in der Bundesrepublik Deutschland mit 3.800 Titeln der größte der Welt. Die Fachmedienbranche erzielte im Jahr 2013 einen Umsatz von 3,2 Mrd. Euro. Davon entfielen 57 % auf Fachzeitschriften. Die Funktion einer Fachzeitschrift ist es, Ordnung in einer Welt riesiger, unüberschaubarer Informationsströme zu schaffen. Nach der Business-to-Business (B2B)-Entscheideranalyse 2014/15 der Deutschen Fachpresse sind Fachzeitschriften nach wie vor „die wichtigste berufliche Informationsquelle der professionellen Entscheider und eine bedeutende Orientierungshilfe bei Entscheidungsprozessen" (Deutsche Fachpresse 2015, S.3).

Im Energiesektor ist der Markt für Fachzeitschriften, zu dem die „et", gehört, durch große Beständigkeit gekennzeichnet. Als maßgebend kann etwa gut ein halbes Dutzend Titel gelten, darunter sind auch Mitgliedszeitschriften von Verbänden. Mit einer geprüften Druckauflage von etwa 3.300 Exemplaren ist die „et" das Fachmedium mit der größten verkauften Auflage. Nach einer repräsentativen Untersuchung greifen etwa 20.000 Leser im deutschen Sprachraum, also in Deutschland, Österreich und der deutschsprachigen Schweiz, Monat für Monat auf das Medium zurück, das es nun schon seit 64 Jahren gibt. Der die Fachzeitschrift tragende Verlag gehört „ew Medien & Kongresse", einem führenden Informationsanbieter für die Energie- und Wasserwirtschaft in Deutschland.

Politisch betrachtet versteht sich die Fachzeitschrift „et" als eine Plattform der Diskussion zwischen der Branche der Energieunternehmen und dem gesetzlichen Rahmensetzer, der Regierungspolitik. Wir begleiten redaktionell eine Rechtsnorm von der Idee, über die politische Diskussion, der wissenschaftlichen Erforschung ihrer Folgen bis hin zur Umsetzung und daraus resultierenden neuen Unternehmensstrategien bis hin zur Unterstützung der Implementierung durch Informationstechnik.

2   Fachjournalismus im Energiesektor nach der Energiewende

Was leistet eine Fachzeitschrift? Im Fall des Mediums, für das ich tätig bin, wird der Leserschaft Monat für Monat ein breites und fundiertes Informationsspektrum zu den relevanten nationalen, europäischen und globalen Themen des Energiesektors geboten. Im Kern werden die zentralen Fragestellungen der Energiewende in Deutschland fundiert, umfassend und kontrovers diskutiert; dabei spielen Smart-Energy-Konzepte und -technologien eine Schlüsselrolle. Bei kontroversen Themen ist Meinungsvielfalt garantiert.

Wie in den Medien generell, geht es auch im Fachjournalismus darum, Themen, die in der Energiebranche brandaktuell sind, auf Seite eins zu heben und als eine Art Gatekeeper Informationen entsprechend auszuwählen. Und das alles nach journalistischen Regeln. Heute, im Jahre vier nach der Energiewende, die in der Bundesrepublik Deutschland im März 2011 ausgerufen wurde als Reaktion auf die Kernenergiekatastrophe in Fukushima, ist diese Tätigkeit bedeutender denn je.

Die deutsche Energiewirtschaft war basierend auf einem Gesetz aus dem Jahr 1935 über ein halbes Jahrhundert lang ein bis ins Kleinste staatlich reguliertes, aber sehr beständiges Arbeitsfeld. Jeder Energieversorger hatte ein klar abgegrenztes Versorgungsgebiet, Kundinnen und Kunden konnten ihren Strom- und Gasversorger nicht frei wählen. Die Preise wurden über die Kosten zuzüglich einer bestimmten Gewinnmarge bestimmt, die für die Haushaltskunden von den Bundesländern zu genehmigen war. Das änderte sich mit der Liberalisierung im Jahr 1998: die Verbraucher wurden zu Kunden, die ihren Anbieter wählen können. Die Liberalisierung war eine Innovation für die Branche, auch für die Fachpresse. Es wurde nach Informationen und Konzepten in anderen Ländern gesucht, die diesen Schritt schon gemacht hatten. Unternehmen und Verbände begannen Reisen zu organisieren beispielsweise nach England, wo man sich bei den dortigen Unternehmen und Verbänden über die Strukturen des Energiemarktes und der Energieversorgung informieren konnte. So kamen nach einem mehrtägigen Rechercheaufenthalt viele Informationen zusammen und einer meiner ersten selbst verfassten Artikel als Redakteur bestand Anfang der 1990er Jahre darin, innerhalb sehr kurzer Vorbereitungszeit differenziert über die Funktionsweise des neuen Marktmodells zu schreiben.

Es folgten Reisen nach Norwegen und in die Niederlande, um dort mit Regierungsberatern beziehungsweise Wissenschaftlern die Liberalisierung des Marktes und auch neue Methoden des Klimaschutzes wie zum Beispiel die Aufforstung in Entwicklungsländern kennenzulernen und darüber zu berichten. Da seit Ende der 1980er Jahre zunehmend über Klimawandel diskutiert wurde, setzte ein internationaler Verhandlungsprozess auf, der im Jahr 1995 mit der 1. Weltklimakonferenz in Berlin begann, im Jahr 1997 in Kyoto in Japan mit dem Abschluss des Kyotos-Protokolls einen ersten Höhepunkt erreichte und in Kopenhagen 2009 nahezu zum Erliegen kam. Die Teilnahme an diesen Konferenzen in Kyoto, Johannesburg, Montreal oder Kopenhagen seitens der „et"-Redaktion ist dabei nicht nur ein Gebot guten Fachjournalismus, sondern auch motiviert von der persönlichen Überzeugung, dass der Klimaschutz als globale Eindämmung der Treibhausgasemissionen ein Muss ist und Deutschland als hochindustrialisierter Industriestaat eine Schlüsselrolle übernehmen sollte. Die Arbeit bestand in Hintergrundgesprächen mit der deutschen Verhandlungsdelegation, dem Besuch von Pressekonferenzen anderer Staaten bzw. Ländergruppen und mündete jeweils in anspruchsvolle Analysen mit Herausarbeitung der möglichen Folgen für die Energiebranche.

Die Akzeptanz von Energieträgern in der Bevölkerung war damals schon ein drängendes Thema, insbesondere in der Bundesrepublik Deutschland war die Angst vor der Kernenergie immer schon deutlich wahrnehmbar. Diesbezüglich wurden Umfrageergebnisse in der „et" veröffentlicht, ergänzt durch Analysen über die Folgen verschiedener Energieträger für Mensch und Umwelt. In der Auseinandersetzung mit alternativen Energieträgern ergab sich beispielsweise eine Dienstreise nach Kanada, Montreal und Hudson Bay, zu der die Regierung der Provinz Quebec eingeladen hatte. Dort hatte ich die Möglichkeit, die Abwägung der Erweiterung riesiger Wasserkraftwerke mit ökologischen Vorteilen und den Interessen von Eskimos in aller Breite kennenzulernen und auch selbst zu einem Urteil zu finden.

Bei solchen Themen ist ein Sozialwissenschaftler in der Redaktion stark daran interessiert, Wünschenswertes von Wissenschaftlichem zu unterscheiden, Fakten zu analysieren, Interessen sichtbar zu machen und zu objektiveren sowie die Resultate dieser Arbeit einer vorwiegend technik- und kostenorientierten Branche so zu präsentieren, dass sie es auch aufnehmen kann.

3 Zur Reaktionsarbeit einer Fachzeitschrift

Was gehört nun zur Tätigkeit eines Fachzeitschriftenredakteurs und wie kann man die Qualifikationen dafür erwerben? Gib es einen Königsweg und auch Seiteneingänge?

Aufgabe ist die Erstellung des redaktionellen Teils einer Fachzeitschrift, die daneben noch aus Werbeanzeigen besteht. Das Verhältnis der beiden Teile ist in der Branche recht verschieden, die Anzeigen können vom Umfang her von wenigen Prozent bis hin zu einem Drittel der Seiten einer Ausgabe reichen. Weitere Erlösströme eines Fachverlages sind neben dem Verkauf von Einzelheften und Abonnements beispielsweise die Herausgabe von Sonderheften im Auftrag von Branchen oder Unternehmen sowie die Erstellung von Fachbüchern.

Das Tätigkeitsprofil lässt sich vereinfacht dargestellt, so umschreiben: Es geht darum, Wort- und Bildmaterial auszuwählen, das der Redaktion aus Forschungsinstituten, von Interessen- und Standesverbänden und von Unternehmen per Post, Fax und Mail zugesandt wird. Diese Informationen müssen gesichtet und veröffentlichungsreif bearbeitet werden. Hinzu kommen eigene Wort- und Bildbeiträge. Zur Aufgabe gehört die Schlussredaktion, wo neben dem Layout auch auf die Aktualität des Textes zu achten ist. Es wird Korrektur gelesen und überprüft, ob das Erscheinungsbild der Seiten insgesamt den Layout-Grundsätzen für die Zeitschrift entspricht.

Zum großen Teil geht es um die Bearbeitung von Manuskripten, die eingereicht oder auch angefordert wurden. Das Ergebnis wird in der Regel dem Urheber zur Freigabe der

Änderungen zugesandt. Richtschnur für die Redaktion sind verständliche Sätze und guter Stil sowie klarer Aufbau und Gliederung. Und da gibt es in der Regel je nach Absender eine Menge zu tun – bei publikationsgewohnten Wissenschaftlern eher weniger, bei eher unerfahrenen Autoren sehr viel, vor allem bei rein technischen Texten, da muss oft überhaupt erst „Fleisch" an das Textgerüst dran. Womit nichts anderes gemeint ist, als nicht miteinander verbundene, „abgehackte" Sätze zu einem lesbaren Sprachgebilde zu verbinden. Auf die Produktion von Texten sind geistes- und sozialwissenschaftliche ausgebildete Menschen daher als besser vorbereitet zu beurteilen.

Die Funktion eines Chefredakteurs umfasst im Vergleich zum Redakteur noch weitere Aufgaben. Es sind zahlreiche Interviews und Round-table-Gespräche mit Akteurinnen und Akteuren aus Politik, Wissenschaft und Wirtschaft durchzuführen und druckreif zur Publikation vorzubereiten sowie umfangreiche Planungs- und Repräsentationsaufgaben zu erfüllen. So sind beispielsweise das Editorial zu verfassen oder eigene Analysen und Interpretationen zentraler Ereignisse von Branchentreffs fertigzustellen. Beispiele hierfür sind die Berichterstattung über den Jahres-Kongress des Bundesverbandes der Energie- und Wasserwirtschaft, über die Jahrestagung des europäischen Verbandes der Stromindustrie oder über den Weltenergiekongress, der alle drei Jahre jeweils auf anderen Kontinenten stattfindet.

Natürlich ist auch der Fachjournalismus im Bereich Energie den Folgen von sozialem Wandel und technologischen Neuerungen ausgesetzt. Es sind zwar keine fallenden Abonnementszahlen wie im übrigen Printbereich zu beobachten, dennoch sind auch Fachzeitschriften dem Wunsch verschiedener Kunden wie wissenschaftlichen Bibliotheken gefolgt und bieten eine Online-Version für PC, Tablets und Smartphone. Damit kann man die „et" überall auf der Welt mit W-Lan und Zugangsdaten lesen.

Zum Schluss die Klärung der nicht ganz unerheblichen Frage, was man in diesem Bereich verdient. Nach der aktuellen Gehaltstabelle für Redakteure bei Zeitschriften sind dies aktuell jeweils ein monatliches Bruttogehalt von 3.198 Euro für Redakteure ohne besondere Stellung im 1. Berufsjahr und 3.589 Euro im vierten Berufsjahr. Über 22jährige Volontärinnen und Volontäre steigen mit einem monatlichen Bruttogehalt von 1.867 Euro ein.

4 Learning by doing: mein Weg zur „et"

Eine Biographie ist immer auch eine nachträglich eingebrachte Rekonstruktionsleistung des eigenen Werdegangs. Dennoch würde ich behaupten, dass zwischen dem seit über 20 Jahren ausgeübten Beruf und der Zeit davor ein Zusammenhang besteht, der nicht zufällig ist.

Mein Studium der Soziologie als Hauptfach mit dem Nebenfach Philosophie nahm ich an der Universität Wien im Wintersemester 1979/80 auf. Die Hauptfachveranstaltungen fanden sowohl an der philosophischen als auch an der sozial-wirtschaftlichen Fakultät statt. An speziellen Soziologien interessierten mich damals Stadtsoziologie und Medien-/Kunstsoziologie. Nach dem Grundstudium, das ich mit einer Zwischendiplomprüfung abschloss, konzentrierte ich mich im Hauptfach auf Siedlungs-, Kunst- und Kultursoziologie, im Nebenfach besuchte ich insbesondere auch Veranstaltungen zu Rechtsphilosophie und Wissenschaftstheorie. Ende des Jahres 1981 legte ich erfolgreich die 1. Diplomprüfung in Soziologie ab.

Ein Wohnortwechsel aus persönlichen Gründen führte mich von Wien ins Rheinland, und ich wechselte dadurch an das Institut für Sozialwissenschaften der Universität Düsseldorf. Dort stand beim Institutsvorstand Richard Münch die Entwicklung und Anwendung einer Handlungstheorie basierend auf Arbeiten des amerikanischen Soziologen Talcott Parsons im Vordergrund. Zentral waren insbesondere die kultursoziologischen Arbeiten von Parsons. In den Seminaren ging es darum, Gesellschaften aufgrund ihres kulturellen Codes zu begreifen und Subsysteme wie die Wirtschaft auf dieser Folie insbesondere in ihrer Beziehung zueinander zu erläutern. Ich fand damals den handlungstheoretisch geleiteten Vergleich der wichtigsten Volkswirtschaften untereinander mit am spannendsten.

Die Studienordnung erforderte die Wahl eines zweiten Fachs und ich entschied mich für Politikwissenschaft. Schwerpunkte dort waren Wirtschaftspolitik und Wahlen. Das passte ganz gut zu meinen Schwerpunkten Wirtschafts- und Organisationssoziologie im Hauptfach. Im Nebenfach Philosophie wählte ich Philosophie von Arbeit und Technik, bei einem Professor, der beim Verein Deutscher Ingenieure tätig war. Dabei lernte ich Abstraktionen wie Martin Heideggers „Technik als Gestell" oder die Kaffeemaschine als soziotechnisches System zu betrachten. Zu all dem passte schließlich auch das Thema der Abschlussprüfungsklausur, wo ich versuchte, ein paar Organisationsprobleme eines realen mittelständischen Betriebes handlungstheoretisch zu erläutern und Lösungswege aufzuzeigen. Bleibt schließlich noch, die umfassende Magisterarbeit zu nennen, bei der der Titel „Das Austauschverhältnis zwischen Wirtschaft und Kultur in Deutschland" für sich sprechen sollte.

Während und nach dem Studium jobbte ich in verschiedensten Branchen, vom Stahlwerk bis zur Brauerei, bis ich schließlich eher zufällig im Jahr 1989 den Verlag kennenlernte, in dem ich als Freier Mitarbeiter zunächst in der technischen Buchredaktion begann und später als Redaktionsassistent arbeitete. Im Jahr 1992 erhielt ich einen Anstellungsvertrag als Redakteur, im Jahr 2005 erfolgte die Ernennung zum stellvertretenden und im Jahr 2013 zum Chefredakteur. Zwischenzeitlich erweiterten sich meine Aufgaben durch die Akquisition und Betreuung mehrerer Kundenzeitschriften.

Die aktuellen energie- und klimapolitischen Aufgaben bestehen heute darin, zwischen verschiedenen Systemen zu vermitteln: Politik, Wirtschaft und Gemeinschaft bzw. Gesellschaft. Welche soziologische Handlungstheorie einem für das Verständnis der gesellschaftlichen Wirklichkeit am plausibelsten erscheint ist eigentlich weniger bedeutsam. Es ist vielmehr der Erkenntnisgewinn, der durch eine über das damit betrachtete Branchenproblem hinausgreifende Perspektive ermöglicht wird. Soziologische Kompetenz ist in dem hier vorgestellten Arbeitsbereich zwar nicht unerlässlich, aber sie macht vieles leichter. Insbesondere ermöglicht sie einen klaren Blick und verhindert damit, sich in Facheinzelheiten zu verbeißen.

Literatur

Deutsche Fachpresse (2015). (B2B)-Entscheideranalyse 2014/15. Informationsverhalten und Mediennutzung Professionaller Entscheider. www.deutsche-fachpresse.de/fileadmin/allgemein/bilder/branchenwissen/Studien/141105_Entscheider-Analyse_2014_Webfin.pdf. Zugegriffen: 29. April 2015.

Literaturhinweis

Czakainski, Martin & Lamprecht, Franz & Rosen, Michael (2011): *Energiehandel und Energiemarkte: Eine Einführung*, Essen: etv Energieverlag.

B

4 Kommunale Verwaltung

Kommunikation ist (fast) alles: Zwischen Politik und öffentlicher Verwaltung als Referentin des Bürgermeisters

Paula Wiesemann

1 Öffentliche Verwaltung in Nordrhein-Westfalen

Die öffentliche Verwaltung bietet mit ihren vielfältigen Arbeitsbereichen zahlreiche interessante Einsatzfelder mit einem Abschluss in Soziologie oder Sozialwissenschaft: etwa in den Bereichen Personalverwaltung, Gleichstellungsarbeit, Informationstechnik, Statistische Datenerhebung und -aufbereitung oder Öffentlichkeitsarbeit sowie in speziellen Arbeitsbereichen wie Arbeitssicherheit, Gesundheitsberichterstattung, Sozial- und Jugendhilfe, Umweltschutz, Raum- und Regionalplanung beziehungsweise Stadtentwicklung/Verkehrsplanung etc. (vgl. Marquardt 2007. S. 143f.; vgl. Kügler und Kubitza, Geithner-Simbine und Grau in diesem Band). Die Beschäftigungsverhältnisse im öffentlichen Dienst werden nach dem allgemeinen Arbeitsrecht und den Tarifverträgen, die von den öffentlichen Arbeitgebern und Gewerkschaften ausgehandelt werden, geregelt. Das Einkommen der Beschäftigten des Bundes, der Länder oder der Kommunen richtet sich nach der Eingruppierung in Entgeltgruppen und Stufen des Tarifvertrags für den öffentlichen Dienst (TVöD). In welche Entgeltgruppe und in welche Stufe jeweils eine Einordnung erfolgt, hängt davon ab, welcher Ausbildungsabschluss für die Stelle vorausgesetzt wird, welche Berufserfahrungen vorliegen, und mit welcher Leitungsverantwortung die Aufgaben verbunden sind.

In Nordrhein-Westfalen, dem bevölkerungsreichsten Land in der Bundesrepublik Deutschland, gibt es 396 Gemeinden, darunter 23 Großstädte mit dem Status einer kreisfreien Stadt. Die übrigen 373 Gemeinden gehören 31 Kreisverwaltungen des Landes an (vgl. Kost 2010: 232). Die meisten Verwaltungsaufgaben werden von den Kreisen und Gemeinden übernommen. Hier besteht eine allgemeine Weisungskette vom Innenministerium des Landes Nordrhein-Westfalen über den Regierungspräsidenten zu den hauptamtlichen Bürgermeistern und Landräten und von dort in den kommunalen Bereich hinein (vgl. Kost 2010, S. 234).

Die Organisation der Gemeinden wird durch die jeweilige Gemeindeordnung in einem Bundesland festgelegt. Ein besonderes Merkmal war in Nordrhein-Westfalen die doppelte Verwaltungsspitze, bestehend aus einem ehrenamtlichen, vom Rat gewählten Bürgermeister und einem Gemeinde- beziehungsweise Stadtdirektor, der die Verwaltung leitete. Durch diese Trennung kam es häufig zu unklaren Machtverhältnissen zwischen Bürgermeister, Rat und Verwaltung sowie einer mangelnden Transparenz in den Entscheidungsstrukturen. Nach der Reform der Gemeindeordnung im Jahr 1994 gingen die Aufgaben auf einen hauptamtlichen Bürgermeister beziehungsweise Oberbürgermeister (in kreisfreien Städten) über. Im Jahr 2009 wurde zudem die Amtszeit des hauptamtlichen Bürgermeisters von fünf auf sechs Jahre verlängert und damit von der Ratswahl entkoppelt (vgl. Kost 2010, S. 231). Ab dem Jahr 2020 werden die Bürgermeisterinnen und Bürgermeister und Räte in Nordrhein-Westfalen allerdings wieder gemeinsam und für fünf Jahre gewählt.

Derzeit amtieren in Deutschland insgesamt 11.475 Bürgermeisterinnen und Bürgermeister, davon 3.440 im Hauptamt und 8.035 im Ehrenamt. In Nordrhein-Westfalen, Hessen und im Saarland gibt es ausschließlich hauptamtliche Bürgermeisterinnen und Bürgermeister (vgl. Gehne 2012, S. 14f.).

Der Bürgermeister hat in den Gemeinden in Nordrhein-Westfalen zwei Funktionen. Er ist Leiter der Verwaltung und gleichzeitig sowohl Vorsitzender des Rates als auch des wichtigsten Ausschusses, des Hauptausschusses. Obwohl er selbst kein Ratsmitglied ist, hat er Stimmrecht im Rat und den Status eines kommunalen Wahlbeamten auf Zeit. Als Verwaltungschef bereitet er die Beschlüsse des Rates, des Bezirksvertretungen und der Ausschüsse vor und führt sie durch. Zudem entscheidet er in allen Angelegenheiten, die ihm vom Rat und den Ausschüssen zur Entscheidung übertragen werden (vgl. Kost 2010, S. 237). Als Ratsvorsitzender legt der Bürgermeister die Tagesordnung der Ratssitzungen fest, leitet die Sitzungen, achtet auf die ordnungsgemäße Durchführung und übt das Hausrecht aus. Als oberster kommunaler Repräsentant vertritt der Bürgermeister den Rat und die Gemeinde nach außen. Dazu gehören beispielsweise Empfänge für ausländische Delegationen, die Kontaktpflege zur Presse oder die persönliche Ehrung von Bürgerinnen und Bürgern. Er ist letztlich für die innere Organisation der Gemeindeverwaltung, die Geschäftsverteilung, die Erledigung der Geschäfte der laufenden Verwaltung und die Erledigung der übertragenen staatlichen Aufgaben eigenverantwortlich zuständig (vgl. Kost 2010, S.238).

2 Die Stadt Herten

Die Stadt Herten im Kreis Recklinghausen gehört mit rund 62.000 Einwohnern und neun Stadtteilen zu den mittelgroßen Städten. Die Stadtverwaltung ist in verschiedene Abteilungen oder „Fachbereiche" gegliedert und unterhält mehrere städtische Gesellschaften und Eigenbetriebe (s. Abb. 1).

In ständigem Austausch mit dem Bürgermeister sind der Stadtkämmerer, der den Bereich der Finanzen innehat und der Stadtbaurat, zu dessen Geschäftsbereich unter anderem die Stadtentwicklung, das Bauwesen sowie das Thema der demografischen Entwicklung gehören. Zusammen mit den Leiterinnen und Leitern der Fachbereiche bilden Sie den Verwaltungsvorstand. Diese Zusammensetzung ist eine Hertener Besonderheit; laut nordrhein-westfälischer Gemeineordnung bilden nur der Bürgermeister und die Beigeordneten den Verwaltungsvorstand (§ 70 GO).

Kommunikation ist (fast) alles: 127

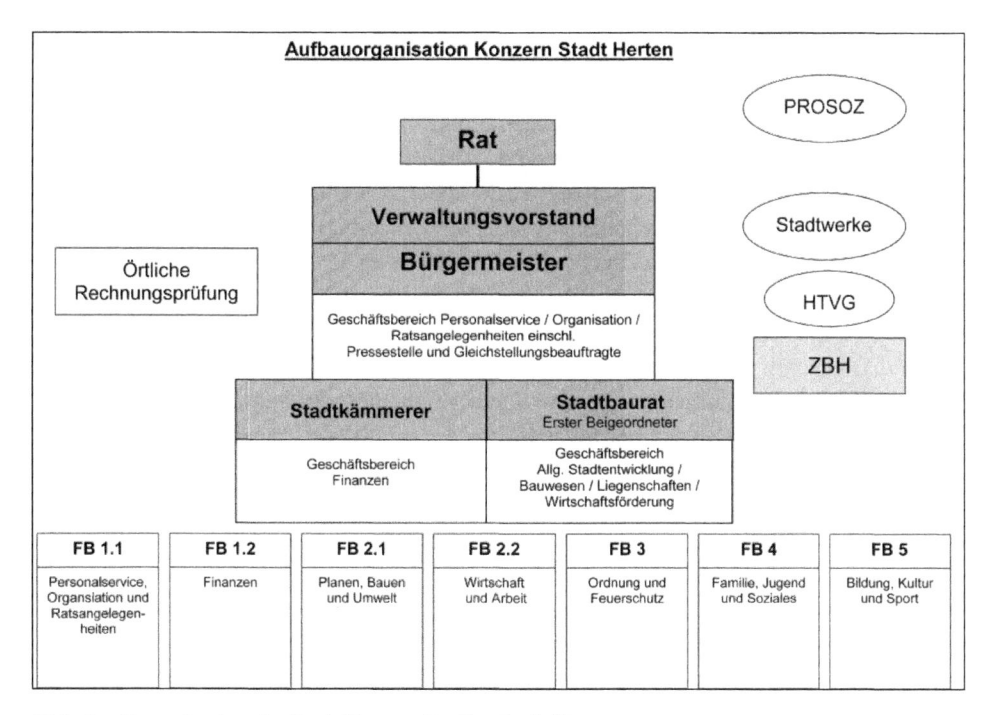

Abb. 1 Organisation der Stadt Herten, Quelle: Stadt Herten

In den Fachbereichen wird jeweils zu den Schwerpunktthemen gearbeitet. Beispiele sind die Planung des Kanalnetzes der Stadt im Fachbereich Planen, Bauen und Umwelt oder die Umsetzung der Flüchtlingspolitik oder die Unterhaltung des Jugendamtes im Fachbereich Familie, Jugend und Soziales. Zu den Aufgaben einer Stadtverwaltung gehört unter anderem auch die Reinigung der städtischen Gebäude, die Pflege der Grünflächen, das Bestattungswesen und die Abfallwirtschaft, etwa Straßenreinigung und Winterdienst. In Herten ist hierfür der Zentrale Betriebshof Herten (ZBH) zuständig. Zu den städtischen Gesellschaften gehören desweiteren die im Bereich „Wirtschaft und Arbeit" angesiedelte Gesellschaft für Technologieentwicklung und Vermögensverwaltung (HTVG), der Energieversorger Hertener Stadtwerke (HSW) sowie das Software-Unternehmen Prosoz, das IT-Lösungen für Kommunalverwaltungen anbietet.

3 Referentin des Bürgermeisters: Soziologische Kompetenz an der Schnittstelle von öffentlicher Verwaltung und Politik

Die Stelle der Referentin dient im Allgemeinen dazu, den Bürgermeister bei der Erfüllung seiner Aufgaben zu unterstützen. Ein recht zutreffender, exemplarischer Tagesablauf im Amt des Bürgermeisters ist beispielsweise bei Gehne (2012,S.86ff.) nachzulesen. Die konkrete Ausübung des Amtes des Bürgermeisters wird von den Zielen und Vorstellungen des jeweiligen Amtsinhabers oder der Amtsinhaberin bestimmt. Entsprechend unterschiedlich können die Aufgaben und Inhalte dieser Stellen gestaltet sein. In Herten amtiert ein Bürgermeister, der sich dafür einsetzt, dass seine Verwaltung so bürgerfreundlich und serviceorientiert wie möglich agiert. Dazu gehören beispielsweise die standardmäßige Einberufung von Bürgerbeteiligungen bei größeren Vorhaben, etwa bei der Umgestaltung der Innenstadt oder der Umstrukturierung ehemaliger Zechengelände. Zudem ist der Bürgermeister sowohl über sämtliche Kommunikationswege, wie Email, Telefon und soziale Medien, als auch persönlich in einer zweiwöchentlichen Bürgersprechstunde für die Bürgerinnen und Bürger erreichbar.

Zu den wesentlichen Aufgaben der Referentin gehört es, über das aktuelle politische Geschehen auf dem Laufenden zu sein, wichtige Themen der Stadt mit vorzubereiten, Informationen für den Bürgermeister zu beschaffen und aufzubereiten, Schriftstücke und Reden vorzubereiten, Projekte zu unterstützen sowie den Anliegen von Bürgerinnen und Bürgern nachzugehen.

Nützliche Fachkenntnisse für diese Stelle sind unter anderem jene aus den Bereichen der Öffentlichkeitsarbeit und Kommunikation, der Gleichstellung, z. B. Gleichstellungspolitik, der Politikwissenschaft, z. B. Parteiensysteme und Demokratietheorien, der Soziologie, z. B. Organisationssoziologie, Gruppensoziologie oder soziale Ungleichheit, und der Methoden der empirischen Sozialforschung, z. B. Statistische Datenerhebung oder qualitative Methoden.

Als typisch sozialwissenschaftliche Kompetenz ist insbesondere der Umgang mit Statistiken gefragt. Dies ist gerne gesehen bei politischen Auseinandersetzungen, z. B. bei den Themen Prävention oder Finanzen. Auch die Fähigkeit zum wissenschaftlichen Arbeiten, z. B. um Sachverhalte kritisch zu hinterfragen und Lösungsvorschläge zu erarbeiten, ist von großem Vorteil. Des Weiteren ist das vernetzte Denken und Handeln, auf das gerade in der Soziologie gepocht wird, unabdingbar beim Umgang mit verschiedenen Akteuren bzw. sozialen Gruppen. Damit verbunden ist sicherlich auch die Bereitschaft zum interdisziplinären Arbeiten. Schließlich ist ein gewisses Moderations- und Organisationsgeschick, z. B. bei Bürgerbeteiligungen und Workshops, unerlässlich für eine Stelle in diesem Berufsfeld (vgl. zu den Schlüsselqualifikationen von SozialwissenschaftlerInnen auch Kromrey 2007).

Notwendige persönliche Kompetenzen oder „Soft Skills" sind zudem Kommunikationsfähigkeit, Engagement und „Mitdenken", Flexibilität sowie „fehlender Perfektionismus": Man bleibt selten für längere Zeit ungestört und kann sich selten länger auf eine Sache konzentrieren. Hier hilft es zum einen, sich schnell wieder in die Materie rein denken und ohne viel Zeitverlust daran weiterarbeiten zu können. Zum anderen gehört es auch zu den erforderlichen Kompetenzen, einen Sachverhalt prägnant aufbereiten zu können. Denn oftmals ist es wichtiger, eine Problemlage schnell und nachvollziehbar zu machen, als den Sachverhalt im Detail zu erläutern.

Eine typische Arbeitswoche besteht aus dem Bearbeiten zahlreicher Bürgeranliegen, Recherche- und Zuarbeiten für den Bürgermeister, verschiedenen Schreibarbeiten (z. B. Briefe, Anschreiben, Antworten auf Bürgeranliegen), internen Gesprächsterminen und Sitzungen mit Kolleginnen und Kollegen aus den Fachbereichen sowie verschiedenen Bürotätigkeiten wie beispielsweise die Planung und Koordination von Terminen. Ein typischer Arbeitstag beginnt mit dem Querlesen der Lokalzeitung, wobei die Teile, die die Stadt betreffen, intensiver studiert werden. Dabei bekommt man frühzeitig ein Gefühl dafür, welche Themen in den nächsten Tagen auf den Bürgermeister und seine Verwaltung zukommen könnten, etwa Baustellen, die länger dauern als geplant oder kritische Themen wie etwa Steuererhöhungen oder die Flüchtlingspolitik der Stadt. Danach werden Emails bearbeitet, in der Regel sind das verschiedene Informationen aus abonnierten Verteilern, kleinere Arbeitsaufträge seitens des Bürgermeisters und Antworten aus den Fachbereichen auf die Bürgeranliegen.

Mehrmals in der Woche finden Sitzungen mit dem Bürgermeister und seinem direkten Team statt. Hier werden aktuelle Themen und Aufgaben geplant, gegenseitige Fragen und gemeinsame Zielsetzungen besprochen. Neben dem Bürgermeisterbüro, bestehend aus der Büroleitung, der Leitungsassistenz und der Referentin, nimmt auch eine Kollegin oder ein Kollege aus dem Bürgermeisteramt, also dem Bereich, der sich um die Anträge und Geschäfte des Rates und seiner Mitglieder kümmert, an der Besprechung teil. Im Anschluss an die Bürorunde werden aktuelle Aufgaben erledigt, die – einzeln betrachtet – nicht viel Zeit in Anspruch nehmen, aber meist eine hohe Priorität haben und eine zeitnahe Bearbeitung fordern. Typischerweise sind dies kleinere Rechercheaufträge, wie zum Beispiel: Wie viele Etagen dürfen die Gebäude in der Müllermeyerschmidtstraße haben? Wie viele Kinder werden in einem bestimmten Stadtteil von Tagesmüttern betreut? Hinzu kommen umfangreichere Recherchen zur Vorbereitung von Sitzungen und Fachgesprächen, etwa zu Themen wie Armutsprävention, Gesetzesänderungen, Steuern usw.

Mehrmals in der Woche stehen verschiedene interne wie externe Termine an. Dies sind etwa Besprechungen mit den Kolleginnen und Kollegen aus den Fachbereichen zur Klärung von Bürgeranliegen oder Sitzungen in den Bereichen Öffentlichkeitsarbeit und Gleichstellung. Hier werden tagesaktuelle, „heiße" Themen der Stadt diskutiert und Strategien besprochen, wie die Stadtverwaltung agieren und reagieren kann und wie sie dies kommuniziert. Hier helfen Fähigkeiten, die manche Sozialwissenschaftlerinnen und -wissenschaftler mitbringen und die im Studium in der Regel gefördert wurden: eine breite Allgemeinbildung und das Interesse an gesellschaftspolitischen Themen. So war eine der ersten Aufgaben, die uns Professorinnen in den Politik- und Soziologievorlesungen stellten, jeden Tag mehrere überregionale Tageszeitungen zu lesen, um nicht nur auf dem aktuellen Stand zu sein, sondern auch um Meinungen und verschiedene Darstellungen eines Sachverhalts vergleichen zu können. Eine weitere Aufgabe in diesem Zusammenhang ist die Vorbereitung und Teilnahme an verschiedenen internen und externen Workshops, beispielsweise zur Stadtgestaltung, Bürgerbeteiligung oder Öffentlichkeitsarbeit der Stadt. Hier kommen Kompetenzen aus den Bereichen der Organisation und Moderation sowie Rhetorik zugute, die im sozialwissenschaftlichen Studium häufig geschult werden, nämlich in der Auseinandersetzung mit verschiedenen theoretischen Ansätzen, Meinungen und Herangehensweisen an schwierige, gesellschaftspolitische Themen im Kontext von Seminardiskussionen und studentischen Arbeitsgruppen.

Gerade in der Auseinandersetzung mit kritischen Themen wird deutlich, dass sozialwissenschaftliches Fachwissen keineswegs unter „Soft Skills" zu verbuchen ist. Zum einen wird, so zeigt sich in diesem Berufsfeld deutlich, von Sozialwissenschaftlerinnen und -wissenschaftlern erwartet, dass sie über gesellschaftliche und politische Vorgänge umfangreich und intensiv informiert sind und diese „qua Ausbildung und Status" schnell und auch zutreffend deuten können. Zudem braucht es jemanden, der über differenzierte Methodenkenntnisse verfügt. Statistiken also nicht nur erstellen, sondern auch bestmöglich interpretieren und erläutern kann. So werden in der politischen Auseinandersetzung um Themen wie Finanzen oder Prävention – in einer Stadt etwa in Rats- und Ausschusssitzungen oder bei öffentlichen Veranstaltungen der Parteien – gerne statistische Daten und Studien zur Untermauerung der eigenen Argumentation herangezogen. Auch hier kommt ein ur-sozialwissenschaftliches Geschick zum Tragen, nämlich die Fähigkeit, Bedürfnisse von Individuen und Kollektiv zu analysieren, zu verstehen und zu interpretieren, um so das Handeln der beteiligten Personen und Institutionen – Bürgerschaft, Politik, Verwaltung, Wissenschaft, Wirtschaft – zu antizipieren.

Eine weitere Aufgabe ist die Unterstützung von internen Projekten anderer Kolleginnen sowie Projekten mit anderen Organisationen, etwa Forschungsprojekten zum Thema Bildung, Migration oder Umwelt.

Auch das Vorbereiten von Reden, die ein Bürgermeister bei verschiedenen Empfängen hält, sowie von kleineren Gruß- oder Vorworten, beispielsweise für Programmhefte für Kultur- oder Sportveranstaltungen gehört zu den regelmäßigen Aufgaben. Je nach Schwerpunkt und eigener Ausrichtung im Studium ist dies ein ausgezeichnetes Aufgabenfeld mit einem sozialwissenschaftlichen Studium., denn es erfordert alles, was man durch das regelmäßige Schreiben von Essays, Hausarbeiten und Klausuren gelernt hat: Eine inhaltliche Recherche, die Eingrenzung eines Themas, die Entwicklung eines roten Fadens, den Aufbau einer nachvollziehbaren und widerspruchsfreien Argumentation sowie eine gewisse Schreibroutine. Hinzu kommt in diesem Fall die Fähigkeit, die „Sprache" dessen, der die Rede schließlich halten soll, zu „imitieren", also so vorzubereiten, dass der Redner seinen eigenen Stil wiederfindet.

Die Bearbeitung von Bürgeranliegen ist eine der Kernaufgaben der Referentin. Da der Bürgermeister und die Stadtverwaltung insgesamt großen Wert darauf legen, Sorgen und Nöte aus der Bürgerschaft schnell und unbürokratisch zu lösen – und dieses Angebot gerne und viel genutzt wird – nimmt dieser Bereich einen großen Anteil in Anspruch. Inhaltlich bewegen sich die Anliegen von Problemen mit dem Jobcenter oder der Ausländerbehörde über Gründungsideen und kulturelle Veranstaltungen bis hin zu baurechtlichen Fragen oder Beschwerden über die Verkehrsinfrastruktur. Aufgabe einer Referentin ist es, die an den Bürgermeister herangetragenen Probleme mit den zuständigen Fachbereichen zu klären und im Rahmen der rechtlichen Möglichkeiten möglichst zugunsten der Bürgerin oder des Bürgers zu lösen: Hat jemand bereits mit dem zuständigen Ansprechpartner gesprochen, an welcher Stelle gab es keine zufriedenstellende Einigung, wo hakt es, wie kann die Verwaltung helfen? Nicht selten befindet man sich hier in einer dreifachen Mittlerrolle zwischen denen, die ein individuelles Anliegen durchsetzen möchten, dem Bürgermeister, der die Sache möglichst schnell und unkompliziert gelöst sehen will und der Verwaltung, die an rechtliche Bedingungen und personelle Ressourcen gebunden ist. Kernkompetenzen einer Referentin/eines Referenten müssen hier sein, erstens, sich selbst zurückzunehmen, also eigene Fragen und Befindlichkeiten zurückzustellen und stattdessen zunächst genau zuzuhören und auf das Gesagte „zwischen den Zeilen" – sowohl bei den Kolleginnen und Kollegen als auch den Bürgerinnen und Bürgern – zu achten. Zweitens muss die Lage möglichst objektiv beurteilt und auch mal als neutrale Beobachterin fungiert werden, die schlicht dafür sorgt, dass die Konfliktparteien vernünftig miteinander reden. Drittens muss die Referentin ein objektives Bild der Lage zeichnen und gleichzeitig eine Entscheidungsgrundlage für den Bürgermeister schaffen. Denn manchmal ist es nicht die Beschreibung des objektiven Sachverhalts, der zur Lösung des Problems führt, sondern die individuelle Beurteilung einer (Problem)Lage, in der sich jemand befindet. Schließlich ist es, viertens, Aufgabe der Referentin, die schriftliche Antwort des Bürgermeisters vorzubereiten, das heißt, die Entscheidung oder Problemlösung möglichst unbürokratisch an die Bürgerin oder den Bürger zu kommunizieren. Je nach Sachverhalt, insbesondere im Bereich „Soziales" (Ausländerbehörde, Jobcenter), ist es wichtig, das berüchtigte „Beamtendeutsch" in eine bürgernahe, barrierefreie Sprache zu übersetzen und so zu vermitteln, dass sich jeder ernst genommen und respektiert fühlt. Eine Herausforderung ist hier, als Referentin zwischen den Stühlen zu sitzen: im besten Fall nur zwischen Bürger und Verwaltung, im schlimmsten zwischen Bürger, Verwaltung und Bürgermeister. Hier gilt, wie in vielen sozialwissenschaftlichen Berufsfeldern: Kommunikation ist (fast) alles.

4 Wege in das Berufsfeld und persönlicher Rückblick

Wer eine berufliche Laufbahn in der Verwaltung anstrebt, ist zunächst mit einer entsprechenden Schwerpunktsetzung im Studium, etwa in Organisationssoziologie oder öffentlichem Recht, gut beraten. Während des Studiums sind zudem Praktika in Behörden eine gute Möglichkeit, um die Berufspraxis kennenzulernen und eigene Interessenschwerpunkte zu eruieren. Auch das frühzeitige Knüpfen von Kontakten zu Beschäftigten in der öffentlichen Verwaltung, etwa durch den Besuch von Fachtagungen und die Kontaktaufnahme mit Alumni-Vereinen und Berufsverbänden ist empfehlenswert (vgl. dazu auch Marquardt 2007, S. 147).

Insbesondere für die Stelle der Referentin, die zwischen Verwaltung, Politik und Bürgerschaft agiert, sind zudem der persönliche Kontakt sowie die eigene Profilschärfung, etwa durch bürgerschaftliche oder politische Aktivitäten, nicht zu unterschätzende Faktoren. Persönlich ebenso wie fachlich prägende Stationen waren in meinem Fall diverse Nebentätigkeiten während des Studiums, in denen ich frühzeitig erproben konnte, in welchem Berufszweig ich mich am wohlsten fühlen würde. Zusammengefasst waren dies studentische Hilfskraftstellen in den Bereichen Öffentlichkeitsarbeit/Public Relations und Journalismus, Forschung und Wissenschaft – insbesondere zu den Themen Wirtschaft, Arbeit und Geschlecht – sowie die ehrenamtliche Mitarbeit in der studentischen Selbstverwaltung und die Übernahme verschiedener Ämter in Vereinen und Verbänden.

Im Alltagsgeschäft merkt vermutlich niemand, ob und wie man als Soziologin oder Soziologe „heimlich" eine soziologische Theorie zu Rate zieht. Nichtsdestotrotz greife ich regelmäßig auf sozialwissenschaftliches Fachwissen und jene theoretischen Ansätze zurück, die mir immer plausibel erschienen und die Welt und ihre BewohnerInnen zumindest in Teilen begreifbar machen. Fachlich geprägt haben mich hier vor allem feministische Soziologinnen und Soziologen, insbesondere im Hinblick auf die Allgegenwärtigkeit von Geschlecht und Geschlechterverhältnissen, wie Gudrun Axeli-Knapp, Regina Becker-Schmidt und Michel Foucault sowie jene Soziologen, die sich mit Fragen sozialer Gerechtigkeit und Macht auseinandersetzen, etwa Pierre Bourdieu, Karl Marx und John Rawls.

Rückblickend war die Wahl der Studiengänge und Schwerpunkte – Soziologie, Politikwissenschaft und Kommunikations- und Medienwissenschaft im Bachelor sowie Geschlechterforschung im Master – für mich und meine Berufswahl genau richtig. Zu kurz kamen stellenweise Themen aus dem Bereich der Wirtschaft und der Psychologie, die für ein grundsätzliches Verständnis unserer Gesellschaft und ihres Wandels unabdingbar sind. Auch die Zeit, die ich mit ehrenamtlicher Arbeit verbracht habe, war eine prägende und intensive, die ich jederzeit so wiederholen würde, obwohl oder gerade weil mir eine Äußerung einer Professorin so unangenehm im Ohr geblieben ist: Sie fragte, ob nicht die wissenschaftliche Arbeiten unter all den Nebenaktivitäten leiden würde. Ja, dachte ich, zeitlich gesehen schon, inhaltlich aber keineswegs. Denn wie hätte ich eine gute Soziologin werden sollen, ohne mich in meiner Freizeit, in meinem Leben, mit Herz und Verstand mit den Menschen auseinanderzusetzen, die unsere Gesellschaft prägen – jede/r für sich und alle zusammen?

Literatur

Gehne, David (2012). *Bürgermeister. Führungskraft zwischen Bürgerschaft, Rat und Verwaltung.* Stuttgart: Richard Boorberg Verlag.

Marquardt, Uwe (2007). *Vielfältige Aufgaben – große Herausforderungen! Soziologen in der öffentlichen Verwaltung.* In Katrin Späte (Hrsg). Beruf: Soziologie?!, Studieren für die Praxis (S. 137-148). Konstanz: UVK.

Kost, Andreas (2010). *Kommunalpolitik in Nordrhein-Westfalen.*In Kost, Andreas & Wehling, Hans-Georg (Hrsg).Kommunalpolitik in den deutschen Ländern. Eine Einführung. (S. 231-254). Wiesbaden: VS Verlag für Sozialwissenschaften.

Kromrey, Helmut (2007). *Schlüsselqualifikationen von Soziologinnen und Soziologen.* In Wolfram Breger, Wolfram & Sabrina Böhmer (Hrsg). Was werden mit Soziologie. Berufe für Soziologinnen und Soziologen. (S. 3-10). Stuttgart: Lucius & Lucius.

Internetquellen

Stadt Herten: www.herten.de
Berufsverband Deutscher Soziologinnen und Soziologen e. V.: www.bds-soz.de

Die kommunale Gleichstellungsbeauftragte – Institutionalisierung der Gleichstellung

Mandy Geithner-Simbine

1   Gleichstellung und Neue Frauenbewegung

Der Institutionalisierung der Gleichstellung von Frauen und Männern ging ein langer Prozess voraus. Ihre Entwicklungsschritte stehen dabei in engem Bezug zur Geschichte der Frauenbewegung: Einer internationalen Entwicklung vorausgehend, ging Ende der 1960er, Anfang der 1970er Jahre aus aktiven Frauengruppen in Deutschland die „neue Frauenbewegung" hervor. Sie wollte aktiv auf die Politik Einfluss nehmen und forderte Politik, Medien und Öffentlichkeit zu einer Auseinandersetzung mit den Geschlechterverhältnissen heraus (vgl. Gerhard 2008, S. 5). Seit Mitte der 1970er Jahre forderten die Frauen seitens Verbänden, Gewerkschaften und Parteien mit der Einrichtung von Gleichstellungsstellen in der öffentlichen Verwaltung eine stärkere Verankerung der Geschlechterfrage auf struktureller Ebene. Auch die vom deutschen Bundestag eingerichtete Enquête-Kommission „Frau und Gesellschaft" mit dem Auftrag, Vorschläge für die rechtliche und soziale Gleichberechtigung von Frauen zu erarbeiten, hat 1980 nachdrücklich die Einsetzung einer obersten Bundesbehörde bis hin zu Gleichstellungsstellen auf kommunaler Ebene gefordert (vgl. Deutscher Bundestag, DS 11/4893 S. 4, 17; von Wrangel, 2012, S. 19). Frauenpolitische Verwaltungseinheiten entstanden in dieser Zeit zwar in ersten Ansätzen, meist in Form von Frauenreferaten, staatliche Frauenpolitik war zu dieser Zeit jedoch noch nicht als eigenständiges Politikfeld etabliert und wurde von den jeweils in ihrer Zuständigkeit betroffenen Fachressorts betrieben (vgl. Geppert & Lewalter, 2012, S. 7; Deutscher Bundestag, DS 11/4893, S. 4). Erst mit der Erweiterung des Bundesministeriums für Jugend, Familie und Gesundheit um das Bundesfrauenministerium im Jahre 1986, wurde auf Bundesebene ein eigenständiges Ressort und Politikfeld im Bereich der Frauenpolitik geschaffen, welches als zentrale Gleichstellungsstelle der Bundesregierung im Sinne der Enquête-Kommission angesehen werden kann. Ende der 1980er Jahre war die Gründungsphase der Gleichstellungsstellen in den zentralen Einrichtungen im Bund und in den Ländern abgeschlossen (vgl. Deutscher Bundestag, DS 11/4893, S. 5ff). Nordrhein-Westfalen erkannte früh diese Entwicklung und richtete als erstes Bundesland das Amt für eine Landesfrauenbeauftragte ein, die 1975 ihre Arbeit aufnahm (vgl. Stadt Gladbeck 2010, S.7; www.geschichte.nrw.de). In den Fachministerien, Behörden und Körperschaften des Bundes und der Länder stand die Errichtung von Gleichstellungsstellen jedoch noch in den Anfängen. Auch die

Einrichtung der Gleichstellungsstellen in den Städten, Gemeinden und Kreisen setzte erst in den 1980er Jahren ein. So wurde im Jahr 1982 die erste kommunale Gleichstellungsstelle in Köln eingerichtet. Im Zuge dieser Entwicklung stieg die Zahl der Gleichstellungsstellen im Juni 1989 auf 459 im gesamten Bundesgebiet. In dieser Entwicklung spiegelt sich vor allem die besondere Bedeutung der Einrichtung von Gleichstellungsstellen auf der kommunalen Ebene wider, denn es zeigte sich, dass viele Aufgaben zur Verwirklichung der Gleichberechtigung nicht in die Zuständigkeit der Länder oder des Bundes fallen, sondern in den Wirkungskreis der Kommunen und damit nur auf örtlicher Ebene zu lösen sind (vgl. Deutscher Bundestag, DS 11/4893, S. 5, 17f).

Eine weitere Grundlage für die fortschreitende Etablierung von Gleichstellungsstellen ist die Ergänzung des Artikels 3 Abs. 2 Grundgesetz, welche im November 1994 in Kraft trat. Mit dieser Ergänzung fordert der Gesetzgeber die Umsetzung des Verfassungsauftrages: „Der Staat fördert die tatsächliche Durchsetzung der Gleichberechtigung von Frauen und Männern und wirkt auf die Beseitigung bestehender Nachteile hin." Mit dieser Ergänzung sind alle staatlichen Institutionen in Bund, Ländern und Gemeinden aufgefordert, Maßnahmen zur Erreichung der tatsächlichen Gleichberechtigung zu ergreifen (vgl. Deutscher Bundestag, DS 13/4021, S. 8). Gleichwohl hat der Gesetzgeber mit diesem Zusatz die Förderung der Gleichstellung der Geschlechter zu einem der wenigen ausdrücklichen Staatszielbestimmungen erhoben, den Staat rechtlich gebunden und zu dauernder Beachtung verpflichtet (vgl. Geppert & Lewalter, 2012, S. 5).

2 Gesetzliche Grundlagen der kommunalen Gleichstellungsstellen

Im Zuge der Ergänzung des Grundgesetzes sind in den 1990er Jahren gesetzliche Regelungen zur Gleichberechtigung von Frauen und Männern im öffentlichen Dienst in den Bundesländern in Kraft getreten. Mit den Landesgleichstellungsgesetzen wurde ein umfassendes Instrument geschaffen, das den Verfassungsauftrag zur tatsächlichen Umsetzung der Gleichberechtigung im Öffentlichen Dienst konkretisierte.

Neben dem Art 3 Abs. 2 Grundgesetz bilden diese Landesgleichstellungsgesetze – aufgrund der föderalen Struktur auf Länderebene unterschiedlich geregelt – sowie die jeweilige Kommunalverfassung, die rechtliche Arbeitsgrundlage der kommunalen Gleichstellungsbeauftragten. Im gesamten Bundesgebiet sind inzwischen etwa 1.400 hauptamtliche Gleichstellungs- und Frauenbeauftragte in den Kommunen tätig. Das entspricht ca. einer hauptamtlichen Frauen- bzw. Gleichstellungsbeauftragten auf 100.000 Einwohnerinnen und Einwohner (vgl. BAG, S. 4). In Nordrhein-Westfalen ist die Bestellung einer hauptamtlichen Gleichstellungsbeauftragten in allen Städten, Gemeinden und Kreisen mit mehr als 10.000 Einwohnern Pflicht, wonach in NRW ca. 375 hauptamtliche Gleichstellungsbeauftragte tätig sind (vgl. Steylaers, 2012, S. 13f).

Im ersten Paragrafen des Gleichstellungsgesetzes des Landes NRW formuliert der Gesetzgeber die Zielsetzung wie folgt: „… die Verwirklichung des Grundrechts der Gleichberechtigung von Frauen und Männern. [...] Frauen [werden] gefördert, um bestehende Benachteiligungen abzubauen." Darüber hinaus sieht es das Gesetz vor, die Vereinbarkeit von Beruf und Familie für Frauen und Männer zu verbessern.

Dieser gesetzlich formulierte Auftrag implementiert die Annahme des Gesetzgebers einer fortbestehenden Benachteiligung von Frauen, die auf die nach wie vor tatsächlich bestehenden Ungleichheiten in den Geschlechterverhältnissen hinweist. Der Gesetzgeber will mit dieser Bestimmung zum Abbau von Benachteiligungen beitragen und schrittweise eine faktische Gleichstellung erreichen.

Die Institutionalisierung der Gleichstellung, führte in den letzten Jahren zu beachtlichen Erfolgen im Bereich der Gleichstellung. So haben Mädchen und Frauen in allen Bereichen von Bildung und Ausbildung deutlich aufgeholt. Sie erlangen bessere Noten und Abschlüsse, ebenso erreichen sie häufiger die Hochschulreife und bilden etwa die Hälfte aller Studierenden. Frauen und Männer im jungen Erwachsenenalter sind heute so „gleich" wie niemals zuvor (vgl. Gerhard, 2008, S. 6f).

Tatsächlich jedoch ist die Gleichstellung der Geschlechter in vielen gesellschaftlichen Bereichen noch lange nicht erreicht und zeigt nach wie vor eklatante Diskrepanzen zwischen der rechtlich unumstrittenen Gleichstellung und der faktischen, also tatsächlichen Gleichstellung.

So zeigt der erste deutsche Gleichstellungsbericht, dass die Lebensentscheidungen von Männern und Frauen mit geschlechtshierarchisch unterschiedlich geprägten Folgen verbunden sind, die die Möglichkeitsräume im weiteren Lebensverlauf einseitig, und zwar meist zulasten der Frauen, stark einschränken (vgl. BMFSFJ, 2011, S. 5). Am deutlichsten zeigt sich das Ungleichgewicht der Geschlechtergerechtigkeit in der Vereinbarkeit von Beruf und Familie: viele Frauen leisten nach wie vor den Hauptteil der familiären Familien- und Pflegearbeit. Mit diesen Verpflichtungen sind sie durch institutionelle Rahmenbedingungen oftmals gezwungen ihre Erwerbstätigkeit zeitweise aufzugeben oder zumindest teilweise zurückzustellen. Ebenso stehen sie überproportional häufig in geringfügigen Beschäftigungsverhältnissen und arbeiten häufiger in schlechter bezahlten Branchen. Diese Arbeitsmarktbeteiligung von Frauen steht in signifikantem Zusammenhang mit unzureichenden Angeboten an Ganztagsbetreuungsplätzen für Kinder. Unterschiede in den Chancen zwischen den Geschlechtern kommen dann in den Einkommensunterschieden und der vorwiegend weiblichen Armut im Alter zum Ausdruck. Erschwerend kommt hinzu, dass familienbedingte Erwerbsreduzierungen bzw. -unterbrechungen einen beruflichen Aufstieg kaum ermöglichen. Die deutliche Geschlechterungleichheit von Frauen in Führungspositionen (insbesondere mit Kindern) spiegelt diese geschlechtsspezifische Segmentierung des Arbeitsmarktes deutlich wider (vgl. Gerhard, 2008, S. 9; Allmendinger & Leuze & Blanck, 2008, S. 23; Hommers, 2012, S. 52f). Diese prägenden, geschlechtshierarchisch unterschiedlich verteilten Risiken und Chancen in den Lebensverläufen von Männern und Frauen, zeigen in aller Klarheit, dass wir trotz der formellen Gleichstellung der Frau noch weit von einer wirklichen Chancengleichheit entfernt sind.

3 Das Aufgabenfeld der kommunalen Gleichstellungsbeauftragten

Gleichwohl umreißt diese strukturell bedingte Geschlechterungleichheit den Arbeitsauftrag der kommunalen Gleichstellungsbeauftragten. *Sie* sind die zentralen Akteurinnen, die Gleichstellung „vor Ort" umsetzen. In der Gemeindeordnung Nordrhein-Westfalen (GO NRW, § 5 Abs 3) heißt es dazu: „Die Gleichstellungsbeauftragte wirkt bei allen Vorhaben und Maßnahmen der Gemeinde mit, die die Belange von Frauen berühren oder Auswirkungen auf die Gleichberechtigung von Frau und Mann und die Anerkennung ihrer gleichberechtigten Stellung in der Gesellschaft haben." Hier verortet sich auch die Gleichstellungsstelle der Stadt Jülich und damit meine Zuständigkeit als kommunale Gleichstellungsbeauftragte.

Die Stadt Jülich ist als moderne Forschungs- und historische Festungsstadt bekannt und blickt auf eine über 2000jährige Geschichte. Dem Landkreis Düren zugehörig, leben in der Stadt ca. 33.000 Einwohnerinnen und Einwohner.

Schnell wird deutlich, dass der Arbeitsauftrag laut der Gemeindeordnung NRW sehr komplex und weit gefasst ist. Die Tätigkeit setzt also konkret an der Lebenswirklichkeit der Bürgerinnen und Bürger mit dem Auftrag an, geschlechtsspezifische Benachteiligungen aufzudecken, abzubauen und die gleichberechtigte Stellung von Männern und Frauen in der Gesellschaft zu fördern. Grundsätzlich steht es der Gleichstellungsbeauftragten bei der Ausübung ihrer externen Aufgaben frei, in all den gesellschaftlichen Bereichen tätig zu werden, in denen sie eine Gleichstellungsrelevanz erkennt. Ihre Einsatzmöglichkeit erstreckt sich somit auf nahezu alle gesellschaftlichen Bereiche im Zuständigkeitsbereich der Kommune wie Fragestellungen zur Erwerbsarbeit, Wirtschaftsförderung, Soziales, Kultur, etc. (vgl. Steylaers, 2009, S. 5f). In der Regel setze ich meine Tätigkeit in diesen Bereichen in Form von Bildungsarbeit, der Initiierung und Durchführung von Veranstaltungen und Projekten, der Entwicklung und Bereitstellung von Informationsmaterialien sowie einer eigenen Öffentlichkeitsarbeit um. Ebenso gehört die Entwicklung von Maßnahmen zur Verbesserung der gleichberechtigten Teilhabe von Frauen in Beruf, Familie und Gesellschaft zu meinem Tätigkeitsspektrum. Da eine erfolgreiche Gleichstellungsarbeit nicht im Alleingang gelingen kann, ist eine kommunale, regionale und überregionale Vernetzung und Kooperation insbesondere mit Gruppen, Verbänden und Institutionen ein essentieller Bestandteil meiner externen Arbeit. In diesem Zusammenhang ist auch ein regelmäßiger Austausch mit kommunalen, regionalen und überregionalen Gleichstellungsstellen unverzichtbar. So existiert im Kreis Düren, wie in vielen anderen Kreisen auch, ein Zusammenschluss der Gleichstellungsbeauftragten in Form eines Arbeitskreises. Diese Arbeitskreise dienen u. a. dem Austausch von Informationen und Erfahrungen sowie der Entwicklung und Organisation gemeinsamer Projekte.

Darüber hinaus sind die kommunalen Gleichstellungsstellen in NRW in dem landesweiten Netzwerk der Landesarbeitsgemeinschaft NRW (LAG NRW) zusammengeschlossen. Es ist die zentrale Anlauf-, Koordinierungs- und Servicestelle für die kommunalen Gleichstellungsstellen. Zu ihren zentralen Aufgaben gehört die Vernetzung, die Bereitstellung von Informationen sowie die Organisation von Informationsveranstaltungen, Tagungen, Seminaren und Kampagnen (vgl. LAG, 2012, S. 22). Neben dieser Netzwerkarbeit, ist eine regelmäßige Teilnahme an Fachkonferenzen wesentliche Voraussetzung für den Erhalt aktueller gleichstellungspolitischer Entwicklungen und Impulsgeber für die Umsetzung strategischer interner und externer Gleichstellungsarbeit.

Ein weiterer und ebenso bedeutsamer Zusammenschluss der Gleichstellungsstellen zu einem „professionellen Netzwerk der institutionalen Frauenbewegung" auf Bundesebene ist die BAG. Die kommunalen Gleichstellungsstellen haben durch ihre Mitgliedschaft die Möglichkeit auf Entscheidungs- und Entwicklungsprozesse der Politik Einfluss zu nehmen, die sich auf Bundesebene abspielen und von dort zurück in die Kommunen und damit in den Zuständigkeitsbereich wirken (vgl. BAG).

Während die GO NRW meinen Arbeitsauftrag extern für die Bürgerinnen und Bürger vor Ort festlegt, ergibt sich aus dem Landesgleichstellungsgesetz NRW eine weitere umfangreiche Zuständigkeit für die verwaltungsinternen Angelegenheiten. Die Stadtverwaltung Jülich, deren Leiter der derzeitige Bürgermeister ist, gliedert sich in fünf Dezernate und ihre Fachämter. Daneben bilden die Stabsstellen eigene Verwaltungseinheiten, die dem Bürgermeister direkt zugeordnet sind.

Verwaltungsintern obliegt mir, wie allen anderen Gleichstellungsbeauftragten im Gültigkeitsbereich des LGG NRW, eine Unterstützungs- und Mitwirkungsfunktion in Bezug auf alle Vorhaben und Maßnahmen, die Auswirkungen auf die Gleichstellung von Frauen und Männern haben oder haben können. Der Gesetzgeber (LGG NRW) benennt hier insbesondere „soziale, organisatorische und personelle Maßnahmen, einschließlich Stellenausschreibungen, Auswahlverfahren und Vorstellungsgespräche." Personelle und soziale Maßnahmen sind solche, die die berufliche Situation der Beschäftigten betreffen (vgl. Burkholz, 2007, S. 205). In der Praxis bedeutet dies, dass ich in all diesen Vorhaben und Maßnahmen zu beteiligen bin, unabhängig davon, ob eine Gleichstellungsrelevanz besteht oder nicht. Diese Beteiligung ist zwingend erforderlich und für die Verwaltung verpflichtend (vgl. ebd., S. 213), da nur die Gleichstellungsbeauftragte selbst für die Bewertung der Gleichstellungsrelevanz zuständig ist und ihr die Mitwirkung an der fachlichen Aufgabenwahrnehmung (und damit ein mögliches Eingreifen) garantieren. Denn um beispielsweise bei einer personellen Einstellung bzw. der Absicht einer solchen auf eine paritätische Geschlechterverteilung hinwirken zu können, ist eine Beteiligung der Gleichstellungsbeauftragten nicht nur im Hinblick auf die Frage, ob eine Stelle ausgeschrieben werden soll notwendig, ebenso ist sie auch in Bezug auf den Inhalt der Ausschreibung und deren Anforderungsprofil zu beteiligen. Denn bereits in diesem Vorgang können Mechanismen verborgen sein, die sich nachteilig und nachhaltig auf ein Geschlecht auswirken können.

Die Beteiligung von organisatorischen Maßnahmen umfassen alle Maßnahmen bezüglich der Ordnung und Ausgestaltung der Arbeitsplätze. Dies können z. B. Änderungen von Arbeitszeiten, Umstrukturierungsmaßnahmen, Verwaltungsstrukturmaßnahmen, einschließlich Dienstvereinbarungen, Personalplanung oder Organisationsveränderungen sein. Weiterhin wirke ich an der Aufstellung des Frauenförderplans mit und bin gleichberechtigtes Mitglied in Beurteilungsbesprechungen, in welchen Beurteilungskriterien zur

Eingruppierung der Beschäftigten einheitlich festgelegt und angewendet werden. Gleichwohl gehört die Beratung und Unterstützung der Beschäftigten in Fragen der Gleichstellung ebenso zu meinen Aufgaben wie die Umsetzung interner Maßnahmen und Projekte.

Die Festlegung meiner Aufgabenschwerpunkte bzw. die Entwicklung von gleichstellungspolitischen Maßnahmen erfordert eine systematische Ist-Analyse von Verwaltungshandeln. Um offene und verdeckte geschlechtsspezifische Benachteiligungen in Verwaltungsstrukturen aufzudecken und durch Veränderungen hin zur Gleichstellung abzubauen, müssen eingefahrene Organisations- und Verwaltungsabläufe hinterfragt sowie neue Konzepte und Veränderungen erarbeitet und eingeleitet werden. Damit habe ich als Gleichstellungsbeauftragte den impliziten Auftrag, Verwaltungshandeln zu reformieren und auf die Umsetzung der Gesetze hinzuwirken.

4 Besonderheiten und Herausforderungen im Berufsbild

4.1 Zum Berufsbild „Gleichstellungsbeauftragte"

Das Berufsbild der Gleichstellungsbeauftragten zeichnet sich in mehrfacher Hinsicht durch Besonderheiten aus. Zum einen ist durch die Entstehung der ersten Gleichstellungsbeauftragten in den 1980er Jahren, das Tätigkeitsfeld im Gegensatz zu vielen anderen Berufsbildern noch sehr jung. Weder die Verwaltungen noch die Gleichstellungsbeauftragten konnten sich auf Erfahrung in der Umsetzung der Gleichstellungsarbeit stützen. Strukturen, Konzepte und Strategien für eine erfolgreiche Gleichstellungsarbeit mussten (intern) entwickelt werden und werden bis heute fortlaufend optimiert.

Zum anderen werden der Gleichstellungsbeauftragten zur Erfüllung ihres umfassenden Aufgabenspektrums sowie der lediglich beratenden und unterstützenden Tätigkeit innerhalb der Verwaltung spezifische Rechte und Befugnisse eingeräumt. Insbesondere die fachliche Weisungsfreiheit, das unmittelbare Vortragsrecht bei der Dienststellenleitung sowie das Recht, eine von der Verwaltungsmeinung abweichende Meinung in der Öffentlichkeit zu äußern sind innerhalb der Verwaltung atypisch. Bedeutende weitere Rechte sind das Teilnahme- und Rederecht in Rat- und Ausschusssitzungen aber auch die Teilnahme an Verwaltungsvorstandssitzungen, Arbeitsgruppen oder Sitzungen sofern Angelegenheiten ihrer Zuständigkeit berührt sind.

Ein weiteres atypisches Merkmal ist in ihrer Stellung begründet, die sich aus ihren Aufgaben und Rechten ableiten lässt. Demnach arbeitet die Gleichstellungsbeauftragte als ein „verselbständigtes Verwaltungsorgan". Sie ist von den übrigen Verwaltungseinheiten abgegrenzt, um mit höchstmöglicher Eigenständigkeit ihre Aufgaben erfüllen zu können. In vielen Verwaltungen hat sich daher, wie auch in Jülich, die direkte Anbindung an die Verwaltungsspitze, zumeist in Form einer Stabsstelle durchgesetzt (vgl. Deutscher Bundestag, DS 12/5588, S.120).

Das große Aufgaben- und Themenspektrum macht die Arbeit als kommunale Gleichstellungsbeauftragte zu einem besonders interessanten, äußerst vielseitigen und bereichernden

Berufsbild mit umfassendem Handlungsansatz. Wie die kommunale Gleichstellungsbeauftragte ihren Arbeitsauftrag ausführen und umsetzen kann, hängt jedoch maßgeblich von den ihr zu Verfügung stehenden Ressourcen ab. In Anbetracht dieser Einschränkung ist sie darauf angewiesen, Prioritäten zu setzen. Dennoch ist das wohl größte Hindernis zur Ausübung ihrer Tätigkeit die häufig unzureichende personelle, finanzielle und zeitliche Ausstattung. Denn oft ist „selbst bei einer Konzentration auf die wesentlichen Aufgaben […] der Mangel an Ressourcen eklatant". (vgl. von Wrangel, 2012, S. 22), so dass die zeitlichen Rahmenbedingungen für die Gleichstellungsarbeit nicht zu dem entsprechenden Aufgabenumfang passen. Ebenso stoßen Gleichstellungsbeauftragte in ihrer Funktion immer wieder auf beharrliche Verwaltungsstrukturen, Geschlechterblindheit und Dauerhindernisse, die eine effektive Gleichstellungsarbeit enorm erschweren und eine hohe Konflikttoleranz erfordern. Insbesondere die geringen zeitlichen Kapazitäten machen es kaum möglich, komplexe Sachverhalte tiefergehend auf ihre Gleichstellungsrelevanz zu prüfen und daraus folgende Handlungsbedarfe abzuleiten (vgl. Geppert/Lewalter, 2012, S. 6ff; von Wrangel, 2012, S. 21f).

4.2 Qualifikationsanforderungen

Eine klare Qualifikationsanforderung für die Ausübung der Funktion der kommunalen Gleichstellungsstelle gibt das Landesgleichstellungsgesetz nicht vor. Vielmehr soll die Qualifikation den umfangreichen Anforderungen und Aufgaben in dieser Funktion gerecht werden. Durch die fehlenden Anforderungen seitens des Gesetzgebers variiert die Qualifikation von Gleichstellungsbeauftragten in Deutschland je nach Art und Größe der Dienststelle. Sie reicht von Ausbildungen im mittleren Dienst über Ausbildungen im gehobenen Dienst, bis hin zum wissenschaftlichen Universitätsstudium (vgl. Fahner, 2012, S. 37).

Unstrittig ist, dass das Handwerkszeug der Gleichstellungsbeauftragten weitreichende (gesetzliche) Fachkenntnisse erfordert, um die Anforderungen an die hohe inhaltliche und thematische Breite von Personal- und Organisationsentscheidungen bis hin zu den spezifischen fachlichen Tätigkeitsbereichen erfüllen zu können. Als wesentliche Voraussetzungen explizit in der Literatur aufgeführt werden neben einem allgemeinen Interesse an frauenspezifischen Themen „die Fähigkeit zur Problemanalyse und konzeptionellem Arbeiten, zur Entwicklung konstruktiver Maßnahmen und effizienter Vernetzungen. Durchsetzungs- und Konfliktfähigkeit sowie Kooperationsbereitschaft" (vgl. Verwaltungsvorschriften zur Ausführung des LGG in Burkholz S. 258). Die BAG hat anhand von Stellenausschreibungen ein Qualifikationsprofil für Gleichstellungsbeauftragte zusammengestellt. Im Ergebnis dieser Analyse entspricht das Profil am ehesten dem einer Führungsposition (vgl. BAG, 2013, S. 8f.).

Darüber hinaus müssen Gleichstellungsbeauftragte den Verwaltungsaufbau, deren Zusammenhänge, Abläufe und Verfahren verstehen, insbesondere wenn sie keine klassische Ausbildung in der Verwaltung durchlaufen haben, um Handlungsbedarf zu erkennen und in einen analytischen Rahmen stellen zu können.

Auch die Entlohnung der Gleichstellungsbeauftragten variiert. Das Bundesarbeitsgericht setzt in unterschiedlichen Urteilen eine Eingruppierung ab EG 10 TVöD an (vgl. Schönrock, 2005). Ebenso wie die zeitlich und finanziell oft unzureichend zur Verfügung stehenden Ressourcen der Gleichstellungsstellen, ist die angesetzte Vergütung – vor dem Hintergrund der hohen Stellenanforderungen und der Funktionshöhe innerhalb der Verwaltungsstrukturen – kritisch zu betrachten. So hat auch die BAG, auf Grundlage einer bundesweiten Erhebung, herausgearbeitet, dass sich die Eingruppierung an den an sie gestellten Qualifikationen richten sollte, die wiederum denen einer Führungskraft entsprechen (vgl. BAG, 2013, S. 11).

5 Mein Einstieg in das Berufsfeld

Die Qualifikationsvoraussetzungen für die Funktionsausübung der Gleichstellungsbeauftragten geben keinen klassischen Einstieg in das Arbeitsfeld vor und sind daher sehr vielfältig. Gleichstellungsbeauftragte agieren in einem politischen Umfeld. Für die Ausübung der Tätigkeit sind Freude, Interesse und die Bereitschaft sich mit gleichstellungsrelevanten und gleichstellungspolitischen Themen auseinandersetzen zu wollen von großem Vorteil. Das Tätigkeitsbild verdeutlicht jedoch auch, dass ein sozialwissenschaftliches Studium mit den entsprechenden Schwerpunkten insbesondere auf die inhaltlich-fachliche Tätigkeit der Gleichstellungsbeauftragten adäquat vorbereiten kann. So ist eine (sozialwissenschaftliche) Analyse gesellschaftlicher Strukturen und Mechanismen, wie sie auch in der Gleichstellungsarbeit gefordert ist, immer auch eine Auseinandersetzung mit Geschlechterfragen. In der gegenwärtigen Soziologie konnte sich die Geschlechterthematik so zu einem eigenständigen Gebiet der gegenwärtigen Soziologie entwickeln. Durch die zunehmend gesellschaftlichen Herausforderungen und Umbrüche, wie dem demografischen Wandel und Veränderungen von Lebensverläufen rücken auch Geschlechterverhältnisse immer stärker in den Fokus der wissenschaftlichen Analyse und setzen maßgeblich Ansatzpunkte für die Gleichstellungsarbeit.

Während meines Studiums der Soziologie an der Universität Rostock bin ich früh auf mein Interesse für soziologische Fragestellungen zu weiblichen Lebensverläufen sowie Geschlechterverhältnissen gestoßen. Auch meine persönliche Situation hat sicherlich dazu beigetragen mich intensiver und genau diesen Fragestellungen zu widmen. Denn durch meine frühe Mutterschaft während der Studienzeit, war ich unmittelbar von der Schwierigkeit betroffen, meine Familie mit meinem Studium und meinen Nebentätigkeiten zu vereinbaren. Damals weitestgehend fehlende familienfreundliche Strukturen an der Universität ließen meine Lebenswelt schlecht mit den Anforderungen eines Studiums vereinbaren und schränkten meinen Zugang zu Möglichkeiten im Vergleich zu kinderlosen Studierenden ein. Damit stellte sich mir als angehende Soziologin natürlich die Frage nach den dahinter liegenden Mechanismen und der wissenschaftlich-soziologischen Thematisierung der Problematik. Eine Ursachenforschung, wie (benachteiligende / institutionalisierte) Strukturen, insbesondere im Kontext der Familie, auf Geschlechter wirken, habe ich während meines Studiums nach und nach ausbauen können.

Seinerzeit existierte am Max-Planck-Institut für demografische Forschung in Rostock unter der Leitung von Laura Bernardi die unabhängige Forschungsgruppe „Kultur der Reproduktion", die vor dem Hintergrund sinkender Geburtenraten in Europa, die Frage „der soziokulturellen Einbettung des reproduktiven Handelns in den Regionen Europas" untersuchte. In einem dort ausgeübten Forschungspraktikum untersuchte ich im Rahmen der unabhängigen Forschungsgruppe den Einfluss des sozialen Netzwerks auf die Familiengründung. Bereits in diesem Praktikum reifte mein Wunsch heran, mich in meiner Magisterarbeit mit diesem Thema spezifischer auseinanderzusetzen. Meine anschließende Ko-Leitung als Tutorin in einem Forschungsseminar, welches die Familienfreundlichkeit der Universität Rostock untersuchte, verstärkte meine Motivation, so dass ich mich in meiner Magisterarbeit mit der Thematik der Vereinbarkeit von Beruf und Familie befasste. Im Rahmen des Forschungspraktikums im Max-Planck-Institut verfasste ich meine Magisterarbeit zu dem Thema „Kinderbetreuung in Ost- und Westdeutschland. Eine qualitative Fallstudie zu den Einstellungen und Erwartungen kinderloser Frauen in Rostock und Lübeck".

Das im Soziologiestudium erworbene Fachwissen bildet die theoretische Basis meiner jetzigen Tätigkeit und ermöglicht mir ein umfassendes Instrumentarium zur Erfassung gesellschaftlicher und gleichstellungspolitischer Zusammenhänge. Zwar führte mich mein Weg nach dem Studium nicht unmittelbar in die Gleichstellungsarbeit, jedoch zog es mich in den Wirkungskreis meines Studienschwerpunktes zurück. Ich wollte mich stärker einer Tätigkeit mit gleichstellungspolitischem Bezug und strategisch-konzeptioneller Ausrichtung zuwenden.

Bei der Ausübung dieses Berufes ist es wichtig sich vor Augen zu halten, dass es sich um eine Tätigkeit handelt, für die der implizite Arbeitsauftrag lautet, Strukturen aufzudecken, zu hinterfragen, Veränderungen herbeizuführen und gegen beharrliche Strukturen zu arbeiten. Gleichstellungsbeauftragte müssen sich mit einer hohen fachlichen Komplexität auseinandersetzen, sie sind Reformerinnen und Strateginnen, deren Weg zum Erfolg oft nur über viele kleine Schritte erfolgen kann. Wer bereit ist, diese Herausforderung anzunehmen wird an dieser Aufgabe wachsen und auch trotz der nicht zu leugnenden Schwierigkeiten viel Freude an der Arbeit haben.

Literatur

Allmendinger, Jutta & Leuze, Kathrin & Blanck, Jonna M. (2008). 50 Jahre Geschlechtergerechtigkeit und Arbeitsmarkt. *Aus Politik und Zeitgeschichte 24-25*, 18-25.
Bundesarbeitsgemeinschaft kommunaler Frauenbüros und Gleichstellungsstellen (BAG) (2013). Zur Situation der kommunalen Gleichstellungsstellen und Frauenbüros – Eine Diskussionsgrundlage.

http://www.frauenbeauftragte.de/wp/wp-content/uploads/veroeff/Broschuere_Situation_kommunaler_GB.pdf. Zugegriffen: 01.03.2015.

Bundesministerium für Familie, Senioren, Frauen und Jugend (2011). *Erster Gleichstellungsbericht der Bundesregierung*, Berlin.

Burkholz, Bernhard (2007). Landesgleichstellungsgesetz NRW. Kommentar. Heidelberg/München/Landsberg/Berlin: R.v. Decker.

Christel Steylaers (2009). Das Landesgleichstellungsgesetz NRW (LGG) in der kommunalen Praxis. In Rechtshandbuch für Gleichstellungsbeauftragte. Verlag Dashöfer GmbH.

Christel Steylaers (2012). von Beruf: Kommunale Gleichstellungsbeauftragte. In. Landesarbeitsgemeinschaft kommunaler Frauenbüros/Gleichstellungsstellen (LAG) NRW: *25 Jahre LAG. Lust auf Gleichstellung.* (S.12-15).Düsseldorf,

Deutscher Bundestag, Bericht der Bundesregierung an den Deutschen Bundestag über die Gleichstellungsstellen in Bund, Ländern und Gemeinden. *Drucksache 11/4893 vom 28.06.1989.*

Deutscher Bundestag, Zweiter Bericht der Bundesregierung an den Deutschen Bundestag über die Gleichstellungsstellen in Bund, Ländern und Kommunen. *Drucksache 12/5588 vom 27.08.1993.*

Deutscher Bundestag, Dritter Bericht der Bundesregierung über die Gleichstellungsstellen in Bund, Ländern und Kommunen. *Drucksache 13/4021 vom 07.03.1996.*

Fahner, Michaela (2012): Landesgleichstellungsgesetz – bekämpft, ignoriert und umgesetzt. In Landesarbeitsgemeinschaft kommunaler Frauenbüros/Gleichstellungsstellen (LAG) NRW. *25 Jahre LAG. Lust auf Gleichstellung* (S. 34-37). Düsseldorf.

Gerhard, Ute (2008). 50 Jahre Gleichberechtigung – eine Springprozession. In *Aus Politik und Zeitgeschichte 24-25*, 3-10.

Geppert, Jochen / Lewalter, Sandra (2012). Politikfeld Gleichstellung: Institutionalisierungsschritte und Strategien auf Bundesebene. In Barbara Stiegler (Hg.). *WISO Diskurs. Erfolgreiche Geschlechterpolitik. Ansprüche – Entwicklungen – Ergebnisse.* Bonn: Friedrich-Ebert-Stiftung. http://library.fes.de/pdf-files/wiso/08830-20120116.pdf . Zugegriffen 28. Februar 2015.

Hommers, Petra (2012): Frau und Erwerbsarbeit. In: Landesarbeitsgemeinschaft kommunaler Frauenbüros/Gleichstellungsstellen (LAG) NRW. *25 Jahre LAG. Lust auf Gleichstellung* (S. 52-55). Düsseldorf.

Landesarbeitsgemeinschaft kommunaler Frauenbüros/Gleichstellungsstellen (LAG) NRW (2012). *25 Jahre LAG. Lust auf Gleichstellung*, Düsseldorf.

Ministerium für Frauen, Jugend, Familie und Gesundheit (2007).Verwaltungsvorschriften zur Ausführung des Landesgleichstellungsgesetzes. In Bernhard Burkholz. *Landesgleichstellungsgesetz NRW. Kommentar.* Heidelberg/München/Landsberg/Berlin: R.v. Decker.

Schönrock, Sabrina (2005). Eingruppierung von Frauen- und Gleichstellungsbeauftragten – Aktualisierte Rechtsprechung. In *Rechtshandbuch für Gleichstellungsbeauftragte.* Verlag Dashöfer GmbH.

Stadt Gladbeck (2012). *Gleichstellungspolitik in Gladbeck.*

Von Wrangell, Ute (2012).Die Gleichstellungsbeauftragte – unverzichtbares Element emanzipatorischer Geschlechterpolitik. In Barbara Stiegler (Hg.). WISO Diskurs. Erfolgreiche Geschlechterpolitik. Ansprüche – Entwicklungen – Ergebnisse. Bonn: Friedrich-Ebert-Stiftung. http://library.fes.de/pdf-files/wiso/08830-20120116.pdf . Zugegriffen 28.Februar 2015.

Links

Webportal der Landeszentrale für politische Bildung Nordrhein-Westfalen: http://www.geschichte.nrw.de/artikel.php?artikel[id]=241&lkz=de

Webportal: Verein zur Förderung der Frauenpolitik in Deutschland e. V.: http://www.frauenbeauftragte.de

Stadt- und Verkehrsplanung in der Öffentlichen Verwaltung

Ingeborg Grau

1 Das Berufsfeld „Stadtverwaltung"

Eine Stadtverwaltung als Teil der öffentlichen Verwaltung „ist das Ergebnis eines langen historischen Entwicklungsprozesses" wie Renate Mayntz es in ihrer klassischen „Soziologie der öffentlichen Verwaltung" formuliert (Mayntz 1978, S. 12) und sie unterlag seit der Nachkriegszeit unterschiedlichen Reformen. In ihrer Studie über Innovationen in der Verwaltung unterscheidet Jutta Bott vier Entwicklungslinien von Reformen in der Bundesrepublik Deutschland, die bis heute auf die eine oder andere Weise und in unterschiedlichem Maß das Geschehen prägen. Hervorzuheben sind darunter das grundsätzliche Bemühen um einen Abbau von Bürokratie zur Verwaltungsvereinfachung ab dem Jahr 1975, auch bekannt unter dem Schlagwort „Schlanker Staat" (vgl. Bott 2013, S. 12), ergänzt um das Leitbild mehr Bürgerorientierung als „Aktiver Staat" ab dem Jahr 1978 (vgl. Bott 2013, S. 13) und schließlich das so bekannte wie vielfach kritisierte und beforschte „New Public Management" ab dem Jahr 1991 (vgl. dies, S.16). All diese Reformansätze beeinflussen neben den Vorgaben der Europäischen Gemeinschaft auf supranationaler Ebene, die Organisationsstrukturen und Ziele von öffentlichen Verwaltungen auf den drei Ebenen von nationaler regierungspolitischer Kompetenzverteilung in Deutschland: den Kommunen, den Bundesländern und dem Bund.

Verwaltungen sind in der Regel in zahlreiche Aufgabenbereiche differenziert, von denen einige für Soziologinnen und Soziologen interessante Perspektiven eröffnen (vgl. Marquardt 2007). Das Spektrum reicht von der Sozialplanung sowie Jugendhilfeplanung, Behinderten- und Altenplanung, zu Aufgaben in Gleichstellungsstellen, Weiterbildungseinrichtungen wie Volkshochschulen, bis zur der eher technisch ausgerichteten Stadtentwicklungsplanung. Die Einstellung von Soziologinnen und Soziologen in dem Bereich der Verkehrsplanung, der hier vorgestellt wird, ist dabei eher die Ausnahme. Ein Studium der Soziologie könnte allerdings gerade bei der immer stärker geforderten Einbindung von Bürgerinnen und Bürgern in den Planungsprozess hilfreich sein. Planung heißt in diesem Kontext meist unterschiedliche Interessen vieler verschiedener Akteure zu einer akzeptierten Lösung zusammen zu führen. Freie Stellen werden jedoch meist mit Ingenieuren besetzt. Im Laufe meines beruflichen Wegs traf ich immer wieder Kolleginnen und Kollegen mit einer sozialwissenschaftlichen Ausbildung, was ich zum Teil aber erst nach längerer Zeit erfuhr. Grund dafür mag sein, dass der Hinweis, eine sozialwissenschaftliche Ausbildung abgeschlossen zu haben, eher zu Ressentiments führt und dieses deswegen nicht betont wird. Innerhalb einer Stadtverwaltung sind Soziologinnen und Soziologen vor allem im Bereich der Sozialplanung, wie zum Beispiel der Jugendhilfe- und Altenhilfeplanung, aber auch in der Stadtentwicklung anzutreffen.

2 Berufseinstieg und Tätigkeitsschwerpunkte

Eine Stadtverwaltung bildet das Personal meistens selbst aus. Eine Verwaltungsbeamtin oder ein Verwaltungsangestellter hat die Ausbildung in der Verwaltung gemacht und bleibt dann bis zum Eintritt in den Ruhestand dort beschäftigt, wobei auch Stellenwechsel innerhalb der Verwaltung von einem Amt zum anderen stattfinden. Diese Ausbildungswege, die Beschäftigungssicherheit und die Arbeitsplatzkontinuität kann unter Umständen dazu führen dass es wenig Bereitschaft zur Flexibilität in Bezug auf Änderungen im Arbeitsablauf oder der Bereitschaft, neue Aufgaben zu übernehmen gibt. Quereinsteiger tun sich damit manchmal schwer, vor allem dann, wenn die oder der Vorgesetzte oder auch im Kollegium eingebrachte Ideen nicht als hilfreicher „frischer Wind", sondern als eher störend empfunden werden. Veränderungen sind, so meine Erfahrung, in dieser Umgebung häufig nur mit viel Einfühlungsvermögen Geduld und Verhandlungsgeschick umsetzbar.

Der Berufseinstieg für Bewerberinnen und Bewerber, die diese Verwaltungsausbildung nicht absolviert haben, kann schwieriger sein als bei denjenigen, die die Ausbildung bei der Verwaltung gemeinsam absolviert haben. Interne Bewerberinnen und Bewerber haben ähnliche Sozialisationserfahrungen gemacht, sind mit der Verwaltungssprache vertrauter und kennen bereits Strukturen, Regeln und Arbeitsabläufe einer Behörde. Dadurch haben sich auch Netzwerke untereinander ausgebildet, die bei einem Quereinstieg fehlen und Absprachen, Vereinbarungen und Kompromisse im Berufsalltag unter Umständen erschweren können. Jedoch zeigen sich in den letzten Jahren große Chancen, denn die Stellen können häufig nicht mehr mit gewünschten Fachkräften besetzt werden. Mit einer zielgerichteten Bewerbung und ersten Erfahrungen, wenn auch nur in einem Praktikum oder in ehrenamtlichem Engagement, haben hier Sozialwissenschaftlerinnen und Sozialwissenschaftler Chancen und sei es zu Beginn eventuell auch nur mit einem befristeten Vertrag.

Der Schwerpunkt der Tätigkeiten liegt mit einer sozialwissenschaftlichen Ausbildung vor allem auf konzeptionellen Arbeiten und Tätigkeiten. Es geht darum, aufbauend auf Situationsanalysen, neue Zielsetzungen vorzustellen und dazu Handlungsempfehlungen zu geben. In diesem Arbeitsbereich hat man mit Sozialwissenschaften deutliche Vorteile. Jedoch muss deutlich herausgestellt werden, dass in Verwaltungen des öffentlichen Dienstes Berichte und Vorlagen zielgruppengerecht verfasst sein müssen, das heißt: kurz, knapp und verständlich. Dazu muss man in der Lage sein, einen komplexen Sachverhalt auf wenigen Seiten zu erläutern und das weitere Vorgehen vorschlagen.

Viele der Tätigkeiten von Soziologinnen und Soziologen beinhalten die Koordination und die Moderation von Gremien oder Arbeitsgruppen. Aus meiner Erfahrung liegen die besonderen Eignungen von Soziologinnen und Soziologen dabei in dem methodischen Vorgehen, unvoreingenommen unterschiedliche Sichtweisen und Aspekte zu prüfen und dann eine Bewertung der Thematik vorzunehmen. Während in der Verkehrsplanung Straßenbauvorschriften, Richtlinien und Regelwerke die Planungsstandards für den Bau von Straßen, Wegen Plätzen vorgeben, und damit eine Richtigkeit definieren, geht ein soziologisches Denken eher von dem sozialen Umfeld aus, sprich zu welchen Kompromissen kann ich die Beteiligten führen, welche Lösung findet die meiste Zustimmung? Dieses Vorgehen kann lösungsorientierter sein (vgl. Grau 2002).

Planungen, egal ob Sozialplanung, Stadtentwicklungsplanung oder Verkehrsplanung sind immer wieder Prozesse, die gegensätzliche Interessen, das heißt unterschiedliche Menschen mit ihren Wünschen und Vorstellungen, zu einer gemeinsamen Lösung führen zu müssen. Gute Ergebnisse erfordern dabei immer wieder die Fähigkeit zu vernetztem Arbeiten. Man muss in der Lage sein, Kontakte zu unterschiedlichen Gruppen aufzubauen, ihnen Wege aufzuzeigen, ihre Interessen erst zu nehmen und ihre Bereitschaft für Kompromisse zu erreichen.

Die Arbeitsgebiete in einer Verwaltung sind meistens stark differenziert. Häufig umfasst die Zuständigkeit des Einzelnen nur einen kleinen Aspekt eines häufig sehr komplexen Ganzen. Die Abgrenzung der jeweiligen Zuständigkeiten ist jedoch sehr ausgeprägt, was zur Folge hat, dass wegen der zahllosen Einzelaspekte, die abgewogen werden müssen, das Ganze aus den Augen verloren wird, was zu unstimmigen Lösungen führen kann. Die ausdifferenzierte Zuständigkeit müsste eigentlich zu mehr Projektarbeit führen, also zu interdisziplinären Arbeitsgruppen, die gemeinsam einen Lösungsvorschlag erarbeiten. Dies ist jedoch eher die Ausnahme, wäre aber ein Arbeitsfeld für Soziologinnen und Soziologen, die meist eine gute Koordinations- und Moderationsfähigkeiten mitbringen.

3 Mit Soziologie über viele Stationen in die Verkehrsplanung

Als Leiterin der Abteilung Verkehrsplanung mit 50 Mitarbeiterinnen und Mitarbeitern bin ich zuständig für Ampelanlagen, Straßenbeleuchtung, Straßen, Rad- und Gehwege, die Planung für die Stadtbahn sowie für Verkehrskonzepte, für die Entwicklung des öffentlichen Personennahverkehrs (ÖPNV) und auch die Straßenverkehrsbehörde, die die Verkehrszeichen in der Stadt anordnet. Eigentlich sind dies alles Dinge, die ich „nie gelernt" habe, aber in der Stadtplanung zu arbeiten war mein Berufswunsch. Das war Mitte der 1970er Jahre, als Wohnraum vor allem in Großsiedelungen neu geschaffen wurde und Maßnahmen zur Stadtsanierung eher mit Abriss als mit Erhalt und Sanierung alter gewachsener Siedlungen verbunden war. Damals zeigten sich auch die Probleme, die mit dieser Stadtentwicklung verbunden war, was beispielsweise in Veröffentlichungen wie „Die Unwirtlichkeit unserer Städte" von Alexander Mitscherlich (Mitscherlich 1965) thematisiert wurde. Eine Forderung war, dass auch soziale Aspekte in der Stadtplanung Berücksichtigung finden sollen und bei der Stadtsanierung die Sozialplanung als ein Bestandteil zu beachten ist.

Da hatte ich mein Berufsziel gefunden und begann an der Universität Konstanz ein Soziologiestudium. Dort erwarteten mich mit dem Studium der Verwaltungswissenschaften und der Soziologie gute Voraussetzungen, um mir die Grundlagen für meinen Berufswunsch zu erarbeiten. Die Studieninhalte waren sehr breit angelegt. Ich belegte Kurse in Politikwissenschaft, Volkswirtschaftslehre, Rechtwissenschaft neben meinem Soziologiestudium und bekam dabei einen umfangreichen Einblick in die für meinen weiteren Berufswunsch erforderlichen Kompetenzen.

Im Rahmen des verwaltungswissenschaftlichen Studiums war vorgesehen, nach dem Vordiplom einen neunmonatigen Arbeitsaufenthalt zu absolvieren. Diese Möglichkeit nahm ich wahr und bewarb mich, nicht wie meine Kommilitoninnen und Kommilitonen bei wohl klingenden internationalen Organisationen weltweit, sondern in meiner Heimatstadt beim Stadtplanungsamt. Hier stand die Sanierung eines Stadtteils unter Beibehalt der bestehenden Infrastruktur und Bausubstanz an. Vorgesehen war damals schon eine umfangreiche Bürgerinformation durch die Einrichtung eines Stadtteilbüros und Informationsveranstaltungen zu gewährleisten und darüber hinaus auch ein Stadtteilfest als Auftaktveranstaltung zu organisieren. Ich kam damals genau richtig zur Umsetzung des Projekts und war sehr schnell in den Arbeitsprozess integriert. Diese Tätigkeit bestätigte mich in Bezug auf meinen Berufswunsch „Städteplanung" und ich sah, welchen Stellenwert dabei mein Soziologiestudium hatte und welche Studieninhalte nützlich sein würden. Ich beschloss das Soziologiestudium mit dem Schwerpunkt „Stadtsoziologie" und den Nebenfächern Politikwissenschaft und Volkswirtschaftslehre an der LMU München fortzusetzen.

Auch der Stadtteil meines Wohnstandorts war damals von Sanierungsüberlegungen betroffen. Was lag da näher, als meine Erfahrungen auch in die Stadtteilarbeit einzubringen? Es wurde eine Initiative gegründet, die sich aktiv in die Planungen einbrachte und so im Nachhinein sicherlich diesen Teil der Altstadt vor einer „Kaputtsanierung" bewahren konnte und zu einem heute attraktiven Wohngebiet machte, trotz oder besser wegen des Erhalts der alten Bausubstanz. Dank dieser Mitarbeit lernte ich mit Mitarbeitern in Behörden zu verhandeln, Ideen durch- und umzusetzen und übernahm allmählich die Koordination der Initiative.

Der Einstieg in das Berufsleben erfolgte nicht so schnell, wie ich erhofft hatte. Unterstützt wurde mein Einstieg ins Arbeitsleben durch eine Maßnahme des Arbeitsamtes, eine so genannte Arbeitsbeschaffungsmaßnahme (ABM). Dabei wurden Aufgaben einer Kommune, die diese zusätzlich zu ihren Pflichtaufgaben durchführt, durch die Finanzierung der Personalkosten gefördert, wenn diese Stelle mit Arbeitsuchenden besetzt wurden. So wurde ich im Amt für Stadtentwicklung zur Erarbeitung einer Wohnungsmarktstudie mit einem Zeitvertrag eingestellt und erhielt die Aufgabe, eine Wohnungsmarktprognose zu erstellen und Verbesserungen zur Wohnraumversorgung zu erarbeiten. Glücklicherweise bekam ich Unterstützung durch einen erfahrenen Kollegen, denn zwischen Seminararbeiten und der Vorbereitung einer Vorlage für politische Gremien gibt es doch einen großen Unterschied.

So lernte ich in dieser Anstellung die Arbeitsweisen einer Verwaltung kennen. Jedoch lief mein Vertrag aus und ich hatte keinen Anschlussjob. Es folgte eine Durststrecke, bei der ich mir immer wieder die Frage stellte, ob ich mich jetzt als Kassiererin im Supermarkt bewerben sollte, weil ich wohl als Soziologin keinen Job finde. Endlich erhielt ich aber eine Einladung zum Vorstellungsgespräch und schließlich auch die Zusage, wenn auch zunächst befristet für ein halbes Jahr und weit entfernt von meiner Heimatstadt.

Meine Aufgabe bei dem Stadtplanungsbüro war es, Möglichkeiten zu einer behindertengerechten Gestaltung des öffentlichen Verkehrs aufzuzeigen: Verbesserungsmöglichkeiten für Einstiege, Anforderungen an Bewegungsräume im Fahrzeug, ein Infosystem auch für Menschen mit Sehbehinderung, Erarbeitung von Standards für eine möglichst barrierefreie Straßenraumgestaltung. Hierzu sollten Tests mit Menschen mit Behinderungen durchgeführt werden und mit diesen die Gestaltung auch im Einzelnen besprochen werden. Erarbeitet wurden diese Studien für das Verkehrsministerium. Ich lernte auf diesem Wege alle möglichen Bahnhöfe kennen, erprobte in Tests die Mindestmaße für eine behindertengerechte IC-Toilette und bekam dann auch die Gelegenheit, behindertengerechten öffentlichen Verkehr in europäischen Ländern wie Dänemark, Frankreich oder Schweden zu erkunden. Ich führte Gespräche mit Vertretern der Bahn, mit Fahrzeugherstellern, mit Mitarbeitern der Verkehrsunternehmen. Mittlerweile ist eine barrierefreie Gestaltung Standard, und öffentliche Einrichtungen sind verpflichtet, ihre Gebäude barrierefrei zu gestalten. Nach gut fünf Jahren fehlten dann weitere Aufträge in dem Büro, und ich konnte dort nicht länger bleiben. Aufgrund der Kontakte, die ich in dieser Zeit zu einem anderen Büro, geknüpft hatte, erlangte ich dort die nächste Stelle, obgleich mit einer ganz anderen Ausrichtung. Es war ein Verkehrsplanungsbüro, das sich auf Verkehrssimulation spezialisiert hatte. In der Verkehrsplanung können die verkehrlichen Auswirkungen, die durch Änderungen des Verkehrsablaufs zu erwarten sind, in Rechenmodellen abgebildet werden. Es wird also untersucht, ob die Leistungsfähigkeit der Straße so gegeben ist, dass keine Staus entstehen. Das war zum einen für mich sehr interessant, denn ich lernte auf diese Art und Weise das Handwerkzeug der Verkehrsplanung kennen, zum anderen fand meine Arbeit allerdings fast ausschließlich an einem Computer statt. Dies wollte ich dauerhaft nicht machen. Soziale Kontakte und Gespräche fehlten mir im beruflichen Alltag, und darum bewarb ich mich nach zwei Jahren wieder um eine andere Stelle.

Diesmal wollte ich mich von der Verkehrsplanung stärker in Richtung Sozialplanung wie beispielsweise der Jugendhilfeplanung orientieren. Leider gelang mir diese Neuorientierung nicht. Schließlich nahm ich ein Angebot der Gewerkschaft Öffentliche Dienste, Transport und Verkehr (ÖTV) an bei einem Projekt mitzuarbeiten, bei dem Betriebs- und Personalräte der Verkehrsunternehmen bei der Einführung neuer Techniken unterstützt werden sollten. In dem Projekt konnte ich mein Wissen in der Verkehrsplanung, die Kenntnisse im Umgang mit der EDV-Technik und meine soziologischen Kompetenzen anwenden. Die Personalvertreter sollten in diesem Projekt über die Risiken, aber auch die Chancen informiert werden, die mit dem Einsatz der neuen Techniken verbunden waren und welche Möglichkeiten diese, z. B. für eine Leistungskontrolle, bieten. Das war Anfang der 1990er Jahre, als die neuen Bundesländer von den Firmen mit Innovationen überschwemmt wurden, das Blaue vom Himmel versprochen wurde und die Personalvertretungen sahen sich häufig bei der Wahrnehmung der Mitbestimmungsrechte ihrer Mitglieder überfordert und teilweise auch sogar regelrecht „über den Tisch gezogen". In zahlreichen Seminaren informierte ich Gewerkschaftsmitglieder über die möglichen Chancen und Risiken, gab Hilfestellung bei der Formulierung von Betriebsvereinbarungen, führte Diskussionen und begleitete Gespräche mit Geschäftsleitungen. Die Erfahrungen, die ich damals über die neuen Bundesländer sammeln konnte, die Eindrücke, die ich kurz nach der Wende von den Verkehrsunternehmen und den Arbeitsbedingungen, die dort vorzufinden waren, bekam, möchte ich nicht missen.

Da die Stelle befristet war, begab ich mich nach dem Projekt erneut neugierig auf Stellensuche. Eine Stadtverwaltung suchte eine Koordinatorin für die Stadtentwicklungsplanung, um die verschiedenen Bereiche, die mit verkehrlichen Aspekten befasst sind, besser zu vernetzen und die Zielsetzungen abzustimmen. In dieser Stelle sah ich für mich die Chance, von der Verkehrsplanung doch wieder stärker zur Stadtentwicklung kommen zu können und auch wieder in einer Kommune die politischen Entscheidungen vorbereiten zu können. Bei den Beratungstätigkeiten in den Ingenieurbüros bearbeitete ich meine Projekte und verfasste einen Abschlussbericht. Ob diese dann aber umgesetzt wurden, ob sie an politische Forderungen oder an die der betroffenen Anlieger angepasst werden, darauf hatte ich bei dieser Tätigkeit keinen Einfluss mehr. Entsprechend reizte mich der Aspekt der Beratung der politischen Gremien in einer Stadtverwaltung bei der zukünftigen Verkehrsentwicklung. Ich wechselte für die neue Stelle wieder einmal meinen Wohnort.

An dem neuen Arbeitsplatz erwarteten mich ein Reorganisationsprozess und die Umstrukturierung der Verwaltungseinheiten. Dies war einerseits interessant, da ich dabei die Komplexität und Struktur der Aufgaben einer Verwaltung kennenlernen konnte, andererseits litt die inhaltliche Arbeit darunter. Ich lernte, dass eine Verwaltung ein behäbiger Tanker ist, der sich nur schwer von einer eingeschlagenen Richtung weg lenken lässt. Es herrscht ein Beharrungsvermögen, so weiter zu machen, wie man es gewohnt ist. Die Schwierigkeiten einer Veränderung der Verwaltungsstrukturen durch Reorganisationsprozesse ist in der Dissertation von Jutta Bott (vgl. Bott 2013, S. 281 ff) anschaulich dargestellt. Sie erläutert die dabei entstehenden Beharrungsbestrebungen einer Verwaltung, so wie ich diese auch empfunden habe. Gleichzeitig lernte ich in verschiedenen Arbeitsgruppen in kurzer Zeit Kolleginnen und Kollegen aus unterschiedlichen Arbeitsbereichen kennen und merkte, wie sich aufgrund dieser Vernetzung auch in anderen Arbeitsbereichen schwierige Aufgaben lösen ließen. Als Quereinsteigerin fiel es mir anfänglich schwer, diese persönlichen Kontakte aufzubauen, die für die Verwaltungskollegen selbstverständlich sind, da diese bereits seit ihrer Ausbildung in verschiedenen Arbeitsbereichen zu fast allen Kolleginnen und Kollegen Kontakte haben.

Obwohl ich durch die Leitung von Projektgruppen zu diversen Themen interessante und vielseitige Aufgaben hatte, brauchte ich bald wieder eine neue Herausforderung, etwa durch die Übernahme von Personalverantwortung. Da ich gegenüber der Tätigkeit in Planungsbüros, die in einer Verwaltung erheblich vielseitiger sind und ich auch für meine soziologische Kompetenz als geeigneter ansah, wechselte ich in eine andere Stadtverwaltung und übernahm dort die Teamleitung der konzeptionellen Verkehrsplanung. Unter konzeptioneller Verkehrsplanung stellte ich mir vor, dass hier verkehrspolitische Konzepte, wie die Verkehrsentwicklungsplanung, erarbeitet werden, mit verkehrspolitischen Zielsetzungen wie in einer Stadt die Mobilität der Zukunft gestaltet werden soll. Dazu gehören politische Beschlüsse, die bestimmen wie viel motorisierter Verkehr in der Stadt als stadt- und umweltverträglich gesehen wird und wie dieses durch Konzepte zur Förderung des Rad- und Fußverkehrs und des Öffentlichen Verkehrs unterstützt werden kann. Hier lernte ich dann schnell, dass Politik ungern verkehrspolitische Ziele beschließt, sondern lieber Details regelt und die Verwaltung mit der Konkretisierung und Umsetzung dieser Ziele beauftragt. Da eine konzeptionelle Arbeit seitens der Verwaltung weder von der Politik gewollt noch von der Amtsleitung gefördert wurde, ergriff ich die Gelegenheit, in den Stab des Baudezernenten zu wechseln, in der Hoffnung, hier auch in strategische Überlegungen eingebunden zu werden und mitgestalten zu können. Ich übernahm unter anderem Projekte, die mehrere Arbeitseinheiten im Dezernat betrafen, das heißt ich koordinierte und moderierte, mehr oder minder eine klassische Projektarbeit, um sie zu einem gemeinsamen Arbeitsergebnis zu führen. Bei dieser Tätigkeit im Stab ist man über die aktuellen Themen der Bauverwaltung und die Entscheidungsfindung besser informiert, gleichzeitig finden die fachlichen Arbeiten dazu allerdings in den Ämtern statt.

Von dort aus übernahm ich die Abteilungsleitung „Verkehrsplanung", wo ich dann die gewünschten Herausforderungen fand. So musste ich beispielsweise den Oberbürgermeister und den Dezernenten von den Vorteilen, die die Teilnahme an einem EU-Projekt mit zehn weiteren Städten mit sich brachte, überzeugen. Zu dem Zeitpunkt wurden den Kommunen per Gesetz zusätzliche Aufgaben sowie die Finanzverantwortung für den öffentlichen Personennahverkehr (ÖPNV) übertragen. Darauf galt es kurzfristig zu reagieren, das heißt, die erforderlichen rechtlichen Voraussetzungen zu schaffen und dafür auch zusätzliches Personal bereit zu stellen. Die Planung einer neuen Stadtbahnstrecke musste vorbereitet werden und die Vergaben dafür wurden EU-weit ausgeschrieben. Die Planungsergebnisse wurden in umfangreichen Bürgerbeteiligungsprozessen und Informationsveranstaltungen vorgestellt und diskutiert. Hier wird deutlich, dass auch mit so einer „Verwaltungsaufgabe" vielfältige und abwechslungsreiche Tätigkeiten verbunden sind und immer wieder neue Aufgaben strukturiert werden müssen.

4 Quintessenz aus meinem beruflichen Werdegang

Die ständige Auseinandersetzung mit neuen Themen hat mich in einem positiven Sinn sehr gefordert. Auch die Verantwortung gegenüber den Mitarbeiterinnen und Mitarbeitern war immer wieder eine Herausforderung, da die Zeit, die ich eigentlich darauf hätte verwenden müssen, häufig fehlte. Personalverantwortung hat aus meiner Sicht auch viel mit „Entertainment" zu tun: Den Mitarbeiterinnen und Mitarbeitern bei den Arbeitsprozessen unterstützend zur Seite stehen, Motivation fördern, sie wieder aufbauen, wenn sie in der Bezirksvertretung heftig kritisiert wurden und sie schließlich für neue Ideen und Zielsetzungen begeistern, beispielsweise im Hinblick auf die strukturelle Berücksichtigung von Aspekten des Umwelt- und Klimaschutzes bei der Verkehrsplanung.

Insgesamt erhöhen eine gewisse Flexibilität und Anpassungsfähigkeit die Chancen auf den Berufseinstieg und späteren Jobwechsel erheblich. Dies betrifft zum einen die eigene Mobilität und die Bereitschaft, den Wohnort zu wechseln. Zum anderen hilft ein hoher Grad an Anpassungsfähigkeit bei einem Jobwechsel mit fremden Menschen, neuen Tätigkeiten und neuen Situationen umzugehen.

Dabei kann es vorkommen, dass insbesondere Berufseinsteiger zunächst nur einen Zeitvertrag erlangen können. Dies ist sicher nicht die angenehmste Situation. Aber sie kann gerade für Soziologinnen und Soziologen die Chance bedeuten, ihre Kompetenzen unter Beweis zu stellen und zu zeigen, dass sie im besonderen Maße in der Lage sind, sich in unbekannte Fachthemen einzuarbeiten. Obwohl in der Verwaltung das fachliche Wissen im Vordergrund steht und weniger methodische Kompetenzen und so genannte „Soft Skills", zeigt meine Erfahrung, dass Soziologinnen und Soziologen häufig Fähigkeiten mitbringen, die in vielen Arbeitszusammenhängen die Arbeitsabläufe optimieren und damit die Arbeitsergebnisse verbessern. Diesen eigenen Wert müssen Soziologinnen und Soziologen erkennen, realistisch einschätzen und selbstbewusst vertreten können.

Literatur

Bott, Jutta (2013).*Die Wirkung der Macht auf Innovationen innerhalb der öffentlichen Verwaltung*, Kassel: Kassel University Press.

Grau, Ingeborg (2002). *Als Soziologin in der Verkehrsplanung*. Sozialwissenschaften und Berufspraxis 25, 151-156.

Mayntz, Renate (1978). *Soziologie der öffentlichen Verwaltung*, Heidelberg, Karlsruhe: Müller Juristischer Verlag.

Marquardt, Uwe (2007). Vielfältige Aufgabe – große Herausforderungen. Soziologen in der öffentlichen Verwaltung. In Katrin Späte (Hg.). *Beruf: Soziologe?!* (S.137-148). Konstanz: UVK.

Mitscherlich, Alexander (1965). *Die Unwirtlichkeit unserer Städte*. Anstiftung zum Unfrieden, Frankfurt a.M.: Suhrkamp.

Gesundheits- und Sozialplanung im Ennepe-Ruhr-Kreis

Katrin Johanna Kügler und Margarethe Kubitza

1 Gesundheits- und Sozialplanung im Ennepe-Ruhr-Kreis

Die Umsetzung regierungspolitischer Vorhaben und gesetzlicher Vorgaben in der föderalistischen Bundesrepublik Deutschland sind grundsätzlich im Hinblick auf drei Ebenen unterscheidbar: der Bundes- und Landesebene und der kommunalen Ebene. Die Struktur und Funktion einer weiteren Ebene, eines Kreises sei im Folgenden kurz beschrieben, um die Tätigkeiten im Bereich Gesundheit und Soziales im Rahmen einer Kreisverwaltung einordnen zu können. Gehen nämlich zu erfüllende Aufgaben über die Kapazitäten von Kommunen hinaus, werden die Aufgaben von Kreisverwaltungen übernommen. Kreise sind damit als „selbstverwaltete kommunale Gebietskörperschaften" (Kost und Wehling 2010, S. 232) zu verstehen, die Aufgaben erfüllen wie beispielsweise im Bereich der Gesundheits- und Sozialplanung, der Wirtschaftsförderung oder der Finanzierung von regionalen Museen (vgl. ebd.). Der Kreistag ist mit einem Landtag als Volksvertretung vergleichbar, an der Spitze des Kreistags steht der Landrat. Einem Kreistag gehören die gewählten Parteien als Kreistagsfraktionen und der vom Kreistag gewählte Landrat (oder die Landrätin) als Vertretung des Kreises (analog der Funktion des Bürgermeisters bzw. Oberbürgermeisters in einer Kommune) an.

Jeder Fachbereich der Kreisverwaltung arbeitet einem Gremium des Kreistages zu. Die politischen Beschlüsse werden nach den Beratungen in den Fachausschüssen über den gemeinsamen beratenden Kreisausschuss im Kreistag gefasst und damit rechtskräftig.

1.1 Der Ennepe-Ruhr-Kreis

In Nordrhein-Westfalen – dem mit 18 Millionen Einwohnern bevölkerungsreichsten Land der Bundesrepublik Deutschland – gibt es neben den 23 Großstädten 31 Kreise, in die 373 kreisangehörige Städte eingegliedert sind. Hier leben die meisten Einwohner des Landes. Der Ennepe-Ruhr-Kreis liegt im Süden der Metropolregion Ruhrgebiet und schließt diese zum Bergischen Land hin ab. Das Kreisgebiet zwischen den beiden namensgebenden Flüssen umfasst neun kreisangehörige Städte mit unterschiedlichen Sozialräumen; insgesamt leben hier 323.500 Menschen. Witten ist die größte Gemeinde mit ca. 96.000, Breckerfeld die kleinste mit ca. 8.900 Menschen; weiter gehören Ennepetal, Gevelsberg, Hattingen, Herdecke, Schwelm, Sprockhövel und Wetter zum Kreis.

Wie bei den meisten Kreisen ist die Aufgabenpalette der Behörde „Kreisverwaltung" auch im Ennepe-Ruhr-Kreis sehr breit: sie reicht vom öffentlichen Nahverkehr, der Kfz-Zulassung, Bau und Vermessung oder Arbeitsvermittlung bis hin zum Infektionsschutz, zur Lebensmittelüberwachung, Sozialhilfe, Pflegekoordination, Heimaufsicht und weiteren Aufgaben. Es werden viele Dienstleistungen angeboten, die man zunächst als Einwohner nicht direkt bemerkt, wie die der Kreisleitstelle, welche z. B. im Katastrophenschutz wichtige Aufgaben übernimmt (s. Abb. 1).

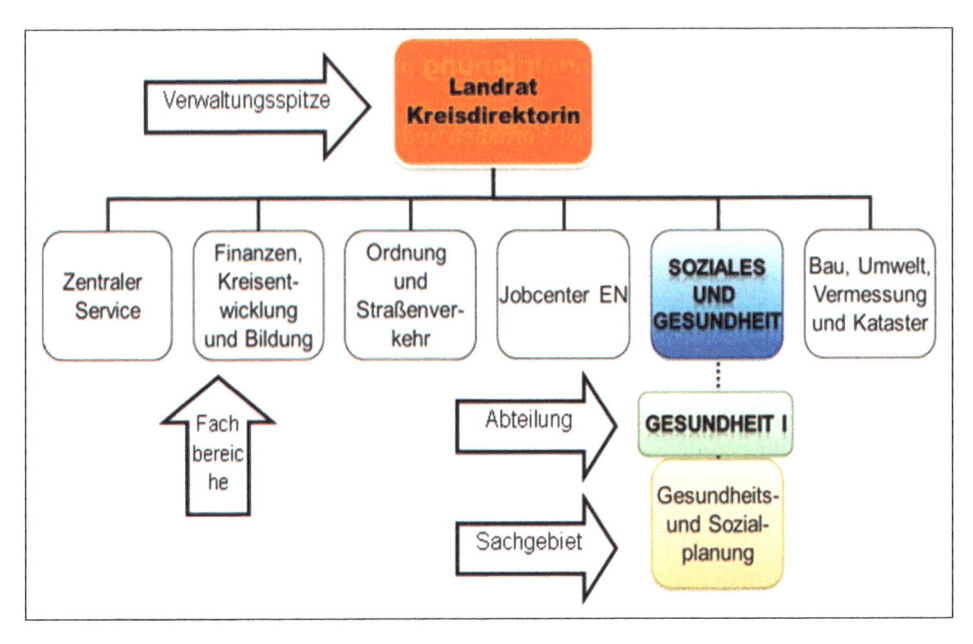

Abb. 1 Verwaltungsaufbau im Ennepe-Ruhr-Kreis und Tätigkeitsebenen der Gesundheitsplanung, Stand 2014 (Eigene Darstellung)

Der gegenwärtige Kreistag wurde 2014 gewählt und setzt sich aus den Fraktionen der Parteien SPD, CDU, Bündnis 90/Die Grünen, Die Linke, FDP, Freie Wähler Ennepe-Ruhr, Piraten und AfD zusammen. Der Landrat wurde 2009 gewählt und ist Mitglied der SPD.

In der Verwaltung des Ennepe-Ruhr-Kreises sind ca. vier Soziologinnen und Soziologen bzw. Sozialwissenschaftlerinnen und Sozialwissenschaftler beschäftigt, teils als Angestellte, teils im Beamtenverhältnis.

1.2 Die Gesundheits- und Sozialplanung im Ennepe-Ruhr-Kreis

Die Sozialplanung geht im Ennepe-Ruhr-Kreis mit der Gesundheitsplanung Hand in Hand.

Besonders bei der Gesundheitsplanung mit ihren Gremien zur öffentlichen Gesundheitsversorgung ist nicht immer offensichtlich, was neben Impfschutz und Schuleingangsuntersuchung an Angeboten und Versorgungsstrukturen (weiter-)entwickelt wird. Unter anderem übernimmt sie die Ermittlung des Bedarfs und die Koordination von Beratungsstellen; ein Beispiel sind Suchthilfezentren, die von suchtgefährdeten Jugendlichen aufgesucht werden können und deren Mitarbeiterinnen und Mitarbeiter auch Schulen besuchen, um über Drogenmissbrauch, Spieleabhängigkeit („Gaming"), Essstörungen etc. aufzuklären.

Im gesamten Fachbereich werden unter anderem Leistungen nach den Sozialgesetzbüchern sowie Koordinierungsleistungen erbracht, wie die Inklusionsassistenzen in Schulen für Kinder mit einer Behinderung, Vertretung der Belange von Menschen mit Behinderung, z. B. beim barrierefreien Zugang zu Angeboten oder am Arbeitsplatz, die Bearbeitung von Anträgen zur Sozialhilfe sowie vorgeschriebene, regelmäßige Besuche in Pflegeeinrichtungen.

Das fachlich zugehörige politische Gremium stellt der Ausschuss für Soziales und Gesundheit dar, mit dem viele Schnittstellen gemeinsam bearbeitet werden.

2 Der Fachbereich Soziales und Gesundheit (Katrin Johanna Kügler)

2.1 Struktur des Fachbereichs Soziales und Gesundheit

Insgesamt sind fünf Abteilungen und eine Stabsstelle in dem Fachbereich V „Soziales und Gesundheit" der Kreisverwaltung verortet (vgl. Abb. 2):

- Die *Stabsstelle* ist für die Verwaltungsleistungen, wie Bestellung und Schreibdienste, sowie für das interne Berichtswesen zuständig.
- Die *Abteilung Soziales I* kümmert sich um die allgemeine Gesundheits- und Sozialverwaltung (Auszahlung von Sozialleistungen, Inklusionshelfer etc.) und die zugehörigen Rechtsangelegenheiten. Hinzu kommen noch sonstige Sozialleistungen wie das Elterngeld und Hilfen für Menschen mit Behinderungen.
- In der *Abteilung Soziales II* werden die sozialen Leistungen in Einrichtungen verwaltet, was unter anderem bedeutet, für die Menschen in Altenpflegeeinrichten die Leistungen über die Pflegesätze hinaus zu finanzieren und mögliche Ansprüche gegenüber den Betroffenen und auch deren Angehörigen zu prüfen bzw. auch einzufordern. Mit in die Abteilung gehört die Heimaufsicht, die die Qualität der Pflege in den Einrichtungen kontrolliert und auch bei Beschwerden z. B. von Angehörigen eines Pflegebedürftigen eingeschaltet wird und so auch unangemeldet in die Altenpflegeeinrichtung (und auch Behindertenwohnheime) gehen kann.

- In die *Abteilung Gesundheit I* fällt das Sachgebiet Gesundheits- und Sozialplanung. Hinzu kommt der Sozialpsychiatrische Dienst, der für Menschen zuständig ist, die entweder keine Krankheitseinsicht haben oder nicht in die Behandlungskette der psychiatrischen Versorgung „passen". Und die Betreuungsstelle kümmert sich um Menschen, die Unterstützung im Alltag benötigen sowie um die Menschen, die diese hauptberuflich oder auch ehrenamtlich betreuen.
- Die Gesundheitsdienste für Kinder und Jugendliche sind in der *Abteilung Gesundheit II* zusammengefasst. Dies sind der Kinder- und Jugendärztliche Dienst, unter anderem für die Schuleingangsuntersuchung zuständig, und der Kinder- und Jugendzahnärztliche Dienst (Stichwort Schulzahnarzt), sie bieten aber auch präventive Maßnahmen an. Weiterhin in der Abteilung ist die Psychologische Beratungsstelle für Kinder und Jugendliche, die ansprechbar ist zu allen Fragen der Entwicklung bzw. Entwicklungsstörungen. Darüber hinaus werden dort Förderangebote zu Lese- oder Rechtschreibstörungen angeboten.
- In der *Abteilung Gesundheit III* sind alle Aufgaben zusammengefasst, die im öffentlichen Gesundheitsdienst unter Gesundheitsschutz und Gesundheitshilfen geführt werden. Gesundheitsschutz ist unter anderem die Trinkwasserüberwachung und der Infektionsschutz, bei z. B. Masern in einem Kindergarten. Die Gesundheitshilfen werden üblicherweise in Form von Gutachten für das Versorgungsamt, das Sozialamt oder das Jobcenter EN erbracht. Aber auch hier werden viele Projekte und Maßnahmen zur Prävention geplant und durchgeführt.

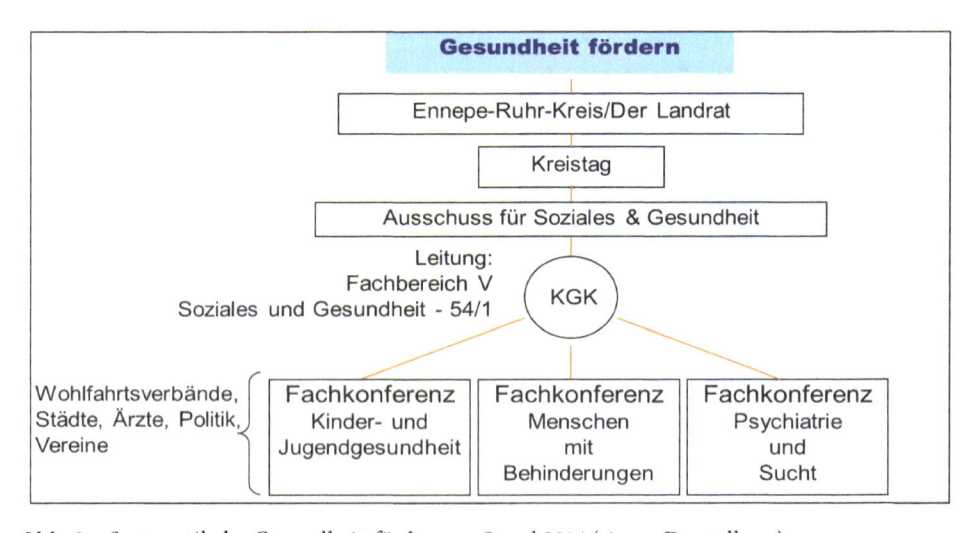

Abb. 2 Systematik der Gesundheitsförderung, Stand 2014 (eigene Darstellung)

2.2 Meine Tätigkeiten im Fachbereich Soziales und Gesundheit

Meine Funktion ist die Leitung des Sachgebietes Gesundheits- und Sozialplanung, die Leitung der Abteilung Gesundheit I sowie die stellvertretende Leitung des übergeordneten Fachbereichs Soziales und Gesundheit. Die Tätigkeit umfasst sehr unterschiedliche Aufgaben und die Zusammenarbeit mit sehr vielen unterschiedlichen Menschen. Angefangen von der AIDS-Beratung, über die Pflegeplanung, die finanzielle Förderung der Verbände der freien Wohlfahrtspflege, die Gesundheits- und Sozialberichterstattung, eine Selbsthilfekontaktstelle, die wohnbezogenen Hilfen für Menschen in besonderen sozialen Schwierigkeiten, die Psychiatrie- und Suchtkoordination bis hin zum Integrationsfachdienst und der Fachstelle für Menschen mit Behinderungen im Beruf ist der Aufgabenkatalog meines Sachgebietes recht bunt. Insgesamt sitzen zu den regelmäßigen Dienstbesprechungen des Sachgebietes 12 Personen am Tisch. Für zwei weitere Sachgebiete bin ich als Leitung der Abteilung Gesundheit verantwortlich und zwar für den Sozialpsychiatrischen Dienst mit zwei Fachärzten für Psychiatrie und 11 Sozialarbeiterinnen und Sozialarbeitern und die oben erwähnte Betreuungsstelle mit insgesamt fünf Mitarbeiterinnen und Mitarbeitern. Bei diesen vielfältigen Aufgaben geht es mir im Rahmen meiner Führungsverantwortung vor allem darum, die bestmöglichen Voraussetzungen zu schaffen, dass die Mitarbeiterinnen und Mitarbeiter professionell und qualifiziert arbeiten können. Hinzu kommen bestimmte, sich wiederholende Vorgänge wie die Zuarbeit für politische Gremien, für die fachliche Informationen so aufbereitet werden, dass die kommunale Politik Entscheidungen treffen kann, oder die Erneuerung von Verträgen mit unterschiedlichen Institutionen.

Je nach Umfang und Vielzahl der Aufgaben, die von den zugehörigen Städten wahrgenommen werden, haben die Kreisverwaltungen (fast) immer ein Gesundheitsamt. In dem großen Fachbereich Soziales und Gesundheit sind neben den klassischen Aufgaben des öffentlichen Gesundheitsdienstes noch die Sozialhilfeleistungen hinzugekommen. Es gibt weitere Aufgaben, wie die Heimaufsicht und die Leistungen für Menschen in Einrichtungen.

Zudem gibt es neue Arbeitsfelder in der öffentlichen Verwaltung, die nicht überall zu finden sind, wie das neu eingerichtete Sachgebiet der Gesundheits- und Sozialplanung. Das ist meines Erachtens eine äußerst sinnvolle Entwicklung, da hier Planung und Förderung von Versorgungsstrukturen zusammengeführt wurden. Ein Beispiel ist die Förderung der Drogen- und Suchtberatungsstellen, die im Kreisgebiet an insgesamt drei Träger der freien Wohlfahrtspflege delegiert wurde. In vielen Kommunen wird die Sucht- und Drogenberatung vom Sozialpsychiatrischen Dienst mit angeboten, jedoch sind chronisch Suchtkranke von chronisch seelisch kranken Menschen sehr verschieden, eine Trennung der Beratungsangebote erscheint also fachlich angebracht. Der Ennepe-Ruhr-Kreis hat sich dies mit einem externen Gutachten bestätigen lassen und demzufolge die Aufgaben getrennt. Die Suchtkrankenversorgung ist an AWO, Caritas und Diakonie vergeben worden, die Vertragsgestaltung und die Qualitätssicherung wurden der Gesundheits- und Sozialplanung übertragen. In diesem Versorgungsbereich wurden inzwischen unter der Beteiligung zweier Sozialwissenschaftlerinnen eine einheitliche Dokumentation und Berichterstattung eingeführt, um verlässliche und vergleichbare Daten für eine Steuerung der

Ressourcen zu gewinnen. So kann auf geänderte Anforderungen wie neue Rauschmittel oder veränderte Zielgruppen schnell reagiert werden. Durch die Entwicklung von gemeinsamen Benchmarks wird es in naher Zukunft möglich sein, den Erfolg der angebotenen Leistungen zu beurteilen.

Die Sachgebiets- bzw. Abteilungsleitung erfordert eine enge und auch vertrauensvolle Zusammenarbeit mit den jeweiligen Ansprechpartnerinnen und Ansprechpartnern bei den Verbänden der freien Wohlfahrtspflege sowie zu vielen weiteren Institutionen wie Kliniken, Kranken- und Pflegekassen, Ministerien sowie Bürgerinnen und Bürgern.

2.3   Ein Beispiel

Eine lokale Beratungsstelle zu Themen wie Familienplanung und Sexualität hat sich an die Kreisverwaltung gewandt mit der Aussage, dass es vermehrt zu Anfragen zur Unterstützung bei Fällen sexuellen Missbrauchs bei Minderjährigen kommt. Mit diesen Anfragen sei die Beratungsstelle mit der derzeitigen fachlichen Ausstattung überfordert. Eine Erhöhung der kommunalen Fördermittel war nicht möglich. Deshalb habe ich gemeinsam mit den Mitarbeiterinnen der Beratungsstelle einen Fragebogen entwickelt zum Verdacht und Vorkommen sexuellen Missbrauchs bei Minderjährigen. Dieser Fragebogen wurde an alle Personen und Institutionen versandt, die mit konkreten Fällen zu tun haben könnten, wie Kinderärztinnen und Kinderärzte, Kliniken, Kindergärten und Tagesstätten etc. Der Rücklauf ließ eine valide Schätzung auf das Gesamtvorkommen zu: im gesamten Kreisgebiet gab es insgesamt 300 bestätigte Fälle je Kalenderjahr. Berücksichtigt man Mehrfachnennungen und eine sehr hohe Dunkelziffer, so ist die vermutete Zahl so erschreckend, dass die Kommunalpolitik mit Vorlage des Evaluationsberichtes die Einrichtung einer Anlaufstelle für minderjährige Opfer von sexuellem Missbrauch befürwortet und entsprechende kommunale Finanzen zur Verfügung gestellt hat. Die nun seit fünf Jahren aktive Anlaufstelle hat inzwischen einen guten Ruf bei Institutionen und auch Jugendlichen. Es ist erreicht worden, dass die Fälle, die ihre Anonymität aufgeben und Hilfeangebote auch seitens der Jugendhilfe annehmen, jetzt mit den Jugendämtern abgerechnet und mit den vom Kreis zur Verfügung stehenden Mitteln verrechnet werden können.

Als stellvertretende Fachbereichsleitung vertrete ich den Fachbereichsleiter bei Abwesenheit in den politischen Gremien wie Kreistag oder Fachausschuss. Diese Aufgabe ist ein kleinerer Anteil meiner Stellenbeschreibung und meiner Arbeitszeit, jedoch als beruflicher Erfahrungswert wertvoll und für meinen Lebenslauf sicherlich positiv.

Die Zusammenarbeit innerhalb der Verwaltung ist wie in großen Unternehmen oft von Personen abhängig. Aber in der öffentlichen Verwaltung sind die Zuständigkeiten und Verfahren immerhin so klar strukturiert, dass die (meisten) Abläufe transparent und nachvollziehbar sind. Dies habe ich im Laufe meiner beruflichen Karriere nicht überall so erlebt und weiß es deshalb umso mehr zu schätzen.

3 Gesundheits- und Sozialplanung (Margarethe Kubitza)

3.1 Organisation und Aufgaben

Die Gesundheits- und Sozialplanung im Ennepe-Ruhr-Kreis ist im Fachbereich (Dezernat) Soziales und Gesundheit verortet und verbindet zwei Fachplanungsbereiche miteinander. Die Planungsebenen können in jeder Verwaltung anders geregelt sein. In anderen Kreisen gibt es durchaus dezernatsübergreifende Planungsstellen, die mehrere Themen miteinander verbinden, und zusätzliche Fachplanungen wie in der Jugendhilfe, Altenhilfe oder Stadtentwicklung. Auf all dies können sozialwissenschaftliche Qualifizierte oder Studierende verwandter Studiengänge ihren Fokus richten. Die Stellen sind in Bezug auf Zeitumfang und Befristung unterschiedlich ausgestaltet. Manche Fachplanungen sind mit Stellenanteilen belegt und somit keine Vollzeitstellen oder sie sind befristet.

Die Aufgabenstellung in der Gesundheits- und Sozialplanung im Ennepe-Ruhr-Kreis ist zwar fest umrissen, dennoch ist es aber durchaus möglich, bestimmte Inhalte persönlich zu prägen. Die alltägliche Arbeit ist abwechslungsreich, da die Aufgaben im Fachbereich vielfältig sind und einige Querschnittaufgaben wahrgenommen werden. Die Entlohnung erfolgt nach dem Tarifrecht im öffentlichen Dienst (TVöD) für Angestellte. Karriereplanung in öffentlichen Strukturen ist über Positionswechsel realisierbar. Dabei kommen nicht nur Positionen im eigenen Haus in Frage, sondern sogar eher in Nachbarkommunen oder Landschaftsverbänden, Landes- und Bundesressorts; je nach eigenem Profilaufbau.

Inhaltlich umfasst im Ennepe-Ruhr-Kreis die Sachbearbeitungsstelle „Gesundheits- und Sozialplanung" als unbefristete Vollzeitstelle ohne Führungsverantwortung drei Arbeitsschwerpunkte:

a   Unterstützung und Mitarbeit bei der Kommunalen Gesundheitskonferenz (KGK) und den zugehörigen Fachkonferenzen

Soweit die Kreisverwaltung als Gesundheitsbehörde fungiert, steht die Gestaltung der öffentlichen Gesundheitsversorgung und -förderung im Mittelpunkt. Im Ennepe-Ruhr-Kreis dient das Fachgremium, die KGK, dazu, mit allen an der Gesundheitsversorgung beteiligten Stellen Entwicklungen zu verfolgen und zu gestalten. Aktuell wichtige Fragen sind z. B.: Wie geht man mit steigenden Zahlen psychisch erkrankter Menschen um? Welche Angebote müssen dabei vorliegen? Sind diese der Sachlage entsprechend angemessen organisiert? Die Erhebung der Daten, ihre Präsentation und die Begleitung von koordinierenden Verhandlungen sind dabei Schwerpunkte der Stelle.

b   Entwicklung von Gesundheitsförderungs- oder Präventionsprojekten

Neben den Pflichtaufgaben, die sich aus gesetzlichen Bestimmungen ergeben, ist die Förderung der Gesundheit der Einwohnerinnen und Einwohner im Kreisgebiet Ziel von präventiv ausgerichteten Aktivitäten. Themen und Aufgaben sind beispielsweise Fachveranstaltungen zur Arzneimitteltherapiesicherheit oder ein Wassergewöhnungsprojekt für Kindergartenkinder.

c   Gesundheits- und Sozialberichterstattung

Der Hauptschwerpunkt der Arbeit liegt derzeit auf der Erstellung von Sachberichten aus den verschiedenen Themengebieten im Bereich Soziales und Gesundheit. Das können kleinere Auswertungen zur Arbeit der Beratungsstellen sein – z. B. Schuldnerberatung, Wohnberatung –, größere Umfragen bei den an der Versorgung beteiligten Wohlfahrtsverbänden – z. B. Netzwerkanalysen in der Versorgungslandschaft für Menschen mit psychischer Erkrankung – oder Basisberichte zu komplexen Themen und Handlungsoptionen, wie z. B. Armutslagen der Einwohnerinnen und Einwohner im Ennepe-Ruhr-Kreis.

Grundlage der Arbeitsinhalte ist das Gesetz für den öffentlichen Gesundheitsdienst (ÖGDG). Zudem gelten weitere aufgabenspezifische Gesetze, wie die Sozialgesetzbücher. Kommunal gelten alle Anfragen der Politik an die Verwaltung als Weisungen und sind insofern als Kreistagsbeschlüsse verfasst. Übergeordnet bestehen Empfehlungen des Landkreistages/ Städtetages, Vorgaben der Landes- und Bundesregierung zur Berichterstattung und Aufgabenwahrnehmung, die für die Planung relevant sind; zum Teil sind EU-Bestimmungen anzuwenden.

3.2   Konkrete Aufgaben in der Gesundheits- und Sozialplanung

Die konkreten Aufgaben lassen sich im Hinblick auf vier Schwerpunkttätigkeiten unterscheiden: der Generierung von Wissen durch statistische Datenauswertung, das Schreiben und Präsentieren, die Leitung und Betreuung von Fachgremien sowie Kooperationen und Projektarbeit. Die einzelnen Bereiche werden im Folgenden differenzierter dargestellt.

3.2.1   Wissen generieren durch statistische Datenauswertung

Für die Berichterstattung ist das statistische Grund- und Fachwissen unumgänglich. Rechenkompetenz und multivariate Kenntnisse sind von Vorteil, bilden jedoch schon den zweiten oder sogar den dritten Schritt. Die Kompetenz, Wünsche und Fragen aus der Verwaltung oder der Politik zu konkreten Fragestellungen zu formulieren, ist eine Voraussetzung, um die generierten Erkenntnisse den politischen Gremien als Grundlage für die Entscheidungsfindung übergeben zu können.

Transparentes Vorgehen besonders bei der Qualitätsbewertung von Informationen ist selbstverständlich. Die Arbeit mit Sekundärstatistik und mit bereits vorhandenen Indikatoren ist eher üblich als mit eigens erhobenen Statistiken. Recherchearbeiten erfordern einen strukturierten Zugang zu meist „online" verstreuten Informationen.

Während des Studiums wurde geradezu gepredigt, Methodenlehre und Statistik nicht zu vernachlässigen. Kurse aus diesen Bereichen während des gesamten Studiums, von den Grundkenntnissen bis hin zu praktischen Übungen, erwiesen sich als äußerst nützlich. An eigenen Datensätzen zu arbeiten, prägt die gelernten Verfahren besser ein als diese nur theoretisch für die Prüfung zu lernen. So stimme ich im Nachhinein in die ‚Predigt' mit ein: Vernachlässigen Sie den Erwerb von Methodenkompetenz und statistischen Verfahren der Datenerhebung und -verarbeitung nicht.

Auch meine erste große Aufgabe ist in dem Zusammenhang zu nennen: die Erstellung des ersten Armutsberichts für den Ennepe-Ruhr-Kreis (vgl. www.enkreis.de).

3.2.2 Schreiben und Präsentieren: Wissenschaftliche Themen auf den Punkt bringen

Wenn das Wissen generiert ist, geht es um dessen angemessene Präsentation. Von Vorteil ist die Erfahrung aus dem Studium, sich mit wissenschaftlichen Publikationen kritisch auseinanderzusetzen. Der Verzicht auf den Gebrauch von Fachsprache, Fremdwörtern und Schachtelsätzen sowie Fußzeilen ist nicht immer einfach doch erforderlich, da die gesammelten Erkenntnisse für ein breites Publikum zugänglich zu machen sind. Je nach Auftrag entstehen Kurzanalysen, Verwaltungsvorlagen, Arbeitspapiere, (Projekt-)Konzepte, Broschüren und Flyer.

Des Weiteren sind je nach Auftrag Präsentationen vorzubereiten. Besonders in der Kommunalen Gesundheitskonferenz und den Fachgremien sind regelmäßig Vorträge zu halten. Die Gremien dienen zur Koordinierung und Gestaltung gesundheitsrelevanter Themen und der gesundheitlichen Vorsorge im Kreisgebiet. Mitglieder sind die Kreispolitik, freie Träger der Wohlfahrtspflege, Selbsthilfevertretungen, Krankenkassenvertretungen, Kliniken und Fachpersonal.

Als Vorteil erwies sich frühere Erfahrung in Redaktionsarbeit, da mich die Anforderungen der unterschiedlichen Zielgruppen, für die Texte verfasst werden müssen, immer wieder zwingen, den eigenen Schreibstil zielgruppengerecht anzupassen.

3.2.3 Fachgremien betreuen und leiten: Moderationsgeschick

Eine Aufgabe ist die Betreuung von Fachgremien. An dieser Stelle wird eher Wert auf den Umgang mit Gruppen, das Moderieren oder Verhandeln gelegt und damit auf eine interaktive Zusammenarbeit. Die Ausgestaltung verwaltungstechnischer Aufgaben konzentriert sich in diesem Punkt in Zusammenarbeit mit an der öffentlichen Versorgung beteiligten Institutionen, Fachkräften und betroffenen Menschen. Da die Stelle in der Abteilung „Gesundheit I" angesiedelt ist, geht es hauptsächlich um gesundheitliche Thematiken, die in der Kommunalen Gesundheitskonferenz oder der Fachkonferenz Psychiatrie und Sucht erarbeitet werden. Die Betreuung von Arbeitsgruppen nimmt dabei den meisten Raum ein, z. B. die Kooperation mit den Suchthilfezentren zur Entwicklung einheitlicher Dokumentationskriterien und Benchmarks.

Während des Studiums habe ich nur eingeschränkt Erfahrungen im Moderieren von Gruppen gesammelt. Erst in der Berufspraxis wurden und werden mir Aufgaben übertragen, die dies erfordern, so dass schrittweise mehr Verantwortung übernommen werden kann. Dabei treten auch Feinheiten verwaltungstechnischer Abläufe in den Vordergrund.

3.2.4 Kooperationen, Projektarbeit: Handlungsoptionen in die Tat umsetzen

Die Entwicklung von Gesundheitsförderungsprojekten ist Teil der Stellenbeschreibung. Dabei wird nicht bei „Null" angefangen, vielmehr greift das „Best Practice" Prinzip, das Vorbild anderer Kommunen. Der Austausch findet über Fachtagungen, Onlineportale oder Arbeitsgruppentreffen statt. Zwar sind die Gegebenheiten in jeder Kommune anders und somit hat jeder Projektansatz einen individuellen Rahmen, doch der gegenseitige Austausch wird über zum Teil finanzielle Beteiligungen des Bundes und des Landes sowie einiger Stiftungen und über EU-Mittel unterstützt. Allerdings stellen Projekte nicht die Hauptbeschäftigung dar. Sie dienen eher zur Beförderung neuer Strukturen und als Versuchsplattform für neue Themen oder Vernetzungen.

Im Sachgebiet Gesundheits- und Sozialplanung werden Fachveranstaltungen und Fortbildungen organisiert und durchgeführt, z. B. eine Fortbildung für die Jugendhilfe zum Thema „Psychische Erkrankungen" in der Kooperation mit städtischen Jugendämtern und dem kreisweiten Sozialpsychiatrischen Dienst zu Bedarfen psychisch erkrankter Eltern, oder eine Fachveranstaltung mit der Betreuungsstelle zur neuen gesetzlichen Regelung bei unter Betreuung stehenden, psychisch erkrankten Menschen, die eine ärztliche Akutversorgung ablehnen, und vieles mehr.

4 Wege in die Öffentliche Verwaltung

4.1 Wie konnte das nur passieren, dass jemand wie ich in die Verwaltung kommt? (K. J. Kügler)

Nach einigen Umwegen wie dem Berufswunsch Tierärztin, der Beginn einer Ausbildung zur Zootierpflegerin, vergebliches Warten auf einen Studienplatz, veränderte Perspektiven, kleiner Einstieg in die Psychologie, las ich erstmals Texte zur Sozialpsychologie. Als ich dann die erste Vorlesung an der Ruhr-Universität Bochum zum Thema Organisationales Lernen hörte, wurde dies für mich zum Schlüsselerlebnis. So schrieb ich mich im Diplomstudiengang Sozialwissenschaft ein und setzte den Schwerpunkt „Arbeit, Organisation und Personal" ohne zu wissen was ich damit später beruflich machen würde. Statistik belegte ich als Diplomprüfungsfach; mit Unterstützung einer Nachhilfe war nicht nur meine Neugier an Methoden und Instrumenten in der empirischen Sozialforschung geweckt, sondern mir auch die Angst vor Zahlen genommen.

Auch wenn mein Lebensunterhalt durch die Eltern gewährleistet war, habe ich während meines Studiums durchgängig als Hilfskraft in einer stationären Altenpflegeeinrichtung gearbeitet. Diese Arbeit konnte ich unter anderem auch für meine Diplomarbeit nutzen – eine arbeitspsychologische Betriebsstudie, bezogen auf die zweite Stufe der Pflegeversicherung, nach der nun die Arbeit am alten Menschen nach Pflegeminuten berechnet wird. Während dieser Zeit entstand das Interesse an der Organisation von Dienstleistung am Menschen als einem Arbeitsfeld für mich. Zusätzlich absolvierte ich verschiedene Praktika, die immer auch einen Anteil an empirischer Sozialforschung hatten, z. B.: Umfragen in großen Unternehmen zur Kundenzufriedenheit.

Nach dem Studium machte ich mich zunächst im Bereich der empirischen Sozialforschung selbstständig und ließ mich als Unternehmensberaterin zertifizieren. Als ich mich nach einiger Zeit auf die Stellenausschreibung einer Sachgebietsleitung in der Kreisverwaltung bewarb, war ich zunächst skeptisch, ob der öffentliche Dienst zu mir passt – beziehungsweise ich zum öffentlichen Dienst. Jetzt, nach 15 Jahren, haben wir uns nicht nur aneinander gewöhnt, sondern ich finde, für die gesundheitliche und soziale Versorgung von über 300.000 Menschen mit verantwortlich zu sein, ist eine täglich neue und spannende Herausforderung, die für mich sinnstiftend ist. Die Aussage „Ich würde alles wieder so machen" gilt für mich definitiv nicht, auch wenn ich keinen Umweg bereue, den ich genommen habe. Hätte ich noch einmal die Gelegenheit zu studieren, würde ich nicht nur Sozialwissenschaft, sondern auch gleich noch zwei weitere Fächer belegen, wenn es möglich ist. Nicht unbedingt, um dort auch einen Abschluss zu machen, sondern nur um die Möglichkeit zu haben, mehr Wissen zu erwerben und zu verarbeiten. Auch würde ich heute die Gelegenheiten nutzen, mehr über die Geschichte unserer Gesellschaft zu lernen. Man kann zwar viel lesen, aber die Gelegenheit, Fragen zu stellen und kritisch zu diskutieren, bleibt doch eines der bedeutendsten Angebote der Studienzeit

Fort- und Weiterbildungen sind für mich notwendig und selbstverständlich, zumal bestimmte Aufgaben aufgrund von gesetzlichen Änderungen häufig neu gestaltet werden müssen. Zu Beginn meiner Leitungstätigkeit habe ich jede Gelegenheit genutzt, mich zu Themen wie Kritikgespräch oder Motivierende Gesprächsführung weiterzubilden. Heute sind die Themen meiner Fortbildungen eher fachspezifisch.

Aus meiner beruflichen Erfahrung als Führungskraft kann ich bestätigen: eines der wichtigsten Instrumente in der Leitung ist die Vorbildfunktion. Beispielsweise habe ich als Leiterin des Sachgebiets Gesundheitsförderung sofort mit dem Rauchen aufgehört. Hier ist eine Besonderheit im öffentlichen Dienst festzustellen, denn es gibt hinsichtlich der Personalführung im Vergleich zu anderen Branchen weniger Instrumente sowohl zur Motivation als auch für die Restriktion. Grundlegend für jede leitende Funktion ist die Freude an Führung und Zusammenarbeit, was z. B. konstruktive Lösung gelegentlicher Konflikte bei gleichzeitiger professioneller Zusammenarbeit einschließt. Insofern ist es mir wichtig zu betonen, dass Sozialwissenschaftlerinnen und Sozialwissenschaftler auf der Suche nach einer Stelle nicht nur die formalen Qualifikationskriterien und Karrierechancen, sondern die eigenen Soft Skills und persönlichen Neigungen kennen und berücksichtigen sollten.

4.2   Mein Weg in die Gesundheits- und Sozialplanung (M. Kubitza)

Mein Weg in die Gesundheits- und Sozialplanung war unerwartet. Ich begann mein Diplom-Studium der Sozialwissenschaft an der Ruhr-Universität Bochum der Themen wegen. Die Profilierung ging Schritt für Schritt im Studium und teilweise je nach Lücken im Stundenplan voran. Weder die öffentliche Verwaltung, noch Gesundheitsthemen standen als Interessenschwerpunkte von Anfang an fest; sie entwickelten sich erst zum Ende des Hauptstudiums. Erst nach Abschluss und nach einigen anderen Betätigungen kann ich dafür einstehen, dass die Arbeit als öffentliche Angestellte in der Gesundheits- und Sozialplanung für Sozialwissenschaftler und Sozialwissenschaftlerinnen ein fruchtbares Betätigungsfeld ist.

Abwechslungsreiche und herausfordernde Themen bei nicht immer wünschenswertem Budget halten den Alltag lebendig. Die Sinnstiftung über Fragen, wie die gesundheitliche und soziale Versorgung der Bevölkerung befördert werden kann, ist ebenfalls groß und bleibt soziologisch relevant. Schwierig ist durchaus die Bewertung der Reichweite und Wirkung der eigenen Tätigkeit. Zum Teil ist eine gewisse Frustrationstoleranz gegenüber Feld-Ergebnissen und dem Befolgen bürokratischer Abläufe zu erwerben; das konkrete Ergebnis und die Umsetzung durch Gremien und andere Beteiligte kann erheblich von der eigenen Vorbereitung abweichen, was allerdings zum demokratischen Prozess dazugehört. Die Stelleninhalte werden über „Trainings on/near/off the job" durch Aufgabenübertragung, Workshops, Arbeitsgruppen und Fachveranstaltungen aufgebaut und aktuell gehalten. Die kommunale Familie ist groß, und der ‚kurze Dienstweg' erlaubt schnelle Nachforschungen.

Nicht unerwähnt bleiben soll die Tatsache, dass schon in der Stellenausschreibung die Weichen gestellt waren: So war ausdrücklich ein Studium der Sozialwissenschaften als Qualifikationsanforderung ausgeschrieben.

Rückblickend betrachtet brachte ich viele gute Voraussetzungen aus dem Studium für diese Funktion mit. Erfahrungen im Projektmanagement konnte ich allerdings erst in der Praxis sammeln. Im Studium hatte ich wenig Zeit mit der Umsetzung von theoretischen Ansätzen oder Konzepten verbracht. Studienbegleitende Praktika halfen jedoch, in Projektarbeit ein Themengebiet von der Planung bis zur Evaluation und Interpretation mitzugestalten. Praktika lohnen sich aus meiner Sicht dann, wenn tatsächlich praktisch gearbeitet werden kann und eine fest umrissene, eigenständige Aufgabe zu bearbeiten ist – besonders wertvoll, wenn eine Mentorin oder ein Mentor zur Seite steht. Damit kann die Aufgabenstellung eine höhere Anforderung enthalten, an der nicht nur die eigenen Kenntnisse vertieft, sondern neue Kompetenzen erlernt werden können.

Die Möglichkeiten über den eigenen Tellerrand zu schauen sind in der Gesundheits- und Sozialplanung groß. Der Nutzen, sich mit Kolleginnen und Kollegen zu vernetzen oder sich anders ehrenamtlich (z. B. in berufsnahen Vereinen) zu engagieren, ist durchaus hoch. Die eigene Informationsverarbeitung, Merkfähigkeit und das „Bauchgefühl" werden vor allem über unterschiedliche Wissenszugänge geschärft. Erfahrungen prägen sich stärker ein als passiv Aufgenommenes. Bei der Wahl der Betätigungen geht es ähnlich wie im Studium zu: sich informieren, ausprobieren, vertiefen oder beenden.

5 Öffentlicher Dienst und Soziologie

Zwar sind Absolventinnen und Absolventen der Soziologie bzw. Sozialwissenschaften in den öffentlichen Verwaltungen schon recht häufig zu finden, aber dadurch, dass sie in den unterschiedlichsten Funktionen vertreten sind und sich für die unterschiedlichsten Funktionen *eignen*, gibt es nur wenige spezifische Stellenausschreibungen für Fachkolleginnen und Fachkollegen. Hier lassen sich jedoch langsam Veränderungen beobachten, die sich mit Entwicklung eines konkreten Berufsbilds von „Soziologin", „Soziologe" positiv beeinflussen lassen.

Verwaltungs-(Fach-)angestellte mit einer internen Behördenlaufbahn sind diejenigen, mit denen sozialwissenschaftlich Qualifizierte von außerhalb am stärksten ‚konkurrieren' – sowohl auf fachlich-inhaltlicher Ebene als auch um den Vorteil der Vorerfahrungen. Eine Verwaltung ‚weiß' nicht unbedingt, was Sozialwissenschaftlerinnen und Sozialwissenschaftler für sie leisten können. Hier müssen sich Bewerberinnen und Bewerber klar positionieren und offensiv ihre fachlichen sowie beispielsweise organisatorischen Kompetenzen herausstellen.

Literaturhinweis

Kost, Andreas und Wehling, Hans-Georg (Hrsg.) (2010). *Kommunalpolitik in den deutschen Ländern. Eine Einführung.* 2., aktualisierte und überarbeitete Aufl. Wiesbaden: VS Verlag für Sozialwissenschaften.

Kommunale Sozialplanung

Manfred Wittmann

1 Felder der kommunalen Sozialplanung

In dem 1986 von Ursula Feldmann im Auftrag des Deutschen Vereins für Öffentliche und Private Fürsorge herausgegebenen „Handbuch der örtlichen Sozialplanung" (Feldmann 1986), das nach wie vor die umfangreichste Handreichung zur kommunalen Sozialplanung darstellt, wird Sozialplanung zunächst als Handlungsform auf Bundes-, Länder- und kommunaler Ebene begriffen, wobei auf der kommunalen Ebene – wie in anderen Handlungsbereichen auch – vielfach nur auf gesetzliche Vorgaben und Entwicklungen auf der Ebene des Bundes und des jeweiligen Landes reagiert werden kann.

Sozialplanung wird dabei als Planungs- und Handlungsprozess verstanden, bei dem vier Hauptfelder unterschieden werden können, die sich zum Teil überschneiden (vgl. Feldmann 1986, S. 19ff):

- *Die soziale Infrastrukturplanung* als Planung von Diensten und Einrichtungen im sozialen Bereich,
- *die kommunale Sozialpolitik* als eher reaktive Planung für benachteiligte Bevölkerungsgruppen bzw. als präventive Planung zur Vermeidung von Benachteiligung,
- *die soziale Kommunalpolitik* als frühzeitige Identifizierung möglicher nachteiliger Entwicklungen, positive Gestaltung des Zusammenlebens
- *die aktive Gesellschaftspolitik* als Einbringen sozialplanerischer Gesichtspunkte in die verschiedenen Politikbereiche, Beteiligung an der Gestaltung des künftigen Zusammenlebens und der Entwicklung des Lebensraums.

Damit ist zunächst einmal ein sehr weites Spektrum bezeichnet, dem in dieser Form keine konkrete Tätigkeit entspricht. Entsprechend heißt es in der Gründungsplattform des Vereins für Sozialplanung (VSOP) von 1991 zum Arbeitsfeld der Sozialplanung:

> „[…] Es gibt nicht die Sozialplanung. Es gibt Problemfelder, deren professionelle Bearbeitung unter dem Begriff der Sozialplanung gefasst werden kann. Sozialplanung bewegt sich innerhalb gesellschaftlicher Rahmenbedingungen: Anwachsen sozialer Problemlagen, Verengung finanzieller Handlungsspielräume, Haushaltskonsolidierungsprozesse, Zerfall gesellschaftlicher Perspektiven, Verarmung und Verelendung ganzer Wohnviertel [..]. Für

diese Probleme entwickelt Sozialplanung Instrumentarien[,] macht Vorschläge zur Organisationsentwicklung, liefert Konzepte, nicht Rezepte. Zur Bearbeitung, nicht zur Verwaltung von Problemen. Sozialplanung ist die Operationalisierung handelnder Sozialpolitik […]" (Verein für Sozialplanung 1991).

Obwohl diese hier zum Einstieg gewählten Verweise chronologisch gesehen schon ein wenig in die Jahre gekommen sind und es auch neuere Veröffentlichungen zum Aufgabenfeld der Sozialplanung gibt (Rohrmann 2014; Hausdorf 2012; Reichwein 2011), sind sie nicht grundsätzlich überholt, sondern kennzeichnen den „offenen" Charakter von Sozialplanung.

2 Die Situation in den Bundesländern

Bei diesem unbestimmten, offenen Charakter dürfte die Art der gesetzlichen Legitimation von Sozialplanung von Bedeutung sein. Sozialplanerisches Vorgehen wird zwar in verschiedenen Gesetzen vorausgesetzt, eine einzelgesetzliche Verpflichtung und damit einen konkreten Zuständigen für eine Sozialplanung gibt es jedoch nicht.[1] Entsprechend der Logik einer Verwaltung bedeutet dies, dass Sozialplanung als sogenannte „freiwillige Aufgabe" verstanden wird und sowohl die Einrichtung von Stellen als auch die inhaltliche Ausgestaltung lokalen Zufälligkeiten überlassen bleibt.

Um zu prüfen, inwieweit Sozialplanung in den Kommunalverwaltungen des Landes Nordrhein-Westfalen verbreitet ist, hat das Sozialministerium des Landes Nordrhein-Westfalen deshalb eine Untersuchung zur Verbreitung und den Aufgabenfeldern in Auftrag gegeben (vgl. Schubert 2014). Dabei haben insgesamt nur 21,8 % der antwortenden Kommunen die Frage „Gibt es in der Stadt-bzw. Kreisverwaltung eine Sozialplanung – als Stelle, als Instrument, als Prozess?" mit einem „Ja" beantwortet. Während von den kreisfreien Städten 72,7 % und von den Kreisen 74,1 % hier positiv geantwortet haben, waren es von den kreisangehörigen Städten nur 37 von 286, also 12,9 %.

Ohne auf die weiteren Ergebnisse dieser Untersuchung hier weiter eingehen zu können, sei hier nur darauf hingewiesen, dass noch weiter zwischen den eher „operativen" sozialen Fachplanungen und einer eher „strategischen" Sozialplanung bzw. deren Stellenanteilen zu differenzieren ist. Die Kommunen, die „Sozialplanung" als alleiniges Tätigkeitsfeld angegeben haben, wurden im Weiteren gebeten, Angaben zur Stellenanzahl zu machen. Im Ergebnis entfielen durchschnittlich rund 0,9 Stellen auf die strategische Sozialplanung (N=30) und 2,4 Stellen auf soziale Fachplanungen (vgl. Schubert 2014, S. 15).

Das sind jetzt zunächst einmal keine ermutigenden Zahlen. Andererseits erkennen aber insbesondere die Bundesländer Nordrhein-Westfalen und Thüringen in der kommunalen Sozialplanung ein bedeutendes sozialpolitisches Instrument.

---

[1] Zu nennen sind hier das Raumordnungsgesetz (§§ 1 und 2), das Baugesetzbuch (§ 1), verschiedene Sozialgesetze. – Soweit die Jugendhilfeplanung als (Fach-)Sozialplanung zu verstehen ist bzw. sie sich selber so versteht, stellt sie hier eine Ausnahme dar.

Beide Länder verfolgen das Ziel, Sozialplanung stärker in der kommunalen Praxis zu verankern. In Thüringen werden dabei die Kommunen mit Mitteln aus dem Europäischen Sozialfonds (ESF) bei der Koordination von integrierten Sozialplanungsprozessen unterstützt (vgl. Schubert 2013). In Nordrhein-Westfalen wird die Anwendung sozialplanerischer Verfahren bzw. das Vorhandensein von Sozialplanung in den Kommunen zu einer Voraussetzung für die Zuweisung von Fördermitteln gemacht und ergänzend ist eine Beratungsstelle zur Sozialplanung vor allem für Kommunen, die noch über kein entsprechendes Know-how verfügen, geschaffen worden.

Diese verschiedenen Maßnahmen haben dabei im Kern erst ab dem Jahr 2014 begonnen, so dass es noch zu früh ist, um über Wirkungen sprechen zu können. Insbesondere aber dann, wenn das Beispiel dieser beiden Bundesländer Schule machen sollte, ist von einer stärkeren Nachfrage nach sozialplanerischer Kompetenz auszugehen.

3 Die sozialplanerische Praxis: ein Beispiel

Mit den „integrierten Planungsprozessen" ist nun ein wichtiges Stichwort für die sozialplanerische Praxis gefallen. Das Wort „integriert" kann dabei mehrere Bedeutungen haben, die zum Teil auch nebeneinander bestehen. Zur Verdeutlichung möchte ich hier ein Beispiel aus meiner Arbeit anführen, bei dem besonders viel zu „integrieren" war.[2]

Nachdem ich in einem Sozialbericht im Jahr 2003 erstmals eine vergleichende Betrachtung demographischer Kennzahlen für die Stadt Viersen vorgenommen hatte, entstand in der Verwaltungsführung der Wunsch nach einer intensiveren Beschäftigung mit den verschiedenen Aspekten des demographischen Wandels und den Möglichkeiten einer (kreisangehörigen) Stadt, mit diesen Entwicklungen umzugehen.

Die genauere Untersuchung der verschiedenen Aspekte und die Entwicklung von Handlungsempfehlungen wurden vom Verwaltungsvorstand als „Querschnittsaufgabe" definiert; eine verwaltungsinterne Arbeitsgruppe aus Angehörigen verschiedener Fachbereiche wurde installiert. Regelmäßig beteiligt waren dabei Vertreterinnen und Vertreter der Stadtplanung, der Wirtschaftsförderung, der Fachbereiche Jugend und Familie, Statistik und Wahlen, der Fachbereich Soziales und Wohnen und natürlich die Sozialplanung. Für spezielle Fragen wurden Altenhilfeplaner, die Wohnbauförderung, Verkehrsplaner und die städtische Grundstücksmarketinggesellschaft hinzugezogen. Ergänzt wurde diese Gruppe durch die Expertise von zwei Behindertenvertretern.

Den verwaltungstypischen Präferenzen entsprechend lag die Leitung der Arbeitsgruppe bei einem Fachbereichsleiter mit Verwaltungsausbildung, die inhaltliche Steuerung und die

---

2   Ein weiteres Beispiel für integrierte Planungsprozesse ist die Beteiligung der Sozialplanung an Förderprogrammen wie der „Sozialen Stadt". Hier sind im Wesentlichen Planungen und Maßnahmen der städtebaulichen Stadtentwicklung und der Sozialplanung zu koordinieren. Von besonderer Bedeutung ist dabei der Raumbezug.

Integration der verschiedenen Perspektiven und Handlungsansätze zu einem kohärenten Konzept wurde weitgehend durch die Sozialplanung geleistet.

Bearbeitet wurden dabei im Groben sechs Themenfelder, auf die hier nicht en détail eingegangen werden kann (in den Klammern werden Stichworte genannt): die demographische Entwicklung (Kinder- und Familienfreundlichkeit, Altersgerechtigkeit), der Wirtschaftsstandort und die Erwerbsbeteiligung (Arbeitslosigkeit, Verbesserung von Erwerbschancen, wirtschaftliche Entwicklung), Sozialstrukturelle Notwendigkeiten (Bildung, Integration), Lebenswerte Stadt (Anpassung des Öffentlichen Raums), Verbesserung der Kommunikation (Räume für Kommunikation, aktive Kommunikation der vorhandenen Angebote) und organisatorische Erfordernisse (Informationsmanagement, Strategische Planung). (Vgl. Wittmann 2008)

Dabei wurden in einem ersten Schritt Daten und Informationen zusammengetragen, in der Arbeitsgruppe vorgestellt und anschließend die Bedeutung für die Stadt diskutiert und Handlungsmöglichkeiten erarbeitet. Die gemeinsam erarbeiteten Handlungsansätze wurden dann von der Sozialplanung präzisiert und für die Umsetzung zuständige Fachbereiche und Ausschüsse vorgeschlagen. Die einzelnen Vorschläge und auch die Gesamtkonstruktion der vielfältigen Handlungsansätze wurden in der Arbeitsgruppe abgestimmt, so dass am Ende tatsächlich ein konsistentes Handlungsprogramm stand, das schließlich auch einstimmig vom Rat verabschiedet wurde.

Mit dieser rudimentären Aufzählung soll lediglich deutlich werden, dass eine komplexe Aufgabenstellung vorlag, bei der unterschiedliche Perspektiven und Handlungsmöglichkeiten in eine integrierte Planung zusammenzuführen waren.

Dabei mussten die Problemstellungen nicht nur analysiert werden, sondern auch so aufbereitet werden, dass alle Beteiligten mit unterschiedlichen Ausbildungsgängen ein gemeinsames Verständnis entwickeln konnten. Da das Ziel weiter darin bestand, gegebenenfalls auch Veränderungen herbei zu führen, mussten auch die jeweiligen Handlungslogiken und Ansatzpunkte für eine Kommunalverwaltung identifiziert werden.

Da die Logik einer Verwaltung aber eher angebotsorientiert ist und Fragestellungen nach Nutzung, Aneignung und der Veränderung von Gesellschaften eher verwaltungsfremd sind, sind die Aspekte von Wirkung, realisierbaren Zielen und geeigneten Mitteln weitere Facetten, wobei der Sozialplanung bei der Erarbeitung und Systematisierung der Handlungsempfehlungen eine herausgehobene Rolle zukam.

4 „Ja mach nur einen Plan …"?

Nach der Berichterstellung und dem politischen Beschluss der Handlungsempfehlungen stand in einem zweiten Schritt die Umsetzung der Planungen an.

Angesichts der Anzahl von über 60 Handlungsempfehlungen und der Komplexität der Aufgabenstellungen bestand eine der Handlungsempfehlungen darin, eine Strategische Planung zur Umsetzung bzw. unter Umständen erforderliche Anpassung der Maßnahmen zu institutionalisieren.

Damit wären jedoch auch Veränderungen auf anderen Ebenen verbunden gewesen:

- Die Orientierung der verschiedenen Fachbereiche an einer langfristigen strategischen Planung hätte Ressourcen gebunden, womit unter Umständen die autonome Fähigkeit, auf „spontane" Aufträge aus der Politik reagieren zu können, betroffen gewesen wäre.
- Und zum anderen wären Machtbalancen in der Verwaltungsführung für einen definierten Zeitraum festgeschrieben gewesen.

Inwieweit solch umfangreiche integrierte Planungen umgesetzt werden können, hängt also auch von Einflussgrößen ab, die nur schwer von der Sozialplanung beeinflussbar sind und bei denen so etwas wie „lokale Organisationskulturen" von Bedeutung sind.

Mit unterschiedlichem Erfolg kann Sozialplanung also auch Einfluss auf die Organisationsentwicklung einer Kommune selbst nehmen. Die Grundlage dafür stellt die Sozialberichterstattung dar.

Während ein Monitoring durch die regelmäßige Beobachtung der gleichen Kenngrößen definiert ist und dadurch Veränderungen beziehungsweise Wirkungen von Maßnahmen erkannt werden sollen, hat Sozialberichterstattung einen stärker explorativen Charakter und kann damit auch neue Bedarfslagen entdecken und auf die Entwicklung neuer Angebote hinweisen.

Auf die Einrichtung der Arbeitsgruppe zur demographischen Entwicklung und einige ihrer Ergebnisse ist hier schon hingewiesen worden. Im Anschluss an den Demographiebericht bei dem u. a. auf die Notwendigkeit einer verstärkten Integrationsarbeit hingewiesen worden war, sind zunächst zwei Projekte zum Thema Integration gestartet worden.

Bei dem ersten Projekt handelte es sich um eine Befragung unter Einrichtungen, zur Integrationsarbeit (vgl. Reichwein u. a. 2007, S. 98ff). Die mit Mitteln aus dem Programm KOMM.IM – *Innovationen in der kommunalen Integrationsarbeit – eine Förderung durch das Land Nordrhein-Westfalen* – geförderte Befragung wurde dabei von der Sozialplanung begleitet. Das zentrale Ergebnis dieser Befragung bestand darin, dass es zwar durchaus schon eine Reihe von Akteuren gab, die Angebote zur Integration vorhielten, diese aber fast so wenig voneinander wussten wie der eigentlichen Zielgruppe die Angebote bekannt waren.

Nachdem im Anschluss eine Stelle für die Integrationsarbeit geschaffen worden war, wurde in einem zweiten Projekt der – ebenfalls mit Mitteln aus der KOMM.IM geförderte – Integrationsatlas der Stadt Viersen entwickelt. Es handelt sich dabei um eine mehrsprachige Informationsplattform auf der Basis eines Geographischen Informationssystems, mit dem sich insbesondere Neuzuwanderer, – in verschiedenen Sprachen – aber auch Fachkräfte der Integrationsarbeit nicht nur über das „Was", sondern auch das „Wo" der Integrationsangebote informieren können. Da die Bushaltestellen hinterlegt sind und eine Verlinkung zur Fahrplanauskunft erfolgt ist, ist es auch für einen Ortsunkundigen möglich, Verbindungen von seiner Wohnung zu einem weiter entfernten Angebot zu finden. Dadurch, dass die Beschreibungen der Angebote auf einem Blatt immer zweisprachig vorliegen, sollen der Berater, der einem Migranten ein bestimmtes Angebot empfiehlt, und der Beratene eine gemeinsame Grundlage für das Gespräch zur Verfügung haben (vgl. den Integrationsatlas der Stadt Viersen im Internet).

Die Konzeption für die Suchfunktionen und die Grundanforderungen an die Leistungsfähigkeit wurden dabei von der Sozialplanung mit Unterstützung der für Integration zuständigen Kollegin entwickelt. Mit diesem Leistungskatalog hat die Sozialplanung dann das Kommunale Rechenzentrum Niederrhein beauftragt, das seinerseits eine entsprechende Programmierung bei dem Lieferanten des Geographischen Informationssystems beauftragt hat. Bei dem Sammeln der Informationen bei den verschiedenen Einrichtungen und der Organisation der Übersetzungen der Angebote in die verschiedenen Sprachen lag die Haupttätigkeit dann bei der für Integration zuständigen Kollegin. Auch die Aufgabe der Aktualisierung liegt bei der Fachkraft für Integration, also da, wo die Arbeitsbeziehungen zu den Institutionen vorhanden sind.

5   Mit wem und für wen?

Ich bin ein wenig ausführlicher auf dieses Projekt eingegangen, weil die Spannbreite der Kontaktpersonen hier sehr weit war und durch die Beteiligung der Spezialisten für Geographische Informationssysteme (GIS) deutlich über die üblichen Kontaktpersonen hinausging. Auch die Bedürfnisse von Nutzerinnen und Nutzer standen in einer besonderen Weise im Zentrum der Konzeption.

Bei der Haupttätigkeit, dem Erstellen von Sozialberichten, ist der Kreis der Kontaktpersonen dagegen deutlich übersichtlicher:

Zwar kann Sozialberichterstattung prinzipiell auch als Teamarbeit erfolgen – insbesondere in kleineren Städten, meistens sind mit Sozialplanung Beauftragte aber ‚Einzelkämpfer' und auch die Sozialberichterstattung erfolgt nur durch eine einzelne Person.

Das bedeutet, dass der Blick weit sein muss, weil verschiedene Themenbereiche behandelt werden müssen. Andererseits erleichtert die Berichterstellung durch eine einzelne Person eine integrierende Sichtweise auf die verschiedenen Themenbereiche, während bei einer kooperativen Berichterstellung das Risiko größer wird, dass die verschiedenen behandelten Themen lediglich „addiert" werden.

Insgesamt ist eine Gelegenheit zum fachlichen Austausch innerhalb der Kommune häufig nicht, bzw. sozusagen nur „zufällig" vorhanden.

Da ein fachlicher Austausch für die sozialplanerische Arbeit jedoch wichtig ist, weil neue Entwicklungen erkannt und eingeschätzt werden müssen, muss ein solcher Austausch extern organisiert werden.[3]

---

3   Hier sei auf den Verein für Sozialplanung, VSOP e. V. hingewiesen. Bei dem VSOP handelt es sich um ein Netzwerk von Sozialplanern, die u. a. in Regionalgruppen einen fachlichen Austausch zu verschiedenen Themen der Sozialplanung organisieren. Weiteres unter: www.vsop.de.

Bei der Tätigkeit der Sozialplanung ist es erforderlich, die Verhaltenserwartungen sehr unterschiedlicher Personengruppen nicht nur nachzuvollziehen, sondern auch jeweils Dritten übersetzen zu können – eine „soziokulturelle Mehrsprachigkeit" ist also hilfreich.

Da Kolleginnen und Kollegen in der Kommunalverwaltung andere als sozialwissenschaftliche Ausbildungswege haben, muss eine gemeinsame Sprache entwickelt werden. Ein Sozialbericht, der Folgen haben soll, muss darüber hinaus noch weiteren Ansprüchen genügen.

Zunächst muss er natürlich „inhaltlich richtig" und wissenschaftlichen Maßstäben verpflichtet bleiben. Eine soziologische Ausbildung sollte hier ein solides Fundament bilden.

Parallel zu den eigenen Ansprüchen sollte ein Sozialbericht – oder eine vergleichbare Untersuchung durch einen Sozialplaner – jedoch immer noch weitere Gruppen erreichen:

Bevor ein Sozialbericht in den Ausschuss kommt, muss er vom zuständigen Beigeordneten, vom Bürgermeister gebilligt und befürwortet werden, denn ein Sozialbericht gilt nicht in erster Linie als Werk eines einzelnen Wissenschaftlers, sondern als offizielles Dokument einer Kommunalverwaltung. Die Verwaltungsführung steht also gewissermaßen hinter dem Bericht und seinen Aussagen. Der zuständige Beigeordnete vertritt den Bericht gegenüber den Fachpolitikern im zuständigen Ausschuss und ist politisch verantwortlich.

Dort soll er Kommunalpolitikern, die in der Regel keine sozialwissenschaftliche Ausbildung haben, eine Entscheidungsfindung ermöglichen. Die Entscheidungsfindung sieht dabei in der Regel so aus, dass der Bericht „zur Kenntnis genommen wird", wenn keine Entscheidungen durch den Ausschuss zu fällen sind, oder dass von der Verwaltung bzw. in der Vorbereitung und Konzeptentwicklung von dem Sozialplaner ein Vorschlag vorbereitet wird, dem die politisch Verantwortlichen zustimmen sollen.

Dabei ist es hilfreich, wenn der Bericht möglichst viele Politiker, nach Möglichkeit auch über die Parteigrenzen hinweg, davon überzeugen kann, dass die Analysen „richtig" sind, und evtl. vorgeschlagene Maßnahmen geeignet sind, die in dem Bericht genannten Ziele zu erreichen bzw. die aufgezeigten Probleme zu behandeln.

Über die Beratung der Politik bzw. die Entscheidungsvorbereitung für die Politik hinaus kommt der Sozialberichterstattung auch die Funktion zu, die Fachöffentlichkeit und die allgemeine Öffentlichkeit zu informieren und so zur demokratischen Meinungsbildung beizutragen.

Kurz zusammengefasst, müssen die Aussagen damit einerseits auch für „Laien" verständlich sein, andererseits aber auch so präsentiert werden, dass „wissenschaftliche Qualität" bzw. Neutralität erkennbar ist.

Denjenigen, die wissen wollen, wie Sozialberichte aussehen, sei die Internetseite des Ministeriums empfohlen. Sie enthält die umfangreichste Sammlung kommunaler Sozialberichte. Daneben enthält diese Seite auch Sammlungen zu Sozialberichten anderer Bundesländer und insbesondere zur Sozialberichterstattung des Landes Nordrhein-Westfalen.

Neben der hier angesprochenen umfänglichen Berichterstattung, mag es sich dabei nun um einen integrierten Sozialbericht, der von der Intention her die gesamte städtische Gesellschaft anspricht, oder eine Berichterstattung zu einem Spezialthema handeln, der nur einen Fachausschuss adressiert, gibt es immer wieder auch kleinere Themenbereiche, die von der Sozialplanung zu untersuchen sind, und die dann eher verwaltungsinternen Zwecken dienen.

6 Vom Nutzen der Wissenschaft

Etwas abstrakter formuliert, haben wir es bei der Sozialberichterstattung und Sozialplanung mit Prozessen zu tun, für deren Bewältigung eine soziologische Ausbildung wichtige Kernkompetenzen vermittelt:

Die Fähigkeit, komplexe Zusammenhänge analysieren, von Details abstrahieren und in gesellschaftlichen Prozessen denken zu können, ein Verständnis für Zahlen, und nicht zuletzt die Fähigkeit, verschiedene Sprach- und Denkstile verstehen und einsetzen zu können. Schließlich sind hier noch zwei vermeintliche Selbstverständlichkeiten zu nennen:

Die relevante Fachliteratur muss gelesen werden und nicht zuletzt muss die Fähigkeit vorhanden sein, „Forschungsfragen" entwickeln, zum Teil aber auch „mit Bordmitteln" bearbeiten zu können.

Die oben gewählte Formulierung „Probleme zu behandeln" ist dabei mit Bedacht gewählt:

Damit soll zum Ausdruck gebracht werden, dass der Sozialplanung zwar die Kompetenz zugebilligt wird, gesellschaftliche Entwicklungen zu diagnostizieren und bei Bedarf Lösungsstrategien zu entwickeln, die Kompetenz, über ausreichende Ressourcen zu entscheiden, jedoch in der Regel nicht. Auch in diesem Sinne einer lediglich beratenden Funktion ist Sozialplanung damit Politik*beratung* bzw. Steuerungs*unterstützung* und nicht selber steuernd. Wie sich dies konkret ausgestaltet, kann von Kommune zu Kommune aber sehr unterschiedlich sein, da es keine einzelgesetzliche Aufgabenzuschreibung gibt, aus der sich dann eine funktionale Zuordnung ableiten ließe – es steht zu hoffen, dass hier die in dem „Handbuch Moderne Sozialplanung" aus den Steuerungsfunktionen abgeleiteten Zuordnungen normative Kraft entfalten. (Reichwein 2011, S. 72ff.)

7 Ungeplante Wege zur Sozialplanung

Als Kind der Bildungsexpansion – ich war der Erste in meiner Familie, der das Abitur gemacht und ein Studium aufgenommen hat – fehlten mir berufliche Vorbilder außerhalb der Hochschule. Das Interesse an kultursoziologischen und ähnlichen Fragestellungen habe ich aus heutiger Sicht nicht ausreichend durch eine Orientierung am außerakademischen Arbeitsmarkt ergänzt. Inwieweit eine stärkere diesbezügliche Orientierung aber tatsächlich hilfreich gewesen wäre, steht dahin, denn als Kind der Bildungsexpansion und Zugehöriger der geburtenstarken Jahrgänge fiel die Beendigung meines Studiums in eine Phase der Akademikerarbeitslosigkeit.

Auch mein Berufseinstieg begann mit dem Gang zum Arbeitsamt. Angesichts der praktisch nicht vorhandenen Stellen für Soziologen und verwandte Studiengänge bestand die Strategie darin, neben dem selbstverständlichen Augen aufhalten darin, Überlebensstrategien für zwölf Monate zu entwickeln, um eine Stelle in einer Arbeitsbeschaffungsmaßnahme zu erhalten – noch die realistischste Möglichkeit, tatsächlich als Soziologe zu arbeiten. Von der Förderlogik her setzte es beim Arbeitgeber, in der Regel dem Öffentlichen Dienst und Gemeinnützigen Einrichtungen, den Bedarf an Sonderaufgaben voraus, die nicht mit den normalen Kapazitäten zu erledigen waren. Die Übernahme in ein normales Beschäftigungsverhältnis war damit zwar nicht unmöglich, aber doch erschwert. Auf der anderen Seite setzte dieses Instrument bei dem Arbeitnehmer die geforderte Qualifikation als selbstverständlich voraus und konzeptualisierte Arbeitslosigkeit primär als Frage des Arbeitsmarktes und nicht des Arbeitslosen.

Meine erste „richtige Stelle" nach einer kleinen Stelle als wissenschaftliche Hilfskraft war eine solche ABM-Stelle, und zwar an einem Stadtarchiv. Der Autor einer Biographie zu einem Nationalsozialisten hatte seine Unterlagen dem Stadtarchiv Mönchengladbach übergeben und dort sollten diese nun archivarisch erschlossen und der Öffentlichkeit zugänglich gemacht werden. Ausschlaggebend waren dabei weniger soziologische Qualifikationen als vielmehr Kenntnisse in der Geschichte des Nationalsozialismus.

Wie angedeutet, mündete diese Tätigkeit nach Fertigstellung nicht in die Übernahme in ein festes Beschäftigungsverhältnis. Immerhin ergab sich im Anschluss die Möglichkeit, bei der Neueinrichtung der stadthistorischen Abteilung des Museums Schloss Rheydt mitzuwirken, wobei aber die Arbeitsstunden insofern zu beachten waren, als ich den Status der Arbeitslosigkeit „nicht verlieren" wollte, da nach wie vor ABM-Stellen eine der besten Chancen für eine Beschäftigung als Soziologe darstellten.

Diese Strategie ging dann irgendwann auch mit dem Antritt einer Stelle als wissenschaftlicher Angestellter im Jugendamt der Stadt Köln auf, freilich wieder nur befristet, diesmal aber mit einer klaren soziologischen Aufgabenstellung. Eine ABM-Berechtigung weiter erhielt ich – im Rahmen einer sogenannten Strukturanpassungsmaßnahme – das Angebot zu einer eher sozialpädagogischen Arbeit im Bereich der „Hilfen zur Arbeit", das hieß der Beratung von langzeitarbeitslosen Sozialhilfeempfängern. Der direkte Kontakt mit dem Publikum war dabei durchaus befriedigend, entscheidend für den Weg in die Sozialplanung hinein war aber, dass auch bei dieser Tätigkeit Berichte für den kommunalen Sozialausschuss zu schreiben waren. Als dann die Wünsche in der Kommunalpolitik nach einem kommunalen Sozialbericht nicht mehr zu ignorieren waren, war der Wechsel in das Aufgabenfeld der Sozialberichterstattung und Sozialplanung, wie meine Stelle offiziell und auch zutreffend heißt, nur noch eine Formsache. Auch das neue Aufgabenfeld war aber als geförderte Maßnahme konzipiert. Verbunden damit waren immer neue Förderanträge und also im Kern Befristungen von Jahr zu Jahr bis der Arbeitgeber um eine Festanstellung nicht mehr herum kam.

Der Eintritt in das Beschäftigungsverhältnis aus einer beschäftigungspolitischen Maßnahme für Sozialpädagogen heraus hatte jedoch zur Folge, dass ich Jahre um eine ausbildungsadäquate Einstufung zu kämpfen hatte und wieder so viel verdiente wie Jahre zuvor während der ABM-Stelle in Köln.

8 Kurz zusammengefasst

Auch wenn Sozialplanung als Steuerungsunterstützung funktional „richtig" in eine Kommunalverwaltung eingegliedert ist bzw. sein sollte, ist davon auszugehen, dass sie immer ein wenig außerhalb der Verwaltung steht.

Während Verwaltung prinzipiell einer *Top-Down*-Logik folgt, „Vollzug" ist und die Impulse grundsätzlich von der Verwaltungsspitze oder aus der Politik, d. h. den gewählten Gemeinderäten, kommen, besteht die Aufgabe der Sozialberichterstattung vorzugsweise darin, aus einer *Bottom-Up*-Perspektive Veränderungsbedarfe zu erkennen und anzumelden. Spätestens wenn es bei unzureichenden Ressourcen um Fragen der Verteilung von Mitteln geht, steht stillschweigend das sachlich „Richtige" gegen die Entscheidungsmacht zur Mittelverteilung. Eine Portion Frustrationstoleranz, langer Atem und Beharrlichkeit sind hier hilfreiche persönlichen Eigenschaften – und das Wissen, dass Veränderungsprozesse ‚etwas länger' brauchen.

Ein weiterer Aspekt, auf den hier nicht weiter eingegangen werden kann und bei dem Sozialplanung immer ein wenig stärker *Bottom-Up*-Perspektiven vertritt, sind Fragestellungen der Partizipation insbesondere von benachteiligten Bevölkerungsgruppen. Inwieweit Sozialplanung hier strategisch an der Initiierung von Beteiligungsprozessen oder operativ in der Durchführung von Beteiligungsverfahren beteiligt ist, ist lokal sicherlich sehr unterschiedlich.

Insgesamt zeigt sich, dass im Verhältnis der Sozialplanung zur Kommunalverwaltung bzw. zur Spitze der Kommunalverwaltung letztlich die gleiche Struktur wie zwischen Soziologie und „großer Politik" gegeben ist.

Auch insofern stellt Sozialplanung in einer Kommunalverwaltung für Absolventinnen und Absolventen der Soziologie einen „passenden" Arbeitsplatz dar. Anders herum formuliert, kann, auch wenn Stellen für Sozialplaner zum Teil mit Nicht-Soziologen, gewissermaßen also „fachfremd", besetzt werden, ein Soziologe, eine Soziologin als Idealbesetzung in der kommunalen Sozialplanung gelten. Schließlich stellt Sozialplanung auch für Freie Träger der Wohlfahrtspflege einen sinnvollen Handlungsansatz dar, so dass diese neben den kommunalen Arbeitgebern als Anstellungsträger durchaus in Frage kommen (vgl. Beck 2012; Beck & Stockmann 2012; Schubert 2013).

Literatur

Beck, A. (2012). Steuerung braucht Lotsen: Strategische Sozialplanung für Freie Träger. *Blätter der Wohlfahrtspflege* 159, 171-173.
Beck, A. / Kroll, A. / Stöckmann, J. (2012) Strategische Sozialplanung umsetzen: eine Machbarkeitsstudie aus Thüringen. *Nachrichtendienst des Deutschen Vereins für Öffentliche und Private Fürsorge (NDV)* 92, Nr. 10, 495-498.

Feldmann, Ursula (Hrsg.) (1986). *Handbuch der örtlichen Sozialplanung.* Schrift 265 des Deutschen Vereins für Öffentliche und Private Fürsorge. Stuttgart, Berlin, Köln, Mainz: Kohlhammer.
Hausdorf, Volker (2012). *Kommunale Sozialplanung München*, hrsg. von der Landeshauptstadt München. München.
Reichwein, Alfred, Möltgen, Katrin u. a.. (2007). *Integration als Chance für Nordrhein-Westfalen und seine Kommunen. Potentiale nutzen – aus Erfahrungen lernen*, hrsg. vom: Ministerium für Generationen, Familie, Frauen und Integration des Landes Nordrhein-Westfalen. Düsseldorf.
Reichwein, Alfred, Berg, Annette, Glasen, Dirk, Junker, Andreas, Rottler-Nourbakhsch, Janine, Vogel, Stephanie (2011). *Moderne Sozialplanung. Ein Handbuch für Kommunen*, hrsg. im Auftrag des Ministeriums für Arbeit, Integration und Soziales des Landes Nordrhein-Westfalen, Düsseldorf.
Rohrmann, Albrecht, Schädler, Johannes u. a. (2014). *Inklusive Gemeinwesen Planen. Eine Arbeitshilfe*, hrsg. vom Ministerium für Arbeit, Integration und Soziales des Landes Nordrhein-Westfalen. Düsseldorf.
Schubert, Herbert (2013). *Kooperative Sozialplanung – Gute Beispiele der Zusammenarbeit von Kommunen und Kreisen mit der Freien Wohlfahrtspflege.* Hrsg. v. Ministerium für Arbeit, Integration und Soziales des Landes Nordrhein-Westfalen. Düsseldorf.
Schubert, Herbert (2014). *Sozialplanung als Instrument der Kommunalverwaltung in Nordrhein-Westfalen – eine Strukturanalyse in den Städten und Kreisen*, hrsg. vom Ministerium für Arbeit, Integration und Soziales des Landes Nordrhein-Westfalen. Düsseldorf.
Wittmann, Manfred (2008). Kommunale Sozialberichterstattung und Implikationen des demografischen Wandels in der Stadt Viersen. In *Sozialwissenschaften und Berufspraxis* 31, 317-335.

Internetquellen

Ministerium für Arbeit, Integration und Soziales des Landes Nordrhein-Westfalen: www.mais.de
Stadt Viersen. www.integrationsatlas.viersen.de. Zugegriffen: 16. März 2015.
Verein für Sozialplanung (1991). *VSOP-Gründungsplattform.* http://www.vsop.de/files/VSOP_kompass_plattform_2008.pdf. Zugegriffen: 23. Februar 2015.

B

5 Management und Beratung

Unternehmen: Mit Soziologie ins Management[1]

Florian Böllhoff

I Management

Management ist der Beruf, der die Organisationen der modernen Gesellschaft wirksam macht, und es ist der Managementanteil in jedem Beruf, der die Menschen innerhalb von Organisationen wirksam werden lässt. Dieser grundsätzlichen Definition von Fredmund Malik (Malik 2006, S. 14) folgend wird deutlich, dass Management einen harten Kern im Personalmanagement und in der Organisationsentwicklung hat.

Dabei bezieht sich „Management" nicht nur auf Unternehmen oder Betriebe, sondern ist überall dort Bestandteil praktischen Handelns, wo Menschen in strukturierten Zusammenhängen zusammenarbeiten. Also auch in Verbänden, Vereinen, Gewerkschaften, Kirchen, Parteien, Sozietäten, Praxen usw. gibt es Management.

Die Managementpraxis benötigt dabei neben konkretem Branchenwissen und Erfahrungen vier Wissensgrundlagen: Hintergrundwissen, Fachwissen, Konzeptwissen und Methodenwissen. Für alle diese Wissensformen ist ein signifikanter Input von den Sozial- und Verhaltenswissenschaften, insbesondere der Psychologie und Soziologie, gegeben. Ein solcher Input wird allerdings auch benötigt, will Management rational sein. Denn praktische Probleme der Steuerung, Gestaltung und Beeinflussung von Organisationen, Systemen, Strukturen, Personen, Kulturen und Verhalten sind immer multidimensional, sodass jegliche Einseitigkeit der Betrachtung nicht zu ihrer Lösung beitragen können. Allerdings darf nicht verschwiegen werden, dass in vielen Praxisfeldern – hier besonders in der Wirtschaft – eine eher einseitige ökonomisch-technischer Verwissenschaftlichung vorherrschend war und ist. Diese bedurfte und bedarf einer ergänzenden handlungsrelevanten Soziologie oder zumindest einer verhaltenswissenschaftlich ausgerichteten (Personal-) Managementlehre. In der Entwicklung der Betriebswirtschaftslehre insbesondere bei den Managementtheorien zu Unternehmensführung und Strategie in den letzten Jahrzehnten finden sich dafür gute Beispiele, so etwas das bahnbrechende Werk von Wolfgang Staehle (Staehle 1980). In der

---

1 Die folgenden Ausführungen waren u. a. Gegenstand von Lehraufträgen als „Praktiker" zum Thema Soziologie und Personalmanagement an der Fakultät für Soziologie der Universität Bielefeld zwischen 2003 und 2008.

Soziologie wandte sich Heinz Hartmann an der Universität Münster als einer der ersten den Themen Unternehmertum und Management zu (vgl. Hartmann 1968)[2].

2 Management und Soziologie

Nun bietet die Soziologie von ihrer Wissenschaftsgeschichte und ihrem Selbstverständnis her kein schlichtes „Funktionswissen" und damit keinen mehr oder weniger schnell einsetzbaren Werkzeugkasten für die Problemlösungen des Managements. In ihr dominiert die analytische, kritische, aufklärerische Sichtweise und weniger die Aktionsorientierung. Somit muss „der Nutzen der Soziologie" für das Management differenzierter betrachtet werden. Es lassen sich – analytisch – zwei verschiedene Nutzenebenen unterscheiden: die indirekte Anwendung und die direkte Anwendung, sowie insgesamt vier Praxisfunktionen als Innovationsfunktion, Orientierungsfunktion, Handlungsfunktion und Korrekturfunktion.

Bei der eher *indirekten Anwendung* kann unterschieden werden zwischen Innovations- und Orientierungsfunktion, bei der eher direkten Anwendung zwischen Handlungs- und Korrekturfunktion. Die einzelnen Funktionen werden im Folgenden skizziert.

2.1 Innovationsfunktion der Soziologie durch Aufklärung und Kritik

Soziologische Informationen, Analysen, Ergebnisse über die gesellschaftliche, sozial-strukturelle Situation von (betrieblichen) Handlungs- und Entscheidungsfeldern tragen dazu bei – oder könnten es zumindest –, über eine geänderte Problemwahrnehmung und -sichtweise neue praktische Fragen zu erkennen, daraus neue Ziele zu formulieren und geänderte/ neue Aktivitäten anzustoßen. Dadurch wird das Management in seiner Gesamt- oder Detailpolitik neu bestimmt. Bisherige Strategien und Handlungsschwerpunkte werden an die gesellschaftlichen, sozialen Realitäten, oder/ und das Umfeld der Organisation angepasst, um eine nachhaltige Sicherung und Stabilität des Sozialsystems zu gewährleisten.

2.2 Orientierungsfunktion der Soziologie durch Information und Analyse

Soziologische Informationen, Analysen, Ergebnisse können dazu beitragen, die Entscheidungen des Managements über Ziele, Unterziele, über Folgen und Nebenfolgen, über die einzusetzenden Mittel und Methoden (Planung) und über die zu ergreifenden Maßnahmen (Realisierung) zu rationalisieren. Das bedeutet die Sammlung von Informationen über das soziale Entscheidungsfeld und seine Veränderungen, über handlungsleitende wie hand-

---

2 Hartmann betreute im Jahr 1967 meine Diplomarbeit, im Jahr 1975 meine Dissertation (vgl. Böllhoff 1975).

lungsbeschränkende Faktoren, über zu erwartende Reaktionen der Zielgruppen bis hin über Ansatzpunkte ihrer Operationalisierung und damit Durchführung.

2.3 Handlungsfunktion der Soziologie durch Gestaltung und Beratung

Soziologische Ergebnisse und Methoden können bei der Umsetzung von Maßnahmen Projekte akzentuieren, Prozesse steuern und begleiten, Beteiligte und Betroffene zu konsensualem Handeln führen, Konflikte erkennen, regulieren und Beratungsprozesse initiieren.

2.4 Korrektivfunktion der Soziologie durch Kontrolle und Evaluierung

Soziologisches Wissen, Informationen, Methoden können die Prozesse der Initiierung, Konzipierung und Durchsetzung organisations- (unternehmens-)politischer Entscheidungen kontrollierend begleiten und eine realitätsbezogene Korrektur der Gesamt- oder Detailpolitiken möglich machen. So kann dieser Funktion in Form einer internen oder externen Personal-/ Sozialberichterstattung Rechnung getragen werden.

2.5 Handlungs- und Entscheidungsrelevanz

Zusammengefasst liegt somit die Handlungs- und Entscheidungsrelevanz[3] der Soziologie für das Management in der Durchdringung der sozialen Realitäten im Umfeld und innerhalb von Organisationen, in der Klärung und Definition von Voraussetzungen möglicher Veränderungen und in der Prozessbegleitung von sozialem und kulturellem Wandel. Die Soziologie bietet eine besondere Methodik des Denkens, einen begrifflich theoretischen Bezugsrahmen für die Bereitstellung von Techniken der Erfassung, Sammlung, Auswertung von Daten für die Beschreibung und Analyse der sozialen Verhältnisse in Organisationen.

Diese Relevanz wird aber erst wirksam, wenn zwei Bedingungen hinreichend erfüllt sind: Zum einen sollten die Soziologinnen und Soziologen gelernt haben, interdisziplinär zu denken, da praktische Probleme i. d. R. immer mehrdimensional sind und technische,

---

3 Die damit zusammenhängenden Fragestellungen und die wissenschaftstheoretischen und wissenschaftspragmatischen Gesichtspunkte sind bereits in der Diplomarbeit angedacht und in der Dissertation (Böllhoff 1975) entwickelt. Im Einzelnen auch vorgetragen auf einer Tagung des Berufsverbandes Deutscher Soziologinnen und Soziologen (BDS) am 20.4.1979 in Berlin im Rahmen des 19. Deutschen Soziologentags (Podiumsdiskussion zu „Anforderungen des Arbeitsmarktes an Soziologie und Soziologen"), auf einer Veranstaltung der Universität Bielefeld „Industriesoziologie zwischen Theorie und Praxis" (Universität Bielefeld 1984) sowie ausgearbeitet in den o. g. Lehrveranstaltungen an der Universität Bielefeld.

wirtschaftliche, juristische und psychologische Elemente enthalten. Zum anderen sollte die Praxis ein Verständnis und ein Bekenntnis zur Notwendigkeit der Einbeziehung der Gegebenheiten und Veränderungen der sozial-personellen Binnen- und der gesellschaftlichen Außendimension in die praktische Entscheidungssituation entwickelt haben. Die ökonomisch-technische Dominanz muss in Richtung „sozialer Rationalität" und „Fokussierung auf Humanpotentiale" ergänzt sein.

Unabhängig davon muss aber immer bewusst bleiben, dass die Soziologie als Wissenschaft weder die soziale Phantasie der für die Gestaltung, Steuerung und Kontrolle von Organisationen Verantwortlichen ersetzen, noch dem Management die Entscheidung abnehmen kann, das Notwendige im Interesse der Stabilität der Organisation und der Nachhaltigkeit der wesentlichen wirtschaftlichen Grundlagen zu tun.

3 Persönlicher Werdegang

3.1 Hintergrund

In der Zeit, in der ich Soziologie studierte und mich auf eine außerwissenschaftliche Berufskarriere vorzubereiten begann – 1963-1968 –, waren die Rahmenbedingungen für „Soziologie und außerwissenschaftliche Praxis" gänzlich andere als heute. Sie lassen sich in der Rückschau wie folgt skizzieren:

- keine Professionalisierungsstrukturen zwischen Soziologie und Praxis; die „aktive Professionalisierung" steckte in den Anfängen,
- nur einige wenige unterscheidbare, teilweise sehr frei gestaltbare Studiengänge entweder innerhalb der Rechts- und Staatswissenschaftlichen oder Philosophischen Fakultäten an Deutschlands Universitäten,
- wenige oder keine konkreten praktischen Anwendungsinhalte in Forschung und Lehre,
- ausgeprägte Vorurteile gegenüber Soziologen in Gesellschaft, Politik und Wirtschaft.

Diese Situation wird am besten durch ein Zitat aus einer Rede des seinerzeitigen Vorsitzenden der SPD-Bundestagsfraktion und späteren Bundeskanzlers Helmut Schmidt deutlich, der 1968 bemerkte: „Wir haben viel zu viele Soziologen und Politologen. Wir brauchen viel mehr Studenten, die sich für anständige Berufe entscheiden, die der Gesellschaft auch nützen."[4] Wer sich trotzdem für ein Studium der Soziologie („nicht anständig", „nicht nützlich") entschied und dabei einen Beruf außerhalb von Forschung und Lehre im Auge hatte, stand vor fünf Herausforderungen, die er – seinerzeit ohne nennenswerte Unterstützung durch Studien- oder Berufsberatung – allein zu lösen hatte: 1. Entscheidung über das angestrebte Berufsfeld, 2. Wahl der grundsätzlichen Ausrichtung des Studiums,

---

4 Der Spiegel, Nr. 34/1969, S. 88.

3. Festlegen von Aufbau und Inhalt des Studiums im Wahlbereich, 4. Entwicklung von Argumentationslinien gegen Soziologievorurteile und 5. frühzeitiger Aufbau eines Netzwerks in der ins Auge gefassten Praxis.

Einige dieser Herausforderungen sind auch heute von Studierenden trotz oder gerade wegen der im Zeichen von „Bologna" vielfältigen und außerordentlich unübersichtlichen soziologischen Studiengänge zu bewältigen. Somit wird zunächst ein kurzer Überblick über die seinerzeit getroffenen Entscheidungen, berufsbezogenen Vorbereitungen und über den darauf aufbauenden beruflichen Werdegang gegeben, aus denen sich vielleicht auch für heutige Studierende der ein oder andere nützliche Hinweis ableiten lässt. Denn nach wie vor ist gültig: Es gibt kein klares Berufsbild für Soziologen, es gibt nur Berufe bzw. Tätigkeiten, auf die allerdings ein sinnvoll aufgebautes Soziologiestudium, gerade auch in Konkurrenz zu anderen Studienrichtungen, sehr gut vorbereiten kann.

3.2   Studienentscheidung und -verlauf

Da vor dem Hintergrund der persönlichen Sozialisation, des Interesses an Organisationen, Strukturen und Prozessen eine klare Berufsvorstellung für eine Tätigkeit in der Wirtschaft vorhanden und die Konkurrenzsituation zu anderen Studiengängen – vor allem Jura und BWL – bekannt und bewusst war, kam für mich nur ein soziologisches Diplomstudium an einer Rechts- und Staatswissenschaftlichen Fakultät in Frage. Das hieß: Zwei Pflichtfächer Soziologie, ein Pflichtfach Volkswirtschaftslehre und zwei aus einem Kanon wählbare Nebenfächer. Die Entscheidung über die zwei Wahlnebenfächer fiel auf Betriebswirtschaftslehre und Sozialpolitik. Dieser für Soziologiestudierende seinerzeit ungewöhnliche Studiengang war für den späteren Einstieg in ein Unternehmen – neben der empirisch ausgerichteten Diplomarbeit[5] und dem Aufbau eines ersten Netzwerkes durch Praktika – entscheidend.

Unter Berücksichtigung der Konkurrenzsituation mit in der betrieblichen Praxis etablierten Studienrichtungen, der konkreten Anwendungsinteressen und der kaum bearbeiteten Fragestellungen zu Wissenschaft und Praxis der Soziologie entschied ich mich nach dem Diplom Ende 1967 an der Westfälischen Wilhelms-Universität Münster in Fortsetzung der Diplomarbeit für eine Dissertation zum Thema „Management und Soziologie", verbunden mit der Stelle einer wissenschaftlichen Hilfskraft am Lehrstuhl von Heinz Hartmann in Münster. Die wesentlichen Fragestellungen waren: Wo liegt die (verborgene?) praktische Relevanz der Soziologie für Unternehmen? Warum funktioniert der kommunikative Austausch zwischen Soziologie und betrieblicher Praxis nicht, oder bestenfalls partiell? Wie könnte man ein neues wissenschaftspragmatisches Praxisverständnis der Soziologie und ein integriertes neues Managementverständnis entwickeln?

Die Kontakte in die betriebliche Praxis wurden weiter gepflegt. Daraus ergab sich Mitte 1969 das Angebot, in einem großen Industrieunternehmen die neu geschaffene Stelle eines

---

5   Dieser Arbeit lagen zugrunde die Entwicklung eines strukturierten Interviews in 15 Unternehmen verschiedener Branchen und Größen, die Durchführung und Auswertung der Gespräche und ein theoretisch/praktischer Konzeptentwurf.

Assistenten des Leiters „Recht und Personal" zu übernehmen, eine für einen Soziologen damals sehr seltene, wenn nicht einmalige Chance. Der Autor verließ die Universität, unterbrach die Dissertation, arbeitete sich in die komplexen Aufgaben des betrieblichen Personalmanagements ein und übernahm wenige Jahre später die Leitung des gesamten Personal-, Ausbildungs- und Sozialwesens. Die Dissertation wurde parallel zur beruflichen Vollzeittätigkeit beendet, die Promotion erfolgte 1975 in Münster zum Dr. sc. pol. Meine Studienpläne und mein anfänglicher Berufswunsch waren erfolgreich umgesetzt, wenn auch eine externe Promotion bei voller Berufstätigkeit im Grundsatz nicht empfehlenswert ist. Sie erfordert einen verständnisvollen „Doktorvater", ein erhebliches Maß an Energie, Freizeiteinsatz, Disziplin und vor allem einen sehr toleranten Partner, wenn man schon eine Familie oder Beziehung hat. Diesen Weg einzuschlagen bedarf also sorgfältiger Prüfung der persönlichen Voraussetzungen und privaten sowie und beruflichen Gegebenheiten.

Im weiteren Verlauf der beruflichen Tätigkeit konnte dank der betriebs- und volkswirtschaftlichen Studiengrundlagen neben dem Personalbereich die gesamte kaufmännische Leitung (Finanzen, Rechnungswesen, Einkauf, Logistik, IT) übernommen werden. Es folgte die Berufung in die Geschäftsführung, später in den Vorstand. Anfang der 90er Jahre folgte der Wechsel in die Geschäftsführung eines großen Handelsunternehmens, danach für 16 Jahre eine selbstständige Tätigkeit als „Unternehmerberater" (zu dieser Bezeichnung siehe weiter unten) für mittelständische Unternehmen.

Dieser Karriereweg war für einen Soziologen eher untypisch und ließ sich innerhalb der Profession gewissermaßen als „weißer Rabe" klassifizieren. Ihm lag neben dem grundsätzlichen Interesse und einer Identifikation mit „Unternehmen" und damit dem Berufsfeld „Wirtschaft" die Entscheidung für eine ‚Entsoziologisierung' zugrunde, d. h. für das Verlassen theoretischer Reflexionen und erklärender Analysen zugunsten einer Fokussierung auf Gestaltung, Veränderung, Implementierung, Anpassung sozialer Zusammenhänge und Prozesse. Dafür musste sich das eigene Handeln und Denken an den praktischen Gesamtproblemen mit ihren typischen technischen, ökonomischen, rechtlichen und sozial-personellen Elementen orientieren.

3.3 Meine Tätigkeit als Berater

Am Beispiel meiner oben erwähnten Beratungspraxis möchte ich die vorgenannten Ausführungen konkretisieren. Mein Beratungsansatz war immer personenbezogen und die „Zielgruppe" war der „Unternehmer", sei es als persönlich haftender Gesellschafter, als Vorstandsmitglied oder als Geschäftsführer.

Diese Zielgruppe hat im Kern – in unterschiedlichen Zeitphasen – drei Problemfelder: a) die Familie unter der Frage: Wie schütze ich die Familie vor dem Unternehmen und wie schütze ich das Unternehmen vor der Familie? b) das Unternehmen unter Fragestellungen nach Strategie/Restrukturierung/Reorganisation/Sanierung etc. c) Finanzen in Hinblick auf z. B. Eigenkapitalbeschaffung, Bankenbegleitung, Finanzierung.

Beratungsgespräche gehen naturgemäß in der Regel von der Problemstellung eines Klienten aus. Die Problemstellung des Klienten, so zeigte sich häufig, ist oft aber gar nicht das wirkliche Problem. Somit ging und geht es immer wieder um dessen Herausarbeitung, was in vielen Fällen zu einer Neudefinition der anzugehenden Probleme führt.

Vor diesem Hintergrund habe ich zum einen bewusst für meine Tätigkeit die Bezeichnung „Unternehmerberatung" und nicht „Unternehmensberatung" gewählt, unabhängig von der Tatsache, dass sich im praktischen Vollzug von Projekten der Schwerpunkt meiner Tätigkeit auf Unternehmensprobleme bezog. Zum anderen. war das der Grund, warum ich im Kern allein und i. d. R. nur mit Teams aus den Klientenunternehmen und nicht mit eigenen Teams gearbeitet habe.

Welche soziologischen (Grund-)Kenntnisse haben sich in diesem Zusammenhang als nützlich erwiesen? Beratungsprojekte können analytisch in drei Phasen unterschieden werden: 1. Analyse des Problemfeldes und Diagnose des Problems 2. Entwicklung von Lösungen oder "Therapien" 3. Umsetzung und Begleitung.

Bei einem „Mergers and Aquisition Projekt" (MAP – Unternehmensfusionen, Erwerb von Unternehmen bzw. Unternehmensanteilen) halfen Analyseinstrumente beispielsweise bei folgenden relevanten Projektinhalten:

1. Unternehmensfakten: Managementpotential, Organisationsstrukturen, Personalstrukturen, Unternehmenskultur, Führungsstil
2. Eigenes Unternehmensprofil: Stärken und Schwächen, Entwicklungstendenzen, Erfolgsfaktoren
3. Idealprofil des gesuchten Partners: Managementpotential, Kernkompetenzen, Kultur und Stil, Personalstrukturen

Da es sich bei Unternehmern und Unternehmen immer um Personen als Betroffene, Beteiligte, Entscheider in sozialen Strukturen (Märkte, Unternehmen, Familien, Gemeinwesen usw.) handelt, ist für alle drei Phasen neben technischen und ökonomischen Kenntnissen soziologisches Wissen für den Erfolg von wesentlicher, teilweise sogar entscheidender Bedeutung. Dies sind beispielsweise Interviewtechniken, Datenauswertung, Verstehen von Strukturzusammenhängen, Verständnis von gesellschaftlichem Wandel, Erarbeitung und Veränderung von Rollendefinitionen, Erfassung informeller und formaler Beziehungen, Prozessverständnis bei Change Management und Innovation, usw.

4 Empfehlungen zur Professionalisierungsstrategie

Wenn auch Management als Haupttätigkeit eher in den Bereichen Unternehmen, Wirtschaft, Verbände, Verwaltung anzusiedeln ist, dürfte (soziologisches) Managementwissen für alle Berufe und Tätigkeiten und damit die Praxis generell von Nutzen sein. Man muss sich klar darüber sein: der Schritt in die außeruniversitäre Praxis erfordert es, sich mit konkreten, oft trivialen Ansprüchen von „Praxis" auseinanderzusetzen; keine Angst davor zu haben, erlerntes soziologisches Wissen zu ‚vergessen', da immer wieder neue, vielfach auch ‚entsoziologisierte' Handlungsentwürfe erarbeitet und umgesetzt werden müssen;

möglicherweise bestehende Vorbehalte gegenüber allen oder bestimmten Praxisfeldern kritisch zu hinterfragen und abzubauen.

Denn erst die schon vor oder im Studium begonnene aktive Auseinandersetzung damit, dass praktische Fragen nicht nur soziologische Probleme beinhalten, dass Praxis nicht nur Reflexion sondern Handeln und Entscheiden mit konkreten Verantwortungsfolgen bedeutet, und dass Handeln in konkreten Situationen immer eng verbunden ist mit vorgegebenen Zeitrahmen, einzuhaltenden Terminen und beschränkten Ressourcen, führt zu einer Beantwortung der studienrelevanten Fragen: Was lerne ich? Wofür lerne ich? Wie vermittle ich meine eigenen Fähigkeiten? Wie setze ich Erlerntes in neuen Kontexten um?

Daher werden abschließend einige Hinweise zu den fachlichen und persönlichen Anforderungen an Absolventinnen und Absolventen von Studiengängen der Soziologie aufgelistet, die vorhaben, in die wissenschaftsexterne Praxis zu gehen (vgl. Abb.1).

Fachliche Anforderungen	Persönliche Anforderungen
• Sichere Beherrschung des soziologischen Methodeninstrumentariums • Solide Begriffsklarheit und gute Theorieübersicht • Fundierte nachgewiesene Kenntnisse in soziologischen Grundlagenfächern und in auf das jeweilige Berufsfeld bezogenen speziellen soziologischen Fachgebieten • Kenntnisse möglicher nützlicher Nebenfachkombinationen • Entwicklung praktischer Problemorientierung • Analyse und Interpretation komplexer sozialer Sachverhalte • Interdisziplinäre Sichtweise praktischer Probleme • Einschätzung von Interessenlagen und Handlungsspielräumen • Berufsfeldbezogene Spezialisierung bei Praktika, Diplomarbeit, Übungen • Mindestens eine Fremdsprache weitgehend perfekt, Grundkenntnisse einer Zweitfremdsprache • Beherrschung moderner Internet-, Kommunikations- und IT-Techniken	• Frustrationstoleranz • Bereitschaft zu ‚Umwegen' • Identifizierung mit dem jeweiligen Berufsfeld • Mobilität • Kontaktstärke • Kommunikationsfähigkeit • Kreativität und Phantasie • Auftreten und Organisationstalent • Zeitmanagement • Mut, Herz, Vertrauen und Moral • Bereitschaft zur Eigenverantwortung
Folgerungen für das Studium Roter Faden, Straffes Studium, (Auslands-) Praktika, Zusatzwissen/-erfahrungen („Mehrwerte")	

Abb. 1 Fachliche und persönliche Anforderungen

Deutlich wird, dass die Wahl des anzustrebenden Berufsfeldes die wichtigste Vorentscheidung ist, die jeder für sich selber treffen muss. Diese Entscheidung ist angesichts der Komplexität der modernen Berufswelt vielfach nicht einfach. Es fehlt oftmals an Informationen, an Zugang oder gar detaillierter Kenntnis. Ein möglicher Weg, die „richtigen", d.h. passenden Berufsfelder für die eigene Interessenlage zu finden, ist die regelmäßige Lektüre einer großen Tageszeitung, die neben Politik auch immer wieder Informationen zu den verschiedensten Themen- und damit Berufsfeldern liefert. So lässt sich relativ leicht herausfinden, was von mehr oder eben weniger Interesse ist und dürfte ein Weg vorgezeichnet sein, um weitere detaillierte Informationen über entsprechende Tätigkeiten zu finden; nach meinem Dafürhalte ein für die wichtige Berufsfeldvorentscheidung zweckmäßiges Vorgehen, das einen einfachen, dabei reflektierten Zugang zu den Strukturen, Denkweisen und vor allem Problemstellungen und Herausforderungen außerhalb von Wissenschaft und Hochschule bietet.

5   Zusammenfassung

Die Professionalisierung von Soziologinnen und Soziologen in und für außerwissenschaftliche Praxisfelder war eine und ist auch heute noch eine aktuelle Herausforderung. Management in Wirtschaft, Nonprofit-Organisationen, Politik oder Verwaltung ist ein zentrales Berufsfeld. Management ist in erster Linie ergebnisorientiertes Handeln mit und für Menschen in Organisationen und ihren Umwelten. Die Professionalisierung des Managements bedingt die Verwendung soziologischen Wissens. Soziologisches Wissen allein reicht aber dafür nicht aus. Andere Disziplinen – je nach Praxisfeld unterschiedliche – sind ebenfalls wesentlich und teilweise auch dominanter als die Soziologie. Auf diese Zusammenhänge der interdisziplinären Denk- und Sichtweise muss schon in den Grundzügen der Ausbildung in den Bachelorabschlüssen, vor allem aber in den Masterstudiengängen Wert gelegt worden sein.

Aber neben Wissen, Kenntnissen und Werkzeugen gehören immer auch dazu: Mut und Training, Grundsätze und Disziplin, Ethik und Verantwortung und natürlich etwas Glück.

Literatur

Böllhoff, Florian (1975). *Management und Soziologie. Zu Problemen der Anwendung der Industrie- und Betriebssoziologie*, unveröff. Diss. sc. pol., Westfälische Wilhelms-Universität Münster.
Hartmann, Heinz (1968). *Der deutsche Unternehmer: Autorität und Organisation*, Frankfurt/M.
Malik, Fredmund (2006). *Führen, Leisten, Leben. Wirksames Management für eine neue Zeit*, Frankfurt/ New York (Neuausgabe).
Staehle, Wolfgang H. (1980). *Management: eine verhaltenswissenschaftliche Einführung*, München (erste von zahlreichen Auflagen).
Universität Bielefeld (1984). Veranstaltung Industriesoziologie zwischen Theorie und Praxis. In: Schriftenreihe „Humanisierung des Arbeitslebens", Band 54, Frankfurt/ New York (Campus), S. 118-121.

Freiberuflichkeit mit Soziologie: Chancen und Risiken der Selbständigkeit

Jürgen Lehmann

1 Überblick: Selbständigkeit in der Dienstleistungsgesellschaft

Selbständig-freiberufliche Tätigkeiten sind im Dienstleistungssektor angesiedelt, dessen Expansion als charakteristisch für die nach-industrielle Wissens- und Dienstleistungsgesellschaft angesehen wird. (Vgl. Bell 1975) Ihre Anzahl hat sich auch in Deutschland kontinuierlich erhöht: von 210.000 Personen 1950 (alte Bundesrepublik) über 550.000 Personen 1994 auf mehr als eine Million im Jahr 2008 (Deutschland gesamt, vgl. Abb. 1). Für das Jahr 2013 zählt der Berufsverband der Freien Berufe, gestützt auf Zahlen des Instituts für Freie Berufe (IFB), Nürnberg, über 1.200.000 Personen.

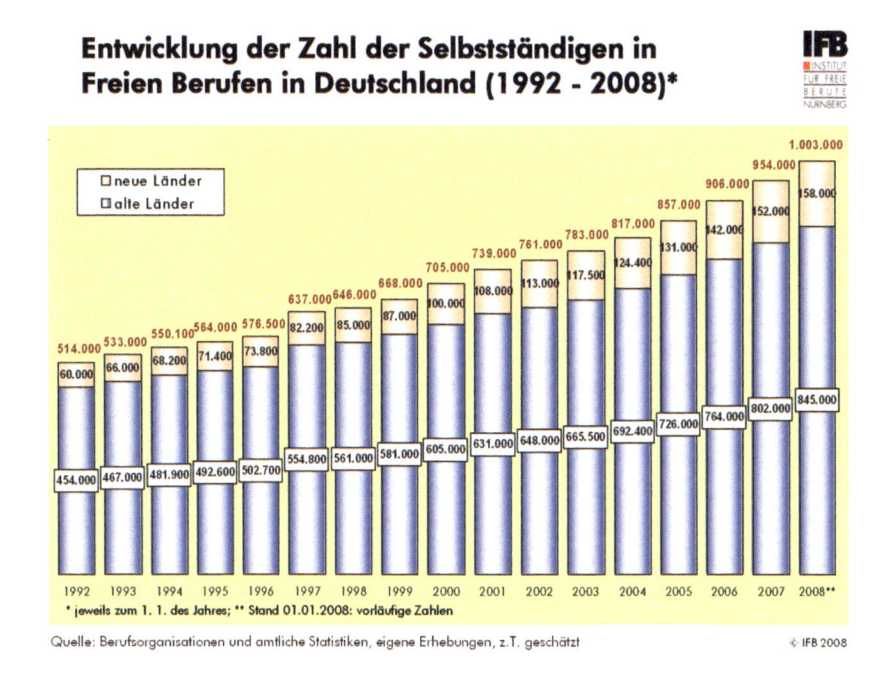

Abb. 1 Selbständige in freien Berufen (Quelle: Berufsverband der Freien Berufe)

Die freien Berufe werden in vier Kategorien unterschieden, auf die jeweils zwischen Anteile zwischen 18 % und 30 % entfallen (vgl. Tabelle 1).

Tab. 1 Berufsgruppen in Freien Berufen in Deutschland (Stand 1.1.2014. Quelle: Berufsverband der Freien Berufe)

Freie Heilberufe	389.000	30,8 %
Freie rechts-, wirtschafts- und steuerberatende Berufe	344.000	27,2 %
Freie Kulturberufe	299.000	23,6 %
Freie technische und naturwissenschaftliche Berufe	233.000	18,4 %
	1.265.000	100 %

Dabei reicht die Bandbreite vom Inhaber einer großen Rechtsanwaltskanzlei oder eines großen Architekturbüros bis hin zu „Solo-Selbständigen" in unter Umständen höchst prekären Einkommensverhältnissen.

Soziologen und Sozialwissenschaftler finden sich als Organisations- oder Unternehmensberater unter den wirtschaftsberatenden Berufen und ebenso, beispielsweise als Weiterbildner, unter den Angehörigen „freier Kulturberufe". Genauere Angaben liegen nicht vor. Unter den Mitgliedern des Berufsverbandes Deutscher Soziologinnen und Soziologen (BDS) stufen sich 7,4 % als Selbständige bzw. freiberuflich Tätige ein (laut Mitteilung der Bundesgeschäftsstelle des BDS April 2014).

2 Mein Weg in die Selbständigkeit

Wer sich zur beruflichen Selbständigkeit entschließt, begibt sich auf ein perspektivreiches aber diffuses Feld. Die Beratung angehender Kollegen und ihre Begleitung in die Selbständigkeit ist eins der Geschäftsfelder im Rahmen meiner über 20-jährigen freiberuflichen Tätigkeit als Managementtrainer und -berater und als Coach. Die folgenden Ausführungen basieren im Wesentlichen auf eigenem Erleben und eigener Erfahrung – in der Hoffnung, dass diese Erfahrungen für die Gestaltung der eigenen beruflichen Laufbahn hilfreich sind!

Mein eigener Weg in die Selbständigkeit war auf keinen Fall so vorgezeichnet. Er ergab sich aus glücklichen Zufällen, die ich allerdings zu nutzen wusste. Um 1975, dem Jahr meines Diploms an der Universität Münster/Westf., ging man als Soziologe in die wissenschaftliche Forschung oder Begleitforschung von Reformprojekten, aber nicht in die sogenannte Praxis, die, so glaubte man, nur „korrumpiert". Personalwesen in der Industrie oder Leiter einer Modellschule waren meine Berufswünsche, die nach längerem Suchen in einer Anstellung im Personalwesen eines Fertigungswerkes (ca. 800 Mitarbeiter) des Luft- und Raumfahrtunternehmens Messerschmidt-Bölkow-Blohm resultierten.

Rückblickend betrachte ich diese ersten drei Jahre als die passenden Lehrjahre, um als theoretisch orientierter Soziologe mit der betrieblichen Praxis fertig zu werden. Als

Personalreferent konnte ich das gesamte ‚Personalgeschäft' einschließlich der Leitung der Aus- und Weiterbildung „von der Pike auf" kennenlernen. Dass ich mit diesem Einstieg „das große Los" gezogen hatte, wurde deutlich, als ich die Koordination der Erwachsenenbildung und Managemententwicklung für den gesamten Konzern übernehmen konnte. In den folgenden Jahren war ich in der zentralen Personalabteilung der Bildungsmanager, der im Konzern eine systematische Karriereentwicklung für Manager und Experten einführte und weitere Innovationen zur innerbetrieblichen Weiterbildung anstieß. Am Ende dieser Tätigkeit geschah dies in Kooperation mit den europäischen Partnerfirmen, um so die Europäisierung der späteren Airbus Gruppe vorzubereiten. In dieser Zeit habe ich die meisten wichtigen Dinge für meine spätere freiberufliche Tätigkeit gelernt (s. u. zu den Qualifikationen). Dies betrifft nicht nur die Themen und Aufgaben des betrieblichen Personal-und Bildungswesens (Human Resources), sondern auch die Kenntnis, wie ein Unternehmen sich organisiert, wie man sich in einem Unternehmen bewegt, miteinander umgeht, Innovationen und Veränderungsprozesse in Gang setzt. Dieses eigene Erleben war die wichtigste Erfahrung, um Kunden und Auftraggeber in betrieblichen Organisationen später *wirklich zu verstehen*.

Meine Zeit in diesem interessanten Unternehmen kam nach 15 Jahren aus anderen Gründen an ihr Ende. Die Obergesellschaft Daimler/Chrysler sortierte ihre erworbenen Luft- und Raumfahrtaktivitäten neu, mir wurden zwei Zentralen vorgesetzt. Eine adäquate, ähnlich attraktive Anschlussaufgabe konnte man mir zu diesem Zeitpunkt nicht anbieten. Außerdem identifizierte ich mich nicht mehr mit der Zukunft des neuen Konzerns. Die selbst betriebene Ablösung von dem so vertrauten Unternehmen war allerdings vor allem emotional schwieriger als erwartet. Ohne (therapeutische) Hilfe hätte ich diesen Prozess nicht bewältigt. Hilfreich war, dass ich bereits in genehmigter Nebentätigkeit in Urlaub und Freizeit für andere Firmen gearbeitet hatte und gemerkt hatte, dass dies funktionierte. Ein günstiger Übergangsvertrag mit zwei Dritteln der Arbeitszeit als Beratungstage für den bisherigen Arbeitgeber auf zwei Jahre sicherte mich und meine Familie ab und erlaubte es mir, einen ersten Kundenstamm aufzubauen – eine wichtige Startbasis für die Freiberuflichkeit.

Kann man aus diesem individuellen Weg – und einzigartig wird jeder Einzelfall sein – allgemeine Schlüsse ziehen? Vielleicht folgende:

Erstens: Den direkten Weg vom Studium in die Freiberuflichkeit sollte man besser vermeiden. Man sollte den Bereich, für den man als Freiberufler tätig sein will, erst einmal als Betroffener kennenlernen und erleben, um so z. B. in erlaubter Nebentätigkeit die eigenen Fähigkeiten zu testen und ein sicheres Gefühl dafür zu entwickeln, ob das Arbeitsfeld, die Tätigkeit wirklich „passt". So lassen sich zumindest einige anfangs unvermeidliche (oft kostspielige!) Fehler vermeiden oder ausgleichen.

Zweitens: Alternativen zur Freiberuflichkeit sollten ernsthaft erwogen werden, mit allen – auch „gefühlten" – Vor- und Nachteilen. In meinem Fall wäre die Alternative eine Aufgabe als Personalmanager in einem mittelgroßen Unternehmen gewesen. Meine ehemaligen Kollegen, die einen solchen Weg eingeschlagen haben, hatten auf jeden Fall weniger Risiko und haben heute sicher eine bessere Altersvorsorge. Aber sie waren in ihrem Beruf immer von den Entscheidungen, Interessen und Strategien anderer abhängig. Für mich kamen solche einschränkenden Bedingungen zu diesem Zeitpunkt nicht mehr in Frage; mir war klar geworden, dass ich mit eigenen Strategien und Entscheidungen besser lebe.

3 Typische Berufsfelder?

Die Berufsfelder für eine Selbständigkeit mit Soziologie sind so vielfältig wie die Soziologie selbst. Soziologinnen und Soziologen finden sich in den unterschiedlichsten Bereichen. Bei einer Veranstaltung zur Berufsorientierung an der Universität Augsburg traten auf: Eine Journalistin, der Leiter eines Umwelt-Instituts, der Geschäftsführer eines mittelständigen Handelsbetriebes, die Leiterin einer Sozialeinrichtung, ein Managementberater und -trainer.

Für die Freiberuflichkeit bedeutet dies, dass die Themen und Felder, mit und auf denen man sich selbständig machen kann, sehr differenziert, manchmal innovativ sind und oft neu kreiert werden. Ein selbständiger Soziologe in München entwickelt interaktive pädagogische Spiele aus „Serious Games" im Internet für Schülerinnen und Schüler. Ein weiterer Fachkollege arbeitet zum Beispiel freiberuflich als Regieassistent bei Produktionen des Bayerischen Fernsehens.

Nur im Einzelfall kann der Lebensunterhalt freiberuflich vorwiegend (oder gar ausschließlich) mit *wissenschaftlichen* oder wissenschaftsnahen Tätigkeiten, z. B. empirischer Forschung, bestritten werden. Viel häufiger sind solche Berufsfelder, die zwar wissenschaftliches Denken voraussetzen, oft aber neben der allgemeinen Lebenserfahrung eine Zusatzausbildung oder spezifische Erfahrung erfordern. Andererseits: Viele Freiberufliche verwirklichen lang gehegte Ideen, arbeiten in sehr speziellen Nischen oder machen ein Hobby zur eigenen Beruf(ung). Das Studium dient dabei zum Nachweis der allgemeinen wissenschaftlichen Kompetenz und einer eigenen Berufskunde. Diese ist in der Regel, die Voraussetzung für die (steuer)rechtliche Anerkenntnis einer freiberuflichen Tätigkeit. Und natürlich hilft eine wissenschaftliche Basis-Qualifizierung zur Begründung angemessener Honorare.

4 Relevanz eines Soziologiestudiums für freiberufliche Beratertätigkeit

Spricht man über Freiberuflichkeit mit Soziologie, erscheint sehr schnell der Beruf des Beraters, meist mit Zusatzbezeichnungen wie Unternehmens-, Management- und Sozialberater am Horizont. Unter dem Begriff verbergen sich konkret sehr unterschiedliche Tätigkeiten. Vom Personalcoach, der im Vier-Augen-Gespräch ähnlich arbeitet wie ein Psychotherapeut, bis zum Eigentümer/ Leiter einer eigenen empirischen Forschungseinrichtung kann das zu bewältigende Arbeitsfeld und können die daran geknüpften Qualifikationen recht unterschiedlich sein. Ohne den Beruf des Beraters hier detailliert zu analysieren (vgl. Springer 2009), orientieren wir uns im Folgenden an diesem Beispiel.

Das zunehmende Interesse an der Beratung ist zum großen Teil erklärbar aus der gestiegenen Nachfrage an beratender Dienstleistung in nahezu allen Wirtschaftsbereichen. Beratend und freiberuflich seinen Lebensunterhalt zu verdienen, ist deshalb auch für Soziologinnen und Soziologen eine ernstzunehmende berufliche Perspektive. Welchen Stellenwert hat dies im Rahmen einer soziologischen akademischen Ausbildung? Aus pragmatischer Sicht sind hier zwei Fragen zur akademischen Ausbildung von Soziologen zu stellen.

Erstens: Die gesuchten Metaqualifikationen in Organisationen im Zeichen flacher Hierarchie, Internationalisierung und Teamorientierung heißen Anleitung, Beratung, Coaching, Betreuung, Supervision. Das sind typischerweise soziologische Kategorien. In der Industrie und zunehmend in öffentlichen Verwaltungen verursacht der immer schneller zu bewältigende Wandel einen weiteren Sog nach internen wie externen Beratungsleistungen. Allerdings ist zu fragen, inwieweit soziologische Studiengänge zu solchen Berufsperspektiven beitragen und inwieweit die Lehrenden zur Vermittlung entsprechender Motivation und Basisqualifikationen vorgebildet sind. Der Lehrkörper der Soziologie ist nach meiner Erkenntnis denkbar ungeeignet, Studierende für eine vorwiegend freiberuflich anzubietende Beratertätigkeit zu qualifizieren, ist doch Freiberuflichkeit bei vielen Dozenten weder durch eigene Erfahrungen belegt noch ein ernst genommenes Forschungsthema.

Zweitens: Professionelle, verantwortliche Beratungstätigkeit ist zunehmend interdisziplinär. Weder hat die Soziologie ein Primat für bestimmte Beratungsthemen, noch kümmern sich die Probleme vor Ort um die – wie auch immer entstandene – Struktur der Studienfächer an den Hochschulen. Erfahrene Berater können nach einigen Jahren Tätigkeit in der Regel nicht mehr unterscheiden, was an ihrem professionellen Handeln soziologisch, psychologisch, pädagogisch oder betriebswirtschaftlich ist – um nur die wichtigsten angrenzenden Disziplinen zu nennen. Wenn man die zur Zeit wichtigen Problemfelder in Wirtschaftsorganisationen betrachtet wie Abbau von Macht und Hierarchie, Problemlösung, Entscheidungsfindung in Teams, Unternehmenskultur, Beschleunigung von sozialem Wandel, Prozessdenken Vernetzungen, Globalisierung oder Multikulturalität, dann sind dies im Kern soziologische Themen. Allerdings haben diese Themen auch psychologische, technische, betriebswirtschaftliche Aspekte. Der Beratungsbedarf liegt in der Regel weniger in der Vertiefung der Einzelaspekte durch die spezialisierte, aber auch einengende Brille eines Studienfaches als vielmehr in ihrer fächerübergreifenden Vernetzung und Austarierung der zahlreichen Facetten.

5 Qualifikationen für eine freiberufliche Beratertätigkeit

Das Studium der Soziologie bietet sehr gute inhaltliche Voraussetzungen für beratende Tätigkeiten, gleich im welchem Arbeitsfeld. Einige Aspekte sollen hier hervorgehoben werden.

5.1 Systemtheoretisches Wissen

Die Fähigkeit, soziale Problemstellungen wahrzunehmen und zu analysieren, das Hinterfragen von Sach- oder Problemlagen sowie das Denken in sozialen Prozessen erleichtern den Zugang zu vielen in der Praxis auftretenden Beratungsproblemen. Die spezifischen Zugriffsweisen sind ein nicht zu unterschätzender Wettbewerbsvorteil der Soziologie gegenüber anderen Studiengängen. Sie befähigen Soziologinnen und Soziologen in besonderem Maße, die Einbettung von Problemen in größeren Zusammenhängen zu begreifen, erleichtern das Verständnis von vernetzten bzw. vernetzbaren Zusammenhängen und ermöglichen eine bessere Antizipation der sozialen Dynamik bei Eingriffen in das soziale System. Interventionen zur gesteuerten Entwicklung von Organisationen können bei richtiger Anwendung dieses Wissens besser lokalisiert und dosiert werden.

Anders gesagt, zu dem, was im Beratungsgeschäft seit einiger Zeit als Theorieverständnis gefragt oder neu aufgesetzt wird, finden Soziologinnen und Soziologen einen relativ leichten Zugang. Leider teilt sich die soziologische Kompetenz, komplexe Problemstellungen in ihrer sozialen Dynamik und im Zeitablauf zu verstehen und zu analysieren, dem Klienten oder Kunden nicht umstandslos mit. Ein Grund sind sicher Unkenntnis oder Vorurteile gegenüber dem Fach und seiner besonderen Zugriffsweise. Ein anderer Grund ist, dass Soziologen in besonderer Weise lernen müssen, ihre Fachsprache dem Klientensystem anzupassen bzw. ihre Kompetenz in den ‚Niederungen der Alltagssprache' auszudrücken. Eine hilfreiche Beraterqualifizierung für Soziologen müsste hier ansetzen. Sie muss den pädagogischen Impetus von Soziologen stärken, ihre Kompetenz Laien zu vermitteln, Hilfestellung geben, um die Fachsprache an konkreten Projekten verständlich zu ‚übersetzen', und die Interdisziplinarität fördern.

5.2 Ideologiekritische Haltung

Eine zweite Basisqualifikation, die das Studium der Soziologie für Beratungstätigkeiten gut vermittelt, ist die Notwendigkeit und Fähigkeit zur Ideologiekritik. Auch hier halte ich ein gutes Soziologiestudium für einen Konkurrenzvorteil gegenüber anderen Studiengängen. Zu wissen und zu berücksichtigen, dass hinter sozialen Funktionen und Prozessen Interessen, Macht und subtile Einflussnahme stehen, diese Sachverhalte auf der „Hinterbühne" im Beratungsprozess für sich selbst und für Gestalter und Betroffene sichtbar zu machen, halte ich für eine wichtige Eignung von Beratern und einen wichtigen Beitrag der Soziologie.

Wichtig ist diese Fähigkeit insbesondere in Zeiten des extrem beschleunigten Wandels, wo nichts mehr so ist, wie es war, vieles nur anders scheint und die Transparenz von Prozessen und Institutionen abnimmt. Soziologinnen und Soziologen sind aus meiner Sicht eher als Andere in der Lage, aus stabiler und gesicherter Einschätzung „Rat" zu geben, Hilfe für das richtige Maß an Stabilität und Wandel anzubieten. Diese Fähigkeit schließt auch eine fundierte theoretische Metaposition – ohne Arroganz – zu den Praxeologien, Methodentrends und Moden der Beraterszene ein. Soziologen gelingt es relativ leicht, von einem festen Standpunkt aus Beratungs- und Führungstheorien/-ansätze zu hinterfragen, zu vergleichen, auf ihre Funktionalität zu überprüfen.

Berücksichtigt werden muss, dass solche pragmatischen Ansätze, Theorien und Denkschulen, Handwerkszeug zur Ansprache der Klientel sind, da sie die Erfahrungswelt der Kunden widerspiegeln. Der Vorteil einer ideologiekritischen Betrachtung liegt in dem rationalen und instrumentalen Zugang zu solchem Handwerkszeug, dem überlegten Einsatz von Instrumenten bei entsprechender Zielverfolgung und Nutzenstiftung, ähnlich wie der klassische Handwerker die Wirksamkeit seiner Werkzeuge gut einschätzen und sie entsprechend einsetzen kann.

5.3 Methoden-Knowhow

Fraglos ist die Ausbildung in Methoden der empirischen Sozialforschung nach wie vor das gewichtigste Pfund, mit dem auch im Beratungsberuf gewuchert werden kann und das in der Regel in sozialwissenschaftlichen Studiengängen sehr fundiert vermittelt wird. Je mehr dieses Know-how bereits im Studium praktisch angewandt wurde, desto brauchbarer ist es für die Praxis. Und je mehr bereits in Projekten methodisch breit angelegte Untersuchungen verantwortlich durchgeführt wurden, umso wertvoller ist es.

Für die beratende Praxis sind Wissen über und Erfahrung mit vielfältigen Methoden wichtig, insbesondere die flexible Anpassung an Randbedingungen wie ökonomische oder zeitliche Zwänge; im Zweifelsfall geht dabei Schnelligkeit vor Genauigkeit. Generell haben Sozialwissenschaftler mit ihrer Ausbildung in den Methoden der empirischen Sozialforschung einen Startvorteil gegenüber Absolventen anderer Studiengänge, wenn sie mit Augenmaß und schnell überschaubarer Kosten-/Nutzenabwägung wirksame Erhebungsmethoden in Beratungsprojekte einbringen können.

5.4 Kommunikation und Kooperation

Auch die Instrumente und Techniken der Kommunikation und Kooperation, die vielfach mit Beratungssituationen verwoben sind, enthalten wesentlich soziologische Komponenten. Jedes menschliche Miteinander ist Gegenstand der Soziologie (so das Motto des Berufsverbandes Deutscher Soziologinnen und Soziologen). In der Moderation von Gruppen-, Gesprächs- oder Konfliktsituationen im betrieblichen Alltag zum Beispiel geht es immer darum, Strukturen, Interessen, Rollenverteilungen zu erkennen und, je nach Umständen, gemeinsam zu reflektieren (der soziologische Aspekt), mittels Methoden der Gesprächsführung (weitgehend der psychologische Aspekt; vgl. z. B. Schulz von Thun 2010) zu steuern und auf ein Ziel (der betriebswirtschaftliche Aspekt) hin zu führen. Diese „skills" sind für Beraterinnen und Berater professionelles Instrumentarium, das unbedingt gelernt und immer weiter verfeinert werden kann und muss. Manager und Auftraggeber, befragt: „Was erwarten Sie von Soziologen in der betrieblichen Praxis?" antworten: „Die können gut mit Gruppen umgehen!" Mitnichten lernt man das als Soziologe im Studium. Ähnlich wie viele Psychologen eine praktische Zusatzausbildung als Therapeut machen (meist bereits im Studium), sollten Soziologen dieses Handwerkszeug im Sinne von „Können" sich aneignen und darin üben.

5.5 Fremdsprachen

Zur Kommunikationsfähigkeit gehören Fremdsprachen-, insbesondere Englischkenntnisse. Nicht nur werden heute in sehr vielen Bereichen und Funktionen gute englische Sprachkenntnisse standardmäßig verlangt. Vielmehr sind die interessantesten deutschen Unternehmen „Global Player", international tätig, und so ergeben sich durchaus Anfragen an den ‚Freiberufler', ob man einen Auftrag auch in englischer Sprache durchführen kann. Schon während meiner Angestelltentätigkeit im internationalen Unternehmen und in der Zusammenarbeit mit Kollegen in Frankreich, Italien, England, Spanien und Schweden waren gute Englischkenntnisse erforderlich. Der damalige Verzicht auf einen Intensivkurs Englisch erwies sich im Nachhinein als Fehler und ein mühsam zu kompensierendes Erschwernis bei späteren freiberuflichen Aufträgen in Europa und außereuropäischen Ländern (Ägypten, Kuweit, Thailand).

Jedem, der auch international arbeiten will, ist daher anzuraten, bereits während des Studiums oder direkt danach ein oder zwei Jahre im englischsprachigen Ausland zu verbringen. Die in den Studiengängen nach dem „Bologna"-System angebotenen Mobilitätsfenster sowie die zunehmenden Kooperationen zwischen deutschen und ausländischen Hochschulen können hier genutzt werden.

6 Persönliche Eignung

Die persönliche Eignung für die Selbständigkeit, meist in beratender Tätigkeit, ist, so meine Erfahrung, der holperigste Stolperstein zu Beginn des Entscheidungsprozesses. Die Frage, ob man über diese Voraussetzung verfügt, ist aus erkenntnistheoretischen Gründen nicht leicht zu beantworten. Zum einen geht es um eine Zukunftsprognose in einer sich rasch wandelnden Welt. Die Anforderungen und Bilder für das „vorbildhafte" Persönlichkeitsprofil z. B. eines selbständigen Unternehmers unterliegen einem permanenten Wandel. Zwischen dem „ehrbaren Kaufmann" à la Buddenbrooks und dem „IT-Nerd" mit *start-up*-Unternehmung liegen Welten. Zum zweiten ist der „persönliche Erfolg" als Messkriterium für Eignung sehr variabel. Welcher Maßstab soll hier zu Grunde gelegt werden? Das langfristige wirtschaftliche Überleben, eine annehmbare persönliche

Work-Life-Balance, die beharrliche Verfolgung einer Idee, eines sozialen Anliegens, oder der jährliche Gewinn bzw. der Verkaufspreis für ein geglücktes *start up*?

Persönliche Eigenschaften, Charakter oder Persönlichkeit sind immer in Fluss, sie wachsen und entwickeln sich. Persönlichkeit reift, mal schneller, mal langsam, in der Regel durch Herausforderungen. Wichtig zu wissen ist, dass Menschen mit unterschiedlicher Persönlichkeit Arbeit und Herausforderungen unterschiedlich aber mit gleichem Erfolg angehen können. Die pragmatisch formulierte Frage lautet: „Auf welche persönlichen Eigenschaften sollte ein ausgebildeter Soziologe zurückgreifen können, um in der Selbständigkeit gut zurecht zu kommen?" Um dies für sich selbst ausfindig zu machen und die eigenen Motive und Ziele zu klären, braucht es in der Regel ein persönliches Coaching, das etwa die folgenden Aspekte behandeln könnte.

6.1   Zutrauen in die eigene Person (Selbstvertrauen)

Vieles von dem, was auf den sich etablierenden Berater zukommt, ist neu, nicht immer voll überschaubar, und nicht alles kann ausprobiert werden. Wenn bei Angestellten, insbesondere Berufsanfängern, das Umfeld eine gewisse Sicherheit gibt und Fehler im Regelfall zu Lasten des Arbeitgebers gehen, ist der oder die Selbständige auf sich selbst gestellt. Zur Bewältigung solcher Unwägbarkeiten und Unsicherheiten brauchen Selbständige Ambiguitätstoleranz als kognitive Grundhaltung. Vor allem muss das Vertrauen in die eigenen Fähigkeiten vorhanden sein oder entwickelt werden. Meine Coaching-Frage hierzu lautet in etwa: „Haben Sie sich schon einmal auf etwas eingelassen, das Sie nicht ganz überschauen konnten, und wie ist es Ihnen dabei ergangen?"

6.2   Vielseitigkeit (Interessen- und Arbeitsspektrum)

Der oder die Selbständige betreibt nicht nur den eigenen Kernprozess, sondern in der Regel ein Geschäft mit allen Nebenprozessen von der Akquisition bis zur Qualitätssicherung. Auch wenn die eher peripheren Arbeiten wie Buchhaltung oder die Konzeption und Durchführung einer Werbeaktion vielleicht nur sporadisch vorkommen: Man muss dazu eine Einstellung finden und die Abläufe kennen – selbst wenn diese Aufgaben an Mitarbeiter oder Dienstleister delegiert werden. Viele ‚Freiberufler' erledigen diese Tätigkeiten selbst, weil sie sich keine Spezialisten leisten können bzw. der Arbeitsanfall zu gering oder zu selten ist, betrachten dies aber nicht als lästig oder zeitraubend sondern positiv als Erholung vom Kerngeschäft.

6.3   Antrieb durch Selbstmotivation

In der Selbständigkeit ist man auch für die eigene Motivation selbst verantwortlich. Der Markt, die Kunden übernehmen diesen Antrieb in der Regel nicht. Die Selbstmotivation gilt für unangenehme Aufgaben ebenso wie für das „Weitermachen", den Neuanfang nach Misserfolgen (Resilienz). Hilfreich ist hier die Unterscheidung zwischen der Arbeit *im* System: der Tagesarbeit für vorliegende Aufträge, und der Arbeit *am* System: der Innovation, der Weiterentwicklung des eigenen Unternehmens, der Persönlichkeit, also der Zukunft. Da die Konkurrenz ja nicht schläft, gibt es hier immer etwas zu tun! In der Freiberuflichkeit fordert dies kein Chef oder Auftraggeber ein, und es gibt auch nur wenige Vergleiche mit Kollegen. Man muss den Willen, die Lust selbst aufbringen, auch wenn dies manchmal schwerfällt. Meine Frage hierzu: „Können Sie sich selbst antreiben (freudig an die Arbeit bringen), oder brauchen Sie dafür andere?"

6.4 Professioneller Arbeitsstil und Selbstmanagement

Der Arbeitsanfall bei Selbständigen wechselt sehr stark. In Zeit- und Schreibtischmanagement und effektivem Arbeiten sollte man sich auskennen und entsprechende Techniken, von der Terminplanung über Prioritätenlisten und zum Arbeitsstil passende Ablagesysteme bis hin z. B. zu Arbeitstagebüchern, nutzen, zum einen zur Vermeidung unsystematischer, verwirrender Arbeitsabläufe und Selbstausbeutung, zum andern als „Aushängeschild" für Kunden und Auftraggeber. Nicht dringende Dinge liegen lassen oder aufschieben ist sträflich. Wann man zu viel, zu wenig tut oder wie effektiv man arbeitet, sagt einem niemand. Hier muss man selbst die Standards setzen. Zu finden und umzusetzen ist eine eigene, Sicherheit schaffende Definition dessen, was eine gute Tagesleistung ist. Das ist in der Regel nicht die Zeit, die abgerechnet werden kann.

Effektives Selbstmanagement umfasst darüber hinaus Strategien, um die eigene Effektivität, Effizienz und Leistungsfähigkeit, aber auch Zufriedenheit zu steigern. Diese reichen von Selbstwahrnehmung, Selbstkontrolle und Selbstregulierung bis zum professionellen Umgang mit Stress und dem Herstellen einer einigermaßen ausgewogenen Work-Life-Balance.

6.5 Soziale Kompetenz und Menschenkenntnis

Nach erfolgreicher Vorarbeit kommt es irgendwann zum Gegenüber mit Auftraggebern und Kunden. Man muss sich klar darüber sein, dass man immer die eigene Leistung *und* sich selbst „verkauft". Menschen wollen gewonnen werden. Hier kommt es auf die soziale Kompetenz: die eigenen kommunikativen Fähigkeiten und das persönliche Verhalten, die Social Skills und auf Menschenkenntnis und -behandlung an. Auch dies kann und muss man immer wieder üben, am besten mit Feedback durch andere Personen.

6.6 Geschäftssinn

Wie das nachfolgende Kapitel zeigt, ist die finanzielle und steuerliche Gestaltung des eigenen Geschäfts eine wirkliche Herausforderung. Freiberuflich Tätige brauchen einen eigenen

Geschäftssinn, eine Art Mischung von Interesse und Talent zur Gestaltung des eigenen Geschäftes. Ob sich ein Auftrag lohnt, ein ausreichendes monatliches Einkommen abwirft, Ein- und Auszahlungen zum „richtigen" Zeitpunkt erfolgen (Liquidität!), hängt nicht nur von Anzahl und Zeitpunkt der Aufträge ab, sondern wird auch durch die permanente Gestaltung der Geldflüsse bestimmt.

Der ‚Freiberufler' muss für diesen wichtigsten unternehmerischen Teil seiner Rolle Motivation und Talent mitbringen oder sich aneignen. Auch wenn Steuerberatung und Buchhaltung als externe Dienstleistung „eingekauft" werden können, muss er als Unternehmer die Fäden in der Hand behalten und bereit sein, einiges an Zeit aufzuwenden. Die finanzielle, kostengerechte und steuerliche Steuerung des Geschäftes; unter anderem durch klare Trennung von privaten und geschäftlichen Konten, muss man selbst beherrschen. Sie ist neben Akquisition und Marketing eine elementare unternehmerische Aufgabe in der Selbständigkeit.

7 Selbständigkeit und Freiberuflichkeit aus steuerlicher Sicht

Freiberuflichkeit, Selbständigkeit und gewerbliche Tätigkeit werden meist als identisch angesehen. Doch gibt es wichtige Unterschiede, die erhebliche steuerliche und damit finanzielle Auswirkungen haben. Anders als im umgangssprachlichen Gebrauch müssen daher bei professioneller Betrachtung die Kategorien möglichst klar definiert und auseinandergehalten werden. Relevant ist das Einkommensteuergesetz (EStG) mit den §§ 2, 15 und 18 (vgl. auch Veranlagungshandbuch Einkommensteuer 2012).

Als *selbständig* gelten Personen, die ihre Einkünfte aus gewerblicher oder aus freiberuflicher Tätigkeit beziehen. Anders als Arbeitnehmer, die Lohn bzw. Gehalt beziehen, unterliegen sie nicht dem Weisungsrecht von Arbeitgebern. Sie stellen Rechnungen und arbeiten für *mehrere* Auftraggeber. *Freiberuflich Tätige* werden zu Umsatz- und Einkommensteuer, Gewerbetreibende zusätzlich zur Gewerbesteuer, ggf. auch zur Körperschaftsteuer veranlagt.

Für selbständige Akademiker, Künstler u. a. ist es daher wichtig, als freiberuflich und nicht als gewerbetreibend anerkannt zu werden. „Zu der freiberuflichen Tätigkeit gehören die selbständig ausgeübte wissenschaftliche, künstlerische, schriftstellerischer, unterrichtende oder erzieherische Tätigkeit" (§ 18 EStG); des Weiteren werden aufgezählt die klassischen freien Berufe wie Arzt, Rechtsanwalt, Apotheker, Ingenieur etc. (sogenannte „Katalogberufe") und Angehörige „ähnlicher Berufe". Diese Öffnung macht es möglich, dass selbständige Lehrer, Dozenten, Wissenschaftler, Unternehmensberater, z. T. auch IT-Berater als freiberuflich Tätige anerkannt werden können (so der Bundesverband Deutscher Unternehmensberater) – Kategorien, in denen sich selbständige Soziologen und Sozialwissenschaftler wiederfinden können.

Übergeordnetes Kriterium der „freien Berufe" ist, dass sie ein eigenes, in der Regel durch akademisch-wissenschaftliche bzw. künstlerische Ausbildung erworbenes Fach-Knowhow ausüben, wobei sie eine besondere – oft von Standesorganisationen oder

Berufsverbänden vorgegebene – Qualität und Sorgfalt anwenden. Erbracht werden muss eine geistige, wissenschaftliche bzw. künstlerische Leistung, und zwar durch die Person selbst. (Dem steht nicht entgegen, auch als FreiberuflerIn Mitarbeiter zu beschäftigen). Es wird ein besonderes Vertrauensverhältnis zwischen Auftraggeber und Auftragnehmer unterstellt, was für die Einstufung als „Freiberufler" ebenfalls bedeutsam ist. Als Beleg für das Kriterium der wissenschaftlichen Tätigkeit reicht in der Regel die Urkunde des akademischen Abschlusses, die bei einer Steuerprüfung ggf. vorgelegt werden muss. Ein Steuerprüfer hat einmal mit seiner Forderung von Gewerbesteuer keine Ruhe gegeben, bis ihm diese Urkunde vorlag. Bis vor kurzem führte ich zwei getrennte Firmen, eine für freiberufliche Tätigkeit als Soziologe und Berater und eine GmbH für den gewerblichen Vertrieb von Software.

Wenn ein ‚Selbständiger' nur für *einen* Kunden arbeitet oder in der Arbeitsausführung fachlichen *Weisungen* unterliegt, wird von den Finanzbehörden eine nichtselbständige Tätigkeit angenommen („Scheinselbständigkeit"). Der Arbeitgeber muss Strafe zahlen und die erforderlichen Sozialabgaben nachentrichten.

Gewerbetreibende und Freiberufler müssen ihr Einkommen selbst versteuern. Das betrifft nicht nur die Einkommensteuer sondern auch die Mehrwertsteuer, die man für das Finanzamt einzieht. In der Praxis bedeutet dies, dass auf dem eigenen Konto Geld liegt, das dem Finanzamt gehört. Allein aus diesem Grund ist ein eigenes Geschäftskonto und im ganzen Geschäftsgebaren eine klare Trennung zwischen privaten und geschäftlichen Ausgaben und Einnahmen einschließlich entsprechender EC- und Kredit-Karten notwendig. (Dies war immer die kritischste und wichtigste Auseinandersetzung bei Steuerprüfungen!)

8   Chance und Risiko

Selbständigkeit und Freiberuflichkeit haben einiges von ihrem Glanz verloren, weil vielfach die Entscheidung für diesen Weg nicht aus Überzeugung sondern aus Not geschieht. Mancher, der nach Studienabschluss keine Anstellung bekommt, wagt den riskanten Schritt ins finanziell Ungewisse – oft schlecht beraten und wenig vorbereitet. Auch junge Mütter und Väter hoffen, sich die notwendigen flexiblen Arbeitsverhältnisse und -bedingungen durch selbständige Tätigkeit schaffen zu können, weil viele Firmeninhaber – meist zu Unrecht – glauben, sich auf flexible Arbeitszeitmodelle nicht einstellen zu können.

Auch für Berufserfahrene (selbst für Manager im vorgezogenen Ruhestand) ist der Schritt in die Selbständigkeit ein Risiko mit anfangs höchst unsicheren Verdienstmöglichkeiten. Bei Vorliegen der Voraussetzungen sollte man sich nicht scheuen, die „Existenzgründungshilfen" der Arbeitsagenturen in Anspruch zu nehmen (ungeachtet deren Bestreben, auf diese Weise die Arbeitslosenstatistik zu verbessern). In jedem Fall nützlich sind Beratungsangebote und Hilfestellungen seitens (halb-)staatlicher Stellen und einschlägiger Verbände. Einige Beispiele, die unter den jeweiligen Organisationen leicht im Internet zu finden sind:

- das „Gründercoaching" der Kreditanstalt für Wiederaufbau (KfW), explizit auch an Freiberufler gerichtet; unter Umständen mit einem finanziellen Zuschuss begleitet;
- eTraining „Existenzgründung und freie Berufe" des Bundesministeriums für Wirtschaft und Technologie, mit Begleitbroschüre;
- vielfältige Hinweise und Informationen zur Existenzgründung von Industrie- und Handelskammern, vom Berufsverband Freie Berufe, auch von Gewerkschaften (z. B. Broschüre „Freiberuflichkeit", erschienen 2010, Schwerpunkt Erwachsenenbildung, der Dienstleistungsgewerkschaft ver.di).

Wer eine einigermaßen ausgereifte Idee und das richtige Gespür hat, Möglichkeiten erkennt und ergreift, ist mit der Freiberuflichkeit und Selbständigkeit „seines Glückes Schmied", mit ungeahnten Freiheiten und oft faszinierenden Möglichkeiten. Es ist die Freiheit der Entscheidung, die den Reiz freiberuflicher Existenz ausmacht. Für mich und viele andere ist diese Selbständigkeit so passend und reizvoll, dass selbst finanziell wesentlich attraktivere Angebote abhängiger Beschäftigung da nicht mithalten können.

Literatur

Bell, Daniel (1975). *Die nachindustrielle Gesellschaft*. Frankfurt/M.: Campus.
Schulz von Thun, Friedemann (2010). *Miteinander reden I: Störungen und Klärungen. Allgemeine Psychologie der Kommunikation*. Reinbek: rororo.
Springer, Roland (2009). Der Berater als Arbeitskraftunternehmer. Zur Funktion und Qualifikation eines modernen Dienstleistungsberufs. *Arbeits- und industriesoziologische Studien* 2, Heft 1, Juni 2009, 19-28.
Veranlagungshandbuch Einkommensteuer 2011 (2012). Düsseldorf: IDW Verlag.

Internetquellen

Berufsverband der Freien Berufe, unter http://www.freie-berufe.de/ueber-die-freien-berufe/daten-und-fakten.html. Zugegriffen: 22.1.2015.
Berufsverband Deutscher Soziologinnen und Soziologen, unter www.bds-soz.de. Zugegriffen: 18.4.2014.
Bundesverband Deutscher Unternehmensberater, unter www.freie-berufe.de/gruendung/informationen-fuer-gruender.html. Zugegriffen: 18.4.2014.
Bundesministeriums für Wirtschaft und Technologie, unter www.existenzgruender.de. Zugegriffen: 18.4.2014.
Gewerkschaft ver.di, unter www.nrw.verdi.de. Zugegriffen: 22.1.2015.
Kreditanstalt für Wiederaufbau (KfW), unter https://www.kfw.de/inlandsfoerderung/Unternehmen. Zugegriffen: 24.4.2014.

B
6 Wissenschaft und Bildung

Mit Soziologie ins Hochschulmanagement

Annette Pietsch

> *„Was würdest du mir bitte sagen, wie ich von hier aus weitergehen soll?"*
> *„Das hängt zum größten Teil davon ab, wohin du möchtest", sagte die Grinsekatze.*
> *„Ach wohin ist mir eigentlich gleich …", sagte Alice.*
> *„Dann ist es auch egal, wie du weitergehst", erwiderte die Katze.*
> Lewis Carroll, Alice im Wunderland

1 Im Wunderland

Der eigene berufliche Weg erscheint schon einmal als Reise durch ein Wunderland – im positiven Sinn. Das in diesem Beitrag vorgestellte Berufsfeld beschreibt daher auch nur einen möglichen Pfad durch und in einen Tätigkeitsbereich, der in den letzten Jahren zunehmend auch durch Quereinstiege erobert wird und eine eigene „berufliche Identität" unter der Bezeichnung Hochschulmanagement und Wissenschaftsmanagement entwickelt.

Das hochschulische Bildungssystem als sogenannter tertiärer Bildungsbereich soll zunächst kurz als zugrunde liegende Rahmenbedingung für das vorgestellte Berufsfeld beschrieben werden, bevor es dann um die konkreten Tätigkeiten und einen möglichen Weg in das Berufsfeld Hochschulmanagement geht.

2 Zum Kontext: Die Hochschullandschaft in Deutschland

Die Hochschullandschaft in Deutschland kann ein Stück weit als ein Wunderland gesehen werden: durchaus im positiven Sinn ist es hier manchmal tatsächlich egal, wie man weitergeht, wenn man nicht weiß, wohin man eigentlich möchte. Die Hochschullandschaft in Deutschland zeigt Überschaubarkeit in den Hochschularten: Neben Universitäten und ihnen gleichgestellten Hochschulen, wie den Technischen Hochschulen oder Technischen Universitäten, Pädagogischen oder auch Theologischen Hochschulen sind es die Fachhochschulen einschließlich von Verwaltungsfachhochschulen sowie die Kunst- und Musikhochschulen, die sich vor allem durch ihre unterschiedlichen Aufträge differenzieren.

Während neben der Lehre vor allem auch die Forschung in Grundlagenbereichen sowie die Förderung des wissenschaftlichen Nachwuchses die Universitäten auszeichnen, ist das Aufgabengebiet der Fachhochschulen, die erst seit den 1970er Jahren als eigener Typ in das Hochschulsystem integriert wurden, deutlich geprägt von Praxisbezügen in Lehre und Forschung, welche vielfach in Kooperationen mit Unternehmen der Wirtschaft stattfinden. Der Anteil privater Fachhochschulen an der Gesamtzahl von 251 liegt bei ca. 50 % (vgl. Sekretariat der Ständigen Konferenz der Kultusminister der Länder in der Bundesrepublik Deutschland, 2013) und damit zwar relativ hoch, mit Blick auf häufig enge Kooperationen mit der Wirtschaft ist dieser hohe Anteil aber plausibel.

Die Kunst- und Musikhochschulen bieten Studiengänge in den bildenden, gestalterischen und darstellenden Künsten mit unterschiedlichen Fächerspektren an. Dabei sind alle Hochschulen, in staatlicher Trägerschaft oder staatlich anerkannt, in ihrem Handeln beispielsweise bei der Planung von Studiengängen, der Zuerkennung von Studienabschlüssen der Hochschulgesetzgebung der jeweiligen Länder verpflichtet. Für die Umsetzung politischer Ziele bis hin zum Arbeitsalltag in Wissenschaft und Verwaltung hat dies grundlegende Konsequenzen, die noch detaillierter beschrieben werden (vgl. Kap. 3). Einen Überblick über die Anzahl der Hochschuleinrichtungen für das Wintersemester 2013/2014 geben Daten des Statistischen Bundesamtes in Wiesbaden:

Tab. 1 Hochschuleinrichtungen in der BRD

Hochschulen insgesamt	423
Universitäten	106
Pädagogische Hochschulen	6
Theologische Hochschulen	17
Kunsthochschulen	53
Fachhochschulen (ohne Verwaltungsfachhochschulen)	212
Verwaltungsfachhochschulen	29

Obwohl der deutsche Hochschulraum durch die vorgegebenen Arten und die gesetzlichen Regelungen als grundsätzlich stark strukturiert erscheint, ist die Hochschullandschaft selbst im Hinblick auf die fachliche Vielfältigkeit als äußerst heterogen zu bezeichnen. An den „großen" Universitäten finden sich, neben stark nachgefragten Fächern wie zum Beispiel den Rechtswissenschaften, der Betriebswirtschaftslehre oder der Medizin, in den Geistes- und Sozialwissenschaften auch noch die sogenannten „Orchideenfächer"[1], die trotz ihrer eher geringen Anzahl an Studierenden, aber wegen ihrer eigenen Fächerkultur das Bild großer Universitäten mitprägen und so für Studierende und Studieninteressierte

---

1 Orchideenfach ist eine umgangssprachliche Bezeichnung ausgefallene oder ungewöhnliche Fächer, die nur von wenigen Studierenden nachgefragt und nur an wenigen Universitäten gelehrt werden wie beispielsweise etwa Christliche Archäologie oder Koptologie.

interessante Kombinationsstudiengänge oder auch Alternativen zu den „gefragten Klassikern" darstellen. Die Fachhochschulen in ihrer Anwendungsorientierung sind dagegen in besonderem Maße der Nachfrage nach ihren Studienangeboten seitens von Studierenden verpflichtet.

Mit der Einführung gestufter Studienstrukturen im Rahmen des Bologna-Prozesses wurden die Hochschulen, ihre Leitungen, aber auch die jeweiligen Wissenschaftsbereiche, in ihren vorhandenen Bildungsstrukturen vor außergewöhnliche Herausforderungen gestellt. Dies vor allem, weil die Umsetzung des politischen Prozesses in die Bundes- und Landesgesetzgebung viele Jahre benötigte und so den Hochschulen trotz dem erklärtem politischen Willen lange Zeit die erforderlichen Regelungsgrundlagen fehlten. Der Bologna-Prozess hat nach wie vor mittel- und unmittelbare Auswirkungen auf die Tätigkeiten an Hochschulen und hierdurch – wenn man denn dieser positiven Sichtweise folgen mag – auch dafür gesorgt, dass sich in den tradierten Systemen in gelebter Dynamik neue Chancen und Möglichkeiten eröffnen. Dies hat in der Folge Konsequenzen für nahezu alle Tätigkeitsfelder in Hochschulen gehabt, daher zur Erläuterung im Folgenden eine Darstellung relevanter Aspekte des Bologna-Prozesses.

3   Der Bologna-Prozess: Change-Management im öffentlichen Dienst

Der Bologna-Prozess, der einen Reformprozess im europäischen Hochschulraum zur Harmonisierung von Studiengängen und Studienabschlüssen bezeichnet, feierte im Jahr 2014 sein 15-jähriges Jubiläum, was für die gegenwärtig 47 Mitgliedsländer der European Area of Higher Education (EHEA) ein Anlass war, Bilanz zu ziehen.

Der Bologna Prozess basiert auf (noch) nicht rechtsverbindlichen Absprachen zwischen den Bildungsministern von 47 europäischen Staaten, die sich in den Jahren von 1999 bis 2012 durch im Zweijahresturnus getaktete Ministertreffen politisch verstetigt haben und in denen offiziell festgelegt wurde, welche Ziele im Bologna-Prozess jeweils vorrangig erreicht werden sollen, etwa betreffend die Konvergenz von Studiengängen, die Erhöhung studentischer Mobilität im europäischen Hochschulraum, die Qualitätssicherung in Forschung und Lehre, die Umsetzung des Konzepts des „Life-Long-Learning" oder auch die Beschäftigungsfähigkeit der Absolventinnen und Absolventen. Gerade auch mit letzterem verbindet sich eine Tendenz zur Akademisierung von Berufen. Im Kontext dieser dynamischen Rahmenbedingungen liegt das Tätigkeitsfeld der Verwaltungsleitung an einer der kleinsten staatlichen Fachhochschulen Deutschlands, der Hochschule für Gesundheit in Bochum.

4 Start up – Akademisierung der Gesundheitsfachberufe im Modellprojekt

Die Hochschule für Gesundheit in Bochum wurde im Jahr 2009 vom Land Nordrhein-Westfalen als staatliche Fachhochschule gegründet[2]. Dabei spielten in der Hauptsache zwei Gründe eine Rolle: Zum einen wollte die damalige Landesregierung mit Blick auf die durch die Umstellung auf die achtjährige gymnasiale Schulausbildung (G8) erwarteten doppelten Abiturjahrgänge in Nordrhein-Westfalen 10.000 zusätzliche Studienplätze schaffen. Dies wurde durch die Gründung von vier neuen Fachhochschulen im Land umgesetzt[3], von denen die Hochschule für Gesundheit eine war. Zum anderen wurde auf Initiative des Landes Nordrhein-Westfalen[4] auf bundesgesetzlicher Ebene die Erprobung akademischer Ausbildung in den Gesundheitsfachberufen durch Einrichtung einer Modellklausel[5] mit dem Ziel eröffnet, den sich verändernden Anforderungen an das Gesundheitssystem und den daraus resultierenden Ansprüchen an Qualifikationen der dort Beschäftigten durch eine akademisch fundierte berufliche Qualifizierung der Beschäftigten im Bereich der Gesundheitsfachberufe zu begegnen (vgl. Friedrichs und Schaub 2011).

Die Hochschule für Gesundheit ist also die erste Fachhochschule in staatlicher Trägerschaft, an der die Fächer Ergotherapie, Logopädie, Physiotherapie, Hebammenkunde und Pflege im Rahmen grundständiger und primärqualifizierender Bachelor-Studiengänge studiert werden können.

Zukünftig sollen 1.300 Studienplätze zur Verfügung gestellt werden und die Studierenden erhalten sowohl einen staatlichen Abschluss, der die Bedingung für die Erlaubnis zur Führung der jeweiligen Berufsbezeichnung ist, als auch den akademischen Abschluss „Bachelor of Science".

Vor dem Hintergrund der internationalen Ausbildungssituation im Gesundheitsbereich, die mehrheitlich auf einer hochschulischen Ebene angesiedelt ist, und im europäischen Zusammenhang des Bologna-Prozesses wurde damit eine Entwicklung angestoßen, die Auswirkungen auf die einzelnen Berufsbilder und -felder hat und somit auch Veränderungen in der konkreten Berufspraxis und in der Versorgung der Bevölkerung in Gang setzt.

---

2 Gesetz zur Errichtung der Fachhochschule für Gesundheitsberufe, Gesundheitsfachhochschulerrichtungsgesetz vom 8. Oktober 2009.
3 Diese sind die Hochschule Rhein-Waal, die Hochschule Ruhr-West, die Hochschule Hamm-Lippstadt und die Hochschule für Gesundheit in Bochum.
4 Vgl. Gesetz zur Einführung einer Modellklausel in die Berufsgesetze der Hebammen, Logopäden, Physiotherapeuten und Ergotherapeuten vom 25.09.2009 Online: http://dipbt.bundestag.de/extrakt/ba/WP16/136/13624.html. Zugegriffen: 21.02.2015).
5 Vgl. ebd. Anm.: Die Pflegeberufe waren bereits seit 2003 durch die Modellklausel §4 Abs. 6 KrPflG zur Erprobung weiterer Ausbildungsmöglichkeiten ermächtigt.

5 Als Dezernentin im Start-up ... und in der Aufbauphase

Die Gründung der Hochschule auf der ‚grünen Wiese' war eine große berufliche und persönliche Herausforderung. Nach langjähriger Tätigkeit als Geschäftsführerin eines der zentralen Prüfungsämter an der Universität Münster in tradierten und etablierten Strukturen, bekam ich im Jahr 2009 das Angebot, Mitglied im Gründungsteam der damals designierten Präsidentin und des Kanzlers für den Bereich Studium und Akademische Angelegenheiten zu werden und der Begriff ‚Gründung auf der grünen Wiese' wurde rasant mit Leben und Aufgaben gefüllt. Mit einjähriger Vorlaufzeit zum geplanten Studienbeginn im Wintersemester 2010/2011 musste die gesamte Organisationsstruktur einer staatlichen Hochschule aufgebaut werden, in Fachgebieten, die es deutschlandweit in dieser Konstruktion noch nicht gab. Das Aufbauteam bestand aus einer überschaubaren Anzahl von Mitarbeiterinnen und Mitarbeitern, sowohl in der Verwaltung als auch im Wissenschaftsbereich und wuchs nur ganz sukzessive auf.

In der einjährigen Gründungsphase galt es also, vor allem das große Gesamtprojekt „Hochschulgründung" in die ressortspezifischen Einzelprojekte zu untergliedern, grundlegende Strukturen aufzubauen, geeignete Mitarbeiterinnen und Mitarbeiter zu akquirieren und auch da mitanzufassen, wo es erforderlich war – unabhängig von beruflichem Status oder fachlicher Kompetenz. In der Verbindung nach außen mussten sämtliche Prozesse mit den zuständigen Landesministerien in Nordrhein-Westfalen, dem Ministerium für Innovation, Wissenschaft und Forschung (MIWF), dem Ministerium für Arbeit, Gesundheit und Soziales (MAGS) sowie dem späteren Ministerium für Gesundheit, Emanzipation, Pflege und Alter (MGEPA) abgestimmt, deren Voten eingeholt und umgesetzt werden, so dass neben den strukturellen Aufgaben innerhalb der Organisation auch die Mitarbeit bei der engen Abstimmung mit politischen Entscheidungsträgern die Arbeitsabläufe bestimmte. Für die eigene Arbeit bedeutete das konkret die Umsetzung von der Idee der Struktur über die Genehmigung durch das Präsidium bis zur Umsetzung durch Projektteams, deren Leitung dann ebenfalls in mein Aufgabengebiet fiel. Dazu gehörten auch der personelle Aufbau des Dezernats selbst und die Erstellung der erforderlichen Tätigkeitsprofile in direkter Zusammenarbeit mit dem Kanzler der Hochschule und der parallel entstehenden Personalabteilung. Die ersten rechtlichen Grundlagen wurden gelegt und für den Bereich Studium und Akademische Angelegenheiten musste ein Campusmanagementsystem ausgewählt und implementiert werden. Im Rahmen der Projektleitung des Aufbaus des Dezernats war es die Aufgabe, die verwaltungsseitigen Strukturen, die für den Studienbetrieb erforderlich waren, zu schaffen:

- die Einrichtung eines Studierendensekretariats, das für die Studieneingangsberatung Studieninteressierter, die Bewerbungen um Studienplätze sowie die Immatrikulation zuständig ist,
- das akademische Prüfungsamt, das die Prüfungsverfahren in Abstimmung mit den Prüferinnen und Prüfern der Fachbereiche organisiert, die Verfahren begleitet und administriert und die Prüfungsakten der Studierenden führt,

- und mit Blick auf die spätere Beschäftigungsfähigkeit unserer Absolventinnen und Absolventen bereits zu diesem Zeitpunkt die Einrichtung eines Career Service, der begleitende Angebote für die Studierenden und später auch Absolventinnen und Absolventen entwickelt und bereitgestellt.

Parallele Projekte des Wissenschaftsbereiches, wie die Akkreditierung der Studiengänge durch die Akkreditierungsagentur für Studiengänge im Bereich Gesundheit und Soziales (AHPGS) mit Sitz in Freiburg, wurden ebenfalls dezernatsseitig begleitet.

Und mindestens ebenso wichtig wie die organisationale Bereitstellung der Strukturen waren die intensive und kontinuierliche Kommunikation und die Verzahnung mit dem Wissenschaftsbereich.

In der zweiten Phase der Hochschulgründung, der Aufbauphase nach dem gelungenen Studienstart zum WS 2010/11 änderte sich die Aufgabenstellung schrittweise. Jetzt ging es vor allem auch darum, in gesteuerten Prozessen die im ersten Jahr der Gründung erforderliche Dynamik durch die Abbildung der Arbeitsabläufe zu verstetigen und die in Change-Prozessen so wichtige Phase des ‚freezing' einzuläuten. Hierfür haben wir im mittlerweile gewachsenen Team gemeinsam die Abläufe aller Kernprozesse erstellt und sie mit den davon ebenfalls beteiligten Akteuren in den anderen Bereichen der Verwaltung und im Wissenschaftsbereich abgestimmt. Die Verfahren werden seitdem kontinuierlich evaluiert und bei Bedarf kontrolliert angepasst. Diese zweite Phase endet am 31.12.2015 mit dem Außer-Kraft-treten des Fachhochschulerrichtungsgesetzes, wobei die Hochschulentwicklungsplanung bereits jetzt schon mögliche Perspektiven für einen Ausbau der Hochschule mit berücksichtigt. Es bleibt also auch zukünftig eine herausfordernde Aufgabe.

Mit Abschluss der als „Projekte" definierten Aufgaben werden dementsprechend die Routinen der Hochschulverwaltung oder auch des Hochschulmanagements in den Vordergrund treten und das bedeutet für die tägliche inhaltliche Arbeit die Vorbereitung und Umsetzung von Präsidiumsentscheidungen, konzeptionelle Tätigkeiten bei der Unterstützung des ´Vizepräsidenten Studium und Lehre´ sowie den Departments (Fachbereichen) in den Angelegenheiten Studium und Lehre, die Leitung und Moderation von Arbeitskreisen, die Kommunikation und die Zusammenarbeit mit den zuständigen Bereichen im Wissenschaftsministerium (MIWF) und last but not least die Verantwortung für die Mitarbeiterinnen und Mitarbeiter in meinem Dezernat.

Eine vielfältige und herausfordernde Tätigkeit, die auch sehr viel Spaß macht!

6   Der Weg dahin …

Um den Weg zu beschreiben, möchte ich gerne auf das Eingangszitat zurückkommen.

Ähnlich wie Alice im Wunderland erlebte ich meinen Start in den Magisterstudiengang Soziologie, von dem ich bis dahin noch nie etwas gehört hatte. Vorausgegangen war ein abgebrochenes Jura-Studium, in dem ich nahezu alle Leistungsnachweise erbracht, das mich aber nie wirklich begeistert hatte. Das Studium kurz vor dem Abschluss abzubrechen, war eine schwere Entscheidung, die sowohl finanziell kaum zu bewältigen war als auch Irritationen bei Freunden und Verwandten auslöste. Unentschlossenheit, wenig Durchsetzungsvermögen, Unvernunft ... alles Begriffe, mit denen ich mich in dieser doch entscheidenden Situation konfrontiert sah und die mich in dieser Situation auch selbst zusätzlich verunsicherten. An diesem Punkt wusste ich weniger, was ich wollte, als vielmehr, dass ich das, was ich bis dahin studiert hatte, eben nicht wollte. So gesehen war ich thematisch für vieles offen ...

Und nachdem ich diese Türe schließen wollte, öffnete sich tatsächlich eine neue.

Der folgende, stark verkürzte Dialog liegt über 20 Jahre zurück und fand in der Studienberatung statt:

„Würden Sie mir bitte sagen, welcher Studiengang für mich der richtige Weg ist?"
„Das hängt zum größten Teil davon ab, wohin Sie möchten", sagte der Studienberater.
„Ach, wohin ist mir eigentlich nicht klar ...", sagte ich.
„Dann ist es auch egal, wie Sie weitermachen, was wäre mit Soziologie?", erwiderte der Studienberater.[6]

Es folgte das Studium der Soziologie mit den Nebenfächern Politikwissenschaft, Wirtschaftspolitik und Öffentliches Recht, von dem ich anfangs nicht wusste, wohin es mich hinterher führen würde. Aber bereits in den ersten Vorlesungen und Seminaren wurde mir sehr deutlich, dass ich mich in einer Fachkultur befand, in der das konstruktive Hinterfragen von Bestehendem und kontroverse Diskussion nicht nur erlaubt, sondern auch gewünscht war. Das Studienangebot war breit aufgestellt und nach den einführenden Seminaren konnte ich die Schwerpunkte auch nach meinen Interessen setzen. Sozialstatistik und Empirie SWS waren verpflichtend und weniger leidenschaftlich besucht, sorgten jedoch für die grundlegende Methodenausbildung, von der ich heute profitiere.

Auch der Blick über den Tellerrand, der Blick auf das Ganze wurde mir in besonderem Maße im Soziologiestudium vermittelt – eine systemische Perspektive einzunehmen, immer wieder auch die Ebenen der Beobachtungen zu wechseln, und die Konzentration auf Lösungen und nicht auf Probleme sind Kompetenzen, die ich dankenswerter Weise im kritischen Diskurs mit Kommilitoninnen und Kommilitonen und Professorinnen und Professoren und im Kontext des Studiums soziologischer Theorie erwerben konnte.

Im beruflichen Alltag kommen sicher nicht alle Kenntnisse zur Anwendung, aber rückblickend sind es genau diese Fähigkeiten, die mir meinen beruflichen Weg ermöglicht haben, ohne dass ich im Jahr 1992 wusste, wohin mich der Weg führt.

Aus heutiger Perspektive würde ich die unterschiedlichen Karrierewege Jura und Soziologie, die ich seinerzeit angestrebt habe, als für mich zusammengeführt sehen. Außer Frage steht, dass der eher karriereorientierte erste Studienwunsch für mich nicht zum Ziel führte und dass ich mit dem Studienfach Soziologie meinen Weg zur weitest gehenden beruflichen Verwirklichung gefunden habe.

---

6   Der Studienberater möge mir die komprimierte Fassung des Gesprächs verzeihen.

Durch die fachliche Umorientierung bin ich als Soziologin in einem Handlungsfeld gelandet, in das ich auch als Juristin hätte Eingang finden können, gerade weil diese Arbeits- und Tätigkeitsfelder in der Vergangenheit, ebenso wie die meisten Ressorts einer Hochschulverwaltung, klassischerweise von gelernten Verwaltungs- und Verwaltungsfachangestellten, und in den Leitungsfunktionen dann vorzugsweise von Juristen oder Betriebswirtschaftlern besetzt waren.

7 Third Space? Entwicklungsperspektiven des Berufsfelds

Die Hochschulverwaltungen stehen im Kontext der oben beschriebenen Anforderungen aus dem Bologna-Prozess vor neuen Herausforderungen, denen die bestehende Differenzierung der Verantwortungsbereiche in der Verwaltung im Hinblick auf die tägliche Aufgabenerfüllung oftmals nicht mehr gerecht wird. Vielmehr ist seit der Umsetzung der Bologna-Reform ab Beginn der 2000er Jahre deutlich erkennbar, dass die Aufgaben der Verwaltungsstellen, die sich an den Schnittstellen zur Wissenschaft befinden, also beispielsweise in den Bereichen Studium und Akademische Angelegenheiten oder Forschungsförderung eher in Richtung eines Hochschulmanagements gehen und damit auch die veränderten Erwartungen des Wissenschaftsbereichs erfüllen (können). Die britische Hochschulforscherin Cecilia Witchurch hat für diese neuen Schnittstellenaufgaben den Sammelbegriff des „dritten Raums" geprägt (vgl. Witchurch 2010): Tätigkeiten die zwischen Verwaltung und Wissenschaft liegen und durch die neue Berufsfelder und Tätigkeitsbilder als Hochschul- und Wissensmanagement entstehen (vgl. auch Salden 2013, kritisch Späte 2011).

Der „dritte Raum" zwischen Verwaltung und Wissenschaft ist durch Aufgabenfelder und Tätigkeiten gekennzeichnet, die eine besondere Nähe zum Wissenschaftsbereich aufweisen, beispielsweise im Qualitätsmanagement im Rahmen von Akkreditierungsverfahren, die Evaluation von Forschung und Lehre, die Bereitungstellung von hochschuldidaktischen Qualifizierungsangeboten, Fachbereichs-, Fakultäts- und, Forschungsmanagement. In den Forschungen am Kasseler Zentrum für Hochschulforschung, International Center for Higher Education Research (INCHER), wird für den neuen Typ von Hochschulbeschäftigten der Begriff „Hochschulprofessionelle" verwendet. Dabei werden vier Schwerpunktbereiche von Tätigkeiten unterschieden: die Vorbereitung und Unterstützung von Entscheidungsprozessen in der Hochschulverwaltung, die Bereitstellung von Dienstleistungen wie Berufsorientierung, die Evaluation und Weiterbildung sowie die Professionalisierung von Aufgaben wie Studienberatung (vgl. Kehm et al 2010, S. 27).

Der mit dem Bologna-Prozess einhergehende Strukturwandel an den Hochschulen, der sich in neuen Zuständigkeiten sowie veränderten Berichtspflichten abbildet, erfordert gerade in den wissenschaftsnahen Bereichen zunehmend auch wissenschaftlich ausgebildetes Personal (vgl. Salden 2013, S. 28). Erkennbar ist das u. a. auch an der Schaffung neuer Organisationseinheiten, die den Wissenschaftsbereich bspw. bei den Akkreditierungsverfahren administrativ begleiten, aber auch bei der Antragsstellung inhaltlich beraten. Und gerade an dieser Schnittstelle werden die Kompetenzen von Sozialwissenschaftlern auch perspektivisch weiter nachgefragt werden. Der Weg in das Berufsfeld kann heute, neben den Möglichkeiten eines Quereinstiegs, auch über auf das Berufsfeld zugeschnittene Studiengänge erfolgen wie beispielsweise dem Masterstudiengang Wissenschaftsmanagement an der Universität Speyer. Wichtig ist jedoch immer, neben den fachlichen auch die außerfachlichen Kompetenzen, die für mögliche Berufsfelder wünschenswert sind als Teil der eigenen Personal- und Persönlichkeitsentwicklung im Blick zu haben.

Literatur

Friedrichs, Anne & Schaub, Heinz-Alex 2011. Akademisierung der Gesundheitsberufe – Bilanz und Zukunftsperspektive. *GMS Zeitschrift für Medizinische Ausbildung.*28 http://www.egms.de/static/de/journals/zma/2011-28/zma000762.shtml . Zugegriffen: 24.Februar 2015.

Kehm, Barbara M. & Merkator, Nadine & Schnejderberg,Christian 2010. Hochschulprofessionelle?! Die unbekannten Wesen. *Zeitschrift für Hochschulentwicklung* 5, 23-39. http://www.zfhe.at/index.php/zfhe/article/view/11. Zugegriffen: 24.02.2015.

Salden, Peter 2013. Der „Third Space" als Handlungsfeld in Hochschulen: Konzept und Perspektive. In: Miriam Barnat & Sandra Hofhues & Anne Cornelia Kenneweg & Mariann Merkt & Peter Salden(Hrsg): *Junge Hochschul- und Mediendidaktik. Forschung und Praxis im Dialog.* ZHW Almanach, Sonderband 1, (S.27-36). http://www.zhw.uni-hamburg.de/almanach/wp-content/files/Junge-Hochschul-und-Mediendidaktik-ALMANACH-08-10-2013.pdf. Zugegriffen: 04.Mai 2015

Sekretariat der Ständigen Konferenz der Kultusminister der Länder in der Bundesrepublik Deutschland (Hrsg) 2013: *Das Bildungswesen in der Bundesrepublik Deutschland 2011/2012. Darstellung der Kompetenzen, Strukturen und bildungspolitischen Entwicklungen für den Informationsaustausch in Europa.* Bonn. http://www.kmk.org/dokumentation/das-bildungswesen-in-der-bundesrepublik-deutschland/dossier-deutsch/publikation-zum-download.html. Zugegriffen: 04.Mai2015

Späte, Katrin (2011). Vom „absichtslosen Zusammenwirken" zum getunten Studienprogramm. Eine wissenssoziologische Diskussion der Studienreform. In dies. (Hrsg). *Kompetenzorientiert Soziologie lehren* (S. 143-162). Opladen: Barbara Budrich. .

Whitchurch, Cecilia (2010). Optimizing the Potential of Third Space Professionals in Higher Education. *Zeitschrift für Hochschulentwicklung*, 9-22. http://www.zfhe.at/index.php/zfhe/article/view/10/253. Zugegriffen: 22. Februar 2015.

Berufung zu Freiheit und Vielfalt: Soziologieprofessur an einer Universität

Birgit Blättel-Mink

1 Die Tätigkeit einer Universitätsprofessorin

Die Berufung auf eine Professur an einer Universität bedeutet, vielfältige Aufgaben in Lehre, Forschung, wissenschaftlicher Gemeinschaft und universitärer Selbstverwaltung zu erfüllen. Diese Vielfalt der Aufgaben kann für die Person, die sie ausführt, äußerst reizvoll sein, birgt aber gelegentlich auch die Gefahr der individuellen Überforderung. Grundsätzlich gilt in Deutschland die Freiheit von Forschung und Lehre, d. h. Wissenschaftlerinnen und Wissenschaftler können sowohl die Inhalte von Forschung als auch die Inhalte der Lehre selbst bestimmen. So ist es als Grundrecht im Grundgesetz der Bundesrepublik Deutschland in Artikel 5, Satz 3 festgelegt. Inwieweit diese Freiheit auch in Zeiten der Bologna-Reformen noch gegeben ist und wie überhaupt das Amt einer Universitätsprofessorin bzw. Hochschullehrerin strukturiert und auszuführen ist, das wird im Folgenden genauer beschrieben.

Als Universitätsprofessorin wirke ich an der Goethe-Universität Frankfurt am Main als einer Volluniversität, d. h. an einer Einrichtung, an der von der Medizin über die Naturwissenschaften bis hin zu den Geistes- und Sozialwissenschaften eine Vielfalt an Disziplinen nebeneinander existiert. Die Denomination, das meint die Ausweisung des Lehr- und Forschungsschwerpunkts einer Professur, lautet „Soziologie mit dem Schwerpunkt Industrie- und Organisationssoziologie". Zudem lehre und forsche ich in den Feldern der Umwelt- und Konsumsoziologie sowie der Genderforschung.

Die Berufung auf eine Professur erfolgt in der Regel im Rahmen eines Beamtenverhältnisses auf Lebenszeit. Beamtinnen und Beamte bezahlen keine Sozialabgaben und erhalten nach der aktiven Erwerbsphase eine Pension. Bis zum Jahr 2002 erfolgten Berufungen im Rahmen eines vierstufigen Systems von der Hochschulassistenz (1) über die Oberassistenz (2), zur Professur (C3) und zur Ordentlichen Professur (C4), die früher auch „Lehrstuhl" genannt wurde. Dieses System wurde im Jahr 2002 auf eine dreistufige Struktur umgestellt mit Einführung der Juniorprofessur (W1) und den ordentlichen Professuren (W2 und W3). Die Professuren W2 und W3 unterscheiden sich im Hinblick auf das Grundgehalt und die Ausstattung der Professur, womit die Anzahl von Stellen für wissenschaftliche Mitarbeiterinnen und Mitarbeiter sowie der Etat für Sachmittel gemeint ist, der für eine Professur seitens der Hochschulleitung zur Verfügung gestellt wird Mit der W-Struktur wurde ein leistungsbasiertes Element in die Besoldung eingeführt. Zulagen zum Grundgehalt richten sich nach erbrachten Forschungsleistungen und umfassen damit ca. ein Drittel des gesamten Einkommens (vgl.1.2). Die Position fordert Loyalität mit dem Arbeitgeber. Unter anderem ist es nicht gestattet, sich öffentlich gegen die Verfassung der Bundesrepublik Deutschland zu stellen.

Die berufliche Tätigkeit mit einer Professur kann für analytische Zwecke grob in vier Bereiche unterschieden werden (vgl. dazu Späte 2007): Lehre, Forschung, Reproduktion der wissenschaftlichen Gemeinschaft (d.h. Betreuung des Nachwuchses, Teilnahme an Berufungskommissionen, Mitarbeit in Verbänden der Disziplin), sowie schließlich der Gremienarbeit im Rahmen der Selbstverwaltung der Universitäten.

1.1 Lehre und Betreuung

Das Lehrdeputat an deutschen Universitäten beträgt für Professuren zwischen acht und neun Semesterwochenstunden (SWS), was viereinhalb Veranstaltungen in Form von Vorlesungen, Seminaren, Lehrforschungsprojekten oder Kolloquien entspricht. Eine Hochschullehrerin hat im eigentlichen Sinne keine Präsenzpflicht an der Universität. Allerdings muss im Rahmen von einem Jahr bestätigt werden, dass die Lehrverpflichtung erfüllt wurde. Die Lehre selbst muss in der Vorlesungszeit durchgeführt werden, deren Beginn und Ende wiederum vom Wissenschaftsministerium des jeweiligen Bundeslandes festgelegt wird. Die Lehre umfasst grundlegende sowie vertiefende Veranstaltungen. Ziel ist es, den Studierenden den kritischen Umgang mit Textmaterial nahe zu bringen. Die Soziologie ist eine reflexive Wissenschaft, in der es keine endgültigen Wahrheiten gibt, sondern im Gegenteil, ein soziales Phänomen aus ganz unterschiedlicher Perspektive betrachtet werden kann. Der Umgang mit Ambiguität muss von den Studierenden erkannt und nachvollzogen werden.

Die Betreuung der Studierenden erfolgt in der Regel während der Vorlesungszeit. Mit der Einführung der konsekutiven Studiengänge hat allerdings ein Flexibilisierungsprozess eingesetzt, der die vormals klar definierten Prüfungszeiträume zugunsten der Studierenden über das ganze Jahr hinweg verteilt. Die Betreuung der Studierenden umfasst die Besprechung von Hausarbeiten, die Abnahme von Abschlussarbeiten, die Beratung während des Studiums. Beratungsbedarf entsteht hinsichtlich des Studienablaufs, der Vorbereitung auf die Prüfung, immer häufiger der Überforderung der Studierenden mit den Erfordernissen des Studiums ganz allgemein, aber auch im Hinblick auf das (Erwerbs-)Leben nach dem Studium. Die Anfragen betreffen die Suche nach einem Praktikumsplatz, die Möglichkeit eine Abschlussarbeit in enger Kooperation mit einem Unternehmen anzufertigen, was in den von mir betreuten Feldern der Industrie- und Organisationssoziologie recht häufig geschieht, aber auch Studien im Bereich der Umweltsoziologie haben starke Bezüge zur Praxis mit einer Tätigkeit in sozialen Bewegungen oder in Verbänden. Im Bachelorstudium geht es den Studierenden häufig um Fragen der Bewertung ihrer Leistungen angesichts von Masterstudiengängen, die in der Regel zugangsbeschränkt sind und einem Numerus Clausus unterliegen. In den letzten Jahren ist dabei eine Tendenz zur Standardisierung von Lehrinhalten zu beobachten – eine Entwicklung, die gerade für einen Fachbereich wie den der Gesellschaftswissenschaften in Frankfurt mit seiner spezifischen Geschichte als Standort der Kritischen Theorie der Frankfurter Schule, nicht eben einfach zu meistern ist. Das charakteristische Merkmal der Frankfurter Soziologie bestand über viele Jahre gerade in ihrer Abkehr von Normalität und ihrer Forderung nach kritischer Reflexion. Bisher strebt die große Mehrheit der Studierenden einen Masterabschluss an. Im Masterstudiengang geht es eher um Fragen der Spezialisierung. Neben den Hauptfachstudierenden gilt es, Nebenfachstudierende und Lehramtsstudierende zu betreuen. Letztere belegen bildungswissenschaftliche Veranstaltungen, die seit einigen Jahren exklusiv für diese Klientel angeboten werden. Hier bin ich mit dem Thema „Schule als Organisation" aktiv. Einerseits stellt diese Pflichtveranstaltung eine Dienstleistung dar, die ich zu erbringen habe, andererseits erhalte ich so Einblick in ein studentisches Milieu, das sich anders als die Soziologie, durch eine klare Berufsorientierung auszeichnet. Schließlich beteilige ich mich an einem interdisziplinären Masterstudiengang „Umweltwissenschaften". Ich betreue dort den Schwerpunkt „Soziale Ökologie". Interessante Debatten ergeben sich, wenn eher naturwissenschaftlich geprägte Studierende sich gemeinsam mit Soziologiestudierenden mit einem Themenfeld auseinandersetzen. Als Dozentin muss ich lernen, mit der Heterogenität der Sichtweisen und Kenntnisstände umzugehen, eine Aufgabe, die ich auch im Zusammenhang mit den Hauptfachveranstaltungen zunehmend nutzen kann. Denn: die Heterogenität der Studierenden nimmt zu, wo der Anteil an einer Kohorte, die ein Studium ergreifen stetig steigt.

Wir haben im Kontext der Einführung der konsekutiven Studiengänge, die zu Beginn mit Studiengebühren einhergingen, immer wieder befürchtet, es könne im Verhältnis von Studierenden und Dozierenden eine Klientelisierung einsetzen, welche die akademische Freiheit deutlich einschränken würde. Mit Klientelisierung ist ein Prozess gemeint, der dazu führt, dass das Verhältnis von Studierenden und Lehrenden sich in Richtung eines Dienstleistungsverhältnisses wandelt, welches die Studierenden stärker als bisher in die Lage versetzt, Leistungen einzufordern. Auch wenn eine solche Klientelisierung bisher noch selten zu beobachten ist, so muss doch konstatiert werden, dass der Betreuungsaufwand deutlich gestiegen ist und sich auch in seiner Qualität verändert hat.

Daneben gilt es, im Masterbereich, die Studierenden selbst auszuwählen. Als Studiengangverantwortliche des Masterstudiengangs Soziologie muss ich gemeinsam mit Vertretungen der anderen Statusgruppen der Universität jedes Jahr im Sommer aus drei- bis vierhundert Bewerbungen die ca. hundert für den Studiengang geeignetsten Bewerberinnen und Bewerber auswählen. Auswahlkriterien sind neben der Bachelornote das Motivationsschreiben und der Lebenslauf, dabei wird vor allem auf Erwerbserfahrungen und zivilgesellschaftliches Engagement geachtet.

Ein Schwerpunkt der Lehre im Masterstudiengang Soziologie, und dies trifft für die meisten Soziologiestudiengänge in Deutschland zu, sind Lehrforschungsprojekte, in deren Rahmen die Studierenden unter Anleitung die einzelnen Phasen empirischer Sozialforschung kennen lernen. Gemeinsam erarbeiten sie eine Forschungsfrage, erarbeiten einen theoretischen Rahmen und ein Forschungsdesign, erheben Daten und werten diese aus.

Teilweise entstehen daraus umfangreiche Forschungsberichte, ja sogar vereinzelt Publikationen. Zudem lernen die Studierenden ein mögliches späteres Berufsfeld, die empirische Sozialforschung, kennen. Die Themen dieser Veranstaltungen ergeben sich aus den aktuellen Schwerpunkten der Forschung, aber auch aus aktuellen gesellschaftlichen Problemen, z. B. Einführung der neuen Studiengänge aus organisationssoziologischer Perspektive.

1.2   Forschung

Die Lehrforschungsprojekte führen zum zweiten Arbeitsfeld einer Hochschulprofessorin, *der Forschung*. War es in früheren Jahrzehnten üblich, erkenntnisleitende Forschung in der Soziologie zu betreiben ohne einen Groschen an Drittmitteln einzuwerben, die sogenannte „Paper and Pencil-Forschung", so wäre das zwar heute immer noch möglich, aber nicht mehr opportun. Professorinnen und Professoren werden regelmäßig evaluiert. Das Instrument der „Leistungsorientierten Mittelverwaltung" (LOM) bemisst die Leistung jedes Einzelnen. Angerechnet werden: Drittmitteleinwerbung, Publikationen und Lehrleistungen wie die Anzahl der durchgeführten mündlichen Prüfungen und die Betreuung von Qualifikationsarbeiten. In Bezug auf die Drittmittel sind vorzugsweise DFG und EU-Förderung gefragt, da diese ausreichend Overhead vorsehen, ein Anteil von 20 – 30 % der beantragten Gesamtsumme, der für die Administration und die zur Verfügungstellung von Arbeitsplätzen notwendig ist. Professorinnen und Professoren unterliegen im Alltag damit einem stetigen Druck, neue Forschungsprojekte einzuwerben und Ergebnisse adäquat zu publizieren. Da dies alle Wissenschaftlerinnen und Wissenschaftler betrifft, steigt in der Folge die Konkurrenz um die knappen Güter „Drittmittel" sowie der Druck in einer angesehenen „high-impact" Zeitschrift zu publizieren. Damit ist eine international renommierte, in der Regel disziplinenspezifische, peer-reviewed Zeitschrift gemeint, die ihren „impact" dadurch erhält, dass die in ihr veröffentlichenden Autorinnen und Autoren im internationalen Maßstab vergleichsweise häufig zitiert werden und damit einen beachtlichen Einfluss auf die Debatten in der Disziplin haben. Das hierfür genutzte Web of Knowledge/Web of Science ist ein Produkt, das von einem privaten Unternehmen angeboten wird.[1] Die gerade für die Soziologie so typische Monographie („Das Buch") erhält immer weniger Wertschätzung. Robert K. Merton, der als Mitbegründer der Wissenschaftssoziologie gilt, also der speziellen Soziologie, die sich mit der Funktionsweise und dem Wandel der Wissenschaft beschäftigt, hat hierfür den „Matthäus-Effekt" beschrieben als ein Phänomen, das denjenigen Forscher/innen „impact" bzw. hohe Reputation zuweist, die viel publizieren und häufig zitiert werden. Teilweise bilden sich sogenannte Zitationskartelle,

---

1   Das aus der Wirtschaft stammende Instrument der Zielvereinbarungen, mit welchem Leistungen vereinbart werden, findet mehr und mehr Eingang in die Hochschulen. So werden Zielvereinbarungen zwischen dem zuständigen Landesministerium und der einzelnen Hochschule abgeschlossen, zwischen Präsidium/Rektorat einer Hochschule und den einzelnen Fachbereichen bzw. Fakultäten sowie schließlich zwischen den Professor/innen und der Leitung der Hochschule.

d. h. Forscher/innen zitieren sich gegenseitig, um damit die eigene und die Reputation ausgewählter Kolleginnen und Kollegen zu erhöhen.

Abgesehen von diesen weniger erfreulichen Aspekten, stellt die selbstbestimmte Grundlagenforschung an Universitäten ein zentrales Motiv dafür dar, dass man diesen „Beruf" wählt. Forschung alleine oder Forschung im Team, theoretische oder empirische Forschung, dies sind für viele Universitätsprofessorinnen und -professoren die Highlights ihrer Tätigkeit. Dabei finden sich in der Soziologie so viele Forschungsfelder, wie die Gesellschaft sie hergibt. Von der Alterns-, Arbeits- und Bildungssoziologie, über Familien-, Frauen-, Jugend- und Land- und Agrarsoziologie bis hin zur Migrationsforschung, Organisations-, Wirtschafts- und Wissenssoziologie finden sich mannigfaltige Themen, die es intensiv zu beforschen gilt. Das Spektrum wird deutlich in Anbetracht der 36 Sektionen, in denen sich Soziologinnen und Soziologen unter dem Dach der Deutschen Gesellschaft für Soziologie (DGS) organisieren. Hinzu kommen die Methoden der empirischen Sozialforschung, die ihre eigenen Forschungsgemeinschaften haben. Grundlagenforschung meint dabei eine Forschung, die sich zwar durchaus mit gesellschaftlichen Themen und Problemen auseinandersetzt, die aber in der Regel keine Hinweise auf die Lösung derartiger Probleme produziert. Um es mit Max Weber zu sagen, der das Postulat der Wertfreiheit in der Soziologie aufgestellt hat: eine Gesellschaft kann beispielsweise für sich bestimmen, welche Werte und Normen für sie gelten sollen. Die Aufgabe der Soziologie ist es sodann, die Entstehung von Wertorientierungen, die faktische Geltung von Werten, die Einstellung der Gesellschaftsmitglieder gegenüber sozialen Normen und deren Einhaltung zu analysieren.

Die Suche nach Problemlösungen hingegen ist eher Aufgabe einer anwendungsorientierten Forschung. Um einen solchen Wissenstransfer aus der Hochschule in die Politik und Zivilgesellschaft zu fördern, beteilige ich mich seit einigen Jahren an einem anwendungsorientierten Zentrum der Goethe-Universität, dem Institut für Wirtschaft, Arbeit und Kultur (IWAK). Zurzeit bin ich dessen Direktorin und habe in dieser Funktion Repräsentations- und Akquisepflichten. Ein weiteres Organ der Anwendung soziologischen Wissens stellt der Berufsverband Deutscher Soziologinnen und Soziologen e. V. (BDS) dar, der vor allem die Soziologinnen und Soziologen organisiert und berät, die in unterschiedlichen soziologischen Berufsfeldern tätig sind.

1.3 Die Reproduktion der wissenschaftlichen Gemeinschaft

Das dritte Handlungsfeld ist die *Reproduktion der wissenschaftlichen Gemeinschaft*. Damit sind die Förderung des Nachwuchses gemeint sowie die Aktivitäten im Zusammenhang mit Berufungen neuer Kolleginnen und Kollegen. Zur Förderung des Nachwuchses gehören die Betreuung von Dissertationen und Habilitationen. Der Bologna-Prozess kennzeichnet die Promotion als dritte Phase der hochschulischen Ausbildung und sieht die flächendeckende Einrichtung von Graduiertenschulen an Universitäten vor. Die Dissertation ist eine wissenschaftliche Arbeit, die eine eigenständig erbrachte, mit neuen wissenschaftlichen Erkenntnissen abschließende Forschungsleistung umfasst. Die Betreuung der Dissertation soll die Promovierenden in allen Phasen der Abfassung der Arbeit unterstützen, ein

Gutachten über die Dissertation verfassen und mündlich prüfen, entweder im Rahmen der Verteidigung der eigenen Forschungsarbeit (Disputation) oder als zusätzliche mündliche Prüfung (Rigorosum). Aktuell wird in vielen Fächern nicht mehr das „erste Buch", sondern eine sogenannte „kumulative Dissertation" vorgesehen. Diese erfordert die Publikation einzelner Erkenntnisse in „high-impact peer-reviewed journals". Auch die Habilitation (das „zweite Buch") wird durch die Hochschullehrerinnen und -lehrer betreut, auch hier ist zunehmend eine kumulative Version möglich. Mit der Habilitation erhält die Nachwuchswissenschaftlerin die sogenannte „Venia Legendi", d. h. die Berechtigung zur eigenständigen Lehre an Hochschulen bzw. Universitäten. Bis vor wenigen Jahren galt die Habilitation als Voraussetzung für die Universitätsprofessur. Durch die Einführung von Juniorprofessuren wurde ein Äquivalent geschaffen, das es ermöglicht mit der Promotion und dem Nachweis entsprechender weiterer wissenschaftlicher Leistungen, einen Ruf zu erhalten. All diese unterschiedlichen Wege in die Wissenschaft werden durch Professorinnen und Professoren begleitet und entschieden.

Aber auch die Zusammensetzung des Kollegiums von Professorinnen und Professoren ist Aufgabe derselben. Wird eine Professur vakant – oder selten auch neu geschaffen –, dann konstituiert sich eine Berufungskommission, die sich aus Professorinnen und Professoren der eigenen Universität, aber auch aus Vertretungen anderer Universitäten sowie der Vertretung des sogenannten „Mittelbaus" (Promovierende, PostDocs) und der Studierendenschaft zusammensetzt. Die Berufungskommission setzt den Ausschreibungstext auf, begutachtet die Bewerbungen, wählt einige für einen Vortrag aus, gibt – in der Regel – drei Bewerberinnen und Bewerber zur vergleichenden Begutachtung an externe Kolleginnen und Kollegen im entsprechenden Forschungsbereich weiter und erstellt schließlich eine „Berufungsliste" mit meistens drei Listenplätzen, die sodann in den Gremien der Universität verabschiedet werden muss.

1.4   Selbstverwaltung der Universität

Das vierte Handlungsfeld ist die Beteiligung an den Gremien der Selbstverwaltung. Dazu gehören der Senat, der Fachbereichs- bzw. Fakultätsrat und die Institutsdirektorien. Zudem gibt es auf Fachbereichsebene Kommissionen, wie Lehr- und Studienausschuss, Haushaltsausschuss oder Promotionsausschuss. Sämtlich sind diese mit allen Statusgruppen besetzt, wobei die Professorinnen und Professoren immer in der absoluten Mehrheit sind.

Das deutsche Hochschulsystem folgte seit den Humboldtschen Reformen (frühes 19. Jhd.) der Logik der Einheit von Forschung und Lehre, der akademischen Selbstverwaltung und staatlichen Steuerung und dem Modell der Gruppenuniversität. Akademische Selbstverwaltung umfasste in diesem System die Verwaltung des zugeteilten Budgets, die Personalverwaltung – mit Ausnahme der Professuren – sowie die Koordination von Forschung und Lehre. Strukturentscheidungen oblagen dem Bund mit der Rahmengesetzgebung und den Ländern mit den konkreten Hochschulgesetzgebungen für das jeweilige Land. Seit dem Ende des 20. Jahrhunderts wird der öffentliche Sektor nach dem Modell des „New Public Management" (vgl. Jann et al. 2006) umgestaltet, d. h. der Integration wirtschaftlicher Steuerungslogiken in die öffentliche Verwaltung. Davon bleibt auch das Wissenschaftssystem nicht verschont. Die „unternehmerische Hochschule" (vgl. Clark 1983) stärkt das Moment managerieller Selbstverwaltung, führt weitere gesellschaftliche „Stakeholder" auf der Ebene der strategischen Entscheidungen ein und befindet sich zunehmend in Wettbewerbssituationen um knappe Ressourcen und um wissenschaftliche und gesellschaftliche Aufmerksamkeit. Die bis dato bilaterale Beziehung zwischen Hochschule und jeweiliger Landesregierung wird ergänzt um die Ebene der Gesellschaft – vorrangig der Wirtschaft. Ausdruck findet diese Entwicklung auch in der flächendeckenden Einrichtung von Hochschulräten, die in der Regel den Haushalt der Universität prüfen und verabschieden und das Präsidium bzw. das Rektorat berufen. Mit dieser Entwicklung werden Einfluss und Macht der traditionellen Gremien der Selbstverwaltung geschwächt. Umso wichtiger ist es, sich daran zu beteiligen.

Im Rahmen der Hochschulreformen werden schließlich immer mehr Verwaltungsaufgaben auf die Professur verschoben. Daneben stellt die Zentralverwaltung immer neue Aufgaben, die erledigt werden müssen. Dazu gehören Evaluationen oder die Koordination von Prüfungen.

Es sollte bisher deutlich geworden sein, dass die Tätigkeit einer Hochschulprofessorin sehr vielseitig ist. Gefordert sind wissenschaftliche, pädagogische, koordinative, soziale und politische Kompetenzen. Der Rückzug in das eigene Studierzimmer wechselt sich ab mit den Turbulenzen von Lehre und Gremienarbeit.

2 Der Weg zum ersten Ruf

Der Weg zum ersten Ruf ist steinig. Das Durchschnittsalter in Deutschland beim ersten Ruf auf eine Professur liegt für die Sozialwissenschaften zurzeit bei 41 Jahren für eine W2 Professur, bei 39 Jahren für eine W3 Professur (vgl. Konsortium Bundesbericht Wissenschaftlicher Nachwuchs 2013, S. 178). Die Berufungsverfahren dauern in der Regel länger als ein Jahr und sind hoch kompetitiv. Zunehmend konkurrieren Bildungsinländer mit ausländischen Bewerberinnen und Bewerbern. Dieser Ruf kann erst einmal auf eine W2-Professur erfolgen. Auch wenn die W-Besoldungen erst kürzlich reformiert wurden, so gilt doch, dass das Grundgehalt bei W2-Professuren relativ niedrig liegt, auch wenn es Unterschiede zwischen den Bundesländern gibt. Außerdem werden die Professuren immer häufiger mit einer Befristung ausgeschrieben. Hat man eine W2-Professur inne, so erwartet die wissenschaftliche Gemeinschaft darüber hinaus, dass man alsbald auf eine W3-Professur überwechselt. Dies erfordert immense Leistungen, Geduld und natürlich die Bereitschaft, mobil zu sein. Die Familiengründung steht hinten an bzw. vor allem Frauen müssen entweder auf eine Familie oder auf die Karriere verzichten. Die Chance, einen Ruf zu erhalten, sinkt in den letzten Jahren für alle Fächer. Einen Überblick über die derzeitige Sozialstruktur der Professorenschaft in der Soziologie geben Mau und Huschka (Mau und Huschka 2010) und zur Besetzung von Professuren in der Soziologie Lutter und Schröder (vgl. Lutter und Schröder 2014). Dies liegt daran, dass die Zahl der Studierenden und damit auch der Promovierenden stärker steigt, als die Zahl der zur Verfügung stehenden Professuren, ca. 20 Prozent gegenüber 10 Prozent Steigerung in den letzten 10 Jahren, (vgl. Deutscher Hochschulverband 2015). Davon ist die Soziologie nicht ausgenommen. Eine Alternative kann die Bewerbung im Ausland sein, was wiederum die Chancen auf einen späteren Ruf in Deutschland erhöht. Zudem werden Professuren diskontinuierlich vakant. So hat die Wiedervereinigung in Deutschland zu einer enormen Sättigung des „Marktes" geführt, in den neunziger Jahren wurden zudem viele 68-er Professorinnen und Professoren in den Ruhestand verabschiedet. D. h. das Gros der aktuellen Generation wird noch 10-15 Jahre auf ihrer Stelle verweilen. Diese zugegebenermaßen groben Schätzungen sollen deutlich machen, dass es nicht nur darum geht, in seinem Feld sehr gut zu sein, sondern auch in eine Kohorte hinein geboren zu werden, die von demographischen Entwicklungen profitiert.

3   Mein Weg zur Professur

Mein eigener Weg zur Soziologieprofessur war vergleichsweise gradlinig, aber dennoch anstrengend. Ich entstamme keiner Akademikerfamilie. Die Distanz meiner Eltern gegenüber dem Bildungssystem war zu Beginn der sechziger Jahre des vergangenen Jahrhunderts zumindest so groß, dass es für sie nicht selbstverständlich war, dass ihre älteste Tochter das Gymnasium besuchte. Aus meinem Jahrgang gingen zu dieser Zeit ca. 10 % der Schülerinnen und Schüler auf ein Gymnasium, aktuell sind es mehr als 50 % (vgl. BMBF 2013). Es war die Klassenlehrerin, die meine Leistungen und Fähigkeiten für hoch genug einschätzte, die höhere Schule zu besuchen. Ich bin dann ohne Verzögerung zum Abitur gelangt – mit gutem Notendurchschnitt. Mit der „matura" in der Tasche fühlte ich mich wunderbar. Vor allem die Vielfalt des Wissens hat es mir angetan und sollte prägend für meine Karriere sein. Eigentlich wollte ich nach dem Abitur Meeresbiologie in Kiel studieren, erhielt jedoch „nur" einen Chemie-Platz (3. Präferenz) in Heidelberg. Nach einem Jahr Chemie musste ich erkennen, dass dieses Fach nicht meinen Neigungen und Fähigkeiten entsprach. Zudem erlaubte mir der dichte Stundenplan nicht, in dem Maße wie notwendig, nebenher zu jobben. Also stand ein Wechsel an. Die Mutter einer Freundin arbeitete im Sekretariat eines Soziologieprofessors in Heidelberg. Zu ihrem Bekanntenkreis gehörten Soziologinnen und Soziologen, von denen mir jemand die Lektüre „Einladung zur Soziologie" von Peter L. Berger empfahl. Ich nahm die „Einladung" an und begann ein Diplom-Studium in Mannheim. Ich betone den Abschluss „Diplom", da zu dieser Zeit der Unterschied zwischen einem philosophisch orientierten Magisterstudiengang und einem eher auf Soziologie als Profession angelegten Diplomstudiengang durchaus beachtlich war.

Einer meiner Professoren, der mich mehr als zehn Jahre später in Heidelberg zur Promotion begleitet hat, verwies in einer der ersten Veranstaltungen darauf, dass Soziologie eine Disziplin sei, die ähnlich wie die Psychologie, Eingang in sämtliche Bereiche der Gesellschaft finden würde: in der Schule, in der Medizin, in Verwaltungen etc. Zumindest habe ich ihn so verstanden und war durchaus optimistisch gestimmt, was meine spätere

Berufstätigkeit betraf. Ich ging davon aus, dass ich ein Fach studierte, das gesellschaftlich von großer Relevanz ist. In Mannheim erhielt ich eine sehr umfassende Bildung in der Geschichte der Soziologie, den Paradigmen des Faches, in der Wissenschaftslehre, den Methoden, und zwar nicht nur quantitative, sondern aufgrund der Sozialpsychologie als Wahlpflichtfach, durchaus auch qualitative Methoden der Sozialforschung, und in einigen speziellen Soziologien. Zudem erhielten wir Einblicke in die verwandten Fächer: Volkswirtschaftslehre, Psychologie, Politikwissenschaft. Um die Logik der Soziologie besser verstehen zu können, gründete ich gemeinsam mit vier Kommilitoninnen eine studentische Arbeitsgruppe. In dieser Frauengruppe lasen wir gemeinsam Studientexte, unterstützten uns bei der Abfassung von Hausarbeiten und haben uns in den Seminaren durch Augenkontakt wechselseitig zur aktiven Teilnahme ermuntert. Das war sehr wichtig und hat uns alle ein großes Stück zum soziologischen Denken hingeführt. Ich kann das nur empfehlen! Während meines Studiums war ich zudem als studentische Hilfskraft in einem Forschungsprojekt tätig und konnte dort auch nach dem Studium noch für eine Zeit arbeiten. Hier erhielt ich Einblick in die Realität sozialwissenschaftlicher Forschung, half bei der Erstellung von Fragebögen, wertete Daten aus. Allesamt Aufgaben, die mir das Fach Soziologie noch näher gebracht haben. Dann „folgte" ich meinem Professor nach Heidelberg um dort an seinem Lehrstuhl zu promovieren. Schnell musste ich feststellen, dass niemand besonderes Interesse an meiner Person hatte. Ich weiß noch, dass ich ca. zwei Jahre benötigte bis ich endlich ein Thema für die Dissertation gefunden hatte. Wenn ich diese Zeit mit der aktuellen Situation vergleiche, so trifft zwar für die Sozialwissenschaften auch heute noch zu, dass viele Promotionen individuelle Projekte sind, die nicht in die Forschungsaktivitäten einer Professur integriert sind. Immer häufiger werden aber auch in unserer Disziplin Projekte entwickelt und beantragt, die Stellen für Doktorand/innen vorsehen, was den Vorteil hat, dass die Arbeit der Doktorandinnen und Doktoranden wertgeschätzt und adäquat betreut wird.

In der ersten Zeit in Heidelberg habe ich nebenher gejobbt, dann war ich als wissenschaftliche Hilfskraft tätig, um nach zwei Jahren eine halbe Stelle als wissenschaftliche Mitarbeiterin zu erhalten. In der Zwischenzeit war ich in Heidelberg als Doktorandin angenommen. War ich in Mannheim vor allem mit empirischen und epistemologischen Fragen beschäftigt, so erhielt ich in meiner Zeit in Heidelberg eine fundierte Bildung in der „Verstehenden Soziologie". In den Kolloquien, welche die Professoren anboten, lasen wir Werke von Max Weber, Alfred Schütz, Jürgen Habermas und Niklas Luhmann. Das waren für mich sehr inspirierende Veranstaltungen. In der Lehre, für die ich überwiegend eingestellt war, bot ich Veranstaltungen im Feld der Sozialisationsforschung (berufliche, moralische, politische) und zu mikrosoziologischen Themen wie Familie, soziale Rolle, abweichendes Verhalten an. Das war ein maximaler Kontrast zu meinem Dissertationsthema: Innovationsforschung. Nach fünf Jahren ging ich als wissenschaftliche Mitarbeiterin für ein Semester (Krankheitsvertretung) nach Erlangen-Nürnberg. Dort lernte ich die Theorien rationaler Wahl kennen und leitete eine Einführungsveranstaltung in die Soziologie. Nach diesem Abstecher konnte ich weitere zwei Jahre in Heidelberg arbeiten. In diesen Jahren entstand nicht nur meine Dissertation, sondern ich gründete auch eine Familie, was die

Promotionsphase noch einmal etwas hinausgezögert hat. Auch in dieser Zeit hatte ich das Glück, Teil einer – erneut weiblichen – Arbeitsgruppe zu sein. Wir waren interdisziplinär aufgestellt und in unterschiedlichen Phasen der „Karriere": Magisterabschluss oder Promotion, Soziologie, Erziehungswissenschaften und Psychologie.

Als ich endlich promoviert war, bezeichnete ich diese Phase als „Promotion gegen Widerstand". Ich habe aus dieser Erfahrung gelernt, dass ich als Professorin die Themen, die ich betreue, egal in welcher Phase der Qualifikation, zumindest interessant finden muss, am besten, sie liegen im eigenen Forschungsfeld. Im Anschluss an meine Promotion hatte ich den Mut, gemeinsam mit meiner Familie, für ein Jahr als „senior researcher" an ein Forschungszentrum einer irischen Universität zu gehen, und natürlich das Glück, dort auch eingestellt zu werden. Das Forschungszentrum wurde ausschließlich über Drittmittel der EU finanziert. Ich war an internationalen Projekten zu „Distant Learning" (Fernuniversitäten und Fernausbildung) beteiligt und publizierte zum Wandel von Bildungseinrichtungen in Europa. Im Anschluss an dieses Jahr erhielt ich ein Mobilitäts-Stipendium der EU. D. h. wir kehrten nach Deutschland zurück, und ich führte eine vergleichende Studie zu Innovationssystemen (u. a. Irland und Deutschland) durch. Die erste Bewerbung, die ich in dieser Zeit schrieb, es ging um eine Stelle als wissenschaftliche Assistentin an der Universität Stuttgart, war gleich erfolgreich. Ich betone das, weil ich durch meinen Auslandsaufenthalt und als Frau in der Wissenschaft zu der damaligen Zeit sehr gute Chancen auf eine Stelle – zur Habilitation – hatte. In Stuttgart wurde ich in die Gremienarbeit eingeführt und konnte daneben sehr eigenständig lehren und forschen. Ich verband in dieser Zeit mein Interesse an der Innovationsforschung mit dem Schwerpunkt Umweltsoziologie. Die Professur, an der ich tätig war, hatte die Denomination „Technik- und Umweltsoziologie". Daneben konnte ich mich an der interdisziplinären Forschung der Akademie für Technikfolgenabschätzung in Stuttgart beteiligen. Dort war ich im Anschluss an meine Zeit als wissenschaftliche Assistentin und bevor ich in Stuttgart eine Lehrstuhlvertretung für Arbeits- und Organisationssoziologie antrat, als Projektleiterin in einem transdisziplinären, anwendungsorientierten Projekt zum Thema „Nachhaltigkeit im Einzelhandel" tätig.

Die Zeit in Stuttgart habe ich sehr genossen, denn ich konnte mich in dieser Zeit mit vielen Themen beschäftigen und ich lernte die Arbeit auf einer Professur intensiv kennen. Zudem erhielt ich in dieser Zeit viel Wertschätzung von Seiten der Studierenden, der Kolleginnen und Kollegen und des Lehrstuhlinhabers. Zudem konnte ich meine Internationalisierung ausbauen, z. B. in dem ich auf Konferenzen der European Sociological Association gemeinsam mit Kolleginnen und Kollegen Ad-hoc-Gruppen koordinierte. Schließlich gründete ich gemeinsam mit Kolleginnen (die 3. FrauenAG) unterschiedlicher Fächer das „Heidelberger Institut für Interdisziplinäre Frauen- und Geschlechterforschung (HIFI) e. V.", das noch heute existiert.

Meine Habilitationsschrift zum Thema „Wirtschaft und Umweltschutz" (Blättel-Mink 2001) entstand mit Unterstützung der Akademie für Technikfolgenabschätzung, d. h. ich musste dafür keine Drittmittel akquirieren. Ein Phänomen, das in der heutigen Zeit nicht mehr denkbar ist. In der Zeit als Lehrstuhlvertretung habe ich viele Einführungsveranstaltungen konzipiert und durchgeführt sowie das Format der Lehrforschung kennen gelernt,

d. h. gemeinsam mit den Studierenden ein sozialwissenschaftliches Forschungsprojekt durchzuführen. In dieser Zeit habe ich mich auf einige Professuren beworben und hatte das Glück, direkt nach Auslaufen der Vertretung, den Ruf in Frankfurt annehmen zu können.

Der Weg von Stuttgart nach Frankfurt war sehr „weit", nicht nur, wegen der unterschiedlichen Bundesländer, sondern auch wegen der Größe der Fachbereiche mit drei Soziologie Professuren in Stuttgart und beinahe 20 in Frankfurt, und schließlich wegen der Ausrichtung. Meine Sozialisation in der Tradition des Kritischen Rationalismus wurde mit der Kritischen Theorie der Frankfurter Schule konfrontiert. Diese Herausforderung hat meine Perspektive erweitert und auch mich selbst als Persönlichkeit der Wissenschaft geprägt. Ich bin nun offen für beide Perspektiven und kann auch meinen Studierenden diese Offenheit nahebringen. Zudem wurde ich in Frankfurt mit offenen Armen empfangen. Das war wunderbar und gleichzeitig ein enormer Ansporn.

Literatur

Berger, Peter L. (2011). *Einladung zur Soziologie. Eine humanistische Perspektive*. Konstanz: UVK.

Blättel-Mink, Birgit (2001). *Wirtschaft und Umweltschutz. Grenzen der Integration von Ökonomie und Ökologie*. Frankfurt/New York: Campus.

Bundesministerium für Bildung und Forschung (2013). Die wirtschaftliche und soziale Lage der Studierenden in Deutschland, 20. Sozialerhebung des Deutschen Studentenwerks. http://www.bmbf.de/de/22497.php . Zugegriffen: Zugriff am 15. Januar 01.2015.

Clark, Burton C. (1983). *The Higher Education System. Academic Organization in Cross-National Perspective*. Berkeley: University of California Press.

Deutscher Hochschulverband (2015). *Forschung & Lehre*. Bonn. Nr. 1, S. 4.

Engler, Steffani (2001). *„In Einsamkeit und Freiheit"? Zur Konstruktion der wissenschaftlichen Persönlichkeit auf dem Weg zur Professur*. Konstanz: UVK.

Jann, Werner & Röber, Manfred & Wollmann, Hellmut (2006). *Public Management – Grundlagen, Wirkungen und Kritik*. Berlin: edition sigma.

Konsortium Bundesbericht Wissenschaftlicher Nachwuchs (Hrsg) (2013). *Bundesbericht Wissenschaftlicher Nachwuchs 2013, Statistische Daten und Forschungsbefunde zu Promovierenden und Promovierten*. Bielefeld: Bertelsmann. http://www.buwin.de/buwin/2013/. Zugegriffen: 22. Februar 2015.

Lutter, Mark & Schröder, Martin (2014). *Who Becomes a Tenured Professor, and Why? Panel Data Evidence from German Sociology, 1980-2013*.www.mpifg.de/pu/mpifg_dp/dp14-19.pdf . Zugegriffen: 12. Januar 2015.

Mau, Steffen & Huschka, Denis (2010). *Die Sozialstruktur der Soziologie: Professorenschaft in Deutschland*. WZB Discussion Paper, No SP 2010-204. http://www.econstor.eu/handle/10419/56788. Zugegriffen: 15. Januar 2015.

Merton, Robert K. (1985). *Entwicklung und Wandel von Forschungsinteressen*. Frankfurt a. Main: Suhrkamp.

Neckel, Sighard & Mijic, Ana & Scheve, Christian von & Titton, Monica (Hg.) (2010). *Sternstunden der Soziologie: Wegweisende Theoriemodelle des soziologischen Denkens*. Frankfurt am Main: Campus.

Späte, Katrin (2007). Wie die Fische im Wasser? Soziologen an Hochschulen. In: dies. (Hg). *Beruf: Soziologe?!* (S. 15-30). Konstanz: UVK,.

Vogel, Ulrike (2006). *Wege in die Soziologie und die Frauen- und Geschlechterforschung. Autobiographische Notizen der ersten Generation Professorinnen an der Universität*. Wiesbaden: VS-Verlag.
Weber, Max (1988/1919). Wissenschaft als Beruf. In ders.. *Gesammelte Aufsätze zur Wissenschaftslehre* (S. 582-613). Tübingen: Duncker & Humblot.

Alterssoziologie hat Zukunft

Jörg Peter

Für meine Tochter Lena

1 Einleitung

Das Thema „Alter(n)" hat Konjunktur. Es ist für viele das Zukunftsthema. Im Jahr 2011 betrug der Anteil an Seniorinnen und Senioren, Menschen die 65 Jahre oder älter sind, an der Gesamtbevölkerung 20,6 % und ist somit umfänglicher als der Anteil der heranwachsenden Menschen unter 20 Jahren mit einem Anteil von 18,2 % (vgl. Datenreport 2013, S. 16). Gleichzeitig beläuft sich die durchschnittliche Lebenserwartung für Mädchen auf 82,7 Jahre und bei Jungen auf 77,7 Jahre (Datenreport 2013, S. 21). Die objektiven Lebensbedingungen und die Selbstbewertung der Menschen im Alter haben sich dramatisch verändert. Sowohl der selbständig, ja sogar der sich zivilgesellschaftlich engagierende als auch der fürsorglich abhängige hilfe- bzw. pflegebedürftige Anteil alter Menschen hat sich erhöht (Datenreport 2013, S. 31, S. 354). Da der Untersuchungsgegenstand der Gerontologie somit für jeden sichtbar expandiert, konnte sich auch die Alterssoziologie seit den 1960er Jahren differenziert entwickeln. Die beruflichen Handlungsmöglichkeiten für Soziologinnen und Soziologen nehmen kontinuierlich zu.

In diesem Beitrag sollen über eine kurze Begriffsbestimmung der Gerontologie und Alterssoziologie (2.) die beruflichen Handlungsmöglichkeiten im gesamten Feld der Gerontologie mit den Bereichen „Pflege, Gesundheit und soziale Dienstleistungen" und „Bildung, Partizipation und bürgerschaftliches Engagement" sowie mögliche Arbeitgeber (3.) dargestellt werden. Im Anschluss wird die Unterrichtstätigkeit an einer Berufsfachschule für Altenpflege unter den Aspekten Methodik und Didaktik, Unterrichtsinhalte und notwendige Arbeiten im multiprofessionellen Team (4.) beschrieben. Abschließend zeige ich meinen beruflichen Werdegang hin zur Leitung einer Berufsfachschule unter den Gesichtspunkten Qualifikation, also fachliche und methodische Kompetenzen, berufliches Netzwerken, persönliche und soziale Kompetenzen, sowie Zufall als unerwartete Gelegenheit auf (5.). Fachspezifische Abkürzungen sind am Ende des Textes erklärt.

2   Gerontologie: Kurze Begriffsbestimmung

Die Gerontologie als Wissenschaft beschäftigt sich mit dem höheren Lebensalter und dem Prozess des Älterwerdens. Sie dient der Beschreibung der verschiedenen Dimensionen des menschlichen Alterns aus medizinischer, biologischer, psychologischer und soziologischer Sicht. Eine weltweit anerkannte Definition der Gerontologen Margret und Paul Baltes aus dem Jahre 1992 lautet: sie ist die Wissenschaft, die sich mit der „Beschreibung, Erklärung und Modifikation von körperlichen, psychischen und sozialen, historischen und kulturellen Aspekten des Alterns und des Alters, einschließlich der Analyse der altersrelevanten und alternskonstituierenden Umwelten und sozialen Institutionen" (Baltes und Baltes 1992, S. 8) beschäftigt.

Im Alltag bestimmen wir beispielsweise das Alter über das kalendarische Alter. Danach ist man so alt wie es im Pass steht. Aus gerontologischer Perspektive ist dieser Begriff wenig aussagekräftig, da es zwischen zwei Menschen mit gleichem kalendarischem Alter beträchtliche bio-psycho-soziale Differenzen gibt. In der Gerontologie wird das Alter mehrdimensional mit den Begriffen des biologischen, psychologischen und soziologischen Alters bestimmt. Mit populären Worten: man ist so alt wie seine inneren Gefäße, wie man sich fühlt und die Anderen es von mir erwarten (vgl. u. a. Herrmann 2008, S. 11-15).

Die Alterssoziologie ist eine spezielle Soziologie, die Alter und Altern als soziologische Phänomene in das Zentrum der gesellschaftswissenschaftlichen Betrachtung stellt. Sie setzt sich für die Bearbeitung des wechselseitigen Zusammenhangs von Altern und Gesellschaftsentwicklung, den sozialen Bedingungen des Alterns und den Konsequenzen aus der zunehmenden gesellschaftlichen Bedeutung des Alters für die soziologischen Theorien und Forschungsansätze ein (vgl. Deutsche Gesellschaft für Soziologie 2013). Sie hat sich Anfang der 1960er Jahre aufgrund des sozialstrukturellen Wandels des Alters ausdifferenziert. So hat sich der Anteil der Menschen mit Lebensalter 60 Jahre und älter von 1900 bis 1960 mehr als verdoppelt: von 8 % auf 17 % der Gesamtbevölkerung (Ehmer 2004, S. 54). Gleichzeitig hat sich die mittlere Lebenserwartung bei Frauen und bei Männern deutlich erhöht (Dinkel 1992, S. 71). Schließlich haben sich die objektiven Lebensbedingungen und die Selbstbewertung der Menschen im Alter in dieser Zeit dramatisch verändert. So werden einige Besonderheiten in der Lebenssituation von Älteren durch die Begriffe Verjüngung, Langlebigkeit, Singularisierung, Feminisierung, Multimorbidität und Fortsetzung lebenslaufbezogener sozialer Ungleichheiten charakterisiert (vgl. Schmidt 2008, S. 216).

3   Berufliche Handlungsmöglichkeiten im Feld der Gerontologie

Die wachsende Bedeutung kommt unter anderem in der „Forschungsagenda der Bundesregierung für den demografischen Wandel" mit dem Titel „Das Alter hat Zukunft" (BMBF 2011) zum Ausdruck und zeigt, dass diesbezüglich die beruflichen Handlungsmöglichkeiten für Soziologinnen und Soziologen kontinuierlich zunehmen.

Weitere Informationen findet man unter anderem in der Datenbank „Berufenet" der Bundesagentur für Arbeit. Und nicht zuletzt finden sich vielfältige Stellenangebote in den einschlägigen Tages- und Wochenzeitungen sowie in Online-Jobbörsen.

3.1 Pflege, Gesundheit und soziale Dienstleistungen

Die beruflichen Handlungsmöglichkeiten im Bereich „Pflege, Gesundheit und soziale Dienstleistungen" befinden sich zunächst in der Sozialplanung, die auch Altenhilfeplanung einschließt. Erwartet werden hier neben einem sozialwissenschaftlichen (Fach-)Hochschulabschluss umfassende Kenntnisse von Methoden der empirischen Sozialforschung und der Auswertung und Aufbereitung komplexer statistischer Strukturdaten. Mit einem Schwerpunkt in diesem Bereich kann man hier zur Geltung kommen, sofern weitere Qualifikationen wie Kenntnisse der Methodik planerischer Arbeit, Moderationstechniken, Projektmanagement und spezifische Rechts- und Verwaltungskenntnisse vorhanden sind.

Leitungs- und Referententätigkeiten in Fachabteilungen von Verbänden, die mit konzeptionellen Aufgaben betraut sind, sind weitere berufliche Handlungsmöglichkeiten in diesem Bereich. Dabei werden umfassende gerontologische Zusatzqualifikationen benötigt, um in der Konkurrenz besonders mit Juristen bestehen zu können.

Weitere berufliche Möglichkeiten bieten sich im Bereich Quartiersmanagement für ältere Menschen und gemeinwesenorientierte Altenarbeit, Leitungstätigkeiten in größeren Alten- und Pflegeeinrichtungen, Personal-, Organisations- und Qualitätsmanagement in Alteneinrichtungen, Case- und Care-Management, Gesundheitsprävention, -beratung und -förderung älterer Menschen, psychosoziale Beratung älterer Menschen, soziale Dienste für ältere Menschen in schwierigen Lebenslagen und Randgruppen (ältere Behinderte, ältere Strafgefangene) sowie Wohn(umfeld)beratung und Wohnanpassungsberatung. Dies sind in der Regel jedoch keine spezifischen Berufsfelder mit einem sozialwissenschaftlichen Abschluss, da hier Fachausbildungen wie Pflegefachkraft, Sozialpädagoge und -arbeiter und/oder spezifische Weiterbildungen wie zur leitenden Pflegefachkraft auch rechtlich normiert verlangt werden (vgl. u. a. § 71 Abs. 3 SGB XI; § 2 Abs. 2 HeimPersV; WTG; § 3 Abs. 3 WTG-PersV; Weiterbildungsrichtlinien der Deutschen Gesellschaft für Care und Case Management).

3.2 Bildung, Partizipation und bürgerschaftliches Engagement

In dem Bereich „Bildung, Partizipation und bürgerschaftliches Engagement" kommt die Forschung und Lehre an Universitäten, (Fach-)Hochschulen und verwandten Einrichtungen wie dem Deutschen Zentrum für Altersfragen in Berlin (DZA) oder dem Kuratorium Deutsche Altershilfe in Köln (KDA) zur Geltung. Hierzu gehört die Forschung zu den unter (2) genannten Themen, aber auch Lebenslagenanalysen älterer Menschen wie Frauen im Alter, älter werdende Singles, ältere Migranten und die Lehre für Studierende der Soziologie, der Gerontologie, der Sozialarbeit und anderen akademischen Berufen mit gerontologischen

Bezügen. Ferner sind die Aus-, Fort- und Weiterbildung für gerontologische und (sozial-) pflegerische Berufe sowie die Bildungsarbeit und das Bildungsmanagement für Seniorinnen und Senioren in Nachbarschaftsheimen, Seniorenfreizeitstätten und Volkshochschulen usw. einschlägige Felder. Marktanalysen und seniorengerechtes Marketing beispielsweise in den Bereichen Tourismus, Freizeit, Wohnen sowie Evaluationen von Diensten, Einrichtungen und Projekten der Altenarbeit sowie altenpolitischen Maßnahmen kommen als berufliche Handlungsmöglichkeiten ebenfalls infrage.

Von großer Bedeutung ist heute auch die wissenschaftliche – hier auf alterssoziologische Fragen bezogene – Politikberatung für Parteien, die Legislative und Exekutive in Bund und Ländern. Zum Einstieg in dieses Feld sei das Heft „Lobbying und Politikberatung" der Zeitschrift „Aus Politik und Zeitgeschichte" (Bundeszentrale für politische Bildung 2010) empfohlen. Gleiches gilt für die Erschließung und Förderung bürgerschaftlichen Engagements Älterer sowie die Unterstützung und Beratung in der politischen Partizipation und Interessenvertretung Älterer.

3.3   Mögliche Arbeitgeber

Mögliche Arbeitgeber im Bereich „Pflege, Gesundheit und soziale Dienstleistungen" sowie „Bildung, Partizipation und bürgerschaftliches Engagement" sind Wohlfahrtsverbände, freie Träger und Kommunen, Sozialversicherungsträger und Stiftungen sowie die Landes-, Bundes- und EU-Behörden sowie Nicht-Regierungsorganisationen. Es kommen bedingt auch Einrichtungen der offenen Altenarbeit wie Seniorenbüros, Senioren-/Pflegeberatungsstellen, Freiwilligenagenturen, stationäre, teilstationäre und ambulante (Alten-) Pflegeeinrichtungen sowie geriatrisch-gerontopsychiatrische Einrichtungen und Rehabilitationseinrichtungen infrage.

Selbstverständliche Tätigkeitsfelder sind die universitären und außeruniversitären Forschungseinrichtungen, aber darüber hinaus auch verbandliche, private und kommunale Bildungsträger (bspw. Seniorenuniversitäten, VHS etc.), Berufsfachschulen für (Alten-) Pflege und (Fach-)Hochschulen mit gerontologischen Schwerpunkten. Sogar eine selbständige Tätigkeit im Bereich der praktischen Altenpolitik und -arbeit ist möglich, wie Berufsberatungen gelegentlich nahelegen.

4   Unterrichtstätigkeit als Soziologe an einer Berufsfachschule für Altenpflege

Die Unterrichtstätigkeit als Soziologe an einer Berufsfachschule für Altenpflege stellt eine berufliche Handlungsmöglichkeit dar und ist freiberuflich oder in Festanstellung möglich. Es kann sich hierbei um staatliche Schulen oder um Schulen in freier Trägerschaft handeln, die als staatliche Ersatzschulen anerkannt sein müssen. Dies ist mein eigenes Tätigkeitsfeld, über das ich im Folgenden berichten möchte.

Rechtlich ist die Altenpflegeausbildung im Altenpflegegesetz des Bundes (AltPflG), in der bundeseinheitlichen Ausbildungs- und Prüfungsverordnung (AltPflAPrV) sowie auf landesrechtlichen Grundlagen geregelt. Der Gesetzgeber hat folgendes Ziel der Ausbildung formuliert(§ 3 Abs. 1 Satz 1 AltPflG): „Die Ausbildung in der Altenpflege soll die Kenntnisse, Fähigkeiten und Fertigkeiten vermitteln, die zur selbständigen und eigenverantwortlichen Pflege einschließlich der Beratung, Begleitung und Betreuung alter Menschen erforderlich sind." Somit steht die „theoriegeleitete Pflegeprozesssteuerung" mit den Phasen „Erheben, Planen, Durchführen der Pflegeinterventionen nach dem Stand der Künste sowie die Evaluation" (Sowinski und Behr 2002, S. 5) und der Pflegeprozess als Kernstück der bundeseinheitlichen Ausbildung im Zentrum der Ausbildung. Daraus ergeben sich Konsequenzen für die Methodik und Didaktik, die Unterrichtsinhalte sowie die notwendigen Arbeiten im multiprofessionellen Team, die im Folgenden dargestellt werden. Schließlich verweise ich noch auf die obligatorischen administrativen Tätigkeiten, die mit jeder Lehrtätigkeit verbunden sind.

4.1 Methodik und Didaktik

Die Altenpflegefachkräfte stoßen bei der Pflege alter Menschen auf hochkomplexe und diffuse Situationen, in denen sie in sehr kurzer Zeit fachlich richtige Entscheidungen treffen müssen (vgl. Robert Bosch Stiftung 2000, S. 31). Daraus ergibt sich, dass die Auszubildenden ein möglichst umfassendes Verständnis für die Situation eines älteren Menschen und eine „hermeneutische Fallkompetenz" erwerben müssen. Hermeneutik meint die „Auslegekunst", der „Deutung". Nach Ulrich Oevermann (1981) geht es hier um die Fähigkeit, wissenschaftlich-abstrakte Kenntnisse in konkreten Situationen anzuwenden und um ein Verstehen des Falls aus der Sicht des Falles selbst. Was heißt somit der Pflegebedarf des Pflegebedürftigen aus seiner Sicht?

Die erforderliche professionelle Handlungskompetenz wird unterschieden in Fach-, Methoden-, Persönlichkeits- und Sozialkompetenz. Sie muss in einem handlungsorientiertem Unterricht, der zu einer eigenständigen Problemlösung qualifiziert, in mehreren Schritten vermittelt werden: Orientieren, Informieren, Planen und Entscheiden, Durchführen, Kontrollieren und Auswerten (Staatsinstitut für Schulpädagogik und Bildungsforschung 1996, S. 56, S. 59). Die Reflexion des Handelns und der Lerntransfer haben eine große Bedeutung (Kaiser 1991; Knigge-Demal 1996, S. 89). Der Unterricht erfolgt fächerübergreifend in Lernfeldern, die als durch „Zielformulierung, Inhalte und Zeitrichtwerte beschriebene thematische Einheiten, die an beruflichen Aufgabenstellungen und Handlungsabläufen orientiert sind" (KMK 2000, S. 14), beschrieben werden.

Der theoretische und praktische Unterricht in der Altenpflege findet in vier Lernbereichen mit insgesamt 2100 Stunden statt: Aufgaben und Konzepte in der Altenpflege, Unterstützung alter Menschen bei der Lebensgestaltung, rechtliche und institutionelle Rahmenbedingungen altenpflegerischer Arbeit und Altenpflege als Beruf. In diesen Bereichen sind 14 Lernfelder formuliert. Hinzu kommt noch ein Unterricht zur freien Gestaltung (vgl. AltPflAPrV).

4.2 Unterrichtsinhalte

Die Unterrichtsinhalte der Alterssoziologie bzw. Sozialgerontologie befinden sich schwerpunktmäßig im Lernbereich „Unterstützung alter Menschen bei der Lebensgestaltung" mit dem Lernfeld „Lebenswelten und soziale Netzwerke alter Menschen beim altenpflegerischen Handeln berücksichtigen" mit einem Stundenumfang von 120 Stunden. Hierzu gehören die Module Demographische Entwicklungen, Alltag und Wohnen im Alter, Familienbeziehungen und soziale Netzwerke alter Menschen, Sexualität im Alter, Altern als Veränderungsprozess, Ethniespezifische und kulturelle Aspekte, Glaubens- und Lebensfragen und Menschen mit Behinderungen im Alter (vgl. AltPflAPrV).

In dem Lernbereich „Altenpflege als Beruf" mit den Lernfeldern „Berufliches Selbstverständnis entwickeln", „Lernen lernen" und „Mit Krisen und schwierigen sozialen Situationen umgehen" sind weitere Unterrichtsinhalte in einem Umfang von ca. 75 Stunden. Schließlich sind in dem Lernbereich „Aufgaben und Konzepte in der Altenpflege" mit dem Lernfeld „Theoretische Grundlagen in das altenpflegerische Handeln einbeziehen" soziologische bzw. sozialgerontologische Inhalte in einem Umfang von ca. 20 Stunden mit den Modulen „Alter, Gesundheit, Krankheit, Behinderung und Pflegebedürftigkeit" und „Biographiearbeit" vorgesehen (vgl. AltPflAPrV). Insgesamt beträgt der Unterrichtsanteil mit soziologischen Inhalten ca. 15 % des gesamten Unterrichtsstoffes. In der Lehrerfassung des Fachbuchs „In guten Händen – Altenpflege Band 1 und 2" (Mangold und Ziebula 2011) sowie weiteren Unterrichtsmaterialien in diesem mehrteiligen Werk erhält man einen guten Einstieg in die Unterrichtsinhalte.

4.3 Arbeiten im multiprofessionellen Team

Der Unterricht findet wie schon erwähnt fächerintegrativ in Lernfeldern statt. Die Lehrenden sind hier gefordert, über ihre Fachsystematik hinaus alternative Verknüpfungsmöglichkeiten, die den methodischen und didaktischen Überlegungen entsprechen, zu entwickeln und anzubieten. Dies verlangt Kommunikation, Kooperation, Teamarbeit untereinander und die Fähigkeit zum Teamteaching (Muster-Wäbs und Schneider 2001, S. 37; Staatsinstitut für Schulpädagogik und Bildungsforschung 1996, S. 59). An dem multiprofessionellen Team sind besonders Pflegepädagogen, Ärzte, Psychologen, Soziologen und Juristen beteiligt.

5 Mein beruflicher Werdegang hin zur Leitung einer Berufsfachschule

Zunächst möchte ich mein Tätigkeitsfeld charakterisieren. Ich bin Stellvertretender Schulleiter einer Berufsfachschule für Altenpflege, einer privaten Einrichtung, die von der Senatsverwaltung für Bildung, Jugend und Wissenschaft des Landes Berlin staatlich anerkannt ist. Schulträger ist das seit über dreißig Jahren bestehende Institut für angewandte

Gerontologie (IFAG). In meiner Position bin ich zuständig für die interne Schulaufbau- und -ablauforganisation, das Betriebs-, Führungs- und Personalmanagement sowie das Qualitätsmanagement als ständiger Querschnittsaufgabe. Ferner gehören externe Kooperationen mit den praktischen Ausbildungsträgern und Arbeitsagenturen bzw. „Job-Centern" zu meinem Aufgabenbereich. Auch sind die gesellschaftspolitischen Entwicklungen in der Altenpflege und der Altenpflegeausbildung in Parteien und diversen Interessenverbände ständig zu beobachten und zu verarbeiten. Das IFAG verfügt auch über ein Weiterbildungsinstitut, in dem ich als organisatorischer Leiter fungiere.

Anschließend möchte ich einige Anmerkungen zu meinem beruflichen Werdegang hin zur Leitung einer Berufsfachschule machen. Ich werde mich auf die Aspekte Qualifikation, berufliches Netzwerken und den Zufall konzentrieren.

5.1 Qualifikation: zu den fachlichen und methodischen Kompetenzen

Ich habe mich in meinem Studium anfänglich l'art pour l'art und im Fortgang gezielt und hochmotiviert mit dem Hauptfach Soziologie und den Nebenfächern Psychologie, Politische Wissenschaft und Pädagogik beschäftigt und mich dann auf die Themen Sozialstrukturanalyse und empirische Sozialforschung, EDV, Sozialisation und Soziologie des Lebenslaufs, Sozial- und Jugendpolitik sowie Schul- und Erwachsenenpädagogik konzentriert. Bereits während meines Hauptstudiums konnte ich an empirischen Studien wie zum Autoritarismus und Studien zu Leben und Werk von Erich Fromm und zur Relevanz des wissenschaftlichen und beruflichen Schreibens teilnehmen.

In meiner beruflichen Tätigkeit konnte ich sowohl Fach- als auch Methodenkompetenzen aus meinem Studium einbringen. So habe ich mich in der zweiten Hälfte der 1980er Jahre bis zum Anfang der 1990er Jahre als wissenschaftlicher Mitarbeiter an einer Fachhochschule für Sozialarbeit und Sozialpädagogik auf Leben und Werk von Erich Fromm und auf die Wichtigkeit des wissenschaftlichen und beruflichen Schreibens erweiternd und vertiefend konzentriert. Dies gilt auch für meine Tätigkeit als Dozent in der Ausbildung der Sozialarbeit und Sozialpädagogik an dieser Fachhochschule in den sozialwissenschaftlichen Fächern „Soziologie", „Empirische Sozialforschung und Informatik", „ökonomische und politische Rahmenbedingungen der Sozialarbeit/Sozialpädagogik" und „Alterssoziologie". Da ich mein Studium unter anderem mit Tätigkeiten in der Schulsozialarbeit und durch Nachhilfeunterricht finanziert hatte, konnte ich bereits auf einige methodische und didaktische Erfahrung zurückgreifen.

In den 1990er Jahren war ich in der beruflichen Qualifikation im Gesundheits- und Sozialbereich für Sozialarbeiter/Sozialpädagogen, Erzieher und Altenpfleger besonders in den neuen Bundesländern tätig. Diese Tätigkeit mündete in der Festanstellung als Lehrer für Alterssoziologie in der damaligen Fachschulausbildung zum Altenpfleger, wo ich seit dem Jahr 2000 die Position als stellvertretender Schulleiter wahrnehme. Die Qualifikationen(vgl. 4.) habe ich mir in formellen und informellen Weiterbildungen sowie durch wachsende Aufgabenvielfalt und durch neue Verantwortlichkeiten, beispielsweise in Projektarbeit angeeignet, also durch klassisches „Job Enlargement" und „Job Enrichment".

5.2 Berufliches Netzwerken: zu den persönlichen und sozialen Kompetenzen

Während ehrenamtlicher Tätigkeiten als Jugendlicher und junger Erwachsener in der evangelischen Jugendarbeit und jungen Erwachsenenarbeit hatte ich durch Gremien- und Projektarbeiten bereits das soziale Netzwerken in seiner praktischen Bedeutung kennen und praktizieren gelernt. Während meines Soziologiestudiums konnte ich zu zwei für mich bedeutsamen Mentoren eine wissenschaftlich nachhaltige Beziehung aufbauen, woraus gemeinsame Arbeiten wie (drittmittelgeförderte) Ausstellungen oder Publikationen entstanden. Diese Entwicklung konnte ich erfolgreich als wissenschaftlicher Mitarbeiter fortschreiben und die hierbei gewonnenen Erfahrungen und Kompetenzen später als stellvertretender Schulleiter nutzen.

Erfolg im Beruf hängt auch und gerade von persönlichen Kompetenzen ab. Ein Modell, um unsere Persönlichkeit zu beschreiben, ist das Fünf-Faktoren-Modell (Big Five) – fünf Merkmale, die bei jedem Menschen vorhanden, aber unterschiedlich stark ausgeprägt sind: Neurotizismus, Extraversion, Offenheit für Erfahrungen, soziale Verträglichkeit und Gewissenhaftigkeit (vgl. McCrae und Costa 1989, S. 17-40). Die Ausprägungen dieser Merkmale entscheiden erheblich darüber, ob wir erfolgreich sind. Für den beruflichen Erfolg ist nach psychologischen Befunden und auch nach meiner Erfahrung die Gewissenhaftigkeit hoch bedeutsam.

5.3 Der Zufall als unerwartete Gelegenheit

„Kein Sieger glaubt an den Zufall" (Nietzsche 2013, S. 136), so dass es uns schwer fällt, „die Ordnung der Dinge als etwas zu akzeptieren, das fast nie" mit unseren „eigenen Interessen und Wünschen zu tun" hat, schreibt Michael Hampe in seinem sehr anschaulich verfassten Buch mit dem Titel „Die Macht des Zufalls" (Hampe 2006). Hampe analysiert die Bedeutung des Zufalls in unserem Leben und plädiert für eine Haltung der Offenheit. Mit Maren Lehmann aus dem Interview „Soziologie des Zufalls" (2013) gesprochen ist der Zufall „eine unerwartete Gelegenheit, die nicht ungenutzt verstreichen darf". Ich versuche diesen Gedanken anhand von Statuspassagen innerhalb meines beruflichen Werdegangs kurz zu skizzieren.

Dem Zufall eine Rolle in der eigenen Biografie zuzuerkennen, ist für einen Soziologen vielleicht eine brisante Aussage. Denn, so schrieb Lepenies (2002) zum Tode Bourdieus, „Sinn der Soziologie ist es, nicht an den Zufall in der Gesellschaft zu glauben". Bestätigung finde ich allerdings in Niklas Luhmanns Systemtheorie, die eine Zunahme der Komplexität des Sozialen im Zuge der funktionalen Differenzierung moderner Gesellschaften annimmt. Wenn also Handlungsoptionen zugenommen haben, sind Zufälligkeiten und somit Kontingenzerfahrungen wahrscheinlicher geworden (vgl. Luhmann 1993, S. 156f.).

Die Entscheidung für mein Soziologiestudium unterlag dem Zufall, da ich seinerzeit eigentlich Psychologie studieren wollte. Für die Aufnahme des Studiums hätte ich eine Wartezeit in Kauf nehmen müssen. Ich entschied mich dagegen und für die Soziologie. Auch der Antritt meiner ersten Arbeitsstelle als wissenschaftlicher Mitarbeiter erfolgte zufällig. Einer meiner Mentoren, der zu dieser Zeit Hochschullehrer war, hatte eine solche Stelle zu vergeben, die ein Anderer nicht antreten konnte, so dass er mich anrief. Ähnlich erfolgte auch der nächste Schritt: eines Tages saß ich in der Mensa neben einem anderen Hochschullehrer, der für sein Forschungssemester einen Ersatz für seine Lehrveranstaltungen suchte. Ich war zufällig zur richtigen Zeit am richtigen Ort mit der richtigen Qualifikation. Mein sehr kurzes sogenanntes Bewerbungsgespräch für die Fachlehrerstelle an einer Berufsfachschule für Altenpflege fand unter den sehr unübersichtlichen und chaotischen Bedingungen eines Umzugs der Schule statt. Man war froh, dass man dieses Problem der Stellenbesetzung in Anbetracht der weitaus größeren Herausforderung des Umzugs schnell gelöst hatte. Was für ein Zufall! Informell ausschlaggebend für meine erfolgreiche Bewerbung zum stellvertretenden Schulleiter war das zufällig gehörte Votum der damaligen Schulsekretärin. Sie war von meinen Kompetenzen überzeugt.

Abkürzungen

AltPflG – Gesetz über die Berufe in der Altenpflege (Altenpflegegesetz)
AltPflAPrV – Ausbildungs- und Prüfungsverordnung für den Beruf der Altenpflegerin und des Altenpflegers (Altenpflege-Ausbildungs- und Prüfungsverordnung)
DZA – Deutsches Zentrum für Altersfragen, Berlin
HeimPersV – Verordnung über personelle Anforderungen für Heime (Heimpersonalverordnung)
KDA – Kuratorium Deutsche Altershilfe, Köln
KMK – Kultusministerkonferenz
SGB XI – Sozialgesetzbuch – Elftes Buch – Soziale Pflegeversicherung
WTG – Wohnteilhabegesetz
WTG-PersV – Wohnteilhabe-Personalverordnung

Literatur

Baltes, P.B., Baltes, M.M. (1992). Gerontologie: Begriff, Herausforderung und Brennpunkte. In: Baltes, P.B., Mittelstraß, J. (Hrsg.): Zukunft des Alterns und gesellschaftliche Entwicklung. Akademie der Wissenschaften zu Berlin. Berlin: de Gruyter.
Bundesministerium für Bildung und Forschung (BMBF) (2011). „Das Alter hat Zukunft". *Forschungsagenda der Bundesregierung für den demografischen Wandel.* www.bmbf.de/pub/Das_Alter_hat_Zukunft_ohne_Vorwort.pdf Zugegriffen: 11. Mai 2015.
Bundeszentrale für politische Bildung (Hrsg.) (2010). *Lobbying und Politikberatung.* Aus Politik und Zeitgeschichte, Heft 19/2010 v. 17.5.2010. Bonn.
Datenreport 2013 – Ein Sozialbericht für die Bundesrepublik Deutschland (2013), hrsg. vom Statistischem Bundesamt und Wissenschaftszentrum Berlin für Sozialforschung, Zentrales Datenmanagement. Bonn.
Dinkel, R. H. (1992). Demographische Alterung – Ein Überblick unter besonderer Berücksichtigung der Mortalitätsentwicklungen. In Akademie der Wissenschaften zu Berlin (Hrsg.), *Zukunft des Alterns und gesellschaftliche Entwicklung,* 62-93. Berlin: de Gruyter.
Ehmer, J. (2004). *Bevölkerungsgeschichte und Historische Demographie 1800 – 2000.* München: Oldenbourg.

Hampe, M. (2006). *Die Macht des Zufalls – Vom Umgang mit dem Risiko*. Berlin: wjs.
Herrmann, A.-K. (2008). *Demographischer Wandel und bürgerschaftliches Engagement älterer Menschen am Beispiel einer Modellregion*. Berlin: Grin.
Mangold, Jeannette; Ziebula, Manuela (2011). *In guten Händen – Altenpflege Band 1 und 2*. Berlin.
Kaiser, A. (1991). Prinzipien einer Didaktik der Erwachsenenbildung. In Tiedgens, H. (Hrsg.), *Didaktische Dimensionen der Erwachsenenbildung*. Studienbibliothek für Erwachsenenbildung, 78-89. Frankfurt/M.: Pädagogische Arbeitsstelle Deutscher Volkshochschulverband.
Kultusministerkonferenz (2000). *Handreichungen für die Erarbeitung von Rahmenlehrplänen der Kultusministerkonferenz* (KMK) für den berufsbezogenen Unterricht in der Berufsschule und ihre Abstimmung mit Ausbildungsordnungen des Bundes für anerkannte Ausbildungsberufe, Fassung vom 15.09.2000. Sekretariat der KMK. Bonn.
Knigge-Demal, B. (1996). Die Lehre in Theorie und Praxis – Vorschläge zur curricularen Gestaltung. In Bundesausschuss der Länderarbeitsgemeinschaften der Lehrerinnen und Lehrer für Pflegeberufe (Hrsg.): Band 6, Bundestagung 22. -24. Mai 1996, 87-90. Bocholt: Eicanos.
Lepenies, Wolf (2002). Ernst und Elend des sozialen Lebens: Theorie aus Verantwortung. Zum Tode von Pierre Bourdieu. *Süddeutsche Zeitung* vom 25. Januar; zit. nach http://www.homme-moderne.org/societe/socio/lepenies/mortPB.html. Zugegriffen: 16.12.2013.
Lehmann, Maren (2013). Interview „Soziologie des Zufalls", unter http://www.zu-daily.de/daily/schulterblick/2013/Die-soziologie-des-zufalls.php. Zugegriffen: 31.12.2013.
Luhmann, N. (1993). *Soziale Systeme. Grundriß einer allgemeinen Theorie*. Frankfurt/M.: Suhrkamp.
McCrae, R. R., Costa, P. T. (March 1989). Reinterpreting the Myers-Briggs Type Indicator From the Perspective of the Five-Factor Model of Personality. *Journal of Personality* 57, 17–40.
Muster-Wäbs, H., Schneider, K. (2001). Chancen und Risiken des Lernfeldkonzeptes. In *Unterricht Pflege 1*, 37-40. Brake: Prodos.
Nietzsche, F. (2013). *Die fröhliche Wissenschaft*. Berlin: Holzinger.
Oevermann, U. (1981). *Professionalisierung der Pädagogik – Professionalisierbarkeit pädagogischen Handelns*. Unveröff. Vortragsmanuskript. Freie Universität Berlin.
Robert Bosch Stiftung (Hrsg.) (2000). *Pflege neu denken – Zur Zukunft der Pflegeausbildung*. Stuttgart: Schattauer.
Schmidt, R. (2008). Soziale Altenarbeit und ambulante Altenhilfe. In Chassé, K. A. & von Wensierski, H.-J. (Hrsg.): *Praxisfelder der sozialen Arbeit – Eine Einführung*, 215-228. Weinheim und München: Juventa.
Sowinski, Ch., Behr, R. (2002). *Bundeseinheitliche Altenpflegeausbildung – Materialien für die Umsetzung der Stundentafel*. Hrsg. Kuratorium Deutsche Altershilfe, Köln.
Staatsinstitut für Schulpädagogik und Bildungsforschung München (Hrsg.) (1996). *Abschlussbericht zum Modellversuch „Fächerübergreifender Unterricht in der Berufsschule (FügrU)"*. München.

Internetquellen

Bundesagentur für Arbeit. Berufe. http://berufenet.arbeitsagentur.de/berufe/ Zugegriffen: 25. November 2013.
Deutsche Gesellschaft für Soziologie – Sektion Alter(n) und Gesellschaft. http://www.sektion-altern.de/de/ueber_uns.htm. Zugegriffen: 04. November 2013.
Portal des Bundesministeriums für Familie, Senioren, Frauen und Jugend. http://www.altenpflegeausbildung.net/startseite/altenpflegegesetz-des-bundes.html. Zugegriffen: 10. Dezember 2013.

Wildern im Revier der Historiker: Das Museum als Arbeitsfeld

Thomas Drerup

1 Die Museumslandschaft als Berufsfeld

In Deutschland gibt es zurzeit über 6.300 Museen.[1] Sie sind in unterschiedliche Kategorien eingeordnet. Grob wird zwischen Kunstmuseen, kulturhistorischen Museen, naturwissenschaftlichen oder technikhistorischen Museen, Freilichtmuseen, Schloss- oder Burgmuseen und Spezialmuseen unterschieden. Auch die Trägerschaft ist weit gefächert: sowohl Bund, Länder, Städte und Kommunen, als auch öffentlich-rechtliche und privatrechtliche Stiftungen und Vereine treten als Museumsträger auf. Im Jahr 2012 wurden in den deutschen Museen 112.807.633 Besuche erfasst (vgl. Institut für Museumsforschung 2012). Zum Vergleich: Dies ist ein Vielfaches der jährlichen Besuchszahlen der ersten und zweiten Herrenfußballbundesliga zusammengenommen.

Dass in Anbetracht der großen Besuchszahlen viel Arbeit anfällt, versteht sich von selbst. Neben der operativen Arbeit, die die Tätigkeiten des Kassen- und Sicherheitspersonals, der Reinigungskräfte, der Gebäudeinstandhaltung, oder Gastronomie beinhaltet, fallen viele weitere Aufgaben an, für die hochqualifizierte und starkspezialisierte Fachleute benötigt werden. Objekte aller Art müssen beschafft, Sammlungen von Artefakten und Naturalien angelegt, erfasst, wissenschaftlich bearbeitet und erhalten werden. Ausstellungen zu verschiedensten Themenkomplexen werden konzipiert, erarbeitet und durchgeführt. Hierzu werden wissenschaftliche Forschungen und Rahmenprogramme wie Fachtagungen und Symposien durchgeführt. Besucher und Entscheidungsträger wollen durch Marketing und Öffentlichkeitsarbeit auf diese Ausstellungen und die dahinterstehenden Institutionen aufmerksam gemacht werden. Die Inhalte von Sammlungen und Ausstellungen, das dazugehörige Wissen und die dahinterstehenden Geschichten sollen den Besucherinnen und Besuchern durch Führungen und zusätzliche Angebote und Rahmenprogramme nahegebracht und vermittelt werden. Und last but not least muss die Durchführung all dieser Aufgaben verwaltet und entsprechende Mittel hierfür eingeworben werden.

---

[1] Nicht in dieser Zahl enthalten sind die zahlreichen Ausstellungshäuser ohne eigene Sammlung, sowie diverse von Privatpersonen oder Wirtschaftsunternehmen unterhaltene Ausstellungsräume (vgl. Institut für Museumsforschung 2012).

Entsprechend der Vielzahl von Aufgaben gibt es auch eine Reihe von spezifischen Museumsberufen wie etwa der der Kuratorin, des Kustoden, der Restauratorin, des Museumspädagogen oder allgemein der wissenschaftlichen Mitarbeiterin, um hier nur einige zu nennen. Voraussetzung für all diese Tätigkeiten ist ein abgeschlossenes Hochschulstudium in einem Fach, das für das Thema und die Ausrichtung des jeweiligen Museums relevant ist. Am häufigsten finden sich Absolventinnen und Absolventen mit einem Studium der Geschichte und Kunstgeschichte, der (europäischen) Ethnologie und Archäologie und Politikwissenschaft sowie Fachwissenschaftlerinnen und -wissenschaftler aus verschiedenen Naturwissenschaften. Hinzu kommen Absolventinnen und Absolventen spezieller Studiengänge der Museologie beispielsweise der Museumskunde und Fachkräfte für Public Relations, Marketing, Recht und Verwaltung.

Soziologinnen und Soziologen sind im Museumsbetrieb eher selten anzutreffen, obwohl es eine durchaus beachtliche Zahl von Museen gibt, die sich mit aktuellen und historischen sozialen Prozessen auseinandersetzen und mit sozialwissenschaftlichen Daten und Theorien hantieren. Als Beispiel für ein solches Museum kann hier das Deutsche Hygienemuseum Dresden genannt werden, welches sich in den letzten Jahren immer wieder mit Ausstellungen zu gesamtgesellschaftlich relevanten und soziologisch interessanten Themen wie Arbeit, Klima, Sport, Religion etc. gewidmet hat. Museen sind wichtige Institutionen des Kulturbetriebs und als solche Orte der Reflexion und Verständigung über gesellschaftlich relevante und drängende Themen. Daher verwundert es mich, dass Soziologinnen und Soziologen nicht viel stärker versuchen, sich in die Museumslandschaft einzubringen. Nach meiner bisherigen Erfahrung wird der spezielle soziologische Blick und soziologisches Fachwissen von den Kolleginnen und Kollegen häufig als wertvolle Anregung und Bereicherung der multidisziplinären Arbeit im Museum geschätzt bei der Organisation von Kunstausstellungen oder der Arbeit in Geschichtsmuseen oder Gedenkstätten.

Der klassische Einstieg in die Arbeit im Museumsbetrieb ist das Volontariat, das häufig auch als wissenschaftliches Volontariat oder wissenschaftliche Museumsassistenz bezeichnet wird. Auch im Journalismus gibt es die Ausbildungsform des Volontariats. Diese weißt zwar gewisse strukturelle Ähnlichkeiten zum Museumsvolontariat auf, hat mit diesem inhaltlich jedoch nichts gemein. Neben dem Volontariat gibt es natürlich noch andere Zugangswege zum Museumsbetrieb – z. B. über akademische Forschung zu Themen, die zur spezifischen Ausrichtung eines bestimmten Museums passen. Das Volontariat ist als eine Ausbildung in einem Museumsbetrieb oder einer ähnlichen Institution wie etwa Gedenkstätten, Schlösser- und Gartenverwaltungen, Kunstvereinen, städtischen Kulturämtern oder Denkmalbehörden zu verstehen. Es dauert zumeist zwei Jahre und qualifiziert für den gehobenen Dienst in Museen oder den anderen genannten Institutionen. Anders als der Name vermuten lässt, wird man als Volontär für seine Arbeit bezahlt, wenn auch nicht immer ganz angemessen. Die Leitfäden des Deutschen Museumsbundes und der Kultusministerkonferenz sehen eine Bezahlung in Höhe von 50 % der Stufe 13 des Tarifvertrags des Öffentlichen Diensts (TVöD) vor. Dies entspricht einem monatlichen Bruttogehalt von 1.650 € im ersten und 1.800 € im zweiten Jahr. Tatsächlich ist die Bezahlung jedoch häufig an Landestarife oder Beamtenanwärterbezüge angelehnt und fällt daher oftmals niedriger aus.

2 Friedland, das Grenzdurchgangslager und das Museum

Nach diesem kurzen Überblick über die deutsche Museumslandschaft als Berufsfeld, möchte ich nun auf das Museum zu sprechen kommen, in dessen Aufbaustab ich gerade tätig bin: dem Museum Friedland.

In Friedland, einem kleinen Ort bei Göttingen befindet sich seit 1945 das Grenzdurchgangslager Friedland. Zunächst durch britische Besatzungstruppen eingerichtet, diente es neben anderen Einrichtungen der Kanalisierung großer Flucht- und Migrationsbewegungen in Folge des Zweiten Weltkriegs. Der Ort Friedland wurde gewählt, weil er sich nahe des Dreizonenecks zwischen britischer, amerikanischer und sowjetischer Besatzungszone befand und in Friedland über den ersten Bahnhof auf britischer Seite der Grenze für einen raschen Weitertransport der Ankommenden gesorgt werden konnte. Neben Geflohenen, Vertriebenen, Umsiedlerinnen und Umsiedlern aus den ehemaligen deutschen Ostgebieten und der Sowjetischen Besatzungszone (SBZ/DDR) passierten im ersten Jahrzehnt des Lagerbestehens auch Hunderttausende deutsche Kriegsheimkehrende aus polnischer und sowjetischer Gefangenschaft (und auch von West nach Ost) das Grenzdurchgangslager. Besondere Bekanntheit erreichte Friedland durch die Ankunft der letzten Kriegsheimkehrer aus sowjetischer Gefangenschaft in den Jahren 1956/57. Seit 1950 kamen auch über 2,7 Millionen Aussiedler und Spätaussiedler über Friedland nach Westdeutschland. Daneben diente das Lager immer wieder der Aufnahme von Menschen, die vor Konflikten in anderen Ländern fliehen mussten. So etwa 1956 nach dem Volksaufstand in Ungarn, in den 1970er Jahren aus Vietnam und Chile und in jüngerer Vergangenheit aus dem Irak, aus Syrien und anderen Kriegs- und Krisenregionen.[2] Insgesamt kamen seit der Gründung über vier Millionen Menschen durch das Grenzdurchgangslager Friedland, welches weiterhin besteht und heute als Niedersächsische Erstaufnahmeeinrichtung für Asylsuchende und UNHCR-Resettlementflüchtlinge sowie für jüdische Zuwandernde aus dem östlichen Europa und bundesweite Erstaufnahmestelle für Spätaussiedlerinnen und Spätaussiedler dient.

Das Museum Friedland wird derzeit durch das Land Niedersachsen errichtet und soll die Geschichte des Grenzdurchgangslagers Friedland in Folge des Zweiten Weltkriegs und im globalen historischen Kontext beleuchten und zum Dialog über Themen der jüngeren Geschichte Deutschlands und historischer und aktueller Migrationsphänomene anregen.

3 Meine Aufgaben im Aufbauteam

Das Aufbauteam des Museums ist mit einer Hand voll promovierter Wissenschaftlerinnen und Wissenschaftler und einigen Hilfskräften besetzt und erarbeitet von Berlin aus die Dauerausstellung des zukünftigen Museums, führt ein Zeitzeugenprojekt durch und

---

2 Diese Auflistung ist bei weitem nicht vollständig. Es ist im engen Rahmen dieses Textes leider nicht möglich, die komplexe Geschichte Friedlands wiederzugeben. Dieser Umstand soll jedoch gerne als Einladung zu einem Besuch des Museum Friedland ab Herbst 2015 verstanden werden.

baut eine Sammlung von Objekten und Dokumenten auf. Meine Tätigkeiten umfassen die Recherche mehrerer ausstellungsrelevanter Themen. Hierfür stelle ich Recherchen in verschiedenen Archiven im Bundesgebiet an und bereite die Funde für die zukünftige Ausstellung auf. Weiterhin helfe ich bei Recherche von Zeitzeuginnen und Zeitzeugen, der Organisation und Durchführung von Interviews mit diesen und der Einwerbung von Objekten sowie bei der Organisation einer jährlichen wissenschaftlichen Tagung in Friedland. Hinzu kommen die üblichen Bürotätigkeiten. Hierbei gewinne ich auch wertvolle Einblicke in andere typische Aufgaben und Abläufe der Museumsarbeit wie etwa die Zusammenarbeit mit Entscheidungsträgern, Gremien und Ausstellungsgestaltern. Neben diesen Haupttätigkeiten engagiere ich mich in Arbeitskreisen von Museumsvolontärinnen und -volontären auf Landes- und Bundesebene und bin hierbei mit der Organisation von Fortbildungsmaßnahmen und der Durchführung einer Studie zur Situation der Volontärinnen und Volontären in deutschen Museen auf Basis einer Umfrage betraut.

4   Der Sprung in kalte Wasser, mit Anlauf

Bei der Reflexion meines bisherigen beruflichen Wegs ist mir klar geworden, dass er von vielen Glücks- und Zufällen mitgeprägt war und keineswegs einer geraden Linie oder einem großen Plan gefolgt ist und dies auch weiterhin nur zum Teil tut. Dies sollte man jedoch nicht zum Anlass nehmen, sich deterministischen oder fatalistischen Gedankengängen bezüglich der eigenen Laufbahn hinzugeben oder sich in unliebsame Arbeitsbereiche einzuarbeiten, nur weil man sie für besser an Erfordernisse „der Arbeitswelt" angepasst hält. Vielmehr will ich dazu aufrufen, selbstbewusst und entspannt mit den Unsicherheiten und Unabwägbarkeiten umzugehen und auf die eigenen Wünsche, Neigungen und Talente zu vertrauen – wenn man schwimmen kann, kann man auch ins kalte Wasser springen!

Nachdem ich im Jahr 2004 in Köln mein Abitur gemacht hatte, war ich weit davon entfernt zu wissen, welchen beruflichen Weg ich einschlagen sollte. Während des anschließenden Zivildienstes hatte ich zum Glück noch einige Zeit, mir Gedanken zu geeigneten Studienfächern und -orten zu machen. Hierbei kristallisierten sich dann recht bald einige Auswahlkriterien heraus:

Schon während der Schulzeit mochte ich vor allem Fächer wie Geschichte, Kunst und Sozialwissenschaften und entwickelte ein ausgeprägtes Interesse an sozialen Prozessen und theoretischem Denken. Diese Vorlieben deuteten schon einmal in Richtung eines geisteswissenschaftlichen Faches. Zudem wollte ich – einer gewissen Familientradition folgend – für mein Studium in eine Stadt mit einer gewissen Distanz zum Ort meines Aufwachsens ziehen, um im Abstand von meiner Familie und meinen bisherigen Freunden meinen eigenen Weg zu gehen und mir neue Perspektiven zu erschließen.

Weiterhin wollte ich mich ungern in einen der gerade neu entstandenen Bachelorstudiengänge einschreiben. Zum einen weil man während dieser Zeit nicht viel Gutes über die Studiensituation bei der Umstellung von den alten auf die neuen Studiengängen hörte, zum anderen, weil ich eigentlich Lust auf ein langes und ausgiebiges Studium hatte, mit den dazugehörigen Freiräumen zum „Selbststudium".

Alle diese Kriterien wurden für mich durch den Studienstandort Dresden erfüllt. Hinzu kam, dass anders als in Nordrhein-Westfalen zu dieser Zeit in Sachsen keine Studiengebühren erhoben wurden. Die relativ niedrigen Lebenshaltungskosten ließen die Landeshauptstadt an der Elbe attraktiver als andere Studienorte erscheinen. Am Institut für Soziologie an der Technischen Universität Dresden gab und gibt es weiterhin einen Diplomstudiengang in Soziologie. Dieser ist zwar modularisiert und so den Bologna-Kriterien angepasst, erlaubt jedoch durch eine gewisse Entzerrung des Ablaufplanes und vielfältige Nebenfächer weiterhin ein vertieftes geisteswissenschaftliches Studium und größere Freiheiten beim Verfolgen der eigenen inhaltlichen Interessen. Parallel zu diesem Diplomstudiengang werden dort auch ein Bachelor- und ein Masterstudiengang in Soziologie und ein Masterstudiengang namens „Kultur und Management" angeboten. Die Umstellung des Diplomstudiengangs auf eine neue Studienordnung mit modularisiertem Ablauf war erst ein Jahr vor meiner Immatrikulation erfolgt. Hierdurch ergab sich die vorteilhafte Situation, dass das neue System schon einigermaßen funktionierte, es aber noch einige Spielräume und Freiheiten gab, die später zum Teil einer strengeren Reglementierung des Studienablaufs und der Leistungskontrolle gewichen sind.

Das Studium begann mit einem intensiven Grundstudium, welches eine große Bandbreite soziologischer Theoriegeschichte und sozialwissenschaftlicher Methodik abdeckte und zudem Einblicke in verwandte Fächer wie Volkswirtschaftslehre, Politikwissenschaft, Pädagogik, Psychologie und Geschichtswissenschaft ermöglichte. Im anschließenden Hauptstudium wählte ich zunächst das Schwerpunktmodul „Kultur und Gesellschaft" und dann das Vertiefungsmodul Kultursoziologie. Beide Module wurden vom Gründungsprofessor des Instituts, Karl-Siegbert Rehberg, geleitet, eine Koryphäe im Bereich der Kultursoziologie und Philosophischen Anthropologe. Quasi als Ausgleich für diese sehr theorielastige Spezialisierung im Hauptfach wählte ich als Nebenfach Kommunikationswissenschaften. Diese sind in Dresden stark an der Empirie und Praxis der Arbeit in der Kommunikationsbranche ausgerichtet, man lernt also das Handwerk der öffentlichen Kommunikation, sei es für Werbung, Public Relations, Journalismus oder politische Kommunikation.

5 Interesse an der Museumsarbeit und Abschluss des Studiums

Dresden ist eine aufregende aber durchaus überschaubare Stadt. So kam es, dass ich während des Studiums mit vielen Menschen aus den verschiedensten Bereichen in Kontakt kam. Durch den Umgang mit Studierenden der Hochschule für Bildende Künste und inspiriert durch das reichhaltige kulturelle Angebot in der Stadt begann ich mich für die Arbeit in Kulturinstitutionen zu interessieren. So belegte ich in der Uni Seminare über Kulturmanagement und Museumsmanagement und wirkte in meiner Freizeit an zahlreichen Veranstaltungen in den Bereichen Bildende Kunst, Tanztheater und elektronische Musik mit. Hierbei reifte der Entschluss heran, es mit einer Laufbahn in diesem Berufszweig zu versuchen. Daher bewarb ich mich Ende des Jahres 2009 für ein viermonatiges Praktikum bei den Staatlichen Kunstsammlungen Dresden (SKD)[3] für ein Praktikum in der Abteilung für Presse- und Öffentlichkeitsarbeit. Die Bewerbung war erfolgreich, abweichend von der Ausschreibung wurde ich jedoch in der Generaldirektion der SKD eingesetzt. Dort half ich bei der Organisation von Ausstellungs- und Museumseröffnungen und den dazugehörigen Feiern und wissenschaftlichen und öffentlichen Rahmen- und Begleitprogrammen. Nach dem Praktikum arbeitete ich noch einige Monate auf Basis von Werkverträgen in den SKD und führte mein Studium dem Ende entgegen. Währenddessen machte ich mich auf die Suche nach einem geeigneten Thema für meine Abschlussarbeit. Mit meiner Diplomarbeit wollte ich mich weiter für die Arbeit in einer Kulturinstitution qualifizieren und eventuelle Bildungslücken in Bezug auf die Arbeit im Museum schließen. Inspiriert durch meine damalige Mitbewohnerin, -Tänzerin und Choreographin, wählte ich ein Thema, das es mir ermöglichte soziologische Theorie und geschichtswissenschaftliche Recherche mit einem Thema der Hochkultur zu verbinden: Unter dem Titel „Disziplin und Affektkontrolle im höfischen Tanz Sachsens" untersuchte ich die Anwendbarkeit der theoretischen Konzepte von Norbert Elias und Michel Foucault auf die verschiedenen historischen Quellen zur Praxis des höfischen Tanzes am sächsischen Fürstenhof. Durch die intensive Auseinandersetzung mit Foucault und Elias, beide Theoretiker, die ihre Argumentationen auf die Deutung historischer Prozesse aus soziologischer Sicht stützten, sowie durch die Arbeit mit dem historischen Quellenmaterial über den höfischen Tanz Sachsens, eignete ich mir nebenher noch einige Kenntnisse an, die eher in einem geschichtswissenschaftlichen als in einem soziologischen Studium erworben werden. Auch dies ist in Kultur- und speziell Museumsberufen sicherlich von Vorteil. Noch vor Abschluss dieser Arbeit zog ich im Jahr 2011 nach Berlin und beendete Anfang 2012 mein Studium. Gleich nachdem ich den Schlafmangel der letzten Studienwochen ausgeglichen hatte, begann ich mich nach Beschäftigungsmöglichkeiten im Kulturbetrieb Berlins umzuschauen.

6 Mein Weg zum Volontariat

Nach Beendigung meines Studiums konzentrierte ich mich in erster Linie auf Bewerbungen für Museumsvolontariate. Leider zunächst ohne Erfolg, was auch an der großen Konkurrenz liegt: Auf ein Volontariat kommen schnell mal einhundert Bewerbungen, an beliebten Standorten wie Berlin auch durchaus einhundertfünfzig und darüber. Solche Zahlen mögen zwar zunächst abschrecken, jedoch sind die Chancen natürlich wesentlich höher, wenn man zum inhaltlichen Profil des jeweiligen Volontariats passt und bereits Erfahrungen und Praktika in Museen gemacht hat. Auch ein „Exotenstatus" mit Soziologie

---

3 Die SKD umfassen u. a. zwölf Museen mit breiter thematischer Fächerung, die ihren Ursprung in den Sammlungen der sächsischen Fürsten haben. Die SKD sind einer der ältesten Museumsverbünde der Welt und sind nach den Staatlichen Museen zu Berlin die zweitgrößte Museumsinstitution in Deutschland.

kann hierbei durchaus von Vorteil sein, um aus der Masse der Bewerberinnen und Bewerber hervorzustechen. Ausschreibungen für Museumsvolontariate finden sich am leichtesten online über die Jobbörse des Deutschen Museumsbundes oder über das Onlineforum der Geschichtswissenschaft in Deutschland (H-Soz-u-Kult). Mein eigener Weg zum Volontariat führte jedoch zunächst über ein weiteres unbezahltes Praktikum. Von einer Bekannten erfuhr ich von einem Ausstellungsbüro namens „Die Exponauten – Ausstellungen et cetera", das gerade eine Ausstellung zum 775. Stadtjubiläum Berlins realisierte und dringend Hilfe benötigte. Diese Gelegenheit wollte ich nicht ungenutzt lassen und stellte mich kurzerhand beim Chef des Ausstellungsbüros vor.

Kurzfristig wurde ich in das Team aus freiberuflich Tätigen und Honorarkräften integriert und war in den nächsten Monaten mit der Recherche und Redaktion von Ausstellungstexten für die Open-Air-Ausstellung „Stadt der Vielfalt" beschäftigt, welche die Geschichte Berlins unter besonderer Berücksichtigung von Migrationsprozessen erkundete. Im Anschluss daran wurde ich über einen Werkvertrag für zunächst drei Monate in das nächste große Projekt des Büros eingebunden: Den Aufbau des zukünftigen Museum Friedland. Seit Januar 2013 bin ich als wissenschaftlicher Volontär Teil dieses Aufbauteams.

7 Anforderungen und Aussichten

Wie aus der Darstellung bereits deutlich wird, sind sichere und langfristige Arbeitsverhältnisse im Museumsbereich zumindest für den Berufseinstieg sehr rar gesät. Zudem werden eine hohe Bereitschaft zur Mobilität und der Wille zur ständigen Weiterbildung und zur Auseinandersetzung mit immer neuen Themen und Problemstellungen erwartet. Auch eine Promotion kann für eine Laufbahn im Museumsbetrieb sehr hilfreich sein und ist für manche Positionen fast als unverzichtbar zu bezeichnen. In den genannten Anforderungen liegt jedoch meiner Meinung nach auch ein großer Reiz dieses Betätigungsfeldes. Man bewegt sich in einem spannenden beruflichen Umfeld und ist von vielen interessanten und netten Kolleginnen und Kollegen umgeben. Hierbei hat man die Möglichkeit, an der Erfüllung wichtiger gesellschaftlicher Aufgaben wie der Sammlung, Bewahrung, Erforschung und Vermittlung von Kulturgütern und Wissen mitzuwirken. Zudem hat man Teil an aktuellen wissenschaftlichen und gesellschaftlichen Diskursen und kann sich im besten Falle mit gewissen Gestaltungsmöglichkeiten in diese einbringen. Einige spezifisch soziologische Kompetenzen erweisen sich hierbei als besonders hilfreich: Die multiparadigmatische Herangehensweise an komplexe Probleme und Sachverhalte, der Überblick über den Verlauf und die Eigendynamiken gesellschaftlicher Diskurse und theoretischer Begriffsbildungen und nicht zuletzt der geschulte Umgang mit sozialwissenschaftlichen Daten.

Neben der Festanstellung in einer Museumsinstitution ist in den letzten Jahren auch eine überschaubare Szene freiberuflich arbeitender Ausstellungsmacherinnen und -machern entstanden: auch diese sehe ich als ein mögliches zukünftiges Betätigungsfeld. Ebenso sind ein Wechsel in andere Berufsfelder wie etwa dem Kulturmanagement, der Projektsteuerung, dem Veranstaltungsmanagement oder der Rückkehr zu einer akademischen Laufbahn denkbare Zukunftsperspektiven.

Für meinen weiteren beruflichen Werdegang gibt es also noch viele Unsicherheiten, aber auch einige vielversprechende Perspektiven. Auch wenn ich in diesem Text viel über einen ganz bestimmten Weg in eine ganz bestimmte Kulturinstitution geschrieben habe, hoffe ich, dass dieser Text auch als eine Ermutigung für den Einstieg in andere Kulturberufe gesehen wird.

Literatur

Institut für Museumsforschung (2012): Statistische Gesamterhebung an den Museen der Bundesrepublik Deutschland für das Jahr 2012. Including an English Summary, Berlin 2013. http://www.smb.museum/fileadmin/website/Institute/Institut_fuer_Museumsforschung/Heft67.pdf. Zugegriffen: 04. Mai.2015

Links

Portal des Deutschen Museumsbunds: www.mueumsbund.de
Portal des Museums Friedland: www.museum-friedland.de
Online-Informationsforum der deutschen Geschichtswissenschaft: http://hsozkult.geschichte.hu-berlin.de/

Teil C
Soziologie in europäischer Perspektive

Soziologiestudium und Berufsaussichten in Finnland

Juhani Laurinkari

1   Die Gesellschaftswissenschaften und insbesondere die Soziologie an den finnischen Universitäten

In Finnland haben Forschung und Lehre im Bereich der Gesellschaftswissenschaften im Rahmen von einzelnen Wissenschaftsbereichen bereits unter schwedischer Herrschaft begonnen. Die erste Professur der Wirtschaftswissenschaften wurde bereits im Jahr 1747 an der Åbo Akademi gegründet. Der Lehrstuhl war damals viel umfassender als es später bei der Volkswirtschaftslehre der Fall war.

Von unabhängigen Gesellschaftswissenschaften war damals noch nicht die Rede. Der erste Inhaber des Lehrstuhles für Wirtschaftswissenschaften war der bekannte Naturwissenschaftler Pietari Kalm. Mit der Lehre der Statistik wurde im Jahr 1886 und mit der Lehre der Soziologie im Jahr 1890 begonnen, als Edward Westermarck zum *Dozenten* der Soziologie ernannt wurde.

Edward Westermarck wurde später Professor für angewandte Philosophie, ein international bekannter Wegbereiter der finnischen Gesellschaftswissenschaften und ein auch heute noch bekannter Wissenschaftler. Die ersten Professuren für allgemeine Staatswissenschaft und Finanzlehre wurden 1921 an der Universität Helsinki gegründet.

Die Ausbildung in den Gesellschaftswissenschaften gelangte direkt nach dem Zweiten Weltkrieg, Ende der 1940-er Jahre, durch die Gründung von eigenständigen Fakultäten an den finnischen Universitäten zu ihrer gegenwärtigen Bedeutung. An der Universität Helsinki wurde damals die staatswissenschaftliche Fakultät gegründet, und das Institut für Soziologie nahm dort seine Tätigkeit Mitte der 1950er Jahre auf.

Die 1960er Jahre gelten als die goldene Zeit der Gesellschaftswissenschaften und insbesondere der Soziologie, da sie einen starken gesellschaftlichen Einfluss ausübten. Dies bedeutet jedoch nicht, dass die universitäre Ausbildung in den Gesellschaftswissenschaften allein in den 1960er Jahren zugenommen hat.

In den 1970er Jahren nahm beispielsweise die Ausbildung im Bereich der Sozialarbeit zu, als man begann, den Berufsstand zu professionalisieren. Die Ausbildung in den Wirtschaftswissenschaften wurde auch später noch ausgedehnt. So kann man auch seit den 1990er Jahren an der Universität Vaasa Wirtschaftslehre studieren.

Der Schwerpunkt in den Sozialwissenschaften in Finnland liegt methodisch auf der qualitativen Forschung; dabei ist oft die Wirtschaft der Forschungsgegenstand. Die Verbindung zwischen der Soziologie und der Sozialpolitik ist stark, anders als im europäischen ‚Mainstream', wo die Sozialpolitik eher mit den Wirtschaftswissenschaften verbunden ist.

Der „Bologna"-Prozess hat in Finnland keine radikale Veränderung des Hochschulsystems bewirkt. Ähnliche Studienstrukturen waren bereits zuvor in den naturwissenschaftlichen und humanistischen Fächern ausprobiert worden. Die Studienreform in den 1980er Jahren hatte in der Praxis einen viel größeren Wandel der Studienstrukturen mit sich gebracht. Ein weiterer, wesentlicher Einschnitt war auch die Universitätsreform im ersten Jahrzehnt dieses Jahrtausends, als die Universitäten weitgehend privatisiert wurden und ihre Verwaltung keine kollegiale Verwaltung von unten nach oben mehr war, sondern die Steuerung von oben nach unten erfolgte und gleichzeitig der Einfluss von außenstehenden Gremien in der Steuerung der Verwaltung und in der Finanzierung der Universitäten zunahm.

2 Studierende

Die Universitäten nehmen jährlich etwa 26.000 neue Studentinnen und Studenten auf. Höhere Hochschulexamen werden jährlich von etwa 13.200 Studierenden und Promotionen von ca. 1.700 Doktorandinnen und Doktoranden absolviert. Die Studierenden im Sozial- und Gesundheitsbereich bilden etwa 10 % aller aufgenommenen Studenten. Jährlich machen etwa 3.000 Studierende einen Abschluss in den Gesellschaftswissenschaften (vgl. Tilastokeskus, Suomen tilastollinen vuosikirja 2013).[1]

Soziologie kann man in Finnland an insgesamt sieben Universitäten studieren: in Helsinki, Jyväskylä, an der Universität Ostfinnland, an der Universität Lappland, in Tampere, an der Universität Turku und an der Åbo Akademi. An all diesen Universitäten können Bachelor- und Masterabschlüsse in den grundlegenden Studien und Lizentiatenabschlüssen und Promotionen in den weiterführenden Studien absolviert werden. Gesellschaftswissenschaften kann man außer an den oben genannten Hochschulen auch an der Universität Vaasa studieren.

Ausländische Studierende haben sehr gute Möglichkeiten, an den finnischen Universitäten und Hochschulen zu studieren, und man hat in den letzten Jahren versucht, diese Möglichkeiten weiterhin zu verbessern, z. B. durch die Unterstützung von internationalen Austauschprogrammen. Für in- wie ausländische Studierende ist das Studium an den finnischen Hochschulen kostenlos.

Fremdsprachenkenntnisse bedeuten im Allgemeinen die Beherrschung der englischen und der schwedischen Sprache, was die Kontakte zu anderen Sprachräumen erschwert. Unterricht in fremden Sprachen wird jedoch weiterhin relativ spärlich angeboten, abgesehen von einigen Universitäten wie der Aalto-Universität und Hanken, wo das Unter-

---

1 Finnisches Amt für Statistik 2013.

richtsangebot in englischer Sprache sehr gut ist. Die Stellung des Englischen ist sehr stark im internationalen Austausch, was zum Problem werden kann für Studierende, die aus anderen Sprachgebieten kommen, und für diejenigen finnischen Studierenden, die sich auf andere Sprachgebiete konzentrieren möchten.

Trotz des gestiegenen Ansehens im internationalen Austausch sind Finnland und die finnische Hochschulwelt doch weiterhin in gewissem Maße geschlossen; die ausländischen Studierenden sehnen sich nach mehr Unterstützung und nach einem wirklichen Zusammensein mit ihren finnischen Kommilitonen, ganz unabhängig davon, ob es an den Hochschulen Dienste gibt, die sich auf die Beratung von Ausländern spezialisiert haben, und es in der Universitätswelt keinen offenen Rassismus gibt.

3   Absolventinnen und Absolventen am Arbeitsmarkt

Diejenigen, die in den letzten Jahren ihren Abschluss in Soziologie gemacht haben, haben sich recht gut ins Arbeitsleben integrieren können. Das gilt auch überhaupt für diejenigen, die ein gesellschaftswissenschaftliches Studium absolviert haben. Arbeitslosigkeit von Akademikern, insbesondere die Arbeitslosigkeit von Promovierten, kommt zunehmend vor, aber die universitäre Ausbildung im Bereich der Gesellschaftswissenschaften scheint weiterhin eine starke Investition in den Arbeitsmarkt zu sein.

Die Absolventen der Soziologie haben traditionell eine akademische Karriere an den Universitäten eingeschlagen und Aufgaben in Lehre und Forschung übernommen oder sind als Forscher und Planer in Institutionen des Staates und der Gemeinden tätig. Die öffentliche Verwaltung mit ihren Projekten ist weiterhin ein wichtiger Arbeitgeber, aber gerade in letzter Zeit ist eine Erweiterung des Arbeitsfeldes und des Berufsspektrums für Soziologinnen und Soziologen zu beobachten. Soziologen arbeiten neuerdings z. B. in der Berichterstattung, in der Informationsvermittlung, im Marketing und in der Personalverwaltung von Unternehmen. Aus einer kürzlich durchgeführten Karrierebefragung der Universitäten und Fachhochschulen geht hervor, dass Soziologen in etwa 100 verschiedenen Berufsgruppen tätig sind. Fünf Prozent der Absolventen sind arbeitslos (vgl. Vuorinen 2005, Kivelä 2014, Paukkunen 2012).

An unserer Universität, der University of Eastern Finland, gibt es seit dem Jahr 2007 einen Alumniverein. Dieser Verein ist allerdings nicht nach Studienfächern gegliedert. Die Mitglieder setzen sich aus Absolventen der Universität sowie dem ehemaligen und gegenwärtigen Personal der Universität zusammen. An einigen Universitäten, wie an der Universität Helsinki, gibt es eigene Alumnivereine für Gesellschaftswissenschaftler wie auch für Soziologen. Die Alumnitätigkeit hat in den letzten Jahren stark zugenommen und fördert vor allem kulturelle und Freizeitaktivitäten der Absolventen. Auch für erste Kontakte zur außeruniversitären Berufswelt sind die Alumnivereine bedeutsam.

Wenn sich die Frage stellt, ob junge Menschen heute Soziologie oder Sozialwissenschaften studieren sollten, empfehle ich in erster Linie, das Studienfach nach den eigenen Interessen zu wählen. Die Stellung der Studienfächer auf dem Arbeitsmarkt ist auf lange

Sicht schwer vorherzusagen. Stellung und Bedeutung der Soziologie war in den letzten Jahrzehnten erheblichen Schwankungen ausgesetzt. In den 1960er und 1970er Jahren war sie stark; Soziologinnen und Soziologen hatten sich hauptsächlich auf Gesellschaftspolitik konzentriert. Momentan ist ihre Stellung schwach, aber andererseits vermittelt die Soziologie als allgemeine Gesellschaftswissenschaft und Methodenlehre gute Voraussetzungen, um in der Gesellschaft verschiedene Expertentätigkeiten auch in einer sich wandelnden Gesellschaft übernehmen zu können.

Die deutsche und die finnische Arbeitskultur sind sich sehr ähnlich; in beiden Ländern werden „Broterwerb" und Fleiß hoch bewertet, so dass die Deutschen in Finnland als Arbeitskräfte geschätzt sind. Sie bilden jedoch eine kleine Gruppe auf dem Arbeitsmarkt. Während es 30.000-40.000 estnische und russische Immigranten in Finnland gibt, sind es nur 4.000 Deutsche. Experten aus den westlichen Ländern (Deutschland, Großbritannien, Schweden, Frankreich) haben aber, die entsprechenden Sprachkenntnisse vorausgesetzt, durchaus Möglichkeiten auf dem finnischen Arbeitsmarkt (vgl. Kyhä 2011).

4 Interessenvertretung

Die Gesellschaftswissenschaftler und -wissenschaftlerinnen vertreten ihre Interessen oft als Mitglieder im Zentralverband der akademischen Gewerkschaften (AKAVA). Diejenigen, die akademische Tätigkeiten ausüben, sind in Personalverbänden der Universitäten organisiert, und oft sind Gesellschaftswissenschaftler auch Mitglieder und Akteure im finnischen Verband für Staatswissenschaftler, der über ein breites Netzwerk in den Universitätsstätten verfügt.

In den letzten Jahren hat der Organisationsgrad der Angestellten abgenommen und ein Teil der Gesellschaftswissenschaftler ist in eine sogenannte freie Kasse eingetreten, eine Arbeitslosigkeitskasse, die den gehaltsgebundenen Arbeitslosenschutz garantiert, aber unabhängig von den Berufsorganisationen ist. Für die Soziologie gibt es eigenen Verbände oder gar Gewerkschaften.

An den finnischen Universitäten und Hochschulen gibt es des weiteren sogenannte Karrieredienste, deren Aufgabe ist es zu verfolgen, wie sich die Absolventen der Universitäten und Hochschulen in den Arbeitsmarkt eingliedern; gegebenenfalls unterstützen sie ihre Eingliederung auch. Diese Dienste sind bereits nützlich gewesen, aber es wird deutlich eine Intensivierung einer solchen Tätigkeit gewünscht. Auch die Unterstützung bei der Suche von Praktikumsplätzen wird seitens der Studierenden als sehr schwach beurteilt. Es besteht fortwährend ein Mangel an Praktikumsplätzen.

Besonders innerhalb, aber auch außerhalb der Universitäten, z. B. in den Unternehmen, wird von der Ausbildung ein stärkerer Arbeitsmarktbezug gewünscht. In Deutschland z. B. entstehen dadurch Beziehungen und Netzwerke für die Studierenden. Dies wäre auch für unsere Studierenden zu wünschen.

5 Zu meinem Werdegang

Ich habe als Theologe begonnen und mich in meinem Studium unter anderem auf das Gebiet der Religionssoziologie spezialisiert. Nach meinem theologischen Examen im Jahr 1968 beschäftigte ich mich weiterhin mit Soziologie und Sozialpolitik sowie Sozialpsychologie, Ethik, Statistik und Folkloristik. Während dieser Studienjahre war ich anfangs in der Jugend- und Diakoniearbeit tätig. 1971 begann ich meine Universitätslaufbahn als Assistent und wurde danach Universitätslektor und Professor i. V., danach wurde ich zum Vollprofessor (1994) und Dekan der Fakultät. Im Jahr 1976 promovierte ich in Gesellschaftswissenschaften in Helsinki. Später machte ich mit ausländischen Stipendien, z. B. als Gastwissenschaftler der Alexander von Humboldt Stiftung, den Magister in Wirtschaftswissenschaften und promovierte dann 1986 in Wien zum Dr.oec.soc. Meine Fächerkombination bestand aus Volkswirtschaftstheorie, Wirtschaftssoziologie sowie dem Genossenschaftswesen.

Von Anfang an habe ich versucht, die Dinge in ihrer Gesamtheit, auf holistische Weise, zu sehen. Ich habe mir eine breitere Auffassung von der Beziehung zwischen den Dingen und von der Beziehung zwischen den Ursachen und den Folgen verschafft, ich habe also den kausalen Zusammenhang untersucht. Ich bin interessiert an der Theorie der Soziologie und an der Wirklichkeit, die auf dem Einfluss der verschiedensten Ansätze beruht. Als Soziologe bin ich immer an den Werten und am Menschenbild interessiert und überhaupt an der Ethik und den Verhaltensmodellen. Der Soziologe empfindet auch sehr stark die Ungerechtigkeit des Lebens und die Erfahrungen des Richtigen und Falschen.

Bereits zu meiner Schulzeit hatte ich gehofft, in die Welt der Forschung eintreten zu können. Ich habe immer viel gelesen und es gibt mir viel, Forschungsarbeiten auf verschiedenen Ebenen zu betreuen. Die 52 Dissertationen, die ich bislang betreut habe, haben mich als Prozess am meisten belohnt für die Mühe, die Selbstentsagung und den wirtschaftlichen Druck, die eine akademische Laufbahn mit sich bringen. Ich freue mich besonders über die geistige Freiheit, die ich verspüre. Ich muss nicht in verschiedenen Ausbildungsberufen arbeiten, sondern ich kann für mich wirklich interessante Themen intellektuell angehen und gleichzeitig die Vielschichtigkeit des Lebens und seine Herausforderungen erleben.

Ebenso gibt es heutzutage die Möglichkeit, jedes Jahr mehrere Male als Gastprofessor tätig zu sein, die finnisch-deutsche Doktorandenschule zu leiten und die Doktorandinnen und Doktoranden zu betreuen, und auch als Vollmitglied und Leiter der finnischen Delegation in der Europäischen Akademie der Wissenschaften und Künste (2015-2020) aktiv zu sein. Es ist eine Freude, als aus bescheidenen Verhältnissen stammender Forscher auch die Möglichkeit zu haben, die kommenden Generationen von Forschern dabei zu unterstützen, die *richesse* des Lebens mit ihren zahlreichen anspruchsvollen und nach Lösungen schreienden Problemen zu sehen und sich dieser anzunehmen.

Literatur

Kivelä, K. (2014). Vuosi työmarkkinoilla. Sijoittumisseuranta vuonna 2012. Lapin yliopistosta valmistuneista yhteiskuntatieteiden maistereista POLITIIKKATIETEET JA SOSIOLOGIA/POOLI III. Lapin yliopisto: Rovaniemi (Jahr des Arbeitsmarktes. Platzierungen in 2012).

Kyhä, H. (2011). Koulutetut maahanmuuttajat työmarkkinoilla. Tutkimus korkeakoulututkinnon suorittaneiden maahanmuuttajien työllistymisestä ja työurien alusta Suomessa. Akateeminen väitöskirja. Turun yliopisto. Kasvatustieteiden tiedekunta (Qualifizierte Einwanderer auf dem Arbeitsmarkt. Ein Forschungsbericht).

Paukkunen, I. J. (2012). Sosiologit jälkiteollisilla työmarkkinoilla. Pro gradututkielma Itä-Suomen yliopisto (Soziologen auf postindustriellen Arbeitsmärkten. Diss. Universität Ostfinnland).

Tilastokeskus. Suomen tilastollinen vuosikirja (2013). Helsinki (Statistisches Jahrbuch von Finnland 2013).

Vuorinen, P. (2005). Sosiologina työmarkkinoilla: Tutkimus vuonna 1999 valmistuneiden sosiologien työhönsijoittumisesta ja heidän asemastaan työelämässä. Pro gradu -tutkielma. Sosiologia. Helsingin yliopisto. Valtiotieteellinen tiedekunta (Soziologie des Arbeitsmarktes: Forschungsbericht zum Jahr 1999. Arbeitsvermittlung von Soziologie-Absolventen und deren Status im Arbeitsleben. Masterarbeit, Universität Helsinki, Fakultät für Sozialwissenschaften).

Internetquellen

Akademiker im Arbeitsmarkt: http://www.akava.fi/tyoelama/akavalaiset_tyoelamassa/akavaaka-tilastokooste_antaa_punnittua_tietoa_akavalaisista

Soziologie in Frankreich: Ausbildung, Beschäftigung und Praxis[1]

Odile Piriou

1 Institutionalisierung der Soziologie in Frankreich

Die Institutionalisierung der Soziologie in Frankreich als universitäre Disziplin kann auf das Jahr 1958 datiert werden, dem Jahr der Einführung des Abschlusses „Licence" und der Promotion. Bis in die 1980er Jahre hinein bleibt die Soziologie wesentlich akademisch, mit anderen Worten orientiert an universitärer Forschung und Lehre. Heute hat sich die Soziologie breit diversifiziert, sowohl im Hinblick auf die Studiengänge als auch im Hinblick auf die beruflichen Aussichten. Sie hat sich professionalisiert, indem sie sich auf Ausbildungsgänge und berufliche Perspektiven ausgerichtet hat, um Studierende auf den Arbeitsmarkt vorzubereiten. Zu einem großen Teil hat sich diese Entwicklung aus staatlichen und europäischen Reformen im Kontext des Bologna-Prozesses ergeben. Im Jahr 2005 wurde das Gesetz zur Vereinheitlichung der Studienabschlüsse[2] (LMD) verabschiedet, zwei Jahre später das Loi Pecresse (loi relative aux libertés et responsabilités des universités, LRU), ein Gesetz zur Freiheit und Verantwortung von Universitäten. Im Folgenden werden die aktuelle Ausbildungssituation, die beruflichen Aussichten sowie Handlungsfelder beschrieben. Verweise auf historische Entwicklungen und der Vergleich mit anderen Gesellschaftswissenschaften dienen dazu, die neueren Entwicklungen besser nachvollziehen zu können. Um die Situation der Soziologie in der Gegenwart zu beschreiben, werden statistische Daten zu Studierendenzahlen, zur Anzahl erworbener Abschlüsse und Berufsaussichten von Absolventinnen und Absolventen der Soziologie dargestellt. Die Daten wurden erhoben auf der Grundlage neuerer Untersuchungen des französischen Bildungsministeriums (Direction des études, de la prospective et de la performance du Ministère de l'Enseignement, DEPP) und des staatlichen Forschungszentrums zur Beschäftigung (Centre d'études et de recherche sur les qualifications, CEREQ).

---

1 Übersetzt aus dem Französischen von Katrin Späte.
2 Das mit LMD abgekürzte Gesetz zur Reduktion der akademischen Abschlüsse auf drei Stufen: Licence (L), Master (M), Doktorat (D). Es ersetzt das frühere fünf Stufen umfassende System an akademischen Graden im französischen Hochschulsystem: Deug, Licence, Maîtrise, DEA-DESS, Doctorat.

Die Daten und Analysen erlauben es, auf wichtige und aktuelle Fragen zu antworten, sowohl für die Disziplin als auch für die Öffentlichkeit: Welche verschiedenen Ausbildungen bietet die Soziologie in Frankreich an? Welchen Platz nehmen die Ausbildungsangebote der Soziologie im Vergleich mit verwandten und konkurrierenden Disziplinen ein? Wie ergeht es den Absolventinnen nach Abschluss des Studiums? Wie viele von ihnen sind drei Jahre nach Abschluss des Studiums erwerbslos? Welches Einkommen können sie sich erhoffen? Was sind starke Beschäftigungsfelder für die Absolventinnen? Und schließlich: Wie werden Soziologinnen und Soziologen, die außerhalb von Universitäten und Forschungseinrichtungen arbeiten, repräsentiert?

2   Methodologischer Rahmen: Daten und Untersuchungsfeld

Wir haben auf der Basis von Daten des DEPP (Direction de l'Evaluation, de la Prospective et de la Performance, du ministère de l'Education Nationale) gearbeitet. Die statistischen Berechnungen beziehen sich auf die Grunddaten zu erworbenen Studienabschlüssen im Bereich Human[3]- und Sozialwissenschaften („Sciences humaines et sociales", SHS) im Zeitraum von 2005 bis 2010, pro Jahr wurden jeweils zwischen 50.000 und 60.000 Titel erworben. Im Jahr 2005 erhöhte sich die Anzahl der Studienabschlüsse auf 56.264, im Jahr 2010 sinkt sie auf 51.079 Titel (vgl. Tab 1). Wir haben die Daten zu erworbenen Studienabschlüssen in den Human- und Sozialwissenschaften auch verglichen mit der Anzahl an Studienabschlüssen aller anderen universitären Disziplinen, die für das Jahr 2005 insgesamt, ungeachtet des Studienniveaus 204.638 Abschlüsse ausweist und 226.940 für das Jahr 2010 (vgl. Tab. 2). Außerdem wurden die akademischen Grade nach Disziplinen und Spezialisierungen differenziert. Die Fächerzuordnung umfasst in den Geistes- und Sozialwissenschaften elf Kategorien: (1) Raumplanung; (2) Archäologie, Ethnologie, Frühgeschichte; (3) Geographie; (4) Geschichtswissenschaft; (5) Philosophie, Epistemologie; (6) Pluri Geistes- und Sozialwissenschaften; (7) Psychologie; (8) Erziehungswissenschaft; (9) Informations- und Kommunikationswissenschaft; (10) Theologien; (11) Soziologie und Demographie. Die Zuordnung (1) bezeichnet die erste Spezialisierung im Titel und die zweite Zuordnung ergänzt die erste. Beispiel [wissenschaftlicher Bereich] Soziologie-Demographie, [Zuordnung 1] Kultur, Geistes- und Sozialwissenschaften, [Zuordnung 2] Organisationsentwicklung und Change-Management.

---

3   Der Begriff der „sciences humaines" kann auch mit dem Begriff „Geisteswissenschaften" übersetzt werden.

Soziologie in Frankreich: Ausbildung, Beschäftigung und Praxis

Tab. 1 Studienabschlüsse in den Geistes- und Sozialwissenschaften (SHS)

SHS	2005	2010
licence (LMD + ex Licence)	35.175	24.606
Master forschungsorientiert (+ ex DEA)	6.000	4.930
Master anwendungsorientiert (+ ex DESS)	9.929	10.841
Licence anwendungsorientiert (plus ex licence IUP)	3.713	5.127
Master indifférencié	51	3.810
Doctorat	1.396	1.765
TOTAL	56.264	51.079

Tab. 2 Studienabschlüsse in übrigen Wissenschaften (außer SHS)

Autre	2005	2010
licence (LMD + ex Licence)	94.104	9.2390
Master forschungsorientiert (+ ex DEA)	20.535	13.995
Master anwendungsorientiert (+ ex DESS)	47.715	49.319
Ltes formationicence pro (plus ex licence IUP)	32.096	39.109
Master indifférencié	596	20.763
Doctorat	7.587	9.354
TOTAL	204.638	226.940

3 Zur Entwicklung der Absolventenzahlen in Soziologie

Gegenwärtig wird Soziologie in Frankreich mehrheitlich an Universitäten gelehrt. In den großen Universitäten hat die Soziologie eine eigene Abteilung wie an den Universitäten Poitiers, Nantes, Paris-8, Grenoble usw. Zum Teil ist sie auch integriert in eine Abteilung der Human- und Sozialwissenschaften. Sie ist außerdem Bestandteil anderer Studiengänge wie Soziale Arbeit, Verwaltung, Wirtschaft, Erziehung etc. Das Studium der Soziologie erfreute sich zunächst einer großen Nachfrage und erlebte auch einen bedeutenden Anstieg der Studierendenzahlen (vgl. Chenu 1998; Soulié 2001). Im Zeitraum von 1970 bis 2004 hatte sich die Anzahl der Absolventinnen verzehnfacht. Über etwas mehr als 30 Jahre lang konnte sich die Soziologie also einer großen Hörerschaft erfreuen und einen enormen Anstieg an Absolventenzahlen verzeichnen (vgl. Abb. 1).

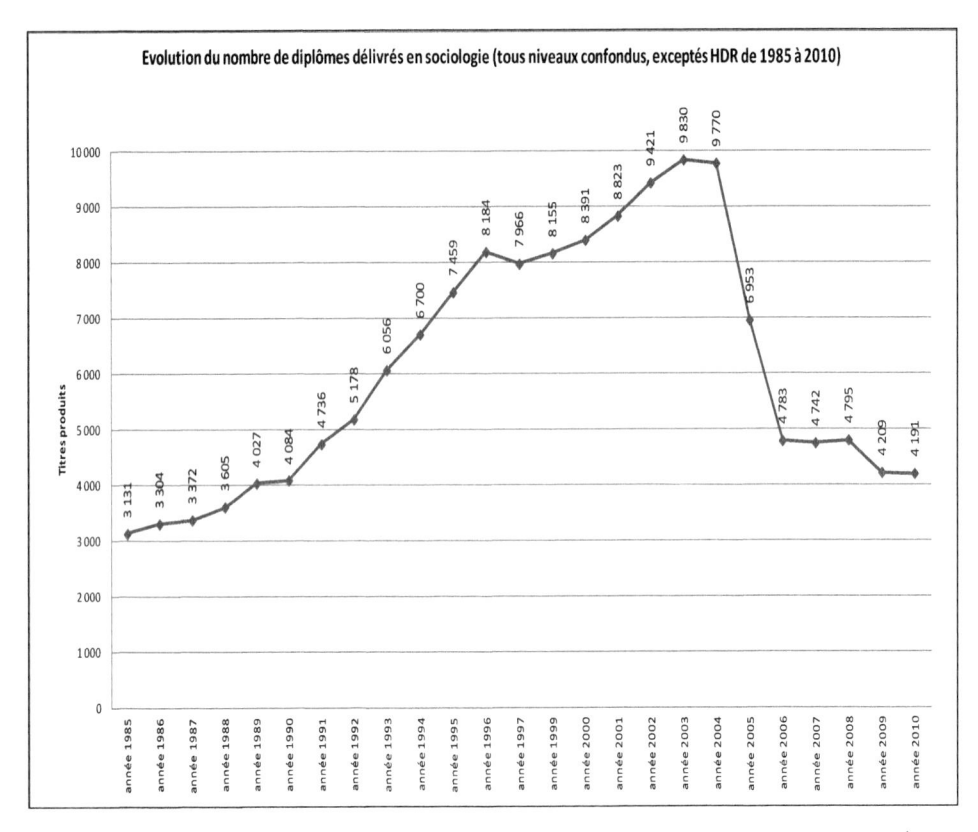

Abb. 1 Entwicklung der Studienabschlüsse in Soziologie, alle Studienniveaus, außer HDR[4] 1985-2010

3.1 Sinkende Absolventenzahlen

Heute ist die Situation der Disziplin eine ganz andere. Seit der Umsetzung des Bologna-Prozesses in Frankreich studieren weniger Personen Soziologie, und es schließen auch weniger ein Studium ab. Die Gesamtzahl an Abschlüssen in Soziologie sank zwischen den Jahren 2004 und 2010 um 5.579 Diplomierte. Dieser Rückgang ist zum einen in Verbindung mit den genannten Reformen zu bringen, zum anderen steht er aber auch in Zusammenhang mit einer Professionalisierungslogik, die das höhere Bildungswesen grundlegend verändert, nämlich die Wertschätzung von solchen Studiengängen und Abschlüssen, die einen möglichst direkten Zugang zu einer Beschäftigung bzw. einer Anstellung intendieren.

---

4 Habilitation à diriger des recherches: Habilitation, höchste akademische Qualifikationsstufe.

Der Rückgang an Absolventinnen und Absolventen in Frankreich ist vergleichbar mit der Situation in den Vereinigten Staaten, in Brasilien, in Mexiko oder auch in Schweden[5].

Der Prozess der Professionalisierung universitärer Studien, mittels akademischer Abschlüsse den Anforderungen der Wirtschaft und des Erwerbsarbeitsmarktes zu entsprechen, führt dazu, dass Universitäten neue anwendungsbezogene Studiengänge bevorzugen, wie Informations- und Kommunikationswissenschaft, Verwaltung oder Sicherheitsmanagement. Im Gegenzug verlieren solche Wissenschaften, die in erster Linie auf Forschung und Lehre ausgerichtet sind, an Ansehen sowohl seitens der Öffentlichkeit als auch seitens der Universitäten selbst. Es ist in dieser Hinsicht bemerkenswert, dass alle Human- und Sozialwissenschaften sowie auch die Soziologie einen fortgesetzten Rückgang ihrer Absolventenzahlen erfahren. Seit dem Jahr 2000 verlieren die Geschichtswissenschaft 40 %, die Psychologie 25 %, die Geographie 35 % und die Soziologie 17 %, die Philosophie 35 %, die Ökonomik 10 % (vgl. Tab 3.). Umgekehrt verzeichnen die neueren Wissenschaften wie Raumplanung, Erziehungswissenschaft, Informations-und Kommunikationswissenschaft oder Verwaltung, mit anwendungsbezogenen Masterstudienprogrammen einen hohen Anstieg: eine Steigerung von 104 % bei der Informations-und Kommunikationswissenschaft (vgl. Tab. 4), über 14 % für die Raumplanung und über 24 % im Bereich Verwaltung (vgl. Tab. 4).

1   Vgl. zur absoluten Anzahl der Abschlüsse Tab 1. Und Tab.2.

Tab. 3   Vergleich der Entwicklung der Studienabschlüsse in den Human-und Sozialwissenschaften zwischen 2000 und 2010 (Licence bis Promotion) (Quelle : DEPP)

Studiengänge (vgl. zur absoluten Zahl der Studienabschlüsse Tab. 1 und 2.)	Jahr 2000 Effectifs	Jahr 2010 Effectifs	Wachstumsrate 2000 – 2010 %
RAUMPLANUNG	2.709	3.086	+ 14 %
GEOGRAPHIE	5.252	3.386	- 35 %
GESCHICHTSWISSENSCHAFT	13.695	8.263	- 40 %
PHILOSOPHIE	3.170	2.012	- 37 %
PLURI SHS	-	3.922	-
PSYCHOLOGIE	13.491	10.234	- 24 %
ERZIEHUNGSWISSENSCHAFTEN	8.268	5.989	- 27 %
Informations-und Kommunikationswissenschaft	4.460	9.106	+ 104 %
SOZIOLOGIE	5.061	4.178	- 17 %
TOTAL	62.881	51.079	

5   Vgl. Morales Visuet and Péres-Castro, „The impact of Competency-Base Education on the professionalization of mexican Psychologist" ; Eugenio Braga, „Occupational composition and positions for a sociology of social scientists"; Gunnar Olofsson, „The transformation of higher education (1960-2010)", Papers presented in the session 11 in, RC52.08: University, Professions ad professionalization in the knowledge Society, XVII ISA World Congress of Sociology, 13th July, 15:30-17h30. Brint, S. 2002. The rise of the ‚practical arts'. In: Steven, Brint (Ed.): The future of the city of intellect: The changing American university (pp. 231–259). Stanford: Stanford University Press.

Tab. 4 Entwicklung der Studienabschlüsse in Ökonomik und Verwaltung, alle Studienniveaus zwischen 2000 und 2010 (Quelle: DEPP)

Studiengänge	Wachstumsrate 2000 – 2010	Wachstumsrate 2005 – 2010	Wachstumsrate 2000 – 2005	Anzahl Studienabschlüsse 2010	Anzahl Studienabschlüsse 2005	Anzahl Studienabschlüsse 2000
Verwaltung	+ 30 %	+5 %	+24 %	63.627	60.603	48.805
ökonomik	-24 %	-15 %	- 10 %	15.636	17.369	20.529

3.2 Das Gebot der Professionalisierung

Das Los der Soziologie hängt zukünftig also, ähnlich wie das der Geschichtswissenschaft oder der Geographie, von ihren Fähigkeiten ab, solche Abschlüsse zu entwickeln, wie es die Informations- und Kommunikationswissenschaften machen. Die Notwendigkeit der Orientierung an den Möglichkeiten einer beruflichen Qualifizierung wird dabei seitens der Verantwortlichen dieser Studiengänge in zweierlei Hinsicht begründet: in Bezug auf den Abbau von Stellen im höheren Bildungswesen und den Forschungseinrichtungen sowie den Beschäftigungsschwierigkeiten in einer Zeit der wirtschaftlichen Krise, der die Absolventinnen und Absolventen der höheren Bildung in Frankreich unterworfen sind. Nur ein Drittel der Promovierten in Soziologie kann eine Stelle zur wissenschaftlichen Mitarbeit an Universitäten oder dem Centre National de la Recherche Scientifique (CNRS, nationales Forschungszentrum) finden.

Das Bewusstsein über die immer stärker werdenden Forderungen nach solchen Abschlüssen, die Möglichkeiten für einen raschen Eintritt in den Erwerbsarbeitsmarkt bieten, hat in den 2000er Jahren zur Erhöhung der Abschlüsse geführt (vgl. Tab. 5). Ein erster Weg zur Professionalisierung war ab den 1990er Jahren der Ausbau von Studienabschlüssen mit den Graden DESS und DEA. Das DESS, Diplôme d'Etudes Supérieures Spécialisées, umfasste fünf Studienjahre nach Abschluss der Hochschulreife und war auf Beschäftigungsfelder außerhalb von Forschung und Lehre ausgelegt. Das DEA, Diplôme d'Études Approfondies de niveau, umfasste ebenfalls fünf Studienjahre nach der Hochschule, war aber ausgerichtet auf einen anschließenden Promotionsstudiengang und damit auf den Erwerb eines Doktorgrads. Während der Studienabschluss DESS in den 1980er Jahren wenig verbreitet war, neun DESS-Abschlüssen standen 260 DEA-Abschlüsse gegenüber, hat die Anzahl an Abschlüssen mit DESS ab den 1990er Jahren deutlich zugenommen. Im Jahr 1996 wurden bereits 372 DESS Abschlüsse erworben, auch wenn DEA-Abschlüsse zunächst dominant blieben. Im Jahr 2006 drehte sich dann das Verhältnis zwischen den Abschlüssen um: 506 mal wird der DEA-Abschluss erworben und 1.130 mal der DESS-Abschluss.

Eine zweite Professionalisierungstrategie eröffnete sich im Jahr 2005 durch die Reform LMD (Licence, Master, Doctorat), also mit dem Jahr der Einführung des eingangs erwähnten Gesetzes. Die Einführung des Masterabschlusses ersetzte dabei die bisherigen Abschlüsse DEA und DESS. Die Soziologie in Frankreich profitiert von dieser Reform für die Entwicklung von anwendungsorientierten/berufsqualifizierenden Studiengängen (vgl. Tab. 5), die immer häufiger auch die Durchführung eines Praktikums in den Studienprogrammen vorsehen.

Tab. 5 Entwicklung der berufsqualifizierenden Studienabschlüsse seit dem Jahr 2005 (Quelle : DEPP)

Jahr	DIP GENERAUX Licence générale LMD (+ ex Licence) et master recherche plus doctorat				DIP PROFESSIONNELS Licence pro (+ ex Licence IUP) et Master pro				Dont Licences professionnelles (sur la totalité des DIP PROF)				Total	
	2005		2010		2005		2010		2005		2010		2005	2010
PSYCHOLOGIE	9.040	73%	6.422	70%	3.281	27%	2.690	30%	72	2%	152	6%	12.328	10.234
ERZIE-HUNGSW.	8.711	90%	4.438	79%	923	10%	1.148	21%	186	20%	141	12%	9.634	5.989
GEOGRAPHIE	3.076	83%	2.162	70%	632	17%	919	30%	67	11%	92	10%	3.708	3.386
SOZIOLOGIE	3.700	75%	2.485	64%	1.231	25%	1.424	36%	259	21%	484	34%	4.931	4.178

Dem Beispiel der Erziehungswissenschaft und Psychologie folgend werden in der Soziologie zunehmend Master- und Bachelorstudiengänge geschaffen. Die Soziologie ist dabei eine Disziplin, die seit dem Jahr 2005 auch Abschlüsse mit kurzer Studiendauer schafft, die es den Absolventen erlauben sollen, möglichst schnell und direkt eine Erwerbstätigkeit aufzunehmen.

4 Studienangebote in Soziologie

4.1 Studienangebote

Mitte der 2000er Jahre wurden 123 Masterstudiengänge in der Soziologie erfasst, die in drei Kategorien unterschieden werden: anwendungsorientierte/berufsbezogene Studiengänge, forschungsorientierte Studiengänge und „indifferente" Studiengänge, also ohne Ausweis einer Orientierung. Von diesen 123 Masterstudiengängen sind 59 Studiengänge seitens der DEPP als anwendungsorientierte und 43 Studiengänge als forschungsorientierte Studiengänge eingeordnet worden, 23 Studiengänge wurden als „indifferent" bezeichnet, das heißt, dass keine Empfehlung für eine akademische Orientierung oder eine berufsbezogene/anwendungsorientierte Orientierung ausgewiesen wurde. Von diesen Masterstudiengängen trägt die Mehrheit auch die Bezeichnung „Soziologie" im Titel: bei den anwendungsorientierten Studiengängen sind es 63 %, von den forschungsorientierten sind es 67 %, bei den indifferenten 57 %. Die Studiengangbezeichnung Soziologie wird meistens durch Spezialisierungen ergänzt. Bei diesen Spezialisierungen ist der Bereich „Entwicklung" mit 24 Nennungen der häufigste, darunter wiederum mit Spezifizierungen wie „urban und lokal" (5) oder auch mit ökonomischen Schwerpunkt (6). Der Bereich „Politik" nimmt mit 16 Masterstudiengängen den zweiten Rang ein und beinhaltet meistens Studien zu sozialen, kulturellen und neuerdings auch zu Phänomenen, die mit Migration oder Religion verbunden sind. Der Bereich Arbeit und Organisation bleibt eine typische Spezialisierung in Soziologiestudiengängen (14). Diese Spezialisierung wird auch häufig mit Bezug auf Organisationen und Unternehmen ausgewiesen (9). Etwas geöffnet wird die Spezialisierung in Studiengängen mit Bezeichnungen wie Beschäftigung (5) oder Organisationen (7). Nichtsdestotrotz ist es eine Neuheit, dass die Ausweisung der Ausrichtung von Masterstudiengängen in der Soziologie insbesondere im Hinblick auf Berufsaussichten verwendet wird. Die Befähigungen und Praxisverweise in den Bezeichnungen der Studiengänge spiegeln sehr schön die Vervielfachung von möglichen Laufbahnen und beruflichen Positionen, die Soziologinnen und Soziologen außerhalb von Universitäten innehaben (vgl. Piriou 2006; Legrand et al. 1994, 2004). So werden die Studiengänge auch mit Verweis auf konkrete Handlungsfelder bezeichnet wie Expertise oder Expertentum (5), dem Management allgemein, Führungsaufgaben und Projektleitung (10), dem Engineering (4), der Mediation (5), der Intervention (7), der Evaluation (2), der Ausbildung (5) oder auch Forschung (11).

4.2 Beschäftigungsfelder und Erwerbstätigkeit

Die Handlungsfelder, in denen Absolventinnen und Absolventen der Soziologie tätig werden, sind nahe an jenen, auf die das Masterstudienangebot ausgerichtet ist. Die großen staatlichen und privatwirtschaftlichen Einrichtungen bleiben für 22 % der Soziologinnen und Soziologen die wichtigsten Arbeitgeber. Hinzu kommen andere Bereiche, in denen sie nachgefragt werden:

Im öffentlichen Sektor sind es dezentrale staatliche Einrichtungen auf regionaler, kommunaler oder städtischer Ebene. Im Anschluss folgen zentrale Einrichtungen wie Ministerien 15 %.

Auch im privatwirtschaftlichen Bereich dominieren zwei Bereiche: unabhängige Einrichtungen für angewandte Forschung, 15 %, Beratung und Forschung sowie Vereinigungen 14 %.

Diese Beratungs- und Forschungsunternehmen haben Eigenschaften, die sie deutlich von großen, rein gewinnorientierten Beratungsunternehmen des angelsächsischen Typs wie Accenture, früher Arthur und Andersen, unterscheiden. Die Organisationsstrukturen dort sind stärker universitär und sozialwissenschaftlich geprägt, was sie an solche der angewandten Forschung annähert (vgl. Henry 1992). Sie betreiben dort Forschung, Ausbildung und Beratung. Das Spektrum an Klienten ist breiter, darunter zählen beispielsweise Verbände, Gesellschaften und Betriebe. Sie handeln so also sowohl im privaten wie öffentlichen Auftrag und manche spezialisieren sich auch in diesem Feld. Sie zeichnen sich auch häufig durch Beratungs- und Verwaltungstätigkeiten aus, besonders in Bezug auf Finanzberatung. Sie verteidigen einen Berufsethos und Qualität in der Auftragserfüllung, zum Teil „passgenau" (Piriou 1999, S. 145).

5 Vier soziologische Berufsfelder: anwendungsorientierte Forschung, Beratung, Begleitung und Entwicklung, Management und Führung

Es ist möglich, vier Typen soziologischen beruflichen Handelns neben dem traditionellen Feld von Forschung und Lehre zu unterscheiden: 1. anwendungsorientierte Forschung, 2. Beratung, 3. Begleitung und Entwicklung sowie 4. Management und Führung (vgl. Piriou 2006, S. 100).

Das Feld anwendungsorientierter Forschung zeichnet sich durch eine Form von Forschung aus, mit der die Produktion von Ergebnissen verbunden wird, mit anderen Worten: die soziologisches Fachwissen durch die analytische Arbeit zur Verfügung stellt. Im nicht-universitären Bereich wird eine solche Forschungstätigkeit häufig als Diagnostik bezeichnet; es handelt sich hier also um eine methodisch klar formalisierte Forschung als empirische Sozialforschung, die zur An- bzw. Verwendung durchgeführt wird.

Im Beratungsfeld zeichnet sich die soziologische Intervention dadurch aus, Entscheidern dabei zu helfen, ihre Entscheidungen vorzubereiten. Zum Teil geschieht dies durch spezielle soziologische Studien, häufig auch schlicht anhand der Anwendung vorhandenen Expertenwissens. Soziologen als Berater nehmen auch an Verhandlungs- und Kommunikationsprozessen bei der Entscheidungsfindung teil.

Die Praktik der Begleitung und der Entwicklung umfasst sowohl Tätigkeiten des Übersetzens als auch Problemanalysen mit längerfristiger Handlungsperspektive. Begleitung meint hier die Gestaltung und Steuerung eines Change Management Prozesses von Organisationen wie Unternehmen und Verbänden sowie die Konzeption von lösungsorientierten Maßnahmen wie beispielsweise die Planung von Qualifizierungsprogrammen.

Die Praktik des Managements, hauptsächlich des Projektmanagements, besteht darin, die Verantwortung zu übernehmen für eine Studieneinrichtung, eine Beratungseinrichtung, eine Forschungseinheit oder eine Betriebseinheit, selbst aber an der konkreten Umsetzung nicht beteiligt zu sein. Der Sozio-Manager oder auch die Führungskraft hat die Aufgabe, ein Forschungsteam zu leiten, den Forschungsauftrag zu bestimmen, die Durchführung festzulegen, den Finanzierungsplan zu erstellen und möglicherweise Konflikte mit den Auftraggebern zu schlichten.

Mit einem Abschluss in Soziologie eröffnen sich zukünftig weitere berufliche Laufbahnen, insbesondere auch im privatwirtschaftlichen Bereich, die durchaus mit nicht zu vernachlässigenden Chancen für sozialen Aufstieg verbunden werden können. Wenn dies darauf hindeutet, dass die Kompetenzen von Soziologinnen und Soziologen heute besser anerkannt werden, ist noch deutlicher herauszustellen, welche ökonomischen und sozioprofessionellen Möglichkeiten das Studium der Soziologie den Studierenden eröffnet, welcher Abschluss am förderlichsten ist und mit welchen Studiengängen konkret.

6 Die möglichen Erträge eines Soziologiestudiums

6.1 Erwerbstätigkeit

Drei Jahre nach dem Eintritt in das Erwerbsarbeitsleben ist die Erwerbslosigkeitsquote mit einem Soziologie Abschluss erhöht, vergleichbar mit anderen Abschlüssen der Human- und Sozialwissenschaften. Eine differenzierte Analyse der Studienabschlussniveaus zeigt dabei einige interessante Unterschiede. Die Erwerbslosigkeitsquote der Absolventen mit einem Abschluss „Licence" in Soziologie ist mit einem Anteil von 9 % nahe an der Quote von 10 % für die Geisteswissenschaften insgesamt, während der Anteil der erwerbslosen Promovierten in Soziologie mit 29 % um 9 % höher liegt als der Anteil der erwerbslosen Promovierten in den Geisteswissenschaften allgemein (20 %). Gleichwohl gilt, dass in Frankreich grundsätzlich das Verfügen über einen Abschluss einen Vorteil bietet denen gegenüber, die ihre Studien nicht abgeschlossen haben (vgl. Bref Cereq 2005). Ein anderer wichtiger Unterschied manifestiert sich mit Blick auf die Masterabschlüsse, beziehungsweise dem Abschluss DESS gegenüber dem Abschluss DEA. Absolventen mit einem anwendungsorientierten/berufsorientierten Masterabschluss haben eine niedrigere Arbeitslosenquote (3 %) als Absolventen mit einem forschungsorientierten Abschluss, der zur Promotion führen soll (10 %). Sie sind darüber hinaus mit dem berufsorientierten Master besser platziert als die Absolventen der Geisteswissenschaften insgesamt (6 %) oder den sogenannten harten Wissenschaften wie Mathematik oder Chemie (vgl. Bref Cereq 2005).

6.2 Schwieriger Zugang zu Leitungspositionen und geringe Einkommen

Absolventen der Soziologie erreichen im Vergleich zu anderen Absolventen der Geisteswissenschaften weniger häufig unbefristete Stellen als leitende Angestellte, mit Ausnahme derjenigen, die über eine Promotion verfügen. Dies zeigt sich insbesondere für diejenigen mit dem Abschluss Licence und einem Masterabschluss. Bei letzteren ist allerdings festzustellen, dass die Situation derjenigen mit einem berufsorientierten Master etwas besser aussieht als die derjenigen mit einem forschungsorientierten Master. Acht Jahre nach dem Eintritt in das Erwerbsleben haben 67 % der Absolventen mit einem berufsorientierten Master einen Angestelltenstatus in Leitungsposition erreicht, während diejenigen mit einem forschungsorientierten Master mit einem Anteil von 54 % leicht darunter liegen. Außerdem erreichen Absolventen mit einem anwendungsorientierten Master schneller eine Anstellung und erwerben auch höhere Einkommen (Piriou 2006, S. 203). Dieser positive Befund relativiert sich allerdings etwas mit Blick auf die Einkommenssituation. Mit dem Abschluss Licence erreichen die Absolventen ein durchschnittliches monatliches Nettoeinkommen in Höhe von 1.022 Euro, mit einem Masterschluss liegt das Einkommen in der Höhe von 1.500 Euro und mit einer Promotion in Höhe von 1.830 Euro.

7 Die Bedürfnisse der Praxissoziologen anerkennen

Gegenwärtig scheint in der akademischen Soziologie nach langen Debatten ein Konsens darüber zu bestehen, dass auch außeruniversitär betriebene Soziologie als Soziologie anzuerkennen ist. Die Anerkennung der Professionalisierung der sogenannten angewandten Soziologie ist dabei nicht ausschließlich durch eine Anerkennung der „praktizierenden" Soziologinnen und Soziologen entstanden, sondern sie wird auch unterstützt durch die institutionelle Einbettung der angewandten Soziologie, insbesondere durch die Arbeit der Verbände, die die Soziologie repräsentieren. Die Vereinigung der Soziologen in Unternehmen, Association des Sociologues en Entreprise (APSE) vertritt zum einen die Interessen derjenigen, die in Unternehmen oder öffentlichen Einrichtungen Soziologie ausüben, und gibt zum anderen die Zeitschrift „Sociologies pratiques", praktische Soziologien, über das Verlagshaus Les Presses Universitaires de France (PUF) heraus. Die Zeitschrift wurde vom CNRS im Jahr 2008 in den Rang A in der Kategorie wissenschaftliche Fachzeitschriften eingestuft. Die institutionelle Einbettung, die Anerkennung und die Wertschätzung der anwendungsorientierten Ausübung einer Soziologie spiegeln sich auch wider in der Verbandspolitik der französischen Vereinigung für Soziologie, Association francaise de

Sociologie, durch die Einrichtung eines (internen) Ausschusses zum Handlungsfeld anwendungsorientierter Soziologie, Comité d'action de la sociologie professionelle (CASP), der auch die Kongresse des Verbands mitorganisiert. Die Wertschätzung der nichtakademischen Soziologen wird ebenfalls deutlich an einem Verzeichnis nationaler Soziologen (RepFS), das seit dem Jahr 2007 veröffentlicht wird. Dieses Verzeichnis stellt die erste große nationale Erhebung der Profession dar und umfasst Forschende, Lehrende und Praktiker. Für die Aufnahme in das Verzeichnis reicht die Angabe des eigenen beruflichen Selbstverständnisses aus. Wenn auch der Zugang zu diesem Verzeichnis auf diese Weise relativ niedrigschwellig geregelt ist, so ist doch diese Idee eines „ökumenischen" Gesamtverzeichnisses (vgl. Piriou 2009) ein Zeichen für einen nicht zu vernachlässigenden Wandel in Richtung Öffnung der Soziologie gegenüber jenen, die nicht an den Universitäten und staatlichen Forschungszentren arbeiten. So macht auch die französische Vereinigung für Soziologie deutlich, „dass es falsch wäre, Soziologie auf ihre rein akademische Existenz zu reduzieren" (vgl. Rodriguez 2007, S. 206). Eine Position, die umso wichtiger ist, als dass sie die genannte Bestandserhebung von Soziologinnen und Soziologen Ausschlüsse und Selektionsmechanismen implizieren kann, die von institutionellen oder intellektuellen Ränkespielen getragen werden.

8 Zusammenfassung

Die Entwicklung der gegenwärtigen Soziologie ist wesentlich von der Einführung anwendungsorientierter Studiengänge bestimmt. Für diese Entwicklung sind die Position, die institutionelle und gesellschaftliche Anerkennung von Soziologie neu zu bestimmen, im Hinblick auf den Zugang zu akademischen Graden, Titeln, auf die Gestaltung und Organisation der Ausbildung, ihre Breite und die Spezialisierung der Studieninhalte, ihre Nützlichkeit sowie den sozio-ökonomischen Gegebenheiten. Die Analyse der Zukunft der Absolventen der Soziologie hat eine wichtige Erkenntnis zu Tage gefördert: die Zukunft der Absolventen kann nicht losgelöst von der Zukunft der akademischen Soziologie diskutiert werden.

Von der Nachkriegszeit bis zur Gegenwart hat die moderne Soziologie drei große Wendepunkte erfahren. Der erste war die wissenschaftliche Wende in den 1960er Jahren mit Einführung der „Licence" und der Promotion. Sie ist gekennzeichnet durch die Entwicklung der empirischen Sozialforschung und soziologischen Forschung, der Einbindung der Disziplin am CNRS. Dieser Wendepunkt markiert gleichzeitig auch die Institutionalisierung der Soziologie an den Universitäten. Dank der Einführung der eigenständigen Studiengänge und Abschlüsse wurde die Soziologie ein eigenständiges wissenschaftliches Fach, auch wenn die Studierendenzahlen zunächst gering blieben, und alles um die „patrons" und Schulen herum organisiert wurde (vgl. Clark 1971).

Der zweite Wendepunkt in den 1980er Jahren, den man als „humanistisch" bezeichnen könnte, zeigt zwei Entwicklungslinien der Institutionalisierung der Soziologie. Zum einen etabliert sich eine universitäre Soziologie mit einer kontinuierlich anwachsenden

Hörerschaft und der Einrichtung einer professionellen Vertretung, der Vereinigung der Hochschullehrenden der Soziologie (Association des enseignants du supérieur, ASES). Zum anderen verstetigte sich die Lehre der Soziologie als Teil des sozialwissenschaftlichen Unterrichts an den Gymnasien (vgl. Chatel/ Grosse 2002).

Für die Soziologie ab den 2000er Jahren kann ein dritter Wendepunkt als „praktische Wende" („tournant praticien") benannt werden, der durch die Reformen an den Universitäten und am CNRS verstärkt und beschleunigt wird und dessen Wirkungen noch nicht abgeschätzt werden können. Diese Wende bringt grundsätzliche Veränderungen mit sich, deren Effekte auf die Qualifizierungen im Hinblick auf Studiengänge und Abschlüsse, die Erwerbsarbeitsmärkte und beruflichen Tätigkeiten bereits sichtbar sind. Diese Wende ist gekennzeichnet durch einen rasanten Anstieg an Einstellungen in nicht-akademischen Bereichen des öffentlichen und privaten Sektors, in denen soziologische Expertise und die Anwendung soziologischer Kompetenzen nachgefragt werden. Der Unterschied zu vergangenen Zeiten besteht jetzt darin, dass die Universitäten beginnen, diese Nachfrageänderungen bereits im Trendstadium zu antizipieren, davon zeugt das exponentielle Wachstum an der Produktion von anwendungsbezogenen Master- und Licence-Studiengängen, mit denen die Erwartung verbunden wird, dass sie den Absolventen den Einstieg in den Erwerbsarbeitsmarkt erleichtern.

Dieser letzte Wendepunkt markiert ein neues Entwicklungsstadium der Soziologie: ihre Professionalisierung außerhalb des akademischen Bereichs. Die universitäre Reform fördert mehr als je zuvor die Entwicklung anwendungsbezogener Studiengänge. Um konkurrenzfähig zu bleiben, tendiert die Soziologie mehr und mehr dazu, sich dem Organisationsmodell der Psychologie anzunähern und sich vom exklusiv „wissenschaftlichen" und „humanistischen" Selbstverständnis (vgl. Karady 1976, S. 202), dem sie einst folgte, zu entfernen.

Literatur

Bref Cereq, 2005. Enquête « Génération 2001 » – Extension docteurs, Bref n°220, juin, 4.
Chatel E., Grosse, G. (2002). L'enseignement sociologique au lycée : entre problèmes sociaux et sociologie savante, *Educations et sociétés 9*, 127-139.
Chenu, A. (1998). *La non professionnalisation de la sociologie française. Les sociologues, l'université de masse et le marché de l'emploi*. AIS, Communication au XIVème Congrès mondial de sociologie, RC 52, sociologie des groupes professionnel, Montréal.
Chenu, A., (2002). Une institution sans intentions. La sociologie en France depuis l'après-guerre. *Actes de la recherche en sciences sociales 141-142*, 46-59.
Clark, T. (1971). Le patron et son cercle, *Revue française de sociologie XII*, 19-39.
Henry, O. et al. (2006). La sociologie au contact du monde social. In RTP CNRS. *Société en évolution, Science Sociale en Mouvement*. Textes d'introduction aux débats, Documents de travail, Journées de travail des 19 et 20 juin, Abbaye des Vaux-de-Cernay: CNRS.
Henry, O. (1992). Entre savoir et pouvoir, les professionnels de l'expertise et du conseil. *Actes de la recherche en sciences sociales 195*, 37-54.

Karady, V. (1976). Durkheim, les sciences sociales et l'Université : bilan d'un semi-échec. *Revue française de sociologie XVII*, 2.

Karady, V. (2002). Les sociologues avant 1950. *Regards sociologiques* 22, 5-21.

Piriou, O. (1999). *Pour une sociologie des sociologues. Formation, identité, profession*, Préface de Renaud Sainsaulieu. Saint-Cloud : Editions de l'Ecole normale supérieure.

Piriou, O. (2006). *La face cachée de la sociologie. A la découverte des sociologues praticiens*, Préface de Claude Dubar. Paris, Belin: Perspective sociologique.

Piriou, O. (2008). *Que deviennent les diplômés de sociologie ? Un état de la discipline et de son avenir.* Socio-Logos 3.

Soulié, C. (2001). Les étudiants en sociologie d'aujourd'hui: Matériaux pour une histoire disciplinaire. *La Lettre de l'ASES 30.*

Studying and Practicing Sociology in Spain

Manuel Fernández-Esquinas, Lucila Finkel, Marius Domínguez-Amorós und José Antonio Gómez-Yánez

1　Introduction

This chapter provides an overview of sociological studies and sociological practice in Spain. Our aim is to help and make information available to students, graduates and practitioners that are interested in coming to Spain for purposes of study, training, research internships, and career development in different sectors of the labor market.

Some important facts that sociologists wishing to come to Spain should take into account is that our history and context are important issues for both studying and working. Spain offers a vibrant and diverse arena for learning and practicing sociology, although the peculiarities of the universities and the labor market have important implications. Sociology is a very young official degree when compared to other European countries. It "emerged" together with the Transition to Democracy in the early 1970s (the first official promotion of sociologists entered into the labor market in 1978). Since then, sociology has expanded quickly as an academic field, supported by the inclusive model of public higher education.

This development provides advantages in terms of diversity of perspectives, many places for studying and learning, and opportunities for different and useful experiences. Nevertheless, the occupation of sociologist is not completely defined in terms of having specific work positions. As in many other European countries, sociologists need to compete with other social science graduates. They should acknowledge the importance that specific skills, competences and institutional support have for their careers.

The following sections are intended to be a guide to the main organizations and resources that might be useful for defining different strategies both in the academic and the professional domain. The first section provides an overview of the official degrees and the academic internships offered through the university system. The second section analyzes the situation of sociologists in the labor market focusing on current work situations and fields of work. The third section reviews some challenges related to the competences that sociologists consider as important for their careers. The forth section offers a description of the resources for sociology in specific institutions of the discipline, both scientific and professional, in addition to support that can be found in the R&D system. Finally, in the conclusions some strategies for students and graduates are discussed.

2   Sociological Studies in the Higher Education System

The Spanish University System was formed by a total of 50 public universities and 32 private universities in the academic year 2013-2014. Since the incorporation into the European Higher Education Area (EHEA) in 2010, new degrees have been implemented: the Bachelor degree (or *Grado* in Spanish), with a duration of four years and 320 ECTS credits (European Credit Transfer and Accumulation System); the Master Degree, with one or two years or 90 to 120 ECTS, and the PhD degree.

The discipline of sociology is very versatile and of a transversal nature in the university system with 46 public universities offering subjects related to sociology. They are present in disciplinary degrees related to economics, business, political science, education, geography, and many other professional degrees, such as social work, management, tourism, sport, or labor studies[1]. The following sections focus on public universities offering specific bachelor and master degrees in sociology.

2.1   Bachelor degree

Sociology degrees as such are offered in 15 public universities. In the first year, the main subjects are introductory sociology and introductions to related social science disciplines. In the second and third year students mostly take mandatory subjects, which comprise the core elements of the discipline such us methodology, sociological theory, social structure and the main sociological specialties (work, culture, education, gender, family, etc). Elective subjects that offer a greater specialization are located on the fourth and final year, which ends with the presentation of the Final Degree Work (*Trabajo de Fin de Grado or TFG*). Although the main structure of the curricula is similar, some differences can be found depending on the university. Universities have a certain amount of autonomy for designing their degrees. Therefore, they may differ in terms of skills orientation and specific subjects. The tuition for a complete first year of bachelor degree in sociology is about 1.500 €, depending on the policy of the regional government[2].

Table 1 shows some of the main indicators of the bachelor degrees in sociology offered by Spanish universities (note that some universities offer a double-bachelor degree). In regard to the supply of places, the Complutense University of Madrid for the first year

---

1   The presence of sociology as an official knowledge area in the Spanish university system can be found in the report by Beltrán (2014).

2   The higher education system is regulated by a general state law, whereas funding, tuition and specific competences for universities are in the regional governments' responsibility. After the first year, the cost of tuition depends on the number of ECTS enrolled and on the previous failure in a subject. The scholarship system in Spain for regular university courses depends on family income. It ranges from free tuition to different ranges of grants for studying and mobility. More information on the scholarship system can be found at: http://www.mecd.gob.es/servicios-al-ciudadano-mecd/becas-ayudas.html

annually provides for 240 places for future sociologists. The Faculty of Political Science and Sociology at the Complutense University was established in 1971 and was the first faculty of Sociology of Spain, so it somehow constitutes the "headquarters" in which most of the seniors sociologists of the country have studied. Other universities started to offer sociology degrees beginning in the 1990s. The University of Barcelona, the University of Granada and the Autonomous University of Barcelona have more than 100 places available annually. In almost all cases, the number of students who enroll for the first time (fourth column) almost entirely cover the supply of places (third column), making the occupancy rate of the degree (sixth column) quite high, with an average occupation rate of 97%. A different but interesting case is the National Distance Education University (UNED), the public university of distance education, with presence in all the territory through a wide network of associate centers. Actually, UNED enrolls most of the current sociology students in Spain (around 400 new students per year), although the access system does not have the same restrictions given that students do not have to attend classes.

An important issue is that only 56% of students who enroll in sociology have decided it as a first choice (fifth column). In some universities, however, this percentage is considerably higher. This situation might be explained by the enrollment procedures. In Spain students have to pass the "entrance exam to the University" (*Prueba de Acceso a la Universidad*, PAU) in order to enter into the university. The results of the entrance exam are averaged with marks from the Baccalaureate. They must exceed the minimum score for admission established by each university and degree in each academic year. The minimum score is not an indicator of the difficulty of the degree, but of the rate between the demand and the number of places offered by universities. Since access scores in sociology are low (5.92 out of 10) (last column of Table 1), it is common for some students to enroll simply because they have been unable to enter the degree of their first or second choice.

This issue is common not only in sociology but in many other disciplines depending on the territorial location of the faculty and the potential demand of students. It reflects the traditional policy in the Spanish University System that favors the inclusion of a wide number of students, allowing them to enter into degrees that are not their first choice. In this situation, universities are increasingly competing for students. Some of them offer double-bachelor degrees, which usually have a higher demand and therefore attracts students with better grades (the three double degrees included in Table 1 have access scores higher than 8).

Tab. 1 Main indicators of Universities offering the degree of Sociology (academic year 2013-14) (*)

University	Name of undergraduate degree ("Grado")	Supply of places	First-time enrollment	Enrollment as a first choice	Occupancy rate	Minimum score for admission
Universidad A Coruña	Sociology	95	98	73 (74%)	103.16%	5.01
Universidad Autónoma de Barcelona	Sociology	140	134	107 (80%)	95.71%	5.00
Universidad Carlos III de Madrid	Sociology	40	46	15 (33%)	115%	5.58
	Political Science + Sociology	40	35	30 (86%)	87.50%	8.625
Universidad Complutense de Madrid	Sociology	240	209	117 (56%)	87.08%	5.00
Universidad de Alicante	Sociology	60	45	29 (64%)	75%	5.87
Universidad de Barcelona	Sociology	160	163	135 (83%)	101.88%	5.00
Universidad de Granada	Sociology	160	158	77 (49%)	98.75%	5.00
Universidad de La Laguna	Sociology		71			
Universidad de Valencia	Sociology	100	98	43 (44%)	98%	5.96
Universidad Pablo de Olavide	Sociology + Political Science and Administration	40	40	24 (60%)	100%	5.00
	Social Work + Sociology	60	57	11 (19%)	95%	5.25
Universidad País Vasco	Sociology	80	70	30 (43%)	87.50%	6.53
Universidad Pública de Navarra	Applied Sociology	50	51	27 (53%)	102%	5.06
Universidad Rey Juan Carlos	Sociology (*blended learning course*)	40	33	10 (30%)	82.50%	5.67
	Sociology + Business Administration	10	11	5 (45%)	110%	8.69
	Sociology + Labour Relations	10	11	5 (45%)	110%	8.44
Universidad de Salamanca	Sociology	60	59	36 (61%)	98.33%	5.00
TOTAL:		1385	1389	774 (56%)	97%	5.92

Source: Indicadores de admisión en el Registro de Universidades, Centros y Títulos (RUCT), Ministerio de Educación, curso 2013-14. http://www.mecd.gob.es/educacion-mecd/areas-educacion/universidades/estadisticas-informes/estadisticas/universidades-centros-titulaciones/curso-2013-2014.html

(*) The National Distance-Education University (UNED) is not included because official data is not available; it also, however, offer an undergraduate degree in sociology.

2.2 Master's Degree

There is a great and varied offer of master's degrees in sociology, with different durations (60-90-120 ECTS credits) and tuition fees as well as diverse contents that cover various areas of specialization in sociology and related subject areas. The access system is also based on the supply of places. A minimum score from the bachelor degree is required when the number of applications exceeds the number of places. At the end of the course-work, students must submit and defend their Master's Dissertation (*Trabajo de Fin de Máster*, TFM).

An important issue for master degrees is tuition fees. In April 2012, the State Government issued a law that forced the different autonomous communities to raise the price in order to cover between 15 % and 25 % of the cost of studies. This policy particularly affected the enrollment in Master Courses, since some universities increased the tuition up to 50 %. As a consequence, there is a wide range of tuition fees between universities; for example a master degree in sociology in a university in Madrid costs 3,900 € while in Galicia the tuition is around 1,500 €.

Table I in the annex shows the main offer of master degrees related to sociology in public universities. It includes 49 masters that have sociology as a main core competence, although many of them also share their core competences with other disciplines. This list does not include all masters because there is not a unified catalogue for the whole university system. Masters also evolve quicker than bachelor degrees and constantly there are new ones as well as others that cease to exist. Nevertheless, the information available is useful for finding the main options. It also shows some interesting trends. For instance, in the social sciences, multidisciplinarity has become quite common in postgraduate education. By combining subjects from several disciplines, many universities are trying to connect master degrees with specific social problems and areas of practice. The orientation of masters to segments of the labor market also reflect the strategies of universities for finding students in order to fill their offer of postgraduate education, especially those with higher tuition fees.[3] In this context, students wishing to enroll in a master degree should consider carefully if the master specifically matches their interests (for instance, if he/she prefers a professional orientation vs. a research orientation), the existence of an active internship program, tuition fees, and the associated costs depending on the location.

---

3   There is no unified official data for master degrees regarding the supply of places, number of applications, occupancy rates and scores for admission. However, it should be noted that there is a great diversity of situations. Some masters receive many applications, while others are not able to fill the places and have to readapt their orientation. Important features shaping the demand for a given master degree depend on the location (usually masters in big cities receive more applications), and the "quality distinction" attributed by evaluation agencies.

2.3 Some figures on students' enrollment

Considering that EHEA has only been introduced in Spain quite recently, it is more advisable to analyze the enrollment in bachelor and master degrees, rather than the number of graduates[4]. Figure 1 shows the evolution of the combined enrollment in sociology, anthropology as well as social and cultural geography, since we do not have separate data for sociology. Given the fact that the other two degrees are not as common in our country, it is important to consider the trend: in the last four years there has been a very significant increase in the number of students enrolled in bachelors (*Grados*) and a decrease or stagnation in the masters, possibly due to the higher fees that we mentioned. In both cases, there are more female than male students: 16 % more in *Grados* and 53 % more in masters. The feminization of the field has also been highlighted in relation to the gender of those who teach sociology: in the 46 Spanish universities, women account for 57 % and men for 43 % of the academic staff (Beltrán Llavador, 2014).

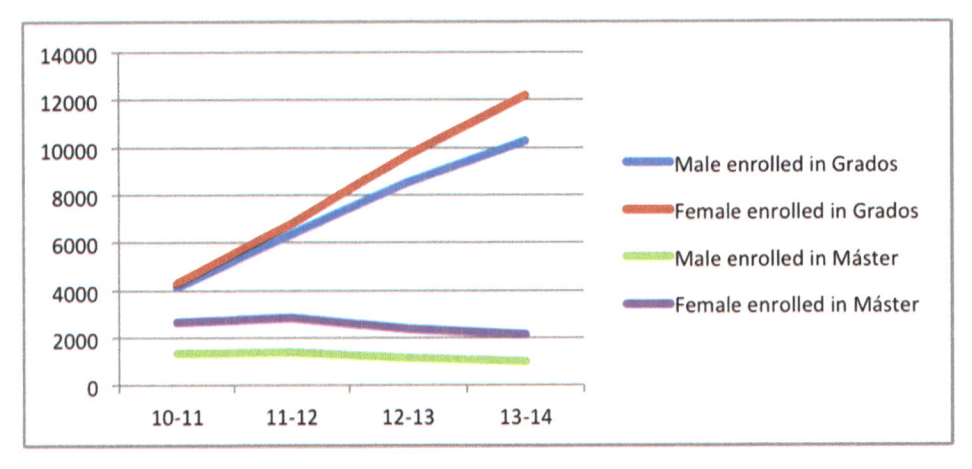

Fig. 1 Students enrolled in Sociology, Anthropology and Social and Cultural Geography, by gender. Fuente: Own elaboration. Estadísticas de Estudiantes Universitarios. Ministerio de Educación, Cultura y Deporte.

---

4 Our estimation is that every year, all Spanish universities issue between 800 and 1,000 bachelor degrees in sociology (based on ANECA, 2006 and current figures of enrollment). It should be taken into account that the first class of four-year bachelor degrees are from the year 2012-13. The previous university system had five–year degrees (licenciaturas). Masters degrees were non-existent as formal qualifications. Therefore, for several years sociology graduates have been entering into the labor market from different curricular systems.

2.4 Academic Internships

External academic internships, which bachelor and master's students carry out during their senior or last year, are gaining increasing importance in the new curricula according to the EHEA requirements. In a recent study conducted among the 14 universities that offer at least an undergraduate degree in sociology (plus two that have a Department of Sociology), it was revealed that in 56% of the cases internships were considered mandatory and in the other 44% it was optional (Finkel, 2014).

The average number of actual hours for the internships was 240, which mainly corresponds to courses of twelve ECTS credits and are equivalent to approximately three months in practice. In general, students might begin with their internships when they have reached a minimum number of credits (71% of cases), although some universities (47%) also take their overall record of grade point average into account. Students do not receive a formal payment during their internships, although there are organizations that provide some voluntary funding.

Figure 2 shows the types of entities in which sociology students carry out their academic internships. This information may be of interest for detecting potential employment niches in the future. The main entities that offer internships are local public governments (city councils and provincial entities), followed by companies from the research and market studies sector, which together make up 29% of all the offers received in the past year. In the opinion of the managers of the programs at the universities, it is precisely in these first two areas where the offers for sociological internships should be concentrated, although other types of companies and organizations should be promoted in the future.

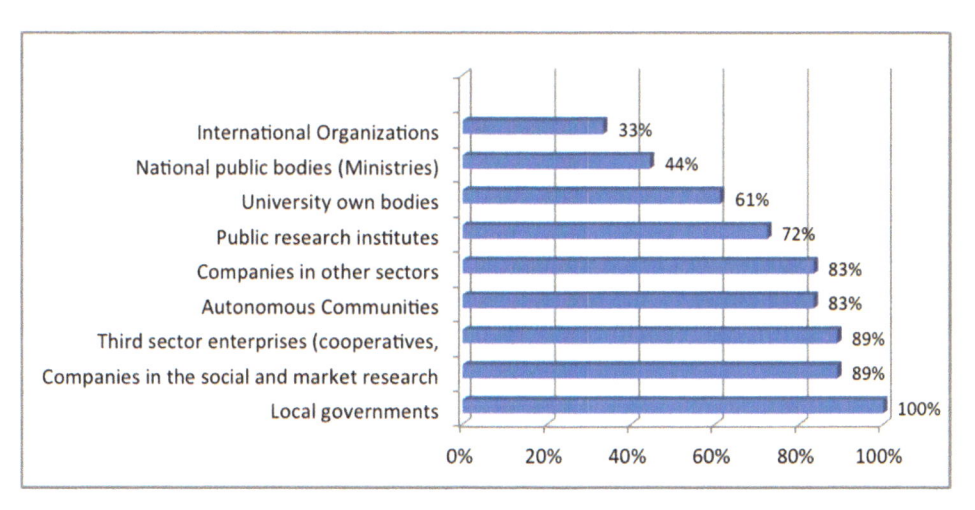

Fig. 2 Types of entities that offer internships for sociology students (multiple choice: % of universities that mention internship offers within each type of entity) Source: Las prácticas curriculares en Sociología: diagnóstico sobre su gestión y funcionamiento en las universidades españolas (Finkel, 2014).

The average number of undergraduate students in internships each year was 33.8 (average figure for universities with a degree in sociology), a figure that drops to 26.7 in the case of master's degrees. Since the average number of positions offered by institutions and firms was 64, it can be said that there is a greater supply of posts than there is student demand. This fact in principle could be an advantage for students given their possibilities of choice. Nevertheless, the academics in charge of internships programs point out that one of the main problems they encountered is that in 32 % of cases the proposed internship positions were not really interesting for students. In other cases the positions involved moving to another location (19 %), some are not really related to sociology (16 %) or have language requirements that cannot be met (8 %).

Finally, given that the number of interns is not high, in most cases academic tutors can perform a very individualized follow-up. Most universities (72 %) have a formalized monitoring and mentoring system. A common opinion shared by practitioners is that mentoring is a requirement for external internships to have a real learning dimension (an opinion that is also supported by the authors of this chapter) and therefore should be mandatory. The above data provides relevant information for students wishing to become an intern. The offers cover a wide range and it is easy to get into a program, although they have to carefully choose the position they want and apply according to their learning needs. It is important to apply for internships that are related to sociology skills, although some times the specific sociological content is not necessary when some positions offer an exposure that is useful for obtaining transversal competences, as will be showed in section four.

2.5   Language

Some words about language requirements are necessary for foreign students. More and more English is becoming a common language in the university system, especially for reading materials. There are some master degrees in English, usually the ones directed to an international audience. Some masters and bachelor degrees have subjects in English depending on the presence of foreign students, which typically is owed to agreements with foreign universities, and provide help for the subjects in Spanish. Students fluent in English, but with no or very little knowledge of Spanish, should look for this academic offer.

On the other hand, most of the classes in sociology (as is true for degrees) are in Spanish. In autonomous communities (Catalonia, País Vasco, Galicia, Valencia and Baleares Islands) that have their own official languages, some classes are taught in these languages. This means that students who know only English (in addition to their native language) could be able to manage in English regarding administrative processes, relations with their professors, and personal relationships with other students. Nevertheless, in order to attend classes properly and when interested in internships and scholarship, an intermediate level of Spanish is needed.

3 Sociology Graduates and the Labor Market[5]

3.1 Employment

The employment situation of sociologists follows the pattern of the labor market integration of university graduates in Spain. For sociologists the unemployment level is a bit higher than the average for all university graduates, and the integration trajectories are a bit longer, although the situation is similar in many other social and natural sciences[6].

The percent of sociologists included in the sample declaring themselves as unemployed is 18 %, while the figure for university graduates in Spain is 14.5 % (according to EPA-Official Survey for Active Population, third semester 2014). The main difference can be seen in the graduates from the lasts five years. 32.6 % of recent graduates declared that they were looking for a job, a figure which is quite similar to the 35.6 % of recent graduates of the whole university system that declared themselves as unemployed (Gomendio, 2014).

A detailed analysis can be seen in Table 2. Most sociologist (57 % of the sample) work as employees (in firms or public administrations) with no other occupation, while another 10 % combine this work with other activities, mostly projects. Entrepreneurs and freelance workers make up 10 % of the sample. Again, a sharp difference can be observed in graduates from recent cohorts, especially graduates from 2009 and after. About 20 % of them are interns or are studying.

---

5 The data for this section and section 4 comes from the survey titled "The professional situation of sociology graduates and postgraduates in Spain". It was conducted as an on-line survey directed at people with a degree in sociology (license, bachelor, master and doctorate) and who are registered within the registries of the participating institutions. It was carried out between October and November of 2014. The sample is includes 1,033 sociologists. The survey was a joint project of the Professional College for Graduates and Doctors in Sociology and Political Sciences, The Spanish Sociological Federation and the Conference of University Departments of Sociology.

6 Employment levels should be understood in the specific context of labor market in Spain. Measurement of unemployment traditionally results in a much higher figure than the European average. It is estimated that an important segment of people declared as unemployed occasionally works in the informal economy and in family businesses, although the figures are unclear. Since 2008 unemployment levels have increased, especially for young people (in 2014 the official rate for people between 16 and 29 was 38 %, while for people over 29 it was less than 20 %. www.ine.es). Having a university degree is the main fact that reduces unemployment levels.

Tab. 2 Work situation of sociologists by final year of the degree

Work situation	Year of the degree				Total
	Until 1993	Between 1994 and 2002	Between 2003 and 2008	2009 and after	
Working as an employee (public or private sector), full time	57.7%	53.6%	43.0%	25.0%	44.7%
Working as an employee (public or private sector), combined with project participation	10.3%	14.4%	16-3%	10.6%	12.9%
Entrepreneur	3.2%	3.0%	0.8%	0.8%	1.9%
Free lance, regular activity	8.7%	3.0%	2.4%	0.8%	3.7%
Free lance, non regular activity	4.0%	5.3%	4.8%	3.4%	4.4%
Non active	5.9%	1.1%		1.1%	2.0%
Doing an internship	0.4%	1.5%	4.8%	13.6%	5.1%
Studying (with no internship)	0.8%	1.1%	3.2%	5.7%	2.7%
Apprentice with no payment	0.8%	0.8%	1.2%	3.0%	1.5%
Looking for a job	7.1%	12.9%	20.3%	32.6%	18.3%
Others	1.2%	3.0%	3.2%	3.4%	2.7%
Total	100.0%	100.0%	100.0%	100.0%	100.0%

Another form of looking at labor integration of sociologists is to observe the occupational trajectory in relation to their degree. Table 3 includes the results of a question about the first occupation after obtaining the degree in sociology. It distinguishes between jobs related and not related to the training obtained through the degree, and occasional and regular jobs for each of the former categories. Overall, around 60 % of graduates started to work on jobs related to sociology, most of them in regular jobs. Once again the results for younger graduates show important differences. They started to work in occasional jobs to a higher percentage. Their jobs were not related to their degree in 65 % of the cases, a figure that is higher than the 55 % found for all university graduates (Gomendio, 2014).

This figure shows that sociology graduates progressively integrate into the labor market in stable jobs, although about a quarter of them are under the impression that they will remain in occupations that are not specific for sociologists. The main break is occurring in the younger generations which obtained their degrees after the beginning of the economic crisis, for them the integration into a specific and stable professional trajectory seems much longer.

Tab. 3 Ways of entering into the occupational trajectory after obtaining the degree, by year of the degree

	Year of the degree				Total
	1993 and before	Between 1994 and 2002	Between 2003 and 2008	2009 and after	
Occasional jobs, related to training obtained in the degree	6.0 %	9.4 %	14.3 %	17.5 %	11.7 %
Regular jobs, related to training obtained in the degree	68.3 %	58.6 %	43.9 %	17.5 %	47.6 %
Occasional jobs, nonrelated to training obtained in the degree	1.2 %	2.3 %	9.0 %	28.2 %	9.9 %
Regular jobs, nonrelated to training obtained in the degree	24.5 %	29.7 %	32.8 %	36.8 %	30.8 %
Total	100.0 %	100.0 %	100.0 %	100.0 %	100.0 %

3.2 Typical fields of work for sociology graduates

Regarding sectors of work, 42 % of sociologists work for private firms, mostly as employees. 51 % of them work for public bodies (including public administrations -23 %-; and universities and academic centers -28 %-). About 4 % work in non-university education, and about 8 % in non-governmental organizations. In the following charts the main types of activities and professional categories, both in private firms and private administrations, are shown.

The main occupational categories are showed in Figure 3. Higher education is the main occupation of sociologists (28.5 % of all sociologists in the sample), followed by technical and professional occupations (18.5 %), including research, consultancy and professional practice. Other important occupations are related to public administration duties and management (14.5), and other services (11.5). Social services and health related activities are developed by 7.4 % of sociologists.

The specific categories of sociologists working for private firms are shown in Figure 4. They are mostly integrated in technical work teams (48 %). About 18 % are executive staff or managing directors overseeing other personnel. 10 % are co-owners of the firm as well as workers, in addition to 16 % of free lancers. These two figures show that entrepreneurial trajectories are common in sociology. On the other hand, some sociologists working for private firms seem overqualified, specially the 11 % working on administrative and related duties. Finally, Figure 5 includes the main categories in public administrations (including the three levels: cities, autonomous communities and central state administration). The key positions are related to the implementation and monitoring of projects and programs (40 %), and the management and overseeing of the general functioning of public administrations (48 %). Other positions are political assessment (6.3) and training (4.7).

The above data show that, despite the high unemployment level in current years, in both the medium and long term sociology has become a profession well integrated in certain segments of private firms and public administrations. Progressively sociology is extending beyond the realm of university; university careers used to attract many sociologists in periods that coincided with the expansion of the public university system. According to the Professional Association of Sociologists, currently most of the jobs offer for sociologists are found in larger firms (mostly in positions related to human resources management, organization of work and marketing departments), in small and medium-sized firms (related to consultancy, applied research and commercial strategies) and in non-governmental organizations.

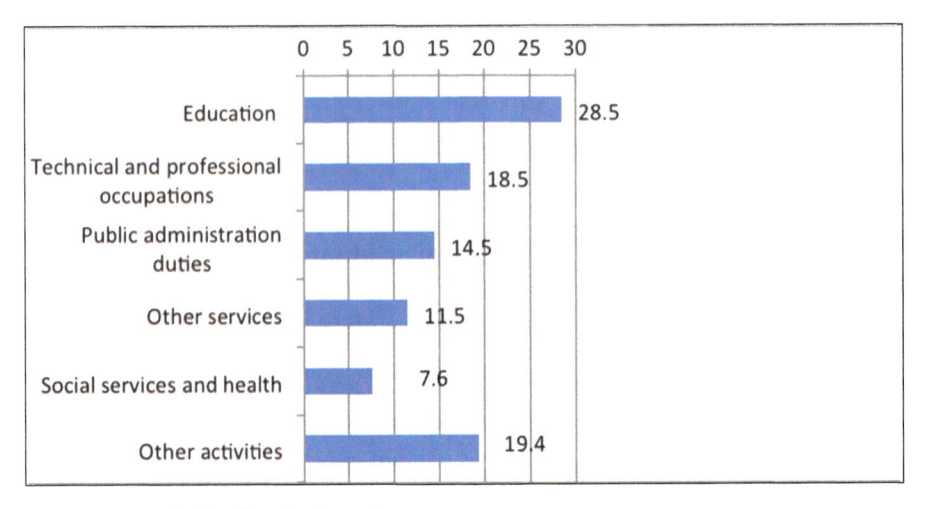

Field	%
Education	28.5
Technical and professional occupations	18.5
Public administration duties	14.5
Other services	11.5
Social services and health	7.6
Other activities	19.4

Fig. 3 Main fields of work of sociologists

Category	%
Others	6.4
Free lancers	16.7
Administrative, commercial and related duties	10.9
Technical workers	38.3
Executive staff	11.9
Managing staff overseeing other workers	5.5
Co-owners of the firm (in addition to workers)	10.3

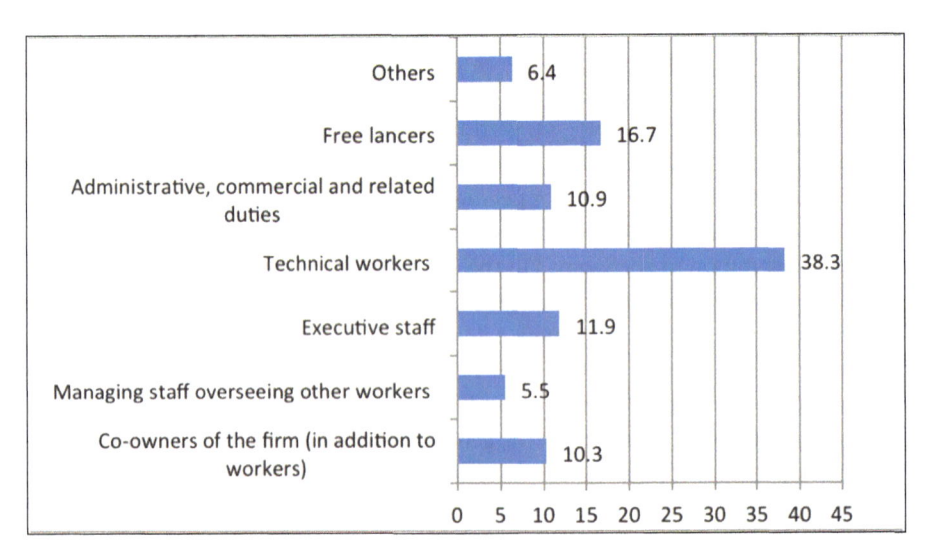

Fig. 4 Private firms: main occupational categories

Pie chart

- Politicians 0.8%
- Political assessment 6.3%
- Training 4.7%
- General management of public administration 48.0%
- Implementation and monitoring of programmes and projects 40.2%

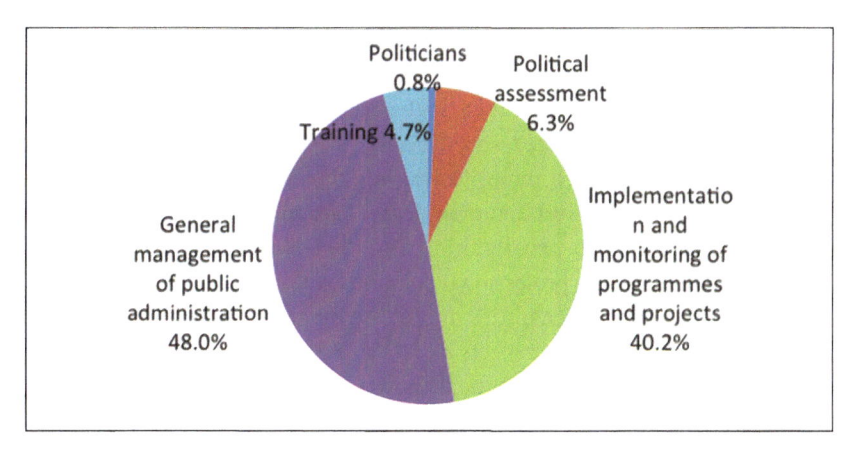

Fig. 5 Private administrations: main occupational categories

4 Critical Competences for Sociologists

The professional profile of sociologists shows that the discipline offers a wide and diversified array of opportunities for career development. Nevertheless, it is especially important to take the specific competences into account, understood as the results of the apprenticeship process. That is, what a graduate really knows and is able to show after finishing his/her studies. In this section competences are analyzed in accordance with the framework defined in the project *Tuning Educational Structures in Europe*, which offers an expedient approach for measuring competences of people holding a degree vs. the demands from the labor market. Figure 6 includes generic competences, personal attitudes, and specific competences. In particular, sociology graduates answering the survey were asked if different competences have been essential for their occupational careers.

The key competences for their professional trajectories, with over 80 % of respondents answering "important" or "very important", are the more generic and transversal ones that have to do with instrumental capacities. These are writing skills, skills for presenting information, ICTs, public speaking, and managing information from different sources. Other important competences are related to personal abilities: teamwork and the abilities for decision making. A second group of competences, considered to be important by 50 % and 75 % of the respondents, have to do with disciplinary training, but oriented to the application of knowledge and skills to sociological practice. They are related to research methodologies and project management (including the design of research, goal definitions, techniques, timing, budgeting, etc.), the organization of work and team management (such us leadership and motivation skills) and specific knowledge of the surrounding social reality (social structure, conflicts, etc.). Other important skills in this group are foreign languages, statistics and negotiation techniques. Finally, a third group of competences are considered to be important such as theoretical and conceptual components of the discipline (social theory, social and economic history, political analysis and knowledge about consumer behaviors), albeit by less than 50 % of the respondents.

It is important to take into account that the competences that reflect the core disciplinary knowledge of sociology are acknowledged (in a different question of the survey) as being the subjects that concentrate the most intensive training during the current degree. On the contrary, sociologists up to date feel that their degrees are not focused enough on the more practical subjects. Sociologists usually think that the core sociological knowledge obtained is good and adjusted to the professional demands, although they also think that the labor market demands additional abilities in order to make the accumulated knowledge useful for specific situations. This reflects a certain lack of adjustment between the orientation of university degrees and the practical knowledge that is needed for competing in the labor market.

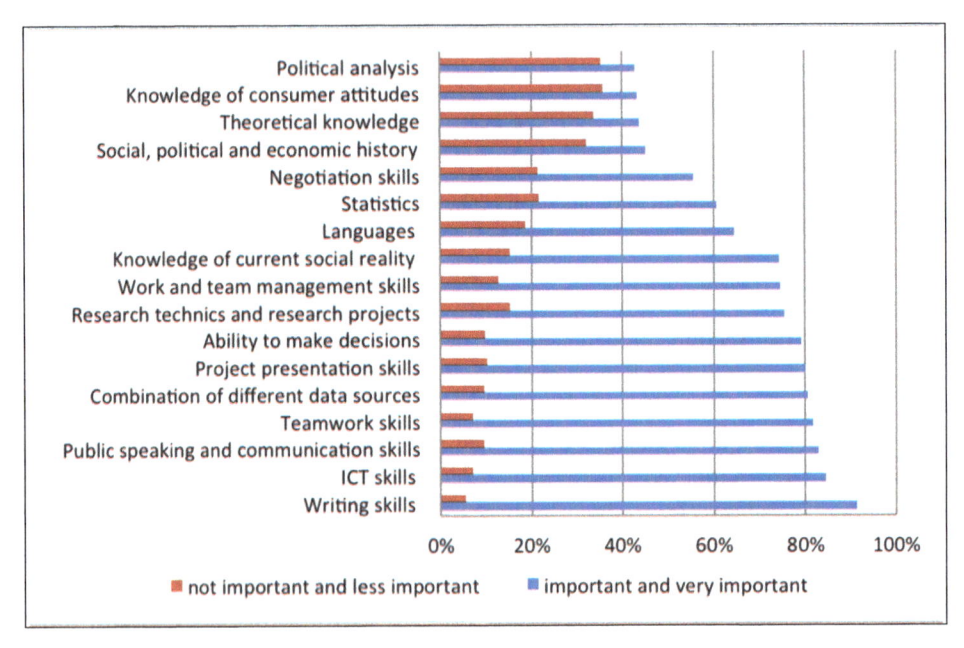

Fig. 6 Competences considered by sociologists as necessary for their professional trajectories. Note: Responses from a 4-item scale have been grouped in "not important and less important" and "important and very important" for the professional trajectory.

5 The Institutional Landscape of Sociology: Resources for Graduates

5.1 Professional and scientific institutions

A useful criterion for understanding the role of institutions supporting sociology is to distinguish between the "scientific tier" (scientific associations) and the "professional tier" (professional colleges or associations). Spain has a multilevel state that shares many similarities with the federal states (there is a State Government and several regional governments called Autonomous Communities). This means that both institutions can be found at state level and in different territories.

Scientific institutions. The official sociological association on the national level is the Spanish Sociological Federation (FES). Its main activities are related to the advancement of sociological knowledge and sociology as a scientific field, including conferences, dissemination, publications and special training. FES has individual members and collective members. Collective members are the scientific associations of the autonomous communities, university departments, faculties, research centers and other professional associations related to sociology.

The typical way for individuals to contact FES is through research committees (similar to the International Sociological Association, the European Sociological Association and other scientific associations). They are groups of specialists that carry out meetings, publications, and networking activities. For advanced students and practitioners to contact to research committees may be a good way of knowing the state of a sociological specialty. Another important event organized by FES is the Spanish Congress of Sociology, which is held every three years and comprises around 1,500 presentations. It is open to paper proposals and also to students wishing to attend.

On the regional level the main activities are carried out by the 13 sociological associations of the autonomous communities (a list of scientific associations is included in Table II of the Annex). Sociologists living in a specific city, or visiting for purpose of study and professional development, may find it useful to join the regional association in order to participate in meetings, attend conferences, and to interact with their colleges. Most of the associations hold congresses on a regular basis (usually every two years) focusing on more specific social problems. They also may provide assistance for finding colleagues and places to study.

Professional institutions. Regarding the "professional tier", the professional associations (known as "professional colleges" or *colegios profesionales*) in Spain are by law the bodies that protect and regulate the professional development of disciplines. In the sociology field it is not compulsory to be a member of a professional association in order to practice the profession, as is the case in medicine or engineering, although the associations have the goal to provide help and defend the practitioners sharing the degree of sociology. In line with the multilevel state, there is also an association at the national level (see names in

Table II of the Annex), and several ones in the Autonomous Communities. In those cases, the professional services are provided through an established association on the regional level (for the Autonomous Communities that do not have established a College, the services are provided by the one at the national level).

The most common services provided to individual sociologists are specialized training related to professional development, networking, and help to integrate into the labor market. A useful support for sociologists wishing to find a job is the "occupational service", which connects sociologists to companies and public institutions that send in job openings. Sociologists affiliated to professional colleges who have provided their CV and expressed their interest for specific job offers may be selected as candidates and are put in contact with firms and public administrations.

Another useful association is the one related to market research and public opinion research (AEDEMO). Most of the firms working on these issues are members. Individual sociologists working in private firms or as freelance consultants can also join this association. Its services for individuals concentrate mostly on training. AEDEMO also holds conferences and publishes a journal. Through their web page sociologist can find information on many companies that specialize in this field and specific job offers.

5.2 Key resources in the R&D system

This section explains the main opportunities for graduates wishing to engage in research and postgraduate education supported by official human resources programs. An important feature is that programs are arranged in public "calls for applications" and are organized on a competitive basis (the calls are the way in which public institutions advertise that candidates can apply for specific positions. They usually are issued once a year, and specify the positions offered, the dates for applications and the conditions that the candidates should fulfil). Applicants compete for available positions based on scores in their degrees, plus scores based on specialized training and previous experience. The programs included below are the ones funded by public administrations, the Centre for Sociological Research (CIS), and the main private foundations.[7]

Predoctoral scholarships from the public sector. The scholarships are sponsored by the public administration issuing the call for applications, either through the central state or an autonomous community. The actual work places are institutions that perform R&D: university departments, research centers, and in some cases a private institutions. Scholarships for university graduates are usually set up for four years. Most of them are linked to

---

7   These calls are not the only opportunity for graduates. Other possibilities depend on single projects developed in universities and research centers, and calls issued by universities themselves. In these cases, applicants should investigate the scholarships offered by each institution, usually through their services for postgraduates.

the PhD process. Scholars are provided with a monthly salary, social security, free tuition for university PhD programs, and some support for short visits to other countries.

Sociologists wishing to apply for a scholarship need to pay attention to the conditions for each call for applications issued by each administration. Usually they need to be engaged in a doctoral program while applying.[8] Although most of the degrees from inside the European Higher Education Area are recognized, graduates from foreign countries have to pay attention to what is required when presenting the information on their degrees. An important condition is that many available positions are attached to funded projects and the principal investigator of the project is in charge of the selection process. Therefore it is useful to contact in advance to researchers who usually are in charge of funded projects.

The Centre for Sociological Research (CIS). CIS is the official center for research on public opinion. It is well known through the periodical surveys carried out almost every month about politics, social issues and public opinion on social problem, in addition to publications and specialized services for the social sciences. CIS is a unique and interesting institution because of the resources offered to sociologists. It has an active program for scholarships. The duration of a CIS scholarship is one year. They are developed internally at one of CIS departments and are oriented to practice. Therefore they are especially useful for obtaining training in quantitative methodologies related to surveys and the organization of sociological research. Other important CIS resources are a program for supporting research projects (including a modality for people developing a PhD), specialized courses on methodology, and free access to the data archive of surveys.

Pre-doctoral scholarships from private institutions. Finally, another useful resource for scholarships comes from foundations supported by the major banks and private corporations. An important group of foundations has specific programs for the social sciences including support for scholarships. The organization of their calls for applications is somewhat similar to those of public programs: the calls are issued once a year, with positions awarded on a competitive basis. The people receiving scholarships usually develop their work in an academic institution. Nevertheless, the selection process, salaries and conditions depend on the funding institution (The main social science programs are found in Fundación Areces, Fundación BBVA, Fundación La Caixa, and Fundación Rafael del Pino).

---

8   The main official program for pre-doctoral scholarships is funded by the "State R&D and innovation scheme" (Plan Estatal de I+D+I), currently managed by the Ministry for Economic Affairs. Other official important programs are funded by the governments of the autonomous communities as parts of their regional R&D plans. The specific calls from regional governments are usually organized by the departments in charge of higher education and research. The "Guide for the Management of the Mobility of the Foreign Researcher in Spain, 2014" (MINECO, 2014) is a useful source of information for foreign researchers who are wishing to move to Spain.

6 Conclusion

The portrait of sociological studies and sociological practice in Spain offers important information for students and graduates in gaining insights into what can make their studies successful and how to best integrate into the labor market. As has been shown, the university system is diverse and there are many places to study. As a profession, the opportunities are also diverse. That means that in Spain there is a "critical mass" of professors and researchers, and accumulated sociological expertise for studying most of the theoretical approaches, methodologies and specialties of sociology.

Sociology can offer lots of opportunities but to take advantage of the system there are things that need to be taken into consideration. First and foremost one should have a "strategy" when choosing a specific degree, an academic internship, an apprentice position, or when engaging in specialized training. Given that the university system is very diverse, students should select the studies carefully and determine which program best fits with their interests and circumstances. They have to compare the contents of the curricula, the connection of the subjects to the labor market and the services provided, especially the practical training through internships.

Second, while working on their degrees, students also need to pay attention to strategies for study-to-work transitions. For that matter they need to take into account the experiences voiced by their colleagues, as has been shown in the survey referred to in this chapter. We all know that the core competences of sociologists are based on applying the sociological perspective: a combination of assumptions on social phenomena supported by evidence, analytical skills, proper research methodologies, and original and alternative ways to look at social problems and to find solutions that often challenge common sense knowledge. Nevertheless, these competences have to be combined correctly with personal and professional abilities in order to make sociology useful. When studying, they need to pay attention to writing and communication skills, managing qualitative data and statistics, arranging and organizing projects, and developing teamwork skills.

Third, when entering into the labor market sociologists compete with people from other disciplines. There are occupational niches for sociological practice. Often what employers are really looking for, especially when dealing with complex issues, is a sociologist. Given that the job positions usually are not classified as "sociology jobs", sociology graduates have to be proactive and to show the potential benefit of their competences.

References

Beltrán Llavador, J. (2014). *El área de conocimiento de Sociología en las universidades españolas.* Report presented at the Conference "II Conferencia de Responsables Académicos del Área de Sociología". Universidad A Coruña, 20th November.

Beltrán Llavador, J. (2014). "¿Para qué sirve la sociología?", *Revista Española de Sociología (RES)* 22, 127-134.
Comité de Gestión del Tuning (2006). *Una Introducción a Tuning Educational Structures in Europe. La contribución de las universidades al proceso de Boloña.*
Finkel, L. (2014). *Las prácticas curriculares en Sociología: diagnóstico sobre su gestión y funcionamiento en las universidades españolas.* Report presented at the conference "II Conferencia de Responsables Académicos del Área de Sociología". Universidad A Coruña, 20th November.
Gomendio, M. (2014). Inserción laboral de los estudiantes universitarios, Secretaría de Estado de Educación, Formación Profesional y Universidades, Ministerio de Educación y Ciencia.
González de la Fe, T. (2014). "¿Para qué sirve la sociología?", *Revista Española de Sociología (RES)* 22, 135-141.
MINECO (2014). Guide for the Management of the Mobility of the Foreign Researcher in Spain, 2014,, FECYT-MINECO (Ministry for Economic Affairs), http://www.euraxess.es/servicios/investigadores-extranjeros-en-espana

Web Sources

Universities in Spain: http://universidad.es/
Sociology Departments and Faculties: http://www.uv.es/uvweb/departamento-sociologia-antropologia-social/es/recursos/sociologia-antropologia-universidades-espana-localidad-1285860099778.html
Spanish Sociological Federation (FES-Federación Española de Sociología): http://fes-web.org/
Sociological associations of the Autonomous Communities (Asociaciones territoriales de sociología federadas en FES): http://www.fes-web.org/miembros/asociaciones-territoriales/
Centre for Sociological Research (Centro de Investigaciones Sociológicas): http://www.cis.es
National Professional Association for Graduates and Postgraduates in Sociology and Political Sciences (Colegio Nacional de Titulados y Doctores en Sociología y Ciencias Políticas): http://colpolsocmadrid.org/
Professional associations of the autonomous communities: http://colpolsocmadrid.org/otros-colegios-profesionales/
Professional Association for Public Opinion and Market Research (AEDEMO) http://www.aedemo.es/
National Institute of Statistics (Instituto Nacional de Estadística): http://www.ine.es
Sociology Journals: http://fes-web.org/guia-sociologia/revistas-nacionales.php
State Scheme for R&D and innovation (Plan Estatatal de I+D+I): http://www.idi.mineco.gob.es/portal/site/MICINN/menuitem.29bfd64be21cddc5f09dfd1001432ea0/?vgnextoid=f95505e42afee310VgnVCM1000001d04140aRCRD

Foundations

Fundación Universia: http://fundacionuniversia.net/
Fundación La Caixa: http://obrasocial.lacaixa.es/
Fundación BBVA: http://www.fbbva.es/
Fundación Areces: http://www.fundacionareces.es/
Fundación Rafael del Pino: http://www.frdelpino.es/

Anhang

1 Ethik-Kodex der Deutschen Gesellschaft für Soziologie (DGS) und des Berufsverbandes Deutscher Soziologinnen und Soziologen (BDS)

Präambel

Die Erarbeitung und Verbreitung soziologischen Wissens sind soziale Prozesse, die in jedem Stadium ethische Erwägungen und Entscheidungen erfordern. Der ethischen Implikationen soziologischer Wissensproduktion, -verwendung und -weitergabe sollten sich Soziologinnen und Soziologen stets bewusst sein.

Der Ethik-Kodex lebt von einer ständigen Reflexion und Anwendung durch die Angehörigen der soziologischen Profession. Der Kodex formuliert einen Konsens über ethisches Handeln innerhalb der professionellen und organisierten Soziologie in Deutschland. Er benennt die Grundlagen, auf denen die Arbeit der Ethik-Kommission beruht.

Dieser Kodex soll dazu dienen, Soziologinnen und Soziologen für ethische Probleme ihrer Arbeit zu sensibilisieren und sie zu ermutigen, ihr eigenes berufliches Handeln kritisch zu prüfen. Insbesondere die in der Lehre tätigen Soziologinnen und Soziologen sind aufgefordert, dem wissenschaftlichen Nachwuchs und den Studierenden die Elemente berufsethischen Handelns zu vermitteln und sie zu einer entsprechenden Praxis anzuhalten.

Zugleich schützt dieser Ethik-Kodex vor Anforderungen und Erwartungen, die in verschiedenen Situationen von Proband/innen, Studierenden, Mitarbeiter/innen, Kolleg/innen sowie privaten und öffentlichen Auftraggeber/innen an soziologische Forschung und Praxis gestellt werden und in ethische Konflikte führen könnten.

Soziologen und Soziologinnen können sich bei Unklarheit an die Ethik-Kommission wenden. Personen, die unter Berufung auf diesen Kodex Beanstandungen bei der Ethik-Kommission vorbringen, dürfen wegen der Ausübung dieses Rechts keine Benachteiligungen erfahren.

Um die in der Präambel genannten Ziele zu erreichen, bestätigen und unterstützen die Mitglieder der Deutschen Gesellschaft für Soziologie (DGS) und des Berufsverbandes Deutscher Soziologinnen und Soziologen (BDS) den folgenden Ethik-Kodex.

I. Soziologische Praxis

§ 1 Integrität und Objektivität

1. Soziologinnen und Soziologen streben in Ausübung ihres Berufes nach wissenschaftlicher Integrität und Objektivität. Sie sind den bestmöglichen Standards in Forschung, Lehre und sonstiger beruflicher Praxis verpflichtet. Geben sie fachspezifische Urteile ab, sollen sie ihr Arbeitsgebiet, ihren Wissensstand, ihre Fachkenntnis, ihre Methoden und ihre Erfahrungen eindeutig und angemessen darlegen.

2. Bei der Präsentation oder Publikation soziologischer Erkenntnisse werden die Resultate ohne verfälschende Auslassung von wichtigen Ergebnissen dargestellt. Einzelheiten der Theorien, Methoden und Forschungsdesigns, die für die Einschätzung der Forschungsergebnisse und der Grenzen ihrer Gültigkeit wichtig sind, werden nach bestem Wissen mitgeteilt.
3. Soziologinnen und Soziologen sollen in ihren Publikationen sämtliche Finanzierungsquellen ihrer Forschungen benennen. Sie gewährleisten, dass ihre Befunde nicht durch spezifische Interessen der Geldgeber verzerrt sind.
4. Soziologinnen und Soziologen machen ihre Forschungsergebnisse nach Abschluss der Analysen in geeigneter Weise öffentlich zugänglich. Dies gilt nicht in Fällen, in denen das Recht auf den Schutz vertraulicher Aufzeichnungen verletzt werden würde. In Fällen, in denen die Pflicht zur Amtsverschwiegenheit oder der Anspruch der Auftraggeberin/des Auftraggebers das Recht zur Veröffentlichung eingrenzen, bemühen sich Soziologinnen und Soziologen darum, den Anspruch auf Veröffentlichung möglichst weitgehend aufrechtzuerhalten.
5. Soziologinnen und Soziologen dürfen keine Zuwendungen, Verträge oder Forschungsaufträge akzeptieren, die die in diesem Kodex festgehaltenen Prinzipien verletzen.
6. Sind Soziologinnen und Soziologen, auch als Studierende, an einem gemeinsamen Projekt beteiligt, werden zu Beginn des Vorhabens bezüglich der Aufgabenverteilung, der Vergütung, des Datenzugangs, der Urheberrechte sowie anderer Rechte und Verantwortlichkeiten Vereinbarungen getroffen, die von allen Beteiligten akzeptiert werden. Diese können im Fortgang des Projekts aufgrund veränderter Bedingungen einvernehmlich korrigiert werden.
7. In ihrer Rolle als Forschende, Lehrende und in der Praxis Tätige tragen Soziologinnen und Soziologen soziale Verantwortung. Ihre Empfehlungen, Entscheidungen und Aussagen können das Leben ihrer Mitmenschen beeinflussen. Sie sollen sich der Situation und immanenten Zwänge bewusst sein, die zu einem Missbrauch ihres Einflusses führen könnten. Soziologinnen und Soziologen sollen geeignete Maßnahmen ergreifen, um sicherzustellen, dass ein solcher Missbrauch und daraus resultierend nachteilige Auswirkungen auf Auftraggeber/innen, Forschungsteilnehmer/innen, Kolleg/innen, Studierende und Mitarbeiter/innen vermieden werden.

§ 2 Rechte der Proband/innen

1. Das Befolgen von Regeln der wissenschaftlichen Methode kann ungünstige Konsequenzen oder spezielle Risiken für Individuen oder Gruppen nach sich ziehen. Darüber hinaus kann das Forschungshandeln den zukünftigen Zugang zu einer Untersuchungspopulation für den gesamten Berufsstand oder verwandte Berufsgruppen einschränken oder verschließen. Beides haben Soziologinnen und Soziologen zu antizipieren, um negative Auswirkungen zu vermeiden.
2. In der soziologischen Forschung sind die Persönlichkeitsrechte der in sozialwissenschaftliche Untersuchungen einbezogenen Personen ebenso wie ihr Recht zur freien Entscheidung über die Beteiligung an Forschungsvorhaben zu respektieren.

3. Generell gilt für die Beteiligung an sozialwissenschaftlichen Untersuchungen, dass diese freiwillig ist und auf der Grundlage einer möglichst ausführlichen Information über Ziele und Methoden des entsprechenden Forschungsvorhabens erfolgt. Nicht immer kann das Prinzip der informierten Einwilligung in die Praxis umgesetzt werden, z. B. wenn durch eine umfassende Vorabinformation die Forschungsergebnisse in nicht vertretbarer Weise verzerrt würden. In solchen Fällen muss versucht werden, andere Möglichkeiten der informierten Einwilligung zu nutzen.
4. Besondere Anstrengungen zur Gewährleistung einer angemessenen Information sind erforderlich, wenn die in die Untersuchung einbezogenen Individuen über eine geringe Bildung verfügen, einen niedrigen Sozialstatus haben, Minoritäten oder gesellschaftlich marginalisierten Bevölkerungsgruppen angehören.
5. Personen, die in Untersuchungen als Beobachtete oder Befragte oder in anderer Weise, z. B. im Zusammenhang mit der Auswertung persönlicher Dokumente, einbezogen werden, dürfen durch die Forschung keinen Nachteilen oder Gefahren ausgesetzt werden. Die Betroffenen sind über alle Risiken aufzuklären, die das Maß dessen überschreiten, was im Alltag üblich ist. Die Anonymität der befragten oder untersuchten Personen ist zu wahren.
6. Im Rahmen des Möglichen sollen Soziologinnen und Soziologen potentielle Vertrauensverletzungen voraussehen. Verfahren, die eine Identifizierung der Untersuchten ausschließen, sollen in allen geeigneten Fällen genutzt werden. Besondere Aufmerksamkeit ist den durch die elektronische Datenverarbeitung gegebenen Möglichkeiten des Zugangs zu Daten zu widmen. Auch hier sind sorgfältige Vorkehrungen zum Schutz vertraulicher Informationen erforderlich.
7. Von untersuchten Personen erlangte vertrauliche Informationen müssen entsprechend behandelt werden; diese Verpflichtung gilt für alle Mitglieder der Forschungsgruppe (auch Interviewer/innen, Codierer/innen, Schreibkräfte etc.), die über einen Datenzugriff verfügen. Es liegt in der Verantwortung der Projektleiter/innen, die Mitarbeiter/innen hierüber zu informieren und den Zugang zu vertraulichem Material zu kontrollieren.
8. Soziologinnen und Soziologen sollen unter Verweis auf entsprechende Regelungen für andere Professionen der Schweigepflicht unterliegen und für sich das Recht auf Zeugnisverweigerung beanspruchen, wenn zu befürchten steht, dass auf der Basis der im Rahmen soziologischer Forschung gewonnenen Informationen die Informanten irgendwelche – insbesondere strafrechtliche – Sanktionen zu gewärtigen haben.

II. Publikationen

1. Soziologinnen und Soziologen führen in ihren Publikationen sämtliche Personen namentlich auf, die maßgeblich zu ihrer Forschung und zu ihren Publikationen beigetragen haben. Die Ansprüche auf Autorenschaft und die Reihenfolge bei der Nennung der Autoren/innen sollen deren Beteiligung am Forschungsprozess und an der Veröffentlichung Rechnung tragen.

2. Daten und Materialien, die wörtlich oder sinngemäß von einer veröffentlichten oder unveröffentlichten Arbeit anderer übernommen wurden, müssen kenntlich gemacht und ihren Urheber/innen zugeschrieben werden. Verweise auf Gedanken, die in Arbeiten anderer entwickelt wurden, dürfen nicht wissentlich unterlassen werden.
3. In Zeitschriften sollte der kritische Austausch zwischen den Angehörigen des Faches gefördert werden. In diesem Zusammenhang sollten Regeln und Leitsätze publiziert werden, die die Möglichkeiten zur Stellungnahme und Erwiderung spezifizieren.
4. Herausgeber/innen und Redaktionen von Zeitschriften sind zu einer fairen Beurteilung eingereichter Beiträge ohne persönliche oder ideologische Vorurteile in angemessener Zeit verpflichtet. Sie informieren umgehend über Entscheidungen zu eingereichten Manuskripten.
5. Eine Veröffentlichungszusage ist bindend. Wurde die Publikation zugesichert, soll sie sobald wie möglich erfolgen.

III. Begutachtung

1. Werden Soziologinnen und Soziologen um Einschätzungen von Personen, Manuskripten, Forschungsanträgen oder anderen Arbeiten gebeten, so sind solche Bitten um Begutachtung im Fall von Interessenkonflikten abzulehnen.
2. Zu begutachtende Arbeiten sollen vollständig, sorgfältig, vertraulich und in einem angemessenen Zeitraum fair beurteilt werden.
3. Begutachtungen, die im Zusammenhang mit Personalentscheidungen stehen, werden von allen Beteiligten vertraulich behandelt. An sie müssen unter den Gesichtspunkten der Integrität, der Objektivität und der Vermeidung von Interessenkonflikten höchste Anforderungen gestellt werden.
4. Soziologinnen und Soziologen, die um Rezensionen von Büchern oder Manuskripten gebeten werden, welche sie bereits an anderer Stelle besprochen haben, sollen diesen Umstand den Anfragenden mitteilen. Die Rezension von Arbeiten, bei deren Entstehung sie direkt oder indirekt beteiligt waren, sollten sie ablehnen.

IV. Der berufliche Umgang mit Studierenden, Mitarbeiter/innen und Kolleg/innen

1. Soziologinnen und Soziologen, die Lehraufgaben wahrnehmen, verpflichten sich, durch Art und Ausmaß ihres Einsatzes und ihrer Ansprüche für eine gute Ausbildung der Studierenden zu sorgen.
2. Soziologinnen und Soziologen müssen sich bei Einstellungen, Entlassungen, Beurteilungen, Beförderungen, Gehaltsfestsetzungen und anderen Fragen des Anstellungsverhältnisses, bei Berufungs-, Rekrutierungs- und Kooptationsentscheidungen um Objektivität und Gerechtigkeit bemühen. Sie dürfen andere Personen nicht wegen ihres Alters, ihrer Geschlechtszugehörigkeit, ihrer körperlichen Behinderung, ihrer sozialen

oder regionalen Herkunft, ihrer ethnischen oder nationalen Zugehörigkeit, ihrer Religionszugehörigkeit oder ihrer politischen Einstellungen benachteiligen.
3. Soziologinnen und Soziologen dürfen Studierende oder Mitarbeiter/innen und Kolleg/innen nicht zwingen, sich als Forschungsobjekte zur Verfügung zu stellen, oder sie über eine derartige Verwendung täuschen.
4. Soziologinnen und Soziologen dürfen Leistungen anderer nicht zu ihrem eigenen Vorteil ausnutzen und deren Arbeit nicht undeklariert verwerten.
5. Soziologinnen und Soziologen dürfen von niemandem – beispielsweise von Befragten, Auftraggeber/innen, Mitarbeiter/innen oder Studierenden – persönliches, sexuelles, berufliches oder sonstiges Entgegenkommen erwarten oder erzwingen.

V. Inkrafttreten

Dieser Ethik-Kodex tritt nach Verabschiedung durch die beiden Verbände am 14. Juni 2014 und Veröffentlichung in den jeweiligen Verbandszeitschriften in Kraft.

2 Satzung der Ethik-Kommission der Deutschen Gesellschaft für Soziologie (DGS) und des Berufsverbandes Deutscher Soziologinnen und Soziologen (BDS)

I. Die Ethik-Kommission

Als von Soziologinnen und Soziologen anzurufende Instanz, die sich um größtmögliche Integrität und Objektivität bei ethischen Erwägungen und Entscheidungen bemüht, wird eine gemeinsame Ethik-Kommission der Deutschen Gesellschaft für Soziologie (DGS) und des Berufsverbandes Deutscher Soziologinnen und Soziologen (BDS) eingerichtet. Diese gibt sich eine Satzung. Die Satzung und sämtliche Verfahren und Entscheidungen der Ethik-Kommission richten sich nach den Grundsätzen und Zielsetzungen des Ethik-Kodex.

§ 1 Zusammensetzung und Amtszeit

(1) Die Ethik-Kommission besteht aus sechs Personen. Die Deutsche Gesellschaft für Soziologie und der Berufsverband Deutscher Soziologinnen und Soziologen entsenden jeweils zwei Mitglieder nach einem Verfahren, das die jeweiligen Verbände intern festlegen. Zu diesen vier Mitgliedern kommen die jeweiligen Vorsitzenden der DGS und des BDS ex officio.
(2) Die Amtszeit der Ethik-Kommission beträgt fünf Jahre.

(3) Die Ethik-Kommission gibt sich eine Satzung, in der sie ihr Vorgehen regelt und die durch die Vorstände der Verbände sowie das Konzil der DGS und den Senat des BDS bestätigt werden muss.

§ 2 Aufgaben und Zuständigkeit

Die Ethik-Kommission soll:

1. die Vorstände der Verbände zu generellen ethischen Fragen beraten,
2. Anzeigen von Verstößen gegen den Ethik-Kodex entgegennehmen und nach einer vermittelnden Beilegung streben,
3. die Vermittlung zwischen betroffenen Parteien bei der Beilegung ihrer Beschwerden organisieren,
4. Anhörungen der Parteien bei formellen Beschwerden über ein Fehlverhalten durchführen,
5. jährlich mindestens einmal über ihre Arbeit den Vorständen beider Verbände berichten,
6. zum Ende ihrer Amtsperiode überprüfen, ob den Verbänden Änderungen und Ergänzungen des Ethik-Kodex auf der Grundlage gemachter Erfahrungen oder neu eingetretener Entwicklungen vorgeschlagen werden sollen.

§ 3 Sanktionen

(1) Befindet die Ethik-Kommission, dass kein ethischer Verstoß vorliegt, werden alle betroffenen Seiten darüber informiert. Damit wird der Vorgang abgeschlossen.

(2) Stellt die Ethik-Kommission im Verlauf der Anhörungen fest, dass ein Verstoß gegen den Ethik-Kodex vorliegt, informiert sie alle davon betroffenen Seiten und gibt einen Bericht an die Vorstände. Es können folgende Maßnahmen empfohlen werden:
1. Sanktionen auszusprechen;
2. einen öffentlichen Tadel in den Fachzeitschriften der Verbände auszusprechen;
3. den freiwilligen Austritt eines Mitglieds dem jeweiligen Verband anzuregen;
4. die Mitgliedschaft im jeweiligen Verband für einen bestimmten Zeitraum auszusetzen;
5. das Mitglied aus dem jeweiligen Verband auszuschließen.

II. Grundsätze der Kommissionsarbeit

§ 4 Zielsetzung

Verfahren und Entscheidungen der Ethik-Kommission richten sich nach den Grundsätzen und Zielsetzungen des Ethik-Kodex.

§ 5 Vorgehen

(1) Die Ethik-Kommission folgt in ihrer Arbeit dem Ethik-Kodex. Das bedeutet, dass die Ethik-Kommission im Sinne eines Interessenausgleichs nachstehende Prioritäten setzt:
 1. Der oder die Beschuldigte wird durch den Vorsitzenden/die Vorsitzende der Kommission über die Vorwürfe gegen ihn/sie informiert.
 2. Anschließend prüft der oder die Vorsitzende der Kommission, ob eine einvernehmliche Beilegung des Konflikts erreicht werden kann.
 3. Scheitern diese Bemühungen, so tritt die Ethik-Kommission zusammen, berät, hört ggf. an und entscheidet.
(2) Beteiligte im Sinne dieser Satzung sind, wer einen Missstand der Ethik-Kommission vorlegt, wer von diesem Missstand betroffen ist und wem dieser zum Vorwurf gemacht wird.
(3) Beteiligte können sich durch einen Beistand vertreten lassen.

III. Organisation der Kommission

§ 6 Wahlverfahren

(1) In der konstituierenden Sitzung wählen die Mitglieder der Ethik-Kommission aus ihren Reihen eine Vorsitzende oder einen Vorsitzenden, eine Stellvertreterin oder einen Stellvertreter und – sofern sie dies gesondert beschließen – eine Schriftführerin oder einen Schriftführer für die Dauer der Amtszeit der Kommission.
(2) Wiederwahl ist zulässig.
(3) Die oder der Vorsitzende der Ethik-Kommission darf nicht zugleich Vorsitzende oder Vorsitzender der Deutschen Gesellschaft für Soziologie oder des Berufsverbandes Deutscher Soziologinnen und Soziologen sein.
(4) Kontaktadresse der Ethik-Kommission ist die Geschäftsstelle der Deutschen Gesellschaft für Soziologie (DGS).
(5) Die oder der Vorsitzende vertritt die Kommission nach außen, trifft die notwendigen organisatorischen Entscheidungen und leitet die Anhörungen und Sitzungen.

§ 7 Ausscheiden eines Mitglieds

(1) Scheidet ein Kommissionsmitglied aus, so entscheidet der dieses Mitglied entsendende Verband unverzüglich über dessen Nachfolge.
(2) Die Nachfolge endet mit der regulären Amtszeit der Ethik-Kommission.

§ 8 Ausschluss eines Mitglieds

(1) Der Ausschluss eines Kommissionsmitgliedes aus einem Verfahren wegen Besorgnis der Befangenheit richtet sich nach den gesetzlichen Bestimmungen. Über den Ausschluss entscheidet die Ethik-Kommission auf Antrag. Antragsberechtigt sind die Kommissionsmitglieder und die Beteiligten.

(2) Wird eine Maßnahme gegen ein Kommissionsmitglied ausgesprochen, so erlischt dessen Mitgliedschaft in der Ethik-Kommission.

IV. Beschlussfassung

§ 9 Abstimmungen

(1) Die Ethik-Kommission ist beschlussfähig, wenn mehr als die Hälfte ihrer Mitglieder an der Abstimmung teilnimmt und die oder der Vorsitzende oder ihre oder seine Vertreterin bzw. ihr oder sein Vertreter beteiligt ist.
(2) Die Ethik-Kommission fällt ihre Entscheidungen durch Mehrheitsbeschluss. Bei Stimmengleichheit entscheidet die Stimme der oder des Vorsitzenden. Sanktionen bedürfen der Mehrheit der abgegebenen Stimmen und können nicht gegen zwei Gegenstimmen beschlossen werden.
(3) Auf Antrag eines Mitgliedes muss eine geheime Abstimmung durchgeführt werden.
(4) Abstimmungsergebnisse sind Bestandteile der Berichte. Das Abstimmungsverhalten der Kommissionsmitglieder unterliegt der Verschwiegenheitspflicht.

§ 10 Schriftliche Begründung

Die Entscheidungen der Kommission werden schriftlich begründet und dem in § 5 festgelegten Verfahren folgend den vorgesehenen Gremien sowie den am Verfahren Beteiligten zugestellt. Die oder der Vorsitzende wirkt auf eine unverzügliche Beschlussfassung der Verbände und unverzügliche Benachrichtigung der Beteiligten hin.

§ 11 Vorgehen bei falschen Anschuldigungen

Kommt die Ethik-Kommission zu dem Ergebnis, dass eine bewusst falsche Anschuldigung vorliegt, kann sie gegen die ursprüngliche Beschwerdeführerin oder den ursprünglichen Beschwerdeführer Sanktionen empfehlen.

V. Beschwerdeverfahren

§ 12 Beantragung der Prüfung eines Falls

(1) Beanstandungen unter Berufung auf den Ethik-Kodex sind bei der Ethik-Kommission schriftlich innerhalb eines Jahres nach Kenntniserlangung des inkriminierten Sachverhaltes vorzutragen. Spätere Beanstandungen sind unwirksam. Hierbei ist anzugeben, ob die Prüfung bereits bei einer anderen Ethik-Kommission beantragt wurde, und in einem solchen Fall der Stand des entsprechenden Verfahrens offenzulegen. Bei Verletzung der Offenlegungspflicht behält sich die Ethik-Kommission vor, das Verfahren einzustellen.
(2) Werden Beanstandungen bei der Deutschen Gesellschaft für Soziologie oder dem Berufsverband Deutscher Soziologinnen und Soziologen oder Mitgliedern der Ethik-

kommission geltend gemacht, so leiten diese die Beanstandungen umgehend an die Vorsitzende oder den Vorsitzenden der Ethik-Kommission weiter.
(3) Die oder der Vorsitzende prüft, ob die oder der Angeschuldigte Mitglied der Deutschen Gesellschaft für Soziologie oder des Berufsverbandes Deutscher Soziologinnen und Soziologen ist. Trifft dies zu, wird sie oder er satzungsgemäß tätig. Ist eine Mitgliedschaft nicht gegeben, so entscheidet der oder die Vorsitzende der Ethik-Kommission, ob die Kommission aktiv werden soll oder nicht.
(4) Unverzüglich nach Eingang der Beanstandung fordert die oder der Vorsitzende der Ethik-Kommission die Beschwerdeführerin oder den Beschwerdeführer unter Zusendung von Ethik-Kodex und Satzung auf, innerhalb von vier Wochen jene Bestimmungen und Zielsetzungen des Ethik-Kodex konkret zu benennen, gegen die das angezeigte Handeln verstoßen haben soll, und andere Beteiligte gemäß § 5 Abs. 2 namhaft zu machen. Zugleich fordert sie oder er die Zusendung aller Materialien und Unterlagen in vollständiger Form ein, die für eine Entscheidungsfindung relevant sein könnten.
(5) Die nach Absatz 4 spezifizierte Beschwerde, der Ethik-Kodex und die Satzung werden von der oder dem Vorsitzenden der Ethik-Kommission der oder den angeschuldigten Person(en) oder Institution(en) unverzüglich mit der Aufforderung um schriftliche Stellungnahme innerhalb von vier Wochen zugeschickt. Alle für die Stellungnahme wichtigen Materialien und Unterlagen werden der Kommission vollständig zur Verfügung gestellt.
(6) Die oder der Vorsitzende der Ethik-Kommission leitet das Verfahren ein, wie es in § 5 beschrieben wird.
(7) Beschwerde, Materialien, Unterlagen und Stellungnahmen der Beteiligten nach Abs. 4 bis 6 werden den Mitgliedern der Ethik-Kommission zur Beurteilung zugesandt.

§ 13 Aufnahme des Falls durch die Kommission

(1) Die Mitglieder der Ethik-Kommission nehmen innerhalb von zwei Wochen schriftlich dazu Stellung, ob sie die Beschwerde gemäß den Bestimmungen des Ethik-Kodex grundsätzlich für behandlungswürdig halten. Sie äußern sich gleichzeitig zu den Chancen direkter Gespräche zwischen den Beteiligten oder eines Vermittlungsversuchs.
(2) Hält die Ethik-Kommission direkte Gespräche zwischen den Beteiligten für angeraten, so klärt die oder der Vorsitzende Zeit und Ort mit allen Beteiligten und lädt diese dazu ein.
(3) Scheitert das direkte Gespräch und/oder erscheint ein Vermittlungsversuch als aussichtsreich, so benennt die oder der Vorsitzende eine Vermittlerin oder einen Vermittler aus den Reihen der Ethik-Kommission, die oder der von beiden Parteien akzeptiert wird. Scheitert der Vermittlungsversuch, so wird nach Absatz 4 verfahren.
(4) Hält die Ethik-Kommission die Beschwerde gemäß Ethik-Kodex für gerechtfertigt und einen Vermittlungsversuch für aussichtslos oder ist der Vermittlungsversuch gescheitert, so tritt sie zusammen. Die Vorsitzende oder der Vorsitzende gewährt der Kommission eine Frist von mindestens zwei Wochen für die Prüfung des Falls.

(5) Ist aufgrund der Sachlage und ihrer Beratung eine mehrheitliche Entscheidungsfindung möglich, so wird das Beschlussverfahren wie in § 9-11 beschrieben eingeleitet.

§ 14 Anhörung

(1) Hält die Ethik-Kommission eine Anhörung für erforderlich, so werden alle Beteiligten möglichst zeitnah eingeladen und befragt.
(2) Zur Absicherung der Entscheidungsfindung können auch Zeuginnen oder Zeugen schriftlich und/oder mündlich gehört werden.
(3) Ein Mitglied der Kommission protokolliert die Anhörungen dem Sinne der Aussagen nach. Das Protokoll ist von ihr oder ihm und von der oder dem Vorsitzenden zu unterzeichnen und von der Ethik-Kommission zu billigen. Abstimmungsergebnisse sind Gegenstand des Protokolls.
(4) Die Anhörung findet nichtöffentlich statt, es sei denn, die oder der Beschuldigte verlangt eine öffentliche Anhörung, der die Ethik-Kommission zustimmt.
(5) Beteiligte Personen – mit Ausnahme derer, die für den Fortgang der Anhörung erforderlich sind – bleiben ausgeschlossen.
(6) Nachdem die Anhörungen abgeschlossen sind, plädiert die Beschwerdeführerin oder der Beschwerdeführer bzw. ihr oder sein Verfahrensbeistand. Die oder der Beschuldigte und/oder ihr oder sein Verfahrensbeistand haben die Gelegenheit, gegen die Beschwerdeführerin oder den Beschwerdeführer zu argumentieren und/oder für die oder den Beschuldigten einzutreten.

§ 15 Entscheidungsfindung

Im Anschluss daran berät und entscheidet die Ethik-Kommission unter Ausschluss der Parteien und der Öffentlichkeit, kommt zu einer offiziellen Stellungnahme und entscheidet ggfs. über einzuleitende Maßnahmen.

§ 16 Anfallende Kosten

(1) Die Beteiligten, Zeugen und Verfahrensbeistände tragen ihre eigenen Kosten.
(2) Das Verfahren selbst ist kostenfrei.

VI. Inkrafttreten

Die Vorstände der Deutschen Gesellschaft für Soziologie und des Berufsverbandes Deutscher Soziologinnen und Soziologen sowie das Konzil der Deutschen Gesellschaft für Soziologie und der Senat des Berufsverbandes Deutscher Soziologinnen und Soziologen haben diese Satzung bestätigt. Sie tritt am 14. Juni 2014 in Kraft.

3 Tables: Studying and Practicing Sociology in Spain

Tab. 1 Selection of Master Degrees with Sociology as one of the core fields offered by some of the main universities in Spain

University	Master Degree	ECTS Credits
Universidad Complutense de Madrid	Metodología de la Investigación en Ciencias Sociales: Innovaciones y Aplicaciones	90
	Sociología de la Población, del Territorio y de las Migraciones	60
	Igualdad de Género en las Ciencias Sociales	90
	Análisis Sociocultural del Conocimiento y de la Comunicación	60
	Máster Internacional en Estudios Contemporáneos de América Latina	120
	Sociología Aplicada: Problemas Sociales	90
	Estudios Avanzados en Trabajo y Empleo	90
Universidad Autónoma de Madrid	Estudios Interdisciplinares de Género	60
Universidad Carlos III	Liderazgo Político y Social	60
Universidad Rey Juan Carlos	Investigación aplicada a los medios de comunicación	60
	Comunicación, Cultura y Ciudadanía Digitales	60
	Comunicación Social y Accesibilidad	60
	Comunicación y Problemas Socioculturales	60
	Estudios Interdisciplinares de Género	60
Universidad Nacional de Educación a Distancia	Problemas Sociales	60
	Comunicación, Cultura, Sociedad y Política	60
Universidad de Granada	Problemas Sociales. Dirección y Gestión de Programas Sociales	60
	Cooperación al Desarrollo, Gestión Pública y de las ONGs.	60
Universidad del País Vasco	Estudios Feministas y de Género	60
Universidad de A Coruña	Migraciones Internacionales: Investigación, Políticas Migratorias y Mediación Intercultural	60
	Planificación y Gestión de Destinos y Nuevos Productos Turísticos	60
Universidad de Valencia	Sociología y Antropología de las Políticas Públicas	60
	Interculturalidad, comunicación y estudios europeos	120
	Género y políticas de igualdad	90
	Ocupación e Intervención en el mercado laboral	90
Universidad de Málaga	Sociología aplicada	
Universidad de Sevilla	Estudios de Género y Desarrollo Profesional	60
	Ciencias del Trabajo	60

University	Master Degree	ECTS Credits
Universidad Pablo de Olavide de Sevilla	Género e Igualdad	60
	Ciencias Sociales e Intervención Social	60
	Investigación social aplicada al medio ambiente	60
	Estudios socio-políticos	60
	Sociedad, administración y política	60
Universidad de Salamanca	Estudios interdisciplinares de género	60
	Estudios sociales de la ciencia y la tecnología	60
	Estudios latinoamericanos	90
Universidad Pública de Navarra	Dinámicas de Cambio en las Sociedades Modernas Avanzadas	60
Universidad de Barcelona	Criminologia, Política Criminal I Sociologia Juridicopenal	90
	Educació En Valors I Ciutadania	60
	Estudis Avançats En Exclusió Social	60
	Intervencions Socials I Educatives	60
	Sociologia: Transformacions Socials I Innovació	90
Universidad Autónoma de Barcelona	Erasmus Mundus En Polítiques Educatives Per Al Desenvolupament Global / Erasmus Mundus In Education Policies For Global Development	120
	Estudis territorials i de la població	60
	Política Social, Treball I Benestar	60
	Polítiques I Planificació Per A Les Ciutats, l'Ambient I El Paisatge	120
Universidad Pomeu Fabra	Democràcies Actuals: Federalisme, Nacionalisme I Multiculturalitat	60
	Gestió de la innmigració	60
	Sociologia I Demografia	60

Tab. 2 Scientific associations and professional associations

	Scientific Associations	Professional Associations
State Level	Federación Española de Sociología	Colegio Nacional de Titulados y Doctores en Sociología y Ciencias Políticas
Autonomous Communities		
Andalusia	Asociación Andaluza de Sociología	Colegio Oficial de Ciencias Políticas y Sociología de Andalucía
Aragón	Asociación Aragonesa de Sociología	Colegio Aragonés de Políticas y Sociología
Asturias	Asociación Asturiana de Sociología	Colegio Oficial de Ciencias Políticas y Sociología del Principado de Asturias
Baleares Islands	Asociació de Sociología des Illes Balears	

	Scientific Associations	Professional Associations
Basque Country	Asociación Vasta de Sociología y Ciencia Política	
Cantabria		Colegio Oficial de Doctores y Licenciados en CC. Políticas y Sociología de Cantabria
Catalonia	Asociació Catalana de Sociología	Col·legi de Politòlegs i Sociolegs de Catalunya
Castilla La-Mancha	Asociación Castellano-Manchega de Sociología	Colegio Oficial de Ciencias Políticas y Sociología de Castilla-La Mancha
Castilla-León		Colegio Oficial de Doctores y Licenciados en Ciencias Políticas y Sociología de Castilla y León
Extremadura	Asociación de Ciencias Sociales de Extremadura	
Galitzia	Asociación Galega de Socioloxía	Colexio Políticas e Socioloxía de Galicia
Madrid	Asociación Madrileña de Sociología	Colegio de Politólogos y Sociólogos de Madrid
Murcia	Asociación Murciana de Sociología y Ciencia Política	Colegio Oficial de Ciencias Políticas y Sociología de la Región de Murcia
Navarra	Asociación Navarra de Sociología	Colegio de Sociólogos/as y Politólogos/as de Navarra
Valencia	Asociación Valenciana de Sociología	Colegio Oficial de Doctores y Graduados en Ciencias Políticas y Sociología de la Comunidad Valenciana

Autorinnen und Autoren

Joyce Abebrese, Jahrgang 1987, M.A. Sozialwissenschaft. Studium der Sozialwissenschaften in Kassel und Bochum, AStA-Referentin, Auslandsaufenthalt in Ghana. Arbeiten zum Thema Gewerkschaften und Partizipation. Referentin für Tarifpolitik, Kinder-/Jugendhilfe und Sozialarbeit und Erwachsenenbildung bei der GEW NRW.

Florian Böllhoff, Jahrgang 1943, Dr., Diplom-Soziologe. Studium der Soziologie und Betriebswirtschaft in Münster und München. Tätigkeiten als stellv. Sprecher und Mitglied der Geschäftsleitung versch. Unternehmer, selbstständiger Unternehmerberater, Lehrbeauftragter an der Universität Bielefeld.

Wolfram Breger, Jahrgang 1943, Dipl.-Sozialwissenschaftler, Dr. paed. Personal- und Bildungsmanager in einem großen Ruhrgebietsunternehmen. Wissenschaftlicher Koordinator der Gesellschaft für Bildung und Beruf, Dortmund; Dozent an der Verwaltungs- und Wirtschaftsakademie Bielefeld; ehem. Vorsitzender und langjähriges Vorstands- und Senatsmitglied des BDS.

Agnes Dietzen, Dr., Diplom-Soziologin. Studium der Soziologie, Philosophie, Psychologie in Frankfurt am Main. Versch. Hochschultätigkeiten, wissenschaftliche Mitarbeiterin und Leiterin des Bereiches „Kompetenzentwicklung" der Berufsbildungsforschung am Bundesinstitut für Berufsbildung.

Marius Domínguez-Amorós, PhD. in Sociology and Political Sciences, Universidad de Barcelona. Professor Universidad de Barcelona. Vice-President for Academic affairs of the Spanish Sociological Federation. Fields of Research: research methodology, social structure.

Thomas Drerup, Jahrgang 1984, Diplom-Sozialwissenschaftler. Studium der Soziologie und Kommunikationswissenschaft in Dresden, Arbeiten zum Thema Tanz, Musik und Film. Wissenschaftlicher Volontär im Projekt Museum Friedland.

Manuel Fernández-Esquinas, born 1967, PhD. in sociology and Political Sciences. Universidad Complutense de Madrid; CSIC Research Scientist. President of the Spanish Sociological Federation. Fields of Research: Sociology of innovation, sociology of science, innovation polities, knowledge transfer.

Lucila Finkel, born 1968. Master in Sociology, University of Berkeley. License in Sociology and Political Sciences, Universidad Complutense de Madrid. Professor Universidad Complutense de Madrid. Vice-President for Institutional and International Relations of the Spanish Sociological Federation. Fields of Research: Sociology of professions, research methodology.

Bianca Fritz, Jahrgang 1981, B.A. (Soziologie/ Gesellschaftswissenschaften), DAS (Conflict Research/Conflict Resolution). Studium in Basel und Perth, freie Mitarbeit bei Lokalzeitungen, Redakteurin für Jugendthemen, derzeit beim Schweizer ElternMagazin Fritz+Fränzi.

Mandy Geithner-Simbine, Jahrgang 1981, M.A. Soziologie. Studium der Soziologie in Rostock. Arbeiten zu Gleichstellungsthemen. Gleichstellungsbeauftragte der Stadt Jülich.

José Antonio Gómez-Yáñez, PhD. in Sociology and Political Sciences, Universidad Carlos III de Madrid. Sociology Consultant (Estudio de Sociología consultores). Professor Universidad Carlos III. Executive Secretary of the Spanish Sociological Federation. Fields of Research: Political Sociology, Public Opinion, Market Research.

Ingeborg Grau, Jahrgang 1954, Diplom-Sozialwissenschaftlerin. Studium der Verwaltungswissenschaften und Soziologie (Schwerpunkt Stadt- und Regionalsoziologie) in Konstanz und München. Arbeitsschwerpunkt: Stadtentwicklung und Verkehrsplanung, Abteilungsleiterin Verkehrsplanung.

Kevin Heidenreich, M.A., Diplom-Volkswirt und Politikwissenschaftler. Studium der Volkswirtschaftslehre und Politikwissenschaft in Berlin, Potsdam und Wisconsin-Milwaukee. Tätigkeiten im Deutschen Bundestag, Lehrbeauftragter, Leiter des Referats Hochschulpolitik beim DIHK in Berlin.

Boris Inanici, Jahrgang 1977, B.A. Sozialwissenschaften. Studium der Sozialwissenschaften (Soziologie, Politikwissenschaft, Kommunikations- und Medienwissenschaft) in Düsseldorf. Arbeiten als Journalist, Redakteur der Programmgruppe „Sport Fernsehen" des WDR, Sendungsmanager der Sportschau.

Margarethe Kubitza, Jahrgang 1979, Dipl.-Soz.Wiss., arbeitet als Gesundheits- und Sozialplanerin beim Ennepe-Ruhr-Kreis. Sie lebt in Ennepetal.

Katrin Johanna Kügler, Dipl.-Soz.Wiss., Jahrgang 1969, ist Abteilungs- und Sachgebietsleiterin im Fachbereich Soziales und Gesundheit des Ennepe-Ruhr-Kreises. Sie lebt in Bochum.

Franz Lamprecht, Jahrgang 1960, Studium der Soziologie, Philosophie und Politikwissenschaft an der Universität Wien und der Heinrich-Heine-Universität Düsseldorf. Abschluss Magister 1987. Unterschiedliche Positionen bei der Fachzeitschrift Energiewirtschaftliche Tagesfragen „et", seit Juli 2013 Chefredakteur. Zahlreiche internationale Recherchen und Aufenthalte und Berichte bezüglich der Themen Liberalisierung von Energiemärkten und internationale Klimapolitik; Moderator auf Energie- und Klimaschutz-Kongressen.

Juhani Laurinkari, Jahrgang 1946, Prof. Dr. Dr. Dr. hc., Studium der Theologie, Politikwissenschaft und Wirtschafts- und Sozialwissenschaften. Prof. em. für Sozialpolitik an der University of Eastern Finland. Schwerpunkte: Behindertenforschung, Hochschulpolitik, Sozialwirtschaft.

Jürgen Lehmann, Jahrgang 1947, Diplom-Soziologe. Studium der Soziologie in Münster und Bielefeld. Personal- und Bildungsmanager, freiberuflicher Managementtrainer, Coach und Berater, Gründer und Geschäftsführer der traintool consult GmbH. Mitglied des Berufsverbands Deutscher Soziologinnen und Soziologen e. V.

Sonia S. Mikich, Jahrgang 1951, M.A. Soziologie, Politologie und Philosophie. Studium in Aachen. Wissenschaftliche Mitarbeiterin am A.-Gehlen-Institut, seit 1982 beim Westdeutschen Rundfunk, Tätigkeiten als Redaktionsleiterin bei „MONITOR", Leiterin der Programmgruppe Inland des WDR, Chefredakteurin des WDR Fernsehens.

Tatiana Müller, Jahrgang 1987, M.A. Soziologie, Neue deutsche Literatur und Volkswirtschaftslehre. Studium in Augsburg und Tallinn. Tätigkeiten in der qualitativen Marktforschung, Schwerpunkte in Sozialforschung und Kulturarbeit.

Jörg Peter, Jahrgang 1960, Dipl.-Soziologe, Studium der Soziologie an der Freien Universität Berlin. Von 1986 bis 1991 wissenschaftlicher Mitarbeiter an einer Fachhochschule in Berlin, von 1991 bis 1996 freiberufliche Tätigkeiten in Forschung und Lehre, von 1996 bis 1999 als Lehrer an der Berufsfachschule für Altenpflege am Institut für angewandte Gerontologie (IFAG) GmbH und dort seit 2000 stellv. Schulleiter. Zahlreiche Veröffentlichungen.

Annette Pietsch, M.A. Soziologie, Politikwissenschaft, Öffentliches Recht und Wirtschaftspolitik. Studium in Münster. Wissenschaftliche Mitarbeiterin am Transferzentrum für angepasste Technologien GmbH, Geschäftsführung des Prüfungsamtes 1 an der WWU Münster, Dezernentin für Studium und Akademische Angelegenheiten, Hochschule für Gesundheit, Bochum.

Odile Piriou, M.sc. Psychoanalyse. Studium der Human- und Sozialwissenschaften in Paris. Professorin an der Universität Reims, Forschung am Laboratoire Interdisciplinaire pour la sociologie Economique et CEREP. Schwerpunkte : Human- und Sozialwissenschaften, Subjektpolitiken, mentale Gesundheit.

Johannes Rüger, Jahrgang 1983, M.A. Osteuropaforschung. Studium der Sozialwissenschaften (Soziologie, Politik, Kommunikations- und Medienwissenschaft) und Osteuropaforschung in Düsseldorf und Prag. Tätigkeiten als Journalist, Moderator und Reporter für verschiedene Medien, Friedensfachkraft und PR-Manager in Belgrad.

Norbert Schreiber, Jahrgang 1950, Dr., M.A. Soziologie, Politikwissenschaft und Volkswirtschaftslehre. Studium in Trier und Konstanz. Hochschultätigkeiten, freiberuflicher Soziologe und Sozialforscher, Schwerpunkt: pädagogische Forschung und Forschungsmethoden.

Katrin Späte, Dr., Soziologin an der Universität Münster, Vertretungsprofessuren in Gießen und Paderborn. Schwerpunkte: allgemeine Soziologie, soziologische Theorie, Bildungssoziologie, Geschlechterforschung, politische Bildung, Didaktik der Sozialwissenschaften, Hochschullehre der Soziologie. Vorstandsmitglied des Berufsverbands Deutscher Soziologinnen und Soziologen e. V.

Paula Wiesemann, Jahrgang 1985, M.A. Sozialwissenschaft. Studium der Sozialwissenschaften in Düsseldorf und Bochum. Verschiedene Tätigkeiten in Forschungsprojekten und auf Honorarbasis, Referentin des Bürgermeisters der Stadt Herten. Schwerpunkte: Geschlechterforschung, Partizipation, Organisationssoziologie, Soziologie der Gerechtigkeit. Vorstandsmitglied des Berufsverbands Deutscher Soziologinnen und Soziologen e. V.

Manfred Wittmann, Jahrgang 1961, M.A. Soziologie/Deutsche Literaturgeschichte. Studium in Aachen. Seit 1999 verantwortlich für die Sozialberichterstattung und Sozialplanung der Stadt Viersen. Mitglied des Berufsverbands Deutscher Soziologinnen und Soziologen e. V., Vorstandsmitglied des Vereins für Sozialplanung.

Philipp von Zwehl, Jahrgang 1982, M.A. International Relations. Studium der Sozialwissenschaften (Soziologie, Politikwissenschaft, Kommunikations- und Medienwissenschaft) und International Relations in Düsseldorf und Wellington, Neuseeland. Campaigner, Trainer und Projektkoordinator, Friedensfachkraft in Ramallah und Jerusalem.

Printed by Books on Demand, Germany